普通高等学校旅游管理教材

酒店电子商务

陆均良　杨铭魁◎编著

Hotel
Electronic Commerce

清华大学出版社
北京

内容简介

酒店电子商务是旅游电子商务的重要组成部分，是酒店未来市场竞争的焦点。本书围绕新时代、新零售、新技术背景介绍酒店电子商务的内容，主要包括酒店电子商务概述、酒店电子商务技术基础、酒店电子商务的创建与管理、酒店前台电子商务、餐饮电子商务、酒店网络营销、网上支付、酒店移动电子商务、绿云 i-Hotel 平台的电子商务基础和酒店客户关系管理的内容。本书内容既有理论性又有实用性，既是一本适合本科院校学生学习的教学参考书，也是一本适合酒店业界培训的教学用书。

图书在版编目（CIP）数据

酒店电子商务 / 陆均良，杨铭魁编著. —北京：清华大学出版社，2019.12（2023.2重印）
普通高等学校旅游管理教材
ISBN 978-7-302-54243-8

Ⅰ. ①酒… Ⅱ. ①陆… ②杨… Ⅲ. ①饭店-电子商务-高等学校-教材 Ⅳ. ①F719.2-39

中国版本图书馆 CIP 数据核字（2019）第 258111 号

责任编辑：邓　婷
封面设计：刘　超
版式设计：文森时代
责任校对：马军令
责任印制：朱雨萌

出版发行：清华大学出版社
　网　　址：http://www.tup.com.cn，http://www.wqbook.com
　地　　址：北京清华大学学研大厦 A 座　　**邮　　编**：100084
　社 总 机：010-83470000　　**邮　　购**：010-62786544
　投稿与读者服务：010-62776969，c-service@tup.tsinghua.edu.cn
　质量反馈：010-62772015，zhiliang@tup.tsinghua.edu.cn
印 装 者：天津鑫丰华印务有限公司
经　　销：全国新华书店
开　　本：185mm×260mm　　**印　　张**：17　　**字　　数**：432 千字
版　　次：2019 年 12 月第 1 版　　**印　　次**：2023 年 2 月第 5 次印刷
定　　价：54.80 元

产品编号：082855-01

前 言

面临新时代、新生代的酒店经营，电子商务已成为酒店竞争力中非常关键的组成部分。不管是酒店的日常经营还是扩展经营，甚至是酒店联盟式的经营，都迫切需要电子商务的有力支持。众所周知，电子商务具有降低经营成本的优势，不仅如此，它还有魔力一般的规模效应、网络效应、服务效应的巨大优势，已成为衡量酒店竞争力的一个关键指标。因此，作为现代酒店的经营业主，作为酒店的管理人，以及作为酒店管理专业的学生，都需要知道电子商务能为酒店做些什么，需要知道规划一个酒店电子商务系统的重要性，更需要知道酒店电子商务实施中的策略调整，这就是出版本书的初衷。本书作者以电子商务平台化发展理念为主导，系统地介绍了酒店电子商务，包括基于 PMS 内部的商务和外部商务，因为软件平台可以整合所有的酒店信息系统，最终形成平台下的共享数据中心，具有最核心的数据优势，这是目前最有竞争力的酒店电子商务。本书将以绿云科技 i-Hotel 酒店平台为蓝本，全面介绍酒店电子商务的建立、管理、应用和服务的各类商务功能。

全书的组织体系由浅入深、逐层解析，以应用叙述为主，理论联系实际，共分十章内容。第一章主要介绍了酒店电子商务的基础概念，让读者知道酒店电子商务是什么，它的应用模式和系统类型有哪些；第二章介绍了电子商务的技术点，这是反映酒店电子商务竞争力的内容，技术包括基础性技术和热点技术，如云服务技术、大数据技术、人工智能技术等；第三章介绍了酒店电子商务的创建与管理，具体解决了一个酒店开展电子商务有什么目的，有什么准备，有怎样的规划，以及上线运行后如何进行管理等问题；第四章介绍了酒店前台电子商务，因为前台业务中电子商务涉及面最多，也是线上线下需要融合注意的地方，包括前厅服务的电子商务、客房服务的电子商务、会议和娱乐服务的电子商务等；第五章介绍了酒店主业务之一的餐饮电子商务，虽然酒店的餐饮电子商务不如社会上的大型餐馆，这里还是介绍了酒店餐饮的电子商务运行模式，以及酒店餐饮的电子商务应用；第六章介绍了酒店电子商务中的核心内容，即网络营销，主要向读者介绍网络营销的常用方法和技术，以及酒店网络营销的策略与管理等酒店营销人关心的问题；第七章也是电子商务中的关键环节，即网上支付问题，这里给读者介绍了酒店电子商务的支付体系，重点介绍了银联电子支付和第三方电子支付平台的应用，也介绍了目前酒店常用的网上支付类型；第八章介绍了绿云 i-Hotel 平台下的移动电子商务，以及移动电子商务的未来；第九章介绍了绿云 i-Hotel 平台下的电子商务实务应用，包括云 PMS、电子商务的业务架构等内容，这是酒店经营管理人员最关心的实务内容；第十章介绍了电子商务中的客户关系管理，重点介绍了客户管理、客户分析和客户挖掘在电子商务中的作用。每章后面除了安排综合案例分析外，还罗列了与章节内容相关的拓展知识，可以由老师布置或学生通过网络自主学习，以拓展相关的知识视野。

从现阶段来看，酒店电子商务虽然已经处在快速发展中，但它在服务业领域还是处于初级发展阶段，未来发展的潜力非常巨大，2018 年阿里巴巴开业的未来酒店就是一个最好的说明。随着人工智能的普遍应用，酒店不再是人员密集型企业，而是一个高科技密集型的服务企业，是完全电子商务在服务业应用的典范。未来酒店的市场竞争，既是人才的竞争、高科技应用的竞争，更是电子商务战略的竞争。

本书由陆均良老师负责总体编写框架、编写大纲的拟定，并负责对全书进行统稿和定稿。在本书的写作过程中，得到了绿云科技的大力支持，绿云电子商务事业部的檀东东、绿云学院的吕江红、浙江大学旅游与酒店管理系的王亮老师、浙江工商大学硕士研究生李光梅等人为本书的形成做了许多资料整理的协助工作，本书出版也得到了原杭州旅委信息中心的大力支持，在此表示衷心的感谢！

本书适合作为高等院校旅游管理专业和酒店专业的教学参考书，也可以作为酒店业界管理人员的电子商务培训用书。由于电子商务发展很快，作者的酒店电子商务研究水平很有限，全书内容还有许多不足之处，希望广大读者不吝提出宝贵意见，以便作者在以后的修订中予以补充、完善，相关意见和建议可发送到邮箱 zdljl55@zju.edu.cn，不胜感激！

作 者

2019 年 9 月于浙江大学求是园

目 录

第一章 酒店电子商务概述

本章要点

酒店信息化的终极就是智慧型的电子商务，酒店电子商务的概念、应用特点，包括酒店电子商务开展所具有的竞争优势，以及酒店电子商务的应用特点及商务分类都是业界读者非常关心的问题，本章就围绕这些问题展开相关的内容讨论，让读者了解酒店电子商务的应用体系。同时进一步介绍酒店电子商务的系统类型以及应用内容，从中可以了解电子商务能帮助酒店解决经营中的哪些管理问题，酒店利用电子商务可以创造怎样的竞争优势，认知电子商务在酒店经营中的作用。最后对酒店电子商务发展进行了展望。

电子商务（Electronic Commerce Business）是近几年随着移动互联网的普及应用而快速形成的一种商务业态，它迅猛地冲击着传统商务，也冲击着人们的就业环境，酒店业也不例外，电子商务已经成为酒店经营中的一种常态，从前台服务到后台管理基本都是借助网络的电子化处理。在未来的旅游业，不管是旅游管理专业的学生，还是酒店业的从业人员，都需要对酒店电子商务有一个完整的认知和了解。下面我们从酒店电子商务的概念开始讲解。

第一节 酒店电子商务的概念和优势

现在的电子商务是从电子数据交换（Electronic Data Interchange，EDI）演变而来，它是随着信息技术的成熟应用，特别是互联网和移动互联网应用的普及，爆发而形成的商务变革，它从酒店内部商务（PMS应用，即物业管理系统）开始，应用了CRS（中央预订系统）、GDS（全球分销系统）等商务软件，逐步形成了完整的酒店电子商务概念。信息技术应用不但改变了酒店的商务形式，而且它推进了酒店的组织形态变革，使得传统业务、网络业务通过互联网融合在一起。如酒店的订单管理、咨询管理、销售管理、客服管理、同业的协作管理等都实现了电子化。电子商务已逐渐成为未来智慧酒店建设和数字化酒店的重要组成部分，未来的电子商务也将成为酒店经营的常态管理。

一、酒店电子商务的概念

简单地理解酒店电子商务，就是信息通信技术在酒店商务中的具体应用，或者理解为互联网技术在酒店商务中的应用。通过信息通信技术把商务往来的过程电子化、业务网络化。因此，对酒店来说，电子商务就是利用现代信息通信技术和数据技术对酒店售前服务、售中服务和售后服务各个环节的电子化过程，以降低人力资源成本和增加酒店收益为目标，形成的酒店经营新业态。它是以交易双方为主体，以电子支付为手段，以移动互联网为依托的全新商务活动。酒店电子商务的定义可以理解为：酒店电子商务是利用移动互联网技术和信息通信技术融合了酒店经营的过程，实现酒店商务过程的电子化、数据化和网络化，解决酒店经营中的各类商务活动数据传递和衔接，其目标是实现酒店服务的电子化、商务活动的电子化、业务流转的数据化，从而提高酒店经营的效率和效益，提高酒店收益。这里讲的酒店电子商务包括了所有酒店电子经营中的内部电子商务和外部电子商务。

（一）业务范围

酒店电子商务涉及的业务范围包括：前厅的预订、销售和接待、餐饮娱乐，以及在线直销等业务；营销部的在线推广等网络营销活动；后台的电子采购业务，以及人力资源管理和财务核算等电子数据处理；同业之间的数据处理以及和渠道之间的数据业务。对于集团企业，也包括成员酒店之间业务数据的电子处理。

（二）支撑技术

酒店电子商务是一种多技术的集合体，包括信息技术、网络技术、数据交换技术、新媒体技术等，尤其是基于移动网络的云技术和人工智能、AR/VR 等技术，还包括数据和网络的安全技术、身份识别技术以及自然语言识别与处理等技术。这些技术构成了酒店电子商务的云平台，包括基于服务的云平台、基于软件的云平台，以及基于计算的云平台等。

（三）系统类型

目前，在酒店业，有基于分销的电子商务系统，有酒店自己直销的电子商务系统。本书所讲的电子商务主要是酒店自己的直销及相关系统，不涉及分销型的电子商务系统。在系统分类中，还有不完全电子商务系统和完全电子商务系统之分，它们的区别主要在于业务流程环节是否完全电子化。

二、酒店电子商务的优势

酒店开展电子商务既是技术发展的必然，又是消费者新时代新需求的迫使。在互联网应用普及的今天，传统的商务方式已无法满足现代酒店的经营，也无法满足现代消费者的服务需要，尤其是在移动服务、移动商务快速发展的今天。因此，同传统商务比较，酒店电子商务将具有以下几个方面的经营优势。

（一）有利于个性化产品的销售

个性化产品是一种量少款多的服务产品，电子商务的最大优势是可以实现个性化服务和个性化营销。如通过电子商务可以为不同客人提供不同服务，每个房间的服务产品也可以是不一样的，以满足不同客户的个性化偏好。由于电子商务是通过网络来实现的，因此它营销的受众面比较广泛，有比较宽的销售面，精细管理好客户的偏好，有利于酒店个性化产品的设计与销售。如目前比较好的精品酒店、特色主题酒店等在电子商务方面都有非常好的个性化产品销售业绩。

（二）为客人提供更方便快捷的服务

酒店电子商务目前主要依托的是移动互联网载体，迎合了消费者智能手机移动化服务的需要，给客人带来了快捷的移动服务，方便了消费者。如酒店的接待和结账，都可以在电子商务系统中实现移动化处理，更便捷的是在客房中为客户提供移动服务。另外，客人只要拿出手机，也可以在客房中实现所需的消费交易。

（三）有利于拓宽酒店的销售市场

基于移动互联网的酒店电子商务，其服务平台面向所有的消费者，没有地域边界的时空限制，无论消费者在哪里，都可以通过移动互联网了解酒店的服务产品、预订酒店的服务产品，获取自己所需的服务。因此，一个酒店电子商务系统定位好以后，它的运行是全天候的、跨地域的，它可以面向全球的消费者，电子商务拓宽了酒店经营的销售市场。

（四）有利于酒店品牌的创建和传播

基于互联网的电子商务面向所有消费者时也需要树立自己的品牌，这个品牌是靠网络服务打造出来的。酒店通过在线服务吸引一批忠实客户，通过培育自己的客户群，满足他们期望的酒店服务，既具有面对面服务的良好口碑，还具有在线服务更敏捷的网络口碑，这种线上与线下的口碑结合就是培育和创建酒店品牌的基础。电子商务这种 24 小时提供的温馨服务有利于酒店品牌的形成，这种网络口碑通过移动互联网可以得到快速传播，从而形成自己忠诚的网络消费群体。

（五）更加完善酒店的采购管理

酒店经营中的物资采购是酒店电子商务的重要内容，传统的采购各环节都是由人工管理，使酒店采购产生了许多问题。通过电子商务系统的电子采购，使得酒店采购的询价、定价、筛选、订购、送货、验货各环节都实现了电子化处理，减少了人工干预，为酒店物资采购降低了成本，保证了物资采购的产品质量。如酒店采购鱼类产品，可以通过电子商务系统确定的商家，实现定时、定量快捷送货，既保证了鱼类产品的新鲜，又降低了鱼类采购的成本。电子采购关键是按需采购，酒店不需要准备很大的仓库空间。

从未来科技发展的角度看，酒店业借助电子商务将有更低的经营成本优势，尤其是人力资源成本。如阿里巴巴的未来酒店，凡是业务事务性的处理都由机器人和电子商务系统代劳，包括收银、大堂服务、客房管理等，只需要少量的服务员投入前台服务。海底捞火锅也是这样，2019 年 1 月宣布未来的火锅店洗菜、洗碗、传菜工作都由机器人来完成，也没有收银员，大幅度地减少了经营中的岗位人员，电子商务将助力酒店业大幅度降低经营中的人力资源成本。

第二节 酒店电子商务的主要特点和分类

酒店电子商务是一种服务类的电子商务，也有一种说法说它是预约型的电子商务，因为它和其他商品企业的电子商务相比，其交易过程不会产生很大的物流。因此作为预约型的电子商务，它有自身的应用特点，本节我们就一起来讨论一下酒店电子商务的一些特点以及它的分类。

一、酒店电子商务的特点

作为一种预约型的电子商务，通常有它自己的特点，了解这些特点对酒店开展电子商务以及它的运营管理会有所帮助，因为酒店电子商务多数是预约型的服务，存在很多的不确定性，需要通过完善的在线服务去促成每一次的商务交易，从而逐渐提高酒店电子商务的收益。

(一) 服务性特点

酒店的电子商务涉及多种业态的业务，常规的包括客房、餐饮和娱乐等服务，每一种业务都是服务型的，它们在咨询、预订、消费、结账等不同环节都有相应的服务要求，而且这些服务的质量会影响到酒店电子商务的持续性和酒店品牌效应。这就要求酒店电子商务在结构设计上要满足服务性的要求，如数据接口能连接全社会的信息数据，便于吸收第三方的应用；交互上要简单、清晰，让不同层次的人都能进行业务操作；在客户服务上要有延续性，前后交易的产生、结算、发展都能可视化，并有相应的促销服务策略呈现。

(二) 动态性特点

酒店服务产品资源是有限资源，而且这种资源的剩余量处在动态变化中，从客户角度来说，这些资源消费者可以预订你的，也可以预订其他酒店的，所以这种动态性就要求酒店电子商务系统在每个环节都要有促销信息，以吸引客户的确认订单操作，提高酒店的在线销售收益。互联网的商务信息在不断变更，商机不断涌现，竞争也不停地在进行，正是这种动态性的特点，要求酒店电子商务在设计上必须有灵活性来满足在线销售的各种服务。

(三) 社会性特点

酒店电子商务的网络环境是建立在开放式互联网基础上的，它的数据流转、数据安全都具有许多社会性的特点，并不是自己的系统就能左右这些环境的安全性。另外，酒店的电子支付问题，也不是自己能左右的，自己能做的只是选用哪一方的电子支付方式。其他的还包括电子商务环境中的法律问题，若在消费目的地开展电子商务，还需要考虑和遵守当地的法律法规，务必使酒店的电子商务在任何地方都遵章守纪。

（四）层次性特点

构建酒店电子商务系统时至少要保证其具备三个层次，即基础层、操作层和应用层。基础层主要解决系统的数据结构、业务流程以及商务模式实现，这是酒店自己的核心内容，也是体现电子商务自身的竞争优势内容，这个层次酒店必须自己参与系统的组织与开发，差异化地形成自己的系统特色；操作层是系统针对不同的商务对象而设计，有针对散客的商务操作，有针对企业客户的商务操作，也有针对 OTA（在线旅行社）渠道的商务操作，而且每一种操作对象中还有针对 VIP 客户的商务操作；应用层是完全面对社会的一个层面，有面向社区的内容，有面向电子支付对接的内容，有面向政府的对接内容，也有面向法律问题的内容，以及面向互联网第三方的相关内容。对于大型集团型酒店的电子商务，其层次性可能更复杂。

（五）不完全性特点

电子商务有完全性电子商务和不完全性电子商务之分，酒店电子商务大多数属于不完全性电子商务，因为酒店产品的预订、支付等环节都存在不确定性，无法进行商务的确定性操作。例如有好多消费者的预订，都是到酒店以后才确定，支付也都是面对面的居多，更有许多消费者预订了还不一定来，这就导致酒店的电子商务系统无法设计成完全性电子商务，这是和具有物流的电子商务系统完全不同的地方，这就要求酒店的电子商务系统能在多个商务环节上有提示、引导和促销的信息展示，以促进酒店电子商务逐渐从不完全性电子商务走向完全性电子商务。

二、酒店电子商务的分类

酒店电子商务有酒店内部电子商务和酒店外部电子商务两大类，内部电子商务比较单一，其结算也比较简单；酒店外部电子商务种类比较繁多，结算也非常复杂，有酒店与企业之间的电子商务、酒店与消费者（散客）之间的电子商务、酒店与 OTA 渠道之间的电子商务，以及酒店与政府之间的电子商务。

（一）酒店内部电子商务

酒店内部电子商务主要有部门之间的电子商务和集团内部成员酒店之间的电子商务。这些电子商务数据交换的对象是固定的，所以业务结算或核算就比较简单。酒店内部电子商务是外部电子商务的基础，它通过内部网体现了业务协同的敏捷性，便于酒店对外部市场的变化做出敏捷的反应。如酒店的会议室安排、宴会厅安排、成员酒店之间的相互订房都属于内部电子商务。

（二）酒店外部电子商务

酒店外部电子商务主要包括以下几种。

1. 酒店与企业之间的电子商务

酒店与企业之间的电子商务也可以分为两大类：一类是酒店与企业客户之间的电子商务（H2E），这里 H 代表酒店，E 代表企业客户，它们之间的电子商务主要是客房预订，酒店有很多种类型的企业客户，通过销售协议享受不同的价格，其商务交易通过系统的约定来操作；另一类是酒店与供应商企业之间的电子商务（H2B），这里的B代表所有的供应商企业，属于酒店物资采购业务的商务，酒店有多种类型的供应商，如设备供应商，房间用品、饮料、肉类、蔬菜、蛋类等供应商，酒店通过电子商务系统实现电子化采购，是酒店经营中很重要的一类电子商务。

2. 酒店与消费者之间的电子商务

酒店与消费者之间的电子商务是酒店电子商务中很重要的一类，这里的消费者主要是指散客。目前酒店与消费者之间的电子商务有两种类型：一种是H2C；另一种是C2H，这里的C就是散客消费者。前者是酒店针对散客的主动销售，主要出现于酒店的门户网站、移动APP等环境，销售价格由酒店方来确定，后者是散客针对酒店的主动销售，主要出现于社交平台以及OTA等平台，销售价格由消费者发布确定。酒店与消费者之间的电子商务目前是酒店在线直销的主要形式，也是酒店拓展市场增加收益的主要商务形式。

3. 酒店与OTA渠道之间的电子商务

OTA是酒店开展电子商务的重要合作伙伴。目前有许多酒店的电子商务直接依赖OTA，也有许多酒店对OTA爱恨交加，可以说OTA在酒店电子商务发展历程中发挥了重要的作用。酒店与OTA之间的商务目前主要包括房间数、房间价格、佣金比例以及促销活动商务等，它们的商务都通过互联网来实现。当然酒店与OTA之间如何来开展电子商务，需要根据自己在线直销的能力制订一个全盘考虑的销售计划和策略。

4. 酒店与政府之间的电子商务

因为政府有各种各样的物资采购，其中也包括客房采购，所以存在酒店与政府之间的电子商务（H2G）。政府一方面作为消费者，通过互联网发布自己的采购清单，另一方面政府可以对酒店业进行宏观调控、指导规范、监督管理，使酒店的电子商务服务能更完善，有利于酒店电子商务的健康发展。在酒店电子商务中，政府还有一个重要作用，即政府对酒店电子商务发展的推动以及市场管理。

第三节　酒店电子商务的系统类型

自从酒店电子商务出现以来，由于酒店自身经营的情况不同，以及互联网技术的不断完善，电子商务的应用出现了多种系统类型的形式，如基于网站型的、基于社交服务型的等。有些电子商务并没有构成系统，仅是一种互联网的应用，在管理上也没有系统性的方法，属于碎片化的应用。尤其移动互联网新技术的应用，以及云端服务技术的进步，近几年来各种新型系统层出不穷，常见的系统类型有网站型的电子商务应用、公众号的电子商务应用、小程序APP的电子商务应用，以及基于云PMS的电子商务应用等。

一、网站型的电子商务

网站型的电子商务是指酒店通过自己的门户网站开展的电子商务，这是目前大多数酒店采用的一种经营方式。但电子商务业绩好的并不多，主要是缺乏网站流量，引流技术不足。另外业绩不好的原因还有两个方面：一是在线服务不足，酒店没有足够的重视和经验来开展线上服务；二是没有形成完整的服务系统，好多酒店的网站没有完善的后台与PMS对接，使得商务流程断裂，数据无法在各环节流转，不能有效地提供服务。目前酒店为了迎合智能手机的应用，都开发了手机网站，通过手机的应用开展电子商务，方便了消费者的服务获取，虽然提高了一定的绩效，但离整个酒店的销售业绩指标还有距离。未来网站型电子商务的发展，主要从数据流转的自动处理上入手，即形成完整的电子商务系统来实现商务的高效电子化处理。

二、公众号的电子商务

公众号的电子商务是利用微信的社交平台，通过关注来开展酒店的电子商务，酒店利用公众号开展电子商务的业绩普遍好于网站型电子商务。其应用的主要缺点就是需要消费者的关注，而目前智能手机的存储容量的限制使得消费者关注公众号的热情大减，影响了其推广的广度。从目前公众号的应用面来看，公众号应用的主要目的是招揽散客，由此销售业绩出现瓶颈，无法提升。目前从大多数酒店的应用情况来分析，公众号基本都是在关系客户上开展应用，关系客户作为酒店的忠诚客户，利用公众号来开展定向的网络营销和销售业务，有比较好的效果。因此，对酒店来说，如何利用公众号开展客户维系、开展一对一的服务，以及实现这些客户的电子商务，是值得探索和研究的内容。

三、小程序APP的电子商务

APP的应用目前已经过了应用热潮，因为它的开发、审核、发布、应用都是一件很麻烦的事。尤其在消费者应用方面，由于安装APP需要占用智能手机很大的内存，消费者很少有愿意装APP来获取酒店的服务，这给利用APP来开展酒店电子商务带来了困扰。自从在社交网络里出现了小程序概念以后，应用出现了转机，这里讲的小程序APP是另一种APP的形式，有的也叫应用号。这是在应用结构上进行了很大改进的小程序，其最大特点就是软件不占消费者手机的存储空间，也不需要安装，克服了以前APP存在的不足，给旅游服务业开展网络营销和电子商务带来了机会。随着小程序APP的不断改进，在酒店业开展电子商务具有很大的发展空间，不但可以应用于关系客户，也对酒店潜在客户带来很大的吸引力，可以预见，酒店采用小程序开展电子商务将有很大的市场空间。对消费者来说，获取使用也方便，是未来酒店电子商务的主要系统类型。

四、基于云PMS的电子商务

PMS是酒店基本的不可缺少的系统，随着移动互联技术的进步，酒店PMS逐渐成为酒店的一个开放型系统，是目前酒店名副其实的电子商务系统。当然，目前对大多数酒店来说，PMS仅处理酒店的内部商务，很少有酒店提出在线服务的商务要求。随着云技术和物联网在酒店的应用，基于云技术的PMS在不断涌现，这种云PMS系统不但能处理酒店的内部商务，还能处理互联网的业务，通过互联网接受在线消费者的预订、结算等交易业务。对于酒店来说，使用云 PMS 不但降低了 PMS 的使用成本，而且为酒店带来一定的客户，这些客户的多少取决于酒店提供的在线服务的质量。因此，作为新一代的云 PMS，为酒店提供了云接待、云商务、云结算、云关怀等一系列的在线服务，这是未来酒店 PMS 和电子商务系统合一的新型电子商务系统。

以上介绍的电子商务类型都是酒店自身开展的系统类型，这是作为一个酒店企业在互联网时代必须具备的商务系统，开展的目的都是提高自己的在线直销份额。除此以外，在酒店业还有许多其他的第三方系统类型，如 OTA 的电子商务类型，分销型的如 GDS（全球分销系统）的电子商务类型，还有许多地方性的门户网站的电子商务类型，他们也为酒店提供咨询、预订等在线服务。相信随着技术的不断进步，如区块链技术、大数据技术等在电子商务领域的应用，还会有更多的电子商务系统类型出现。酒店利用这些第三方的电子商务系统，都是为了降低自己的产品库存，为酒店扩大在互联网环境下的营销影响，增加酒店的收益。

第四节　酒店电子商务应用内容

酒店电子商务应用包括多个方面的业务内容，既有酒店客房销售业务和内部部门之间的电子商务，又有酒店与所有其他利益团体之间的电子商务，如电子采购等。酒店电子商务常见的应用内容包括客房销售、网络营销、电子采购、合作伙伴商务、网络咨询、客户维系和同业协作等应用，从广义上来说，酒店电子商务应用可以包括酒店所有业务内容。然而，由于酒店的核心业务是客房销售，因此酒店电子商务的核心内容也是围绕客房的电子销售、网络营销以及客户关系等管理展开，这是酒店电子商务中最核心的内容。酒店电子商务应用主要是利用电子商务的优势提高酒店销售、营销、客户服务的效率和效益，为酒店增加收益。本节主要围绕这三方面介绍酒店电子商务应用的内容。

一、电子销售

电子销售就是酒店每天把一部分的房间放到网上去销售，包括 OTA 网络渠道和自己在线直销的网络，每天放多少需要根据市场情况调整，主要考虑到酒店经营效益最大化以及协作单位（如旅行社）等因素。在分配时，还需要考虑电子销售的成本，如支付中介电子渠道的佣金等，因此在中介电子渠道销售的分配上，根据季节等因素数量也不能太多。下面是根据不同的销售渠道，给出的电子商务销售分配策略。

（1）自己门户网站的客房销售：数量可以越多越好。

（2）综合性门户网站的销售代理：适当投放一些。

（3）CRS 的客房销售：自己内部的中央预订系统，根据终端的范围比例可以高一些。

（4）GDS 的国际分售：根据自己定位的需要投放，但数量不能太多，因为佣金费用很高。

（5）OTA 旅游渠道的客房分销：作为合作伙伴数量也应控制，不宜太多。

电子销售的好处是可以根据情况随时调整销售比例策略，每个酒店可以根据自己的目标市场定位进行销售比例调整。这几种电子销售方式各有优缺点，酒店对自有网站的客房销售控制权大，但由于流量的问题其销售量可能不高；综合性门户网站的访问量大，但专业性不强；CRS 能有效吸引客源，但其专业化程度要求较高；GDS 的销售功能强大，但费用昂贵；OTA 旅游渠道的分销机会多，但却不能突出酒店的个性化特色。因此，酒店需要根据自身的实际发展情况选择一种合适的电子销售方式或组合其中的几种方式，以达到最佳的酒店销售效益。

二、网络营销

网络营销是酒店电子商务中的核心内容，它是通过互联网、社交网络，并借助信息通信技术和人工智能技术来实现营销目标的一种营销方式，效率高、受众面广，很好地弥补了电话、电视广告等传统营销方式存在的区域限制、对人的依赖性大等不足之处。

现代移动互联网技术的迅猛发展、市场营销的全球化和竞争的电子化以及消费者需求的个性化，所有这些因素都促使了网络营销的快速发展。网络营销最大的特点就是以客户为中心，以客户的需求为基本出发点，通过网络把酒店的服务产品展示给任何地方的消费者，能以最快的速度开展各种促销与宣传活动，并能够与客户进行双向沟通，使客户真正参与到整个营销过程中来，真正实现个性化的一对一营销。电子商务中的网络营销具有快速、跨时空和低成本的优势，目前已经成为酒店营销的重要手段。

网络营销与传统营销的目的都是宣传和销售酒店的产品与服务，加强酒店与顾客之间的沟通交流，分层次地为顾客提供服务。但作为一种新兴的营销方式，网络营销与传统营销方式在实施中有着很大的区别，网络营销需要考虑营销各阶段的在线衔接问题，并在线收集相关的客户信息。如通过网络实施交互式的调查，收集和整理有用客户的信息；对网上消费者的行为进行分析，深入了解他们的需求特征、购买动机与行为模式；根据在市场上的不同定位，进一步制定相应的营销策略。酒店在开展网络营销时，重点是怎么选择网络营销渠道或营销合作伙伴，怎么制定网上的价格策略以及产品与服务策略，怎么选择网络营销的方法以及组织和开展网络促销活动，怎么对网络营销效果进行客观的评估。

实例：无锡壹笙酒店的互联网营销思路

无锡壹笙酒店位于吴文化的发源地之一、中国宜居城市之一——无锡，是绿云 i-Hotel 的用户。酒店紧邻京杭大运河、南禅寺、南长街古文化风情艺术街等无锡著名旅游景区，是一家以徽派建筑为基础，融入江南古典园林与道家文化的江南文化主题酒店，涵盖了客房（其中酒店客房共 99 间，涵盖面积为 33～105 平方米的 12 种不同风格）、餐厅、多功能厅、健身房、商务茶吧、中央园林景观及七处各具风格特色园林，如图 1-1 所示。酒店名“壹笙”，取自《道德经》中的“道生一，一生二，二生三，三生万物”，酒店风景皆入意，人在境中居。这一派淳朴简洁、惬意安宁的中式装修酒店，隐匿于繁华喧嚣之间，向这座城市叙说着返璞归真的大隐生活情怀。壹笙作为无锡市唯一一家定位于新中式高端文化酒店，其本身附着了许多可供挖掘的 IP 价值点。

酒店开业就借助 i-Hotel 平台开展电子商务，重视互联网的营销，重在基于自身的客户定位，通过互联网找到目标客户，到店体验，然后通过各种社交软件进行分享，产生更多的粉丝，带来更多的流量。酒店除了本身就是一个很好的“吸引物”外，产品设计、文化融合、IP 嫁接、景色配套等，都是建立在体验、颜值、IP、社群的基础上的。壹笙的线上推广，核心抓住四点：第一，自我价值梳理与宣传点创造；第二，找到目标客群并广而告之；第三，给予客户优质体验，引导分享；第四，忠诚会员沉淀，长期互动。

图 1-1 壹笙酒店

在互联网营销实践中，壹笙通过造节日（樱花节、插花节、会员日）、造美景、造美食、造公区、造故事等手段，融合酒店本身的品牌文化和价值点，开展系列线上促销活动，如邀请社群平台小红书的 KOL（关键意见领袖）现场体验，借助 KOL 本身的流量吸引关注度，如图 1-2 所示。“壹笙”谐音“一生”，搭配情人节或者七夕的节点，进行线上活动宣传，裂变式营销，引爆全城，吸引关注度。针对壹笙的目标客群，在小众 APP、公众号进行商务合作宣传。微信朋友圈定投，微博合作推广，抖音短视频推广等。依托大平台的用户流量进行酒店价值点与活动的宣传。客户到店的体验是检验一切线上宣传的标准，因此从预订到入住到离店的整个过程中，充分抓住每个与客户的接触点。如线下服务转线上（订房、订餐、开发票、床品购买、当地特产购买等），预订礼遇，入住欢迎礼遇等，给予客户绝对的便利和优惠，绝对优质的服务。书香茶室、广式点心、园林景观、游船服务、主题房间等每个环节都做到让客户主动积极地去社交平台分享。

图 1-2 壹笙酒店小红书 KOL 推广

壹笙酒店充分发掘自身的产品优势、品牌价值点和配套优势，同时搭配线上营销活动、线上商城促销等，保持会员与酒店之间的黏性，酒店电子商务的业绩获得大幅度提升，客房出租率同期比较提升了 10 个百分点，签约会员数量也大幅度提升。酒店的线上营销手段（小红书、微信、微博、抖音）和线下活动的结合，结合自身的会员体系，做到了很好的传播与流量转化，让壹笙这个品牌随着古运河的流水、南禅寺的钟声、飞驰的高铁传到祖国各地。

资料来源：由无锡壹笙酒店提供材料，作者整理。

目前，高星级酒店在网络营销方面的发展已经较为成熟了。相较而言，低星级酒店和无星级酒店在这方面还是比较薄弱的。不过目前已经有很多连锁经济型酒店，尤其是精品和品质连锁酒店，开始认识到了网络营销的巨大作用，并大胆探索网络营销的组织和实施。

根据现阶段的网络环境，酒店企业可以选择以下几种系统平台组织和开展网络营销。

（1）在 OTA 旅游渠道的平台上开展网络营销，如携程网、同程网等。

（2）在电子分销系统上开展网络营销，如 GDS 国际分销平台。

（3）在搜索引擎工具上开展网络营销，如百度搜索平台。

（4）在社交网络平台上开展网络营销，如微信社交平台。

（5）在小程序 APP 上开展网络营销。

（6）在社区服务平台上开展网络营销。

在 OTA 等分销渠道的网站和电子分销系统中，产品信息的展示就是一种营销方式，或者通过网络广告的形式开展网络营销，在这里不做详细介绍了。下面重点介绍一下搜索引擎网络营销、社交网络营销和小程序网络营销。

（一）搜索引擎网络营销

搜索引擎网络营销由于其高效率和高收益近年来发展迅速，成为酒店开展网络营销的首选。大多数的网络用户都会通过搜索引擎来寻找需要的酒店产品或者服务，利用搜索引擎进行信息检索已经成为仅次于社交网络的第二大常用的网络功能。因此，如果酒店想要让客户从网上了解到有关它的信息，一个很有效的方法就是让客户从搜索引擎上搜索到自己。如今，酒店的管理者已经充分认识到了这一点并采取了相应的措施，尤其是规模较大的星级酒店，他们通常会向搜索引擎服务商购买关键字，然后制作一个针对客户需求的落地页面，让客户通过点击可以直接看到自己需要的信息。这种方法价格不高，且能在很大程度上扩大酒店的品牌知名度，是酒店开展网络营销的一种十分有效的途径。

需要注意的是，第一次向搜索引擎服务商购买关键字的使用时间不宜过长，要根据使用效果不断地调整关键字，直至稳定。其实网络用户在使用关键字搜索产品时也是在不断改变的。目前，国内最大的搜索引擎服务商是百度（baidu.com），国际上最大的搜索引擎服务商是谷歌（google.com）。

（二）社交网络营销

由于社交网络的普及，以及其可移动性和受众面广等特点，社交网络营销正在成为酒店营销的主要营销方式。如微信营销、微博营销、人本营销、Facebook 营销等都是基于社交网络，酒店可以建立微信服务公众号，实现对消费者的个性化服务、关怀服务、定制服务等，也可以利用公众服务号开展预订服务。除了公众服务号，酒店也可以在社交网络平台上投放网络广告开展地毯式营销，从而关注消费者的点击情况、受关注情况，以挖掘潜在的市场需求，进一步投放更精准的网络广告。

（三）小程序网络营销

由于小程序不需要下载就可以直接在智能手机上应用，受到了商家和消费者的青睐，它的出现给酒店的电子商务和网络营销带来了新的生机，微信小程序应用的重要意义在于，让线上线下的商务场景更好地融合，以激活全渠道用户。如今，单一场景已经无法完全满足消费者的需求了，用户在哪里就应该把销售放在哪里，酒店投身的商场应该和用户的兴趣一致。如游戏化场景、沟通环境、商务操作环境的融合，小程序已成为最有效的工具。未来的酒店商务将是打破场景边界的环境，客户在娱乐中交易，酒店在服务中营销。目前，微信小程序发展已经被大量的酒店认可，给酒店带来了无限收益。如产品展示小程序、订房小程序、娱乐小程序、点餐小程序等，每一类小程序应用都有非常好的营销效果。现在各行各业都开始运用小程序了，尤其是服务性行业。小程序凭借微信 9 亿多的活动用户，将给商家、酒店带来更多的客源。

三、客户关系管理

电子商务系统能获得如此的快速发展，其中一个原因就是其有强大的客户维系功能，商家最头痛的就是客户管理，而这类管理目前主要是靠人，尤其在酒店业，有时由于员工流失，客户也跟着流失。而电子商务中的客户关系管理（Customer Relationship Management，CRM）就可以代替人进行客户管理和维系，它是通过集成软件来实现的。它经历了“接触管理”“呼叫中心”“社交服务”等客户管理过程，形成了现在的客户关系管理的软件系统，并具有互动、销售、营销、分析等多种在线功能。酒店为什么要利用该软件系统来开展营销？因为该系统管理的都是有价值客户，是酒店经营中最重要的常客户，对他们开展有目的的关系营销、人本营销，能达到非常好的营销效果，有利于酒店的收益持续增长。

CRM 的概念是由一家研究现代商业发展趋势和技术的专业咨询顾问公司 Gartner Group 首先提出来的，它目前已成为了衡量一个酒店是否有能力提供信息化服务的重要指标。CRM 是建立在信息技术平台上，综合处理、分析并影响客户消费行为的管理技术，其具有以下功能：确定客户满意度、对客户构成进行分析、深度分析利润构成、分析的连续性、巩固与现有客户的忠诚度。

具体来说，要实现酒店的客户关系管理，第一步也是最重要的一步就是要求酒店员工平常时时留意，并记录下客户的特殊喜好与要求。通过数据库的记录，保存关于客户的各方面数据，包括其用餐习惯、个人喜好、消费记录等信息。系统可以实时挖掘每位客户的潜在需求，确定其对服务的满意度。系统还可以根据不同的客源地、行业、年龄、消费额度等细分客户，对顾客特征、购买行为和消费活动进行分析，从而提供一对一的个性化服务。从酒店管理的角度，CRM 能识别出最有价值的客户，重点关注并集中精力服务他们，维系与他们的良好关系，以进一步提高酒店的收益。

（一）关于 CRM 的一些基本概念

可以从下面三个层面来理解 CRM 的基本概念和应用。

1. 酒店客户关系管理是一种管理理念

在经营管理中，酒店应该把客户看成是其最重要的资产，形成以客户为中心的经营理念，通过对客户的关系服务来挖掘客户价值。

客户关怀是 CRM 的中心，其主要目的就是加强与客户的联系，提高客户满意度，维系客户关系。客户关系管理的成功实施需要领导者的高度重视，要将其纳入酒店的发展战略规划中；还需要酒店全体员工的积极投入，在经营的观念和行动上都以客户为中心，在整个酒店中形成一种高度聚焦于客户满意度的组织氛围。通过 CRM 系统，酒店与客户之间可以实现快速、精确、可靠的交流；针对顾客的偏好与习惯，酒店可以为顾客提供个性化和人性化的商品和服务，从而在最大程度上维持高价值的客户群体，同时开发潜在有价值的新客户。

2. 酒店客户关系管理是一种管理机制

这种机制要求酒店用系统面对与客户相关的营销、销售、服务、技术支持和新产品开发，完善与客户的互动机制、服务机制、快速响应机制，以此提高客户对酒店服务的满意度和忠诚度，最终实现酒店的自动营销和利润的持续增长。

客户关系管理系统不仅能够针对不同顾客的偶然的、个别的和特殊的需求提供个性化服务，提高客户的满意度，而且能够对客户的满意度进行深度分析，探寻客户流失的原因并动态制定出与目标市场相符合的产品、销售和服务的营销战略；通过 CRM 应用酒店还可以对业务流程进行自动化改造以及细分客户市场，从而使营销活动更有针对性，提高营销的工作效率，降低成本。

3. 酒店客户关系管理是一种管理软件和技术

首先它是一种集成软件，围绕对客户关系的维系和管理展开，并提升对客户的服务。因此在设计时必须考虑对客户的实时性操作和分析操作，如自动销售、自动营销等操作，同时要考虑软件之间的协作，实现电子商务数据流转的无缝连接要求。

（二）关于 CRM 的概念结构

客户关系管理系统的基本核心技术是信息通信技术、数据库技术和数据仓库，而一个功能完整的客户关系管理系统还具有联机分析处理、报表工具和数据挖掘等技术。客户关系管理系统的具体功能主要包括过程管理、客户状态管理、客户满意度管理和客户成本管理等几个方面。其主要目的就是使酒店能够更有效率和更有效果地展开客户关系管理，在最大程度上实现客户价值，使客户关系管理真正成为酒店获得并保持其持续竞争优势的关键途径。由于不同的酒店企业面对着不同的客户，CRM 通常必须由专业的 CRM 软件开发商，根据酒店的定位、经营理念、客户市场特征等因素，为酒店量身定制。全球著名的 CRM 供应商有 Oracle、Siebel、Applix、Pivotal 等，中国比较有名的开发商有 TurboCRM 信息科技有限公司、用友软件股份有限公司、上海普思、杭州绿云等。

从概念上看，酒店 CRM 系统的主要功能包括业务操作、业务分析及需求挖掘以及业务互动与协作等，其概念结构如图 1-3 所示。

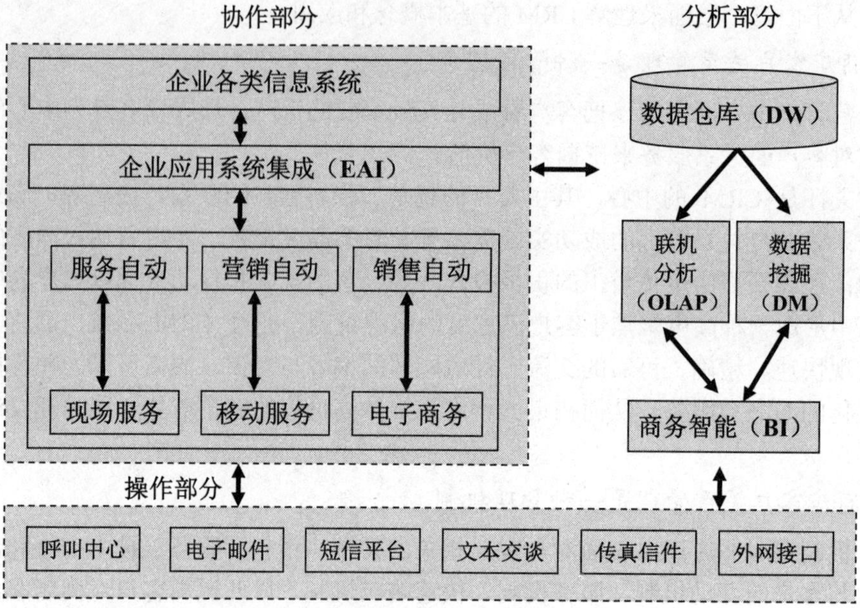

图 1-3 酒店 CRM 的概念结构

目前 CRM 最新的发展趋势是与互联网相融合起来，充分发挥两者结合的优势。尤其是有一定规模的大型饭店或酒店集团，可以建立基于 Web 的客户关系管理系统，这对酒店形成服务品牌具有很强的影响力，能帮助酒店吸引更多的大客户和忠诚客户。

第五节 我国酒店电子商务的发展与展望

我国酒店业开展电子商务起步较晚，始于 20 世纪 90 年代，当时少数的旅游酒店用 EDI（电子数据交换）方式开始电子商务，主要是便于国际客人到中国旅游和开展商务的实际需要，后来由于互联网的出现，电子商务才开始在我国酒店业普遍开展起来，随着最近几年移动互联网的广泛应用，酒店业已把电子商务作为改进管理与服务的主要手段，积极加大电子商务的投入。可以说，我国目前酒店业的电子商务应用与国外发达国家相比，已经相差无几，目前酒店电子商务应用发展的主要问题已经不是技术问题，而是经营者的理念和策略问题。

一、酒店电子商务发展的几个阶段

酒店电子商务的开展是随着技术的进步而不断发展，这个技术主要是随着网络技术的进步不断影响着酒店电子商务的应用。因此，酒店电子商务发展基本围绕着 EDI 的应用、互联网的应用、移动互联网的普及而形成了 EDI 发展阶段、互联网应用发展阶段，以及移动互联网应用发展阶段。

（一）EDI 发展阶段

20 世纪 80 年代末，EDI 在高星级酒店已开始应用，主要是借助国际电子分销渠道 GDS 开展酒店的订房商务操作，这是初期的酒店电子商务应用。应用 EDI 使酒店实现了酒店预订的“无纸贸易”，开展与分销渠道、航空公司等商务合作。这时的 EDI 电子商务功能还比较单一，业务数据传输速度也很慢，对系统的技术、设备、人员都有较高的要求，并且使用价格非常高，无法在普通酒店开展应用，大多数中小型酒店难以应用 EDI 开展电子商务。但这个阶段计算机的应用已经在酒店业展开，前台服务已开始有 PMS 系统的应用，以处理接待分房业务。

（二）互联网应用发展阶段

20 世纪 90 年代末，随着互联网进入中国，酒店电子商务开始在互联网开展订房应用，先有以携程旅行网为代表的 OTS 发展起来，为酒店开展电子商务在线服务。进入 21 世纪，单体酒店也开始以网站形式开展电子商务应用，尤其是高档商务酒店，开始在互联网上开展网络营销，然后在互联网上开展在线直销，以各种不同的形式开展电子商务。基于互联网的电子商务受到大多数高端酒店的青睐，它比基于 EDI 的电子商务具有明显的优势：一是费用低廉；二是受众范围广；三是可以直接面对散客。这个阶段的酒店经营，已经开始意识到电子商务的作用，但由于酒店经营还没有感觉到特别困难，政府消费还比较流行，尤其是商务酒店收益没有走下坡路，所以对电子商务的应用还没有那么紧迫，电子商务主要以营销为主，对客户的关怀和在线直销没有真正地开展起来，但大多数经济型酒店连锁已经开始用电子商务参与市场竞争，如 7 天连锁酒店，因此这个阶段的经济型酒店得到了市场认可，开始了迅猛发展。

（三）移动互联网应用发展阶段

进入 2010 年，移动互联网随着智能手机的普及，在酒店业获得了快速发展。酒店利用移动互联网全面开展电子商务。酒店的 PC 网站纷纷转向手机网站，利用智能手机的终端开展无处不在的移动电子商务。在移动互联网环境下，酒店开展电子商务的形式也出现了多样化，有公众服务号形式的，也有小程序形式的，各种应用的 APP 层出不穷，可以说这个阶段的电子商务已经成为酒店创造竞争优势的主要手段，电子商务的在线直销已经成为酒店经营的常态。这个阶段酒店经营已经非常困难，尤其是高档商务酒店，政府消费基本消失，高档酒店遍地开花，经营的竞争压力非常大。而这个阶段的度假酒店和精品酒店发展迅速，他们利用移动互联网开展移动电子商务，用小程序关怀客户、粘连客户、服务客户，获得了成功。可以说是移动电子商务助推了度假酒店的发展，尤其是基于移动互联网的社交平台，为酒店开展关怀营销、精准营销提供了便利。可以说未来的社交平台是酒店移动电子商务的主战场。

二、酒店电子商务发展展望

下一阶段酒店电子商务向哪里发展，这是个值得探讨和展望的事情，它对未来酒店业的发展将会产生深远的影响。可以肯定的是，酒店电子商务发展的每一个阶段都是和技术进步相关联的。我们先展望一下未来新技术的发展，大数据、区块链技术以及人工智能将会是未来技术发展的主要方向，更新技术的发展及应用现在还很难预测。因此，未来酒店电子商务的发展将会进入基于大数据的区块链电子商务发展阶段，但目前在这方面还没有具体的应用，因此我们在这里只能以展望的形式探讨酒店电子商务的发展。

（一）大数据在酒店电子商务的应用

酒店在开展电子商务的过程中，会涉及商务过程中的价格问题，会涉及消费客人的偏好习惯问题，会涉及客户对酒店的忠诚度问题，也会涉及未来某个时期的客源预测问题，以及涉及是什么原因致使消费客源面临下降等问题。所有这些都需要酒店大数据的分析，才能精准开展有效的电子商务。大数据分析目前已经在酒店有开始应用的迹象，但还没有形成大数据的分析体系，因此目前的应用还是零碎的，因为要形成大数据的应用，需要一个全面的大数据应用平台，每个酒店的电子商务系统都可以在大平台上获取数据或交换数据，形成强有力的数据支持系统。就目前酒店业的发展来看，酒店集团和酒店连锁有比较好的大数据应用，它们的电子商务可以平台化，给所有成员酒店使用；OTA 平台也有比较好的大数据，可以为单体酒店提供分析服务；PMS 技术服务商也有自己的大数据，同样可以为自己的用户酒店提供电子商务分析服务。

（二）区块链技术在酒店电子商务的应用

未来的酒店电子商务会面临数字货币的支付问题，面临独立旅行的 ID 商务问题，面临要求商务信息的高度透明问题，同时也面临商务信息在网络传输中被篡改的问题，面临商务信息必须可在线溯源防伪的问题，面临酒店大数据如何布局以及去中心化的问题，所有这些问题的全面解决需要区块链技术的应用和支持。自从 2009 年出现区块链技术以来，当时是为了支撑数字货币流通而开发的基础技术，现在成为移动电子商务技术支持追求的热点。近几年来，旅游业也开始关注区块链技术的应用，尤其在酒店业，电子商务的数据资源管理、移动支付中的数字货币选择、客户忠诚度计划的实施以及智慧酒店技术架构的构建等，都需要区块链技术的支持。未来酒店电子商务通过区块链技术的应用，客户与酒店的商务操作将更加便捷，信息将更加透明，酒店上下游的供应链关系将更加畅通，电子商务的诚信体系将更加完整。

（三）人工智能在酒店电子商务的应用

人工智能（AI）在酒店业早有应用，如机器人服务就是酒店人工智能的应用实例。现在要把人工智能用于酒店的电子商务，提高电子商务自动化处理的水平，是目前酒店在电子商务中所追求的主要核心技术。如酒店在电子商务过程中的客户识别、商务助理、智能运算、在线客服、智慧营销等，都需要人工智能的技术支持。人工智能可使商务系统在精确思维能力上超过人，然后在模糊思维能力上超过人，形成个性化处理商务的具有创造力的自动化系统，这种能力是系统通过学习后慢慢形成的，因此，这种人工智能的商务系统在创造力上会远远超过人类，最终系统的智力水平也会远远超过人类。因此，人工智能用于酒店电子商务系统后，可以实现客服的完全智能化、客户管理的完全智能化、商品及价格管理的完全智能化，以及酒店上下游供应链的管理完全智能化。人工智能已使酒店的智慧商务产生无限可能，未来将拓展酒店线上线下商务“融合”的概念范畴。

新技术在不断涌现，酒店电子商务系统也会不断完善，新技术将不断推进电子商务发展阶段的交替，未来酒店电子商务会发展到哪个阶段难以预料。但可以肯定的是酒店电子商务是一种服务，而且是一种预约式的服务，不存在或很少涉及商务中的物流，服务永远是酒店商务中第一位的，所有技术的应用都是改进服务，而且是在线服务。因此服务以及服务的个性化和场景很重要。未来酒店电子商务技术的应用还会使用增强现实（VR）的新技术，通过 VR 的应用，构建酒店电子商务的应用场景，以吸引消费者的订约和购买，这个场景或许是游戏化的，或许是情境化的，它可以激发消费者的兴趣和好奇心，以满足现代消费者在电子商务系统中交易操作的实际需要。

本章案例：酒店数字化儿童娱乐区解决方案

杭州新爵科技是一家创立于新加坡的高新技术企业，公司致力于为 2～6 岁儿童提供数字化的寓教于乐产品，2017 年产品投放酒店亲子场所以来，得到了客户的高度认可。公司围绕“智”造快乐的经营理念，运用新兴的科技技术，结合先进的教育理念，设计、开发适合儿童的互动型数字化电子智乐产品，用“智”造快乐陪伴他们健康、快乐地成长。公司已为幼教机构、酒店亲子场所、新零售场景设计了系列产品，产品已经覆盖国内外 2 000 多个亲子场所，覆盖全国 200 多个城市、全球 20 多个国家，服务超过千万人次的学龄前儿童。内容方面已经与多个国际知名 IP（海底小纵队、超级飞侠、小猪佩奇、萌宝奇兵等）达成合作，如图 1-4 所示。目前，公司不断开发基于互联网的新型智乐互动产品，持续为广大儿童及亲子场所提供优质的数字化互动内容。

图 1-4　公司的合作用户

一、智乐游酒店应用场景

酒店的基本服务就是住宿、餐饮、娱乐、休闲，但酒店专门为儿童设置的数字化娱乐区并不多。现在，大多数酒店都规划有儿童娱乐区、酒店自助餐饮区、酒店儿童托管空间、亲子场所、亲子房等，但真正能吸引儿童智乐游的服务场景并不多。其实这些区域都可以给儿童规划一个好玩的智乐游产品娱乐区，面积只需在 200 平方米左右。智乐游娱乐区包括魔法投球、梦幻滑梯、神笔蛋宝、奇幻地带、身高量量乐，如图 1-5 所示。从已有的酒店应用情况来看，智乐产品投放酒店娱乐场所以后，已受到儿童和广大家长的喜爱。

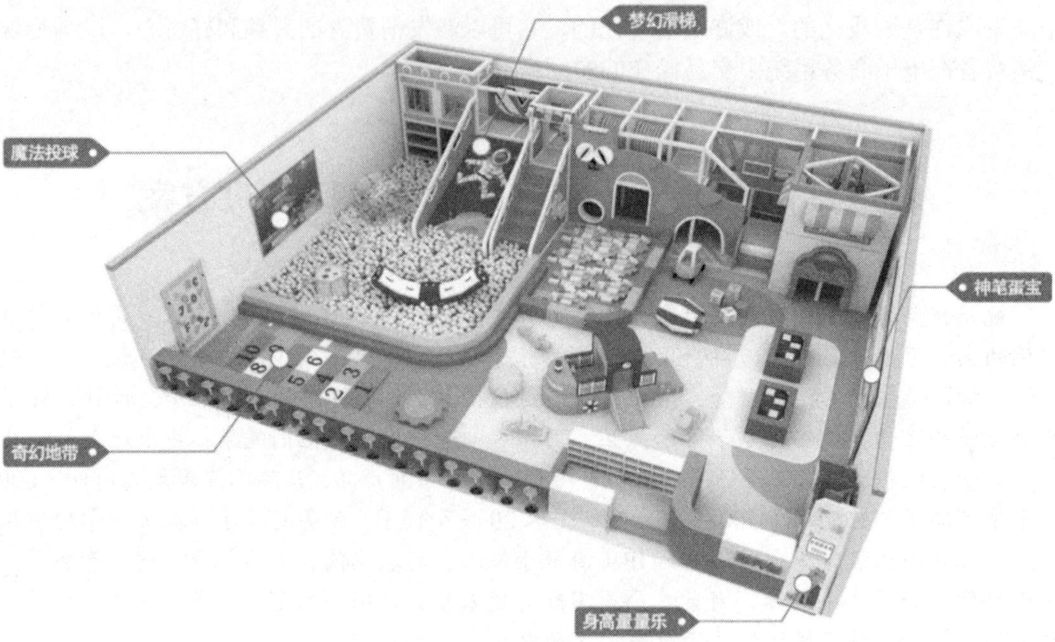

图 1-5 酒店应用场景示意图

酒店设置儿童智乐游产品，可以给带有儿童的住客提供一个让孩子快乐玩耍的场所，而且其最大的特点是可以开发儿童智力，受到在家里体验不到的智力开发，并且带有很好的趣味性。在互联网的新时代，“智”造快乐也是许多新零售所需要的亲子场景。智乐产品的设计是依据当前的 AR 技术、机器视觉、自然人机交互技术以及移动互联网技术，为儿童活动场所“智”造快乐场景，如儿童乐园、亲子场所、幼教机构等提供数字化智能互动产品，从而达到开发儿童智力、丰富体验内容的目的。本产品引入酒店的娱乐场所或亲子场所，即为酒店提供了儿童类的智乐游产品，丰富了酒店的娱乐体验内容，也产生了增加酒店营收的作用。如神笔蛋宝，充分将娱乐与教育相结合，提供多感官亲子互动，既培养了孩子的艺术创造力，又充分释放了孩子的动手及创作天性，通过 AR 技术实时生成有趣的动画场景，小朋友们特别喜欢。图 1-6 为智乐游产品的部分应用场景。

酒店数字化儿童娱乐区解决方案能为亲子型酒店住客提供丰富的亲子娱乐空间，为入住酒店的孩子们提供健康娱乐场地，全面提升酒店亲子服务的竞争力，也为父母与孩子提供安全、双赢的休闲方式，家长放松身心与孩子共度美好假期。因此，便捷舒适愉快的住宿环境、数字化的儿童娱乐区能为住客的整个旅行添彩，也能给住客留下良好的服务印象。

图 1-6　智乐游产品的部分应用场景

二、用电子商务解决儿童娱乐产品的痛点

随着中国居民的收入增长，旅游业在近年来保持着 30%以上的增长，大量的市场需求也推动着酒店业的发展，特别是近几年度假型酒店飞速发展。一些酒店在旅游旺季时，“一床难求”的现象时有发生。亲子旅游更已成为一种趋势，在旅行中除了交通，酒店住宿和小孩玩耍环境是家长考虑的最主要因素。据有关数据统计，是否有亲子服务体系是亲子旅游选择酒店的一个重要指标。现代消费主体已经从“60 后”“70 后”变化为“80 后”“90 后”，“80 后”“90 后”是新生代父母，他们是电子商务经济的一代，同时经济稳定、生活品质要求高。家长选择旅游度假酒店都会看该酒店是否有配套的亲子设施场所。例如儿童乐园、托管空间等，同时他们也会关注配套的儿童乐园的设备是否先进、便捷、健康、安全等。

但是大多数酒店的儿童娱乐产品持续性不长，而且维护成本高，对儿童的重复吸引力不强。用于酒店的新爵智乐游产品方案主要特色就是解决了传统儿童配套设施可玩性弱、黏性差、收益低、更新成本高等痛点，同时增加了基于互联网的电子商务功能。

传统儿童游乐设施可玩性弱、黏性差、收益低、更新成本高，新爵科技酒店数字化儿童娱乐区解决方案以“多媒体互动体验”为核心，将先进的多媒体互动产品搭配传统的游乐设施，如海洋池、滑梯等，将几款人气爆棚的产品组合在一起，形成一个小型室内儿童快乐娱乐区，同时增加绘本区，积木区增加亲子互动装置，结合移动互联网将互动产品线上联网，支持数据收集、在线更新、在线支付、线上活动营销等，消费者利用便捷的移动支付就可以娱乐支付，并获取相关的智乐游产品营销信息和服务信息，也可以和酒店前台 POS 实现一次性结账服务。方案中各互动产品均有较多款主题内容（选择了国内知名的 IP

合作），如图 1-7 所示。以 IP 形象打造小朋友喜欢的互动主题，结合对应 IP 装饰和 IP 游乐设备打造主题乐园，不但能增加酒店的溢价，也可以极大地增强儿童娱乐区的吸引力与差异度。

图 1-7　授权 IP 个例

例如解决方案中的益智数字化互动产品——神笔蛋宝。其支持微信支付，更加便捷，减少人员管理，同时所有支付数据和小朋友涂鸦数据都能上传到平台上，通过数据分析用户行为。神笔蛋宝拥有 20 多个主题，支持线上主题更新，减少运营更新成本。小朋友涂鸦作品可以通过扫描存图，在神笔蛋宝公众号电子商务平台上将涂鸦作品定制成玩偶。涂鸦结束后小朋友可以获得卡牌，通过扫描在蛋宝益智卡小程序进行卡牌收集，卡牌分成 1～5 星 5 个等级，获得 1 颗星卡牌积分 1 分，获得 2 颗星卡牌积分 2 分……以此类推，不同积分在酒店兑换相应的奖品，奖品可以设置为酒店优惠券、酒店特色产品、形象玩偶等。

三、适合酒店类型及运营策略

新爵酒店数字化儿童娱乐区解决方案主要运用于中、高档度假型酒店，主题亲子型酒店等，也适合目的地型高端度假型酒店（例如海南岛三亚的度假型酒店、吉林松花湖滑雪度假区度假型酒店等）。

对于目的地型高端度假酒店会在假期接待大量家庭客群，儿童娱乐区的承载力和体验性是需要考虑的首要因素。新爵数字化儿童娱乐区可以提供中大型方案，酒店选择中大型方案不但可以增加儿童娱乐的舒适性，还可以增加智乐游产品的配置。在运营策略上，建议采用免费模式，以增加酒店附加服务，丰富体验，提升酒店整体品质，增进入住好感度和口碑。另外，对于城市近郊中端型度假酒店（例如萧山开元森泊度假酒店，如图 1-8 所示，良渚君澜度假酒店），在周末或者小长假接待的家庭客群比较集中，客群具有一定的重复性，儿童娱乐区的体验性与黏性是需要考虑的因素。新爵数字化儿童娱乐区可以提供中型方案配置趣味性强的智乐游产品，建议采用免费模式提升酒店整体服务水平，结合互动产品进行线上互动活动，获得积分兑换酒店服务优惠券或者奖品，形成后期延伸营销，促进未来重复消费。

图 1-8　合作案例展示：杭州开元森泊度假酒店

对于城市中心型高端商旅酒店（例如杭州黄龙饭店），会在平时接待一些家庭客群，尤其是其自助餐厅在周末有不少家庭来用餐，儿童娱乐区的便捷性是需要考虑的因素。新爵数字化儿童娱乐区可以提供小型方案，可以配置于自助餐厅区域边上。在运营策略上，可以采用部分设施免费开放+自助消费模式，结合多媒体的淘气堡设备免费，部分高端互动类体验设备扫码自助消费，增加酒店服务水平的同时创造收益，使经营服务多元化。自助模式以扫描支付为主，减少人员管理，同时通过支付获得积分，积分兑换 IP 奖品等。

对于主题亲子酒店的儿童乐园区和亲子房可以结合 IP，打造小朋友喜欢的 IP 主题酒店，以 IP 装饰空间+IP 互动主题，通过 IP 提升小朋友的好感，增加酒店的吸引力和溢价。乐园采用免费模式，提升酒店主题概念和整个服务的水平，结合互动产品进行线上互动活动，获得积分兑换 IP 衍生奖品，形成后期延伸在线营销，真正为酒店的娱乐服务增加电子商务内容。

资料来源：本案例由作者根据新爵科技有限公司官网信息整理。

思考题：

1. 儿童智乐游产品的特点是什么？它的客户黏性度主要体现在哪里？
2. 酒店数字化儿童娱乐区有怎样的服务特色？其电子商务的作用主要体现在哪些方面？
3. 从酒店电子商务的角度考虑，儿童智乐游产品需要怎样去改善？

拓展知识

酒店信息化	酒店管理信息系统	信息系统规划
信息化管理	信息化服务	数字化酒店
信息技术 IT	数据技术 DT	B2B 模式
B2C 模式	O2O 模式	EDI 数据交换
预约型电子商务	完全电子商务	公共网络

专用网络和虚拟专用网络	网络分销	在线直销
移动电子商务	GDS 分销	OTA 分销

思 考 题

1．什么是酒店电子商务？它包含哪些内容？

2．试举例说明酒店直销和分销的主要区别。

3．通过拓展知识的自主学习，试解释什么是移动电子商务？用酒店例子说明。

4．什么是电子商务模式？酒店应如何规划自己的商务模式？

5．什么是完全电子商务？什么是不完全电子商务？主要区别在哪里？

6．酒店电子商务的应用业务范围有哪些？如何整合这些不同应用的系统？

7．酒店电子商务有怎样的市场竞争优势？单体酒店应怎样面对？

8．通过拓展知识的自主学习，试解释 O2O 商务模式的含义。

9．酒店开展电子商务有怎样的经营优势？如何用新技术创造市场的竞争优势？举例说明。

10．酒店电子商务与制造业电子商务相比较有哪些应用特点？

11．酒店电子商务的系统类型有哪些？单体酒店应选择怎样的系统类型开展电子商务？

12．酒店集团或连锁酒店的电子商务应如何融合内部商务和外部商务？

13．试分析酒店电子商务未来发展的趋势。

14．通过拓展知识的自主学习，试解释什么是在线直销？酒店应如何提高在线直销份额？

15．酒店电子商务与酒店前台 PMS 是怎样的系统关系？

16．试从消费者的角度，叙述酒店电子商务数据安全的重要性。

17．通过实地调研，试制订一个单体酒店电子商务建设的系统方案。

第二章　酒店电子商务技术基础

本章要点

电子商务涉及哪些技术应用，其应用产生怎样的优势，这是许多业界读者需要关心的内容。其实本章内容并不是介绍技术的本身，而是介绍这些技术应用所产生的作用能解决酒店电子商务中的什么问题，这是作为未来从事酒店相关工作的读者需要了解的。本章首先介绍基础性的技术，这是酒店开展信息化的基础，也是开展电子商务的基础，如内部网和外部网技术、网站技术、数据库技术、网络软件技术等，这些基本技术是酒店信息工程师必须掌握的。除此以外，为了在电子商务中具有竞争优势，酒店还需要了解云服务技术、大数据技术、人工智能技术等应用，以及它们在电子商务中的作用，它们的应用对酒店电子商务的构建及运维将会产生积极的影响。由于信息技术的日新月异，感兴趣的读者还可以根据拓展知识的内容去了解其他的技术内容。

酒店电子商务的发展主要依赖于当今信息通信技术的快速发展，早期阶段电子商务依赖于网络技术中数据传输，通过电子数据实现商务数据的交换，到中期阶段电子商务的发展依赖于互联网以及移动互联网的技术发展，实现了商务数据网络化的实时传递，发展到今天，电子商务的发展依赖于人工智能和大数据技术的发展，实现了商务的智能和智慧型电子商务。因此，电子商务发展的每一步都与信息通信技术的发展密切相关，酒店电子商务的发展同样如此。未来酒店电子商务发展的程度将取决于 DT（数据技术）技术的应用，成熟的 DT 技术将助推电子商务在酒店的深入应用，并推动酒店业的稳步发展。因此，酒店电子商务的普及应用离不开信息通信技术的进步和应用，未来在新技术的推动下，电子商务将演变成为酒店经营的常态。概括起来，酒店电子商务的技术基础主要包括基础性技术、云服务技术、大数据技术以及人工智能技术。

第一节　基础性技术

酒店开展电子商务，必须做好酒店信息化建设的基础性工作，如信息化管理和信息化服务。开展这些基础性工作，需要应用信息化基础性技术。本节主要介绍内部网和外部网、数据库和数据库管理系统、网络软件技术、信息网站技术、标记语言以及移动互联网技术。了解这些技术的应用，对掌握电子商务完整的知识体系会有所帮助。

一、内部网和外部网

内部网（Intranet）是酒店内部的网，也称企业网，主要用于酒店内部电子商务业务的沟通，外部网（Extranet）是酒店外部沟通的网，主要用于酒店合作伙伴之间的业务沟通与数据交换，内部网和外部网都是构建战略型信息系统必用的网络技术，采用的都是互联网相关技术。内部网和外部网是酒店信息化建设的重点内容。

通过内部网，酒店内的员工可以快速地获取所需要的整个酒店的信息和知识，从而更有效地完成自己的工作任务；分散在各地的酒店员工可以利用内部网访问系统，实现实时的沟通与交流，共享信息资源；酒店还可以利用内部网展开在线员工培训活动，这种方式大大降低了培训的费用支出，而且实施起来非常便利。由此可见，内部网性能高效且费用低廉，它不仅降低了酒店内部的通信成本，还有助于增进员工之间的感情，从而提高了员工群体的凝聚力和生产力，改善了酒店内部的流程管理。外部网可以看作是内部网的扩展和延伸，它是与酒店合作伙伴内部网建立联系的一种网络方式，也是用互联网技术构建的开放型网络，位于互联网和内部网之间，对一些经过选择的合作企业开放，其目的就是加强酒店与这些合作伙伴之间的联系。与内部网一样，外部网的外围也建有防火墙，通过访问控制来保证双方企业信息交换的安全性与保密性。外部网通过提高酒店与其合作伙伴之间的沟通与交易的透明度，可以加强双方业务的进一步合作，提高双方的业务处理效率和效益，实现互惠互利，是企业对企业电子商务的主要网络形式。

二、数据库和数据库管理系统

数据库和数据库管理系统是构建酒店信息系统的核心技术。其中，数据库是用来存放酒店的经营数据，而数据库管理系统则是建立、操作、管理、应用和维护数据库的技术平台。

数据库中的数据具有良好的组织结构，可以充分地反映客观事物之间的相互关系。在数据库中，数据具有良好的一致性和完整性，可供多个用户并发地调用与共享，并且数据独立性高、可靠性高、冗余小、安全性好。可见，建立一个高效的数据库中心，是酒店企业迅速、方便、准确地调用和管理其业务数据所必需的，也是开展电子商务的基础性技术。现在的数据库逐渐加入了非结构性数据，因为在酒店电子商务中，非结构性数据在逐渐增大。

数据库管理系统是指位于用户与操作系统之间的负责管理和维护数据库的软件系统，它为用户的应用程序提供访问数据库的方法。用户对数据库进行的一切操作都是通过数据库管理系统进行的，因此它是数据库系统的核心。数据库管理系统主要负责数据库的定义、建立、操纵和维护，为数据库的有效运行和管理控制提供了保证。它的主要目的是对数据库中的数据进行有效的管理，以确保其数据使用的一致性和正确性，并能供各种用户共享。

然而，随着智慧酒店和智慧商务需求的飞速发展和酒店企业之间竞争的加剧，人们已不能满足于数据库中简单的事务性数据操作，而是希望有一种新的方式能有效地对酒店现有的数据进行重新组织和分析，从中获取有意义的信息，形成一定的企业性知识，以此来指导酒店的经营决策并挖掘酒店的竞争优势。数据仓库和数据挖掘技术就是在这种情境下发展起来的一种新的技术解决方案，是未来酒店电子商务智能化和智慧商务开展所需要的基础性技术。

数据仓库（Data Warehouse）是支持管理决策过程的、面向主题的、集成的、与时间相关的、相对稳定的数据集合。数据仓库是一个多维的数据库，具有联机分析处理的能力。数据仓库中的数据都是来源于酒店中的其他数据库，它能集成整个酒店范围内的不同数据形式。数据仓库的根本任务就是要对数据进行深入的分析，挖掘出其中对酒店经营有用的信息，并将这些信息重新组合整理，最后及时地将这些信息提交给相关管理人员，供他们管理决策所用。数据挖掘（Data Mining）则是对大量的数据进行分析，从中提取有用的、可信的、有效的信息以支持管理决策的技术。由于它能够挖掘出事物发展规律、事物之间的联系以及事物未来的变化趋势等信息，因此在电子商务中用途非常广泛且发展迅速，如客户消费趋势挖掘、客户消费需求挖掘、客户忠诚度挖掘以及消费关联度挖掘等。数据仓库、数据挖掘，以及能有效处理非结构化数据是未来数据库管理系统发展的方向。

三、网络软件技术

酒店的信息系统都是基于网络的，而网络软件技术则决定了信息系统的功能和质量，也是体现酒店竞争力的关键技术。开发战略型的酒店信息系统必须用新一代的网络软件技术，这是开展电子商务、提升创新能力的核心技术。

网络软件技术可以为酒店管理每一个环节打造有用的应用软件，使整个管理系统对酒店经营产生价值。它可以是专门设计开发的，也可以是面向广大酒店的标准化的通用软件，如客房的上网管理系统。网络软件技术是开发酒店管理软件的工具，主要包括浏览器软件、电子邮件软件、下载类软件、开发类软件包、防火墙等安全类软件和文件传输类软件等。它们往往提供酒店信息管理所需要的某种特定功能，在通用性、集成性和可扩展性方面有较高的要求。如客房的迷你吧，可为客人在房间提供商务服务，它除了服务的通用性以外，还需要与前台 PMS 系统有良好的集成性。未来的各种网络软件技术将会更加互相融合、互相促进，越来越符合人类的思维模式，并且更加彻底地改变人们的工作方式。

四、信息网站技术

网站技术是现代酒店经营不可缺少的 ICT（信息和通信技术）技术，包括商务网站、门户网站以及学术性讨论型网站等。如今，门户网站已是酒店经营的窗口，酒店可以利用门户网站开展预订、营销和直接销售，也可以利用门户网站开展电子商务。门户网站还包括 PC 门户网站和手机门户网站（微门户）。

酒店门户网站的主要功能包括两方面：一方面是营销，网站代表了酒店在网上的品牌形象，图文并茂地展示产品与服务，实时发布信息咨询，与客户进行沟通交流，起到营销的效果，属于营销型网站；另一方面是销售，即利用网站直接开展网上预订，针对一般客户或专门的关系客户等，属于商务型网站。门户网站的规模可大可小，大的网站有成千上万个页面，每天都有许多页面被更新。小的网站只有几个介绍页面，功能也比较简单。一般来说，营销型网站规模要小一些，而商务型网站随着功能的增加规模都比较大。

酒店门户网站的建设关键是设计和定位。原则上网站是酒店开展网络营销的接入点，它是陌生顾客了解酒店的一个重要途径，需要有完整而全面的信息展示。网站设计的好坏、技术采用的优劣都将会直接影响到一个酒店的形象。因此，酒店必须对自己的门户网站进行全面规划以吸引客户的关注。酒店需要根据自身经营的实际情况并结合定位客户的需求，确定门户网站的栏目结构、内容、商务与风格定位。同时，酒店需要根据自身的实力、经营业务与发展战略来科学地定位符合自身需要的门户网站，既不盲目追求豪华，也不过于节约费用，这样才能建立起高效而又低成本的门户网站，为酒店的电子商务提供最有效的互动窗口。

五、标记语言

标记语言是维护门户网站以及开发服务型的应用系统必须掌握的语言技术，酒店开展电子商务，设计电子商务系统或网站，使用得最多的就是标记语言。标记语言有标识性、过程性、描述性三种类型，常用的主要有 HTML、XML、XHTML 等几种标记语言，酒店的知识工程师或系统维护员都必须掌握标记语言的使用方法。

标记语言主要是用来管理电子页面中文本内容的显示（HTML），以及用来开发电子商务中的数据处理程序（XML）。标准通用标记语言（SGML）是最早的标记语言，是一种可以用来定义其他标记语言的元语言。尽管它有较强的规范性，但昂贵的费用和较高的学习难度都使它的发展受到了一定的限制。

超文本标记语言（HTML）是在 SGML 的基础上发展起来的，它是目前应用最为广泛的标记语言。HTML 能够对文字、图像、声音和动画等多媒体数据进行统一处理，具有简洁明了、简单易学的特点，因此特别适合网页页面的显示。但是它不能解释页面上数据的含义，并且不能处理一些需要专门格式的文件（如数学公式等）。

扩展标记语言（XML）是目前最流行的基于 SGML 发展起来的标记语言。XML 的主要功能是定义数据结构，它能描述页面的内容且具有数据跟踪的能力，这些都使得网上信息查询和数据交换变得更加便利。XML 的出现，满足了电子商务等大规模数据传输和处理的应用需求，它将有助于人们更加高效地利用网络开展电子商务应用软件的开发。目前，XML 已应用到 Oracle 数据库管理系统中，用来处理电子商务中非结构化的数据类型。通常，其中 HTML 的主要作用是确定电子页面该如何显示，而 XML 主要是来确定显示哪些数据内容的，可实现不同系统间的电子商务数据交换。

六、移动互联网技术

移动互联网技术出现近 10 年来，它的应用已遍布国民经济各个领域，这里我们并不涉及移动互联网的底层技术，也不介绍其编程技术和开发技术，主要是介绍作为酒店管理人应该了解的一些应用技术。这些应用技术可以是信息接驳技术、网络接入技术、网络营销技术、自媒体制作技术、页面链接技术、互动分析技术、舆情预测技术、数据安全技术、情感分析技术以及移动服务技术等。作为酒店管理人，要知道这些应用技术在管理中的作用，在电子商务运营中的作用，并知道在哪里可以获取这些应用技术的服务。

信息接驳技术可以在对客服务过程中快速地满足客户的服务需求；网络接入技术可以熟练地处理移动设备的接入问题，并可及时地获取系统的信息；网络营销技术有助于酒店选择合适的网络营销方法和渠道；自媒体制作技术可以解决酒店的移动营销服务问题，有助于开展在线直销；页面链接技术有利于酒店自己维护和运行网站，提高酒店信息的发布效率；互动分析技术有助于酒店分析客户的访问行为，便于情感沟通；舆情预测技术有利于降低和减少酒店的负面信息传播；数据安全技术有利于酒店预防商务数据被篡改和被窃取；情感分析技术有利于酒店引导和增加门户网站的流量；移动服务技术有利于酒店选择和开发怎样的移动服务软件，提高酒店移动服务的效益。

在构建电子商务系统中，尤其是移动电子商务系统，酒店与合作伙伴的通信网络或者连锁酒店之间的相互通信，一般都是选择移动互联网来实现的，了解和掌握这些移动互联网的应用技术，不但可以提升酒店电子商务的效益，也能提高酒店数据传输的安全性，是目前较为普遍成熟的通信网络应用技术。

第二节 云服务技术

云是一种网络，是互联网的一种比喻说法。云服务是基于互联网的一种相关服务的增加、使用和交互的应用模式，如酒店的云 PMS 服务。这种服务所需的资源是动态变化的，通过云计算来自动获取用户所需的资源。通常有三种云服务类型模式：基础设施即服务（IaaS）、平台即服务（PaaS）和软件即服务（SaaS），酒店可以根据自己的需要选择所需的服务。目前提供这些云服务的大型服务商有 AWS（Amazon Web Services）云服务商、谷歌云服务商、阿里云服务商、百度云服务商等。这些服务商都能提供任何用户所需的访问服务器、存储空间、数据库和各种应用程序服务，并维护此类应用程序服务所需的联网硬件，而用户只需要通过 Web 应用程序就可以预置和使用需要的所有资源。

一、云服务的类型

一个应用软件的安装运行，需要基础层的硬件环境，也需要平台软件的应用环境。如酒店前台应用软件 PMS，它需要平台软件，如 Windows 软件的平台、数据库管理系统的软件平台，有了这些支撑的平台，酒店的 PMS 系统才能运行起来。现在应用软件都云端化了，可以在互联网大环境下运行，但同时它也需要平台环境才能运行，这个平台就是云服务平台，云服务平台同样包括了以上所需的支撑平台层次，即 IaaS、PaaS、SaaS 的应用平台层次。IaaS 是应用软件需要的基础层次，包括服务器和存储系统资源；PaaS 软件平台层次，包括了应用软件所需的操作系统和数据库管理系统等支撑平台；SaaS 是应用软件层面，它是具体的应用系统，也可以租用，如杭州绿云的酒店 i-Hotel 应用平台。下面我们就简单介绍一下云服务的这三个层次。

（一）基础设施层服务 IaaS

IaaS（Infrastructure as a Service）是基础设施即服务的简称。用户可以通过 Internet 从

云服务商那里获取完善的计算机基础设施服务，这类服务称为基础设施即服务。如酒店用户可以利用 IaaS 直接从云服务商那里租用硬件设施，自己不需要建立中心机房及服务器等硬件设备，开展电子商务等应用系统需要的机房设备就可以直接租用，以后也不需要自己维护，节省了大量的硬件购置费和维修费。目前国内提供 IaaS 云服务最大的服务商是阿里云，随着技术的进步以及用户的实际需要，IaaS 平台也包括了数据库管理系统等内容，已经不是单纯的硬件设施平台了。由于价格的低廉，目前酒店的应用系统几乎都开始租用 IaaS 平台，为酒店的信息化和电子商务建设提供了极大的便利。

（二）软件平台层服务 PaaS

PaaS（Platform-as-a-Service）是平台即服务的简称。用户可以通过 Internet 从云服务商那里获取完善的系统软件服务，这类服务的平台称为系统平台即服务。如酒店以前建立中央机房都要购买系统软件，包括操作系统和数据库管理系统，现在可以通过 PaaS 直接从云服务商那里租用，酒店所有的云端应用软件不需要自己对系统软件进行维护和管理，如需要其他系统软件也可以从 PaaS 那里租用，节省了高昂的系统软件购买成本。理论上，PaaS 实际上是指将软件研发的平台作为一种服务，也包括了 CPU 等硬件要求，形成用户所需要的研发环境，最后以 SaaS 的模式提交使用者。因此，PaaS 也是 SaaS 模式的一种应用，它的出现可以加快 SaaS 平台的发展，尤其是加快 SaaS 应用的开发速度。有开发能力的酒店用户，一般也是通过租用 PaaS 平台来开发自己需要的应用软件，尤其是开发酒店自己的电子商务系统。

（三）应用软件层服务 SaaS

SaaS（Software-as-a-Service）是软件即服务的简称，用户可以通过 Internet 从云端服务商那里获取完善的应用软件，这类服务平台称为应用软件即服务。SaaS 的含义就是应用软件用户也可以不需要购买，直接租用按需付费就行了。这是随着互联网技术的发展和应用软件的成熟，在 21 世纪开始兴起的一种完全创新的软件应用模式。它与 on-demand software（按需软件）、the application service provider（ASP，应用服务提供商）等具有相似的含义。如酒店的 PMS 系统，以前酒店都是购买使用，现在也可以通过 SaaS 模式按需租用，酒店不需要购买该软件，省去了高昂的 PMS 购买成本和维护费用，尤其对中小规模的酒店来说，PMS 的 SaaS 模式可以节省大量的系统建设费用。现在的酒店电子商务系统也可以通过 SaaS 模式来构建，如绿云 i-Hotel 酒店平台就是在这样的模式下开发的。因此，未来酒店企业不用再购买软件，而改用向提供商租用基于 Web 的软件来管理酒店的经营活动，且无须对软件进行维护，服务提供商会全权管理和维护软件，软件厂商在向客户提供互联网应用的同时，也提供软件的离线操作和本地数据存储，让用户随时随地都可以使用其订购的 SaaS 软件和服务。对于许多小型酒店来说，SaaS 是采用先进技术开展电子商务的最好途径。

SaaS 平台的应用软件服务价格通常为“全包”费用，囊括了通常的应用软件许可证费、软件维护费以及技术支持费，也包括需要的硬件设施和系统软件平台费用。SaaS 是未来服务业应用市场最大的云服务平台，任何规模的酒店业都可以从中获取收益，具有很好的发展前景。

二、云PMS技术的应用

云PMS是利用云计算技术构建的酒店前台系统，负责处理酒店前台的所有业务，属于酒店业的垂直型系统，系统的职能是内部电子商务的处理，客人到达前台后的所有业务都由云PMS系统来处理，包括网络电子订单到达前台后的所有后续流程，也由云PMS系统来自动处理。由于PMS系统存储在云端的公有云中，对于酒店来说，使用云PMS与传统的PMS相比较，可以节省很多的硬件购买成本和运维成本，也节省了管理系统运营的技术员工人力成本。同时还可以享用云PMS服务商提供的酒店业市场大数据预测报告，即可以享用酒店业大数据的分析成果。因此，云PMS应用的优越性非常明显，近年来发展势头很足，成为酒店开展完全电子商务的重要前台软件。

（一）云PMS的概念与特点

云PMS是以采用云计算技术PaaS+SaaS的模式提供软件产品及服务，将酒店的CRS、CRM、PMS、电子商务等整合成一体化的酒店信息化平台，让酒店数据得到更加广泛的应用，形成平台下的酒店大数据，给酒店带来更多的收益、利润等。云PMS的根本作用是酒店前台商务的管理，新一代的云PMS让酒店的管理范围更加广泛，逐渐成为酒店的XMS，这里的“X”就是超越了前台业务，包括了酒店内部的所有业务。与传统的PMS相比，新一代的云PMS在数据的抓取、读取方面更加及时，将跨系统平台之间数据交换层数据压缩到了最低，避免数据的传输、同步造成的延时和数据不一致，同时云PMS的跨平台整合让资源共享、会员漫游，从而加快了酒店联盟的联合推进，可以轻松实现酒店联盟之间会员客户的共享。

基于云计算及移动互联网技术的云PMS，与传统PMS相比具有以下典型应用特点。

1. 易扩展性

在互联网环境下，随着用户量和访问量的增加，单个应用和数据库将会成为性能瓶颈，云PMS可以轻松地解决这些应用问题。易扩展性包含应用的易扩展性和数据库的易扩展性。应用的易扩展性是指当现有的应用不足以支撑当前的访问并发量时，可以方便地增加应用分担流量；数据库的易扩展性是指当现有的数据库性能或者空间不足时，可以按照某种策略将数据水平或者垂直拆分到多个数据库中，或者按照其他方式（如冷/热数据）将数据拆分到多个数据库中。

2. 分布式部署

具备分布式部署能力是云PMS的一个基本要素。分布式部署除了可以分担访问和存储压力外，还可以针对实际的应用情况（例如，酒店分布范围特别广，将不同区域的酒店路由到不同的应用上，以加快访问速度；或者某些偏远地区网络通信条件差，需要部署本地服务器以减少网络抖动造成的影响）加快访问速度，提升用户应用体验。

3. 高安全性

（1）服务器安全。采用成熟稳定的操作系统，应用服务器采用授权安全机制；服务器集群和热备，兼具高可用HA和容错FT，每台服务器提供DDoS防护、DNS劫持检测、入侵检测、漏洞扫描、网页木马检测、登录防护等安全服务。

（2）网络安全。数据传输采用 HTTPS 安全协议、机房双线接入、VPN 网络、4G 后备网络、本地应急系统。

（3）客户端安全。硬件注册控制，数字签名安全机制；空闲锁屏；授权机制等安全措施。

（4）数据安全。数据均通过应用服务器授权，不能直接读取；敏感数据（如密码、信用卡号等）采用加密存储，符合 PCI 安全规范；数据库采用集群技术保证系统数据无损失。

4. 移动化应用

云 PMS 不仅适用于计算机端（Windows/Mac 系统），更能够兼容平板、手机移动终端（iOS/Android 系统），让酒店管理和服务随时随地触手可及。对于酒店而言，管理成本降低、管理效率和服务质量都得到极大提升。

5. 系统的社会性

云 PMS 采用 SaaS 服务模式，酒店无须购买和部署相应的硬设备和全套系统，可以按需购买和付费，这是一种类似社会化的服务。同时，基于移动互联网技术进行架构的云 PMS 天生具有无限的开放连接性，是对接和整合酒店上下游资源（如 OTA、官网、微信预订、自助机、景区、周边商场、电影院、打车软件等）的社会化服务平台。这些应用可服务于酒店、服务于酒店客人，也是一个为酒店创造价值的营销工具，通过与 PMS 的连接，使云 PMS 也具备了系统应用的社会性特点。

6. 高性能

云 PMS 采用分布式集群部署方案，充分利用资源优势，发挥集群计算能力提升访问速度，大大提高酒店的工作效率。如系统的接待处理能力、会员共享能力以及与第三方平台的数据交换能力等都体现了高性能的优势。

（二）云 PMS 的技术架构

云 PMS 是通过互联网为酒店提供前台的软件服务，从应用场景来看，云 PMS 需要完成的不仅是常规的酒店业务操作，还需要对接各种 OTA 渠道和第三方，如图 2-1 所示，如酒店官网、微信、自助机、支付宝、银联以及其他第三方应用等。API 层负责对外提供不同的业务接口，满足不同场景的业务需求。酒店业务有别于其他应用，在某些时间段或时间点是业务高峰期，如十一国庆节高峰、每天早晚高峰、夜审高峰，此时系统的并发量是平时的几倍甚至几十倍。如果这些并发量直接作用到数据库上，会造成数据库 I/O 堵塞，响应变慢。此时需要一个缓存层来响应静态数据查询，减轻数据库的冲击和压力。为减轻当前数据库的查询压力，一些查询频次低、耗时长的业务应该独立成服务，如历史数据查询服务、报表查询服务、日志查询服务等。

在图 2-1 所示的技术架构中，主要包括了集团应用系统的接口、第三方渠道和社交平台的接口、前台应用的所有接口、通用服务的所有接口以及会员服务的所有接口等，同时包括所有服务器集群的负载均衡器应用。随着酒店用户量和数据量的增加，单个应用和数据库已不能满足实际应用需求，此时需要根据某种策略垂直或水平拆分扩展，将数据分布存储在不同的业务 DB（数据库）中。针对一些突发的系统问题，需要及时发现及时处理，此时系统配备监控服务来记录问题发生的现场并自动报警。

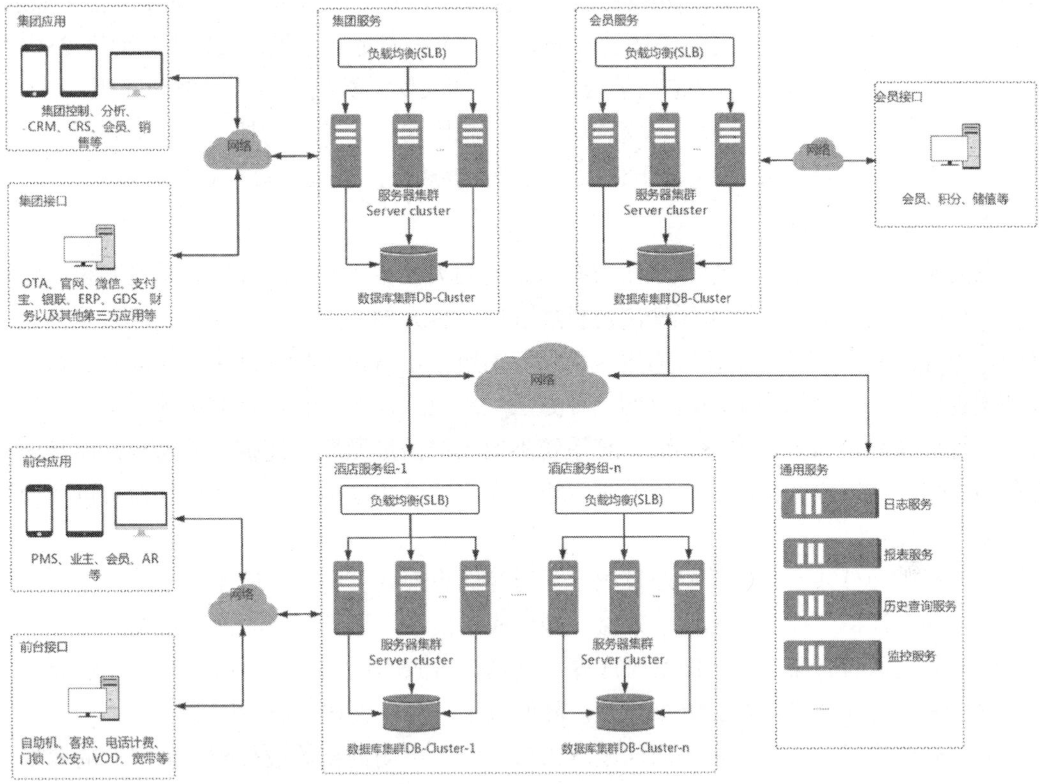

图 2-1　云 PMS 技术架构图

（三）云 PMS 的应用前景

市场、客源层次、互联网科技、人工智能、体验消费等不同潮流不断影响着酒店行业的运营与发展。在酒店的经营过程中，酒店管理系统的发展与应用的角色从管理工具逐渐转化为营销运营、体验服务、智慧酒店等特色发展的内容，在经历了 3 代 PMS 酒店管理系统的发展，第 4 代云 PMS 近年市场占有率、客户量不断攀升，以绿云 PMS 为例，2010 年开始进入市场至 2018 年 8 月的这段时间内客户急剧增值 14 000+家，市场增长速度、占有率跃居中国 PMS 厂商首位，前 3 代 PMS 厂商已经无法阻挡第 4 代云 PMS 的市场抢占，番茄来了、别样红等云 PMS 厂商也正根据各自不同的市场定位不断地抢占市场份额。云 PMS 能够给市场造成如此冲击，主要是因为其功能、技术、发展前景等相较于前 3 代 PMS 更加贴近酒店的现实需求，尤其是集团化酒店运营需求的感受尤为深刻。

1. 酒店集团化管控

进入基于互联网的新经营时代，市场不断透明化、体验消费创意不足、客户群体需求层次化加大等将酒店的软硬性竞争差异不断地缩短，相较于集团性酒店，单体酒店的敏锐度、客户群体范围、成本、人员调配、经营管理创新等都不断地趋于弱项，酒店品牌集团化、单体酒店加盟集团、集团品牌兼并等都将加大集团酒店成员店的数量，单体酒店依托酒店集团通过品牌效应、集团经营策略提升自身的市场竞争力，酒店集团也需要强化对单体成员酒店的管控以确保集团的品牌品质、经营策略得以完善的执行，且数据通达以便能够根据单体酒店的区域、客源、软硬件服务不同等得以及时分析调控，本地部署的PMS在数据互通、集团营销策略下达、集团管控等方面均无法满足酒店集团的需要，而云PMS可云部署、可本地+云部署的部署依托于云技术使酒店集团的数据上行下达畅通无阻，同时出于对酒店集团的管理、运营考虑，将代码管控、权限管控、价格管控、营销策略等在产品设计中不断纳入完善，云PMS真正意义上实现了饭店集团经营的集权管控。

2. 酒店合纵、经济共享

酒店集团无论资金、规模、市场占有率如何强大，鉴于其发展速度、市场定位、区域经营布局等限制，其市场覆盖无法满足扩展战略和客人的需要，技术支持缺乏造成信息、资源、市场浪费，除了通过各自的酒店集团营销策略抢占市场外，酒店集团间的联盟、资源共享也成为客户挖掘和市场占有的一种方法。从组织体系来看，目前单体、集团酒店的会员、管理体系均为垂直体系，而垂直系统不但无法满足酒店快速扩张的需求，而且面对竞争的挑战，会造成营销战略上的缺失。于是横向的酒店联盟出现，通过联盟可以实现以下功能。

（1）利用会员共享、会员权益及积分互通等优势来吸引更多会员加入。

（2）联合营销，提升品牌联动效益，减少成本投入，达到更好的营销效果。

（3）通过酒店联盟，酒店间实时库存、会员、房源的信息共享，增加酒店订单量。

（4）采购途径、管理经验分享交互，降低成本，提升管理与服务质量。

横向联盟的优势还可以在酒店间根据内部消耗、市场需要等进行相匹配资源的置换，云PMS为酒店联盟打通酒店集团间线上、线下会员共享，房间资源库存共享、互订等，也为酒店集团资源置换、经济共享的横向平台提供技术支持，尤其是云PMS可以轻松实现会员资源共享，无形中实现了酒店的业务扩展。

3. 链接一切，共建酒店云平台

云PMS不再仅是一个前台的管理工具，它转型以营销为主线，依托互联网，整合资源，互联互通，实现资源对接客房管理、财务核算、对客服务等；它为酒店提供服务，更为酒店创造价值，是一个面向酒店业的B2B交易和服务平台，包含酒店联盟平台、对接平台、CRS预订平台、置换平台、服务平台和管理平台等，如图2-2所示。绿云科技的数据平台产品已获得了国内主流的酒店联盟、OTA、订房平台、旅游B2B平台的普遍认可与广泛合作。主要客户及合作伙伴有四方联盟、中国精品酒店联盟、亚太酒店联盟、云盟、簇盟、宿哪网、天府易住酒店互助平台、艾悠游、泰坦云、智游宝等，也与主流OTA、第三方支付、收益管理实现了数据对接。

4. 移动化、自助化

智能化是近年来成为各行业热议的话题，酒店也不例外。基于云PMS的移动化产品、自助化产品是智能化的一种体现，不管是接待和预订、房间开门、结账付款还是退房等场景都实现了移动化和自助化的处理，如图2-3所示。移动化产品的加入使得酒店管理和服务变得随时随地触手可及，将科技手段与情感结合，用精准的服务及管理为酒店降低了管理成本，不仅使酒店服务流程简洁化，还提高了管理效率、提升了服务质量、转换了营销模式。

图 2-2　云 PMS 链接一切示意图

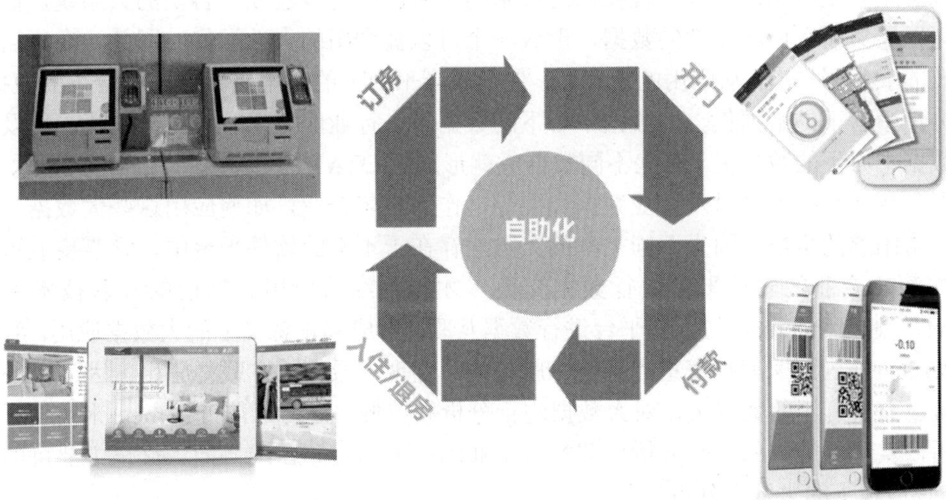

图 2-3　云 PMS 环境下的移动化和自助化应用场景

第三节　大数据技术

什么是大数据？一般来讲，能洞察旅游业或企业发展隐含的价值和优势，通过分析工具能获取企业发展先机或业务扩展先机的数据集，并助力企业发展或扩展成功，这就是大数据，它的技术奥妙就是能挖掘出隐藏着的发展先机。因此，近年来大数据技术的应用已成为旅游电子商务发展的又一个新机遇。酒店电子商务的发展同样需要大数据支持来产生在线商务的智慧，如酒店的订房需求、客户的偏好、未来市场的变化、消费者的行为习惯、客服的精准性都隐藏在大数据中，只有通过大数据分析的电子商务才更有针对性，才会推进在线旅游的发展。酒店经营中遇到的客户在哪里，客户什么时候需要订房，又需要怎样的服务，与竞争对手的差距在哪里，所有的这一切都离不开大数据技术的分析和挖掘。未来的酒店电子商务就是建立在大数据基础上的电子商务系统，它能够洞察客户的消费动向，为客户提供实际需要的个性化服务产品。

一、大数据的类型

开展对大数据的研究，主要是为了经济发展中的智慧应用。目前，大数据应用有理论研究、技术研究和应用研究。理论研究包括了模式研究、隐私研究、价值探讨等内容；技术研究主要包括感应技术研究、存储技术研究、云计算研究以及区块链技术研究等；应用研究针对的是行业大数据、政府大数据、消费者大数据以及互联网大数据等，使这些数据为企业经营和行业发展所用。酒店的大数据应用主要就是应用研究，针对酒店行业的应用，探索其大数据的类型以及相关数据的应用实践。

在酒店业的大数据应用中，如何建立大数据都是政府部门和企业非常关注的问题。其实大数据永远存在于自然界中，存在于企业自己的经营系统中，以前为什么没有人提出大数据概念主要是技术的原因，现在信息技术的发展已经可以建立平台型的大系统，而这个平台可以聚集所有应用软件的数据，形成一个可以被利用的大数据集。因此，在酒店行业中涉及的大数据类型，从应用的角度看，包括政府平台下的数据集、OTA 平台下的数据集、电子分销平台下的数据集、云数据中心下的数据集、行业服务平台下的数据集，以及企业自己数据中心下的数据集。这些不同数据集就形成了 OTA 数据类型、分销数据类型、云数据类型、行业数据类型以及企业数据类型等。作为酒店企业，如何应用这些大数据是目前感到非常困惑的事情，因为不同类型的大数据存在于不同的软件平台中，它需要通过互联技术与酒店企业的软件平台进行数据交换，才能为经营所用。目前的互联技术主要是 Internet+，通过 Internet+与不同平台进行数据互联，形成真正意义上的大数据应用。我国已把 Internet+作为国家战略在重点推进，就是为了实现大数据的互联与应用。因为 Internet+不但可以整合有用的数据集，对大数据进行分析和挖掘，还可以用 Internet+来实现大数据的利用，实现大数据的实时分析，并实现企业的业务拓展和在线协同。这里主要讲的就是 Internet+情境下的大数据分析技术。

二、大数据的分析技术

大数据的利用主要是通过分析技术形成对经营有用的小数据，小数据就是个性化的数据。如酒店数据中心下面的大数据，有经营性数据、客户消费数据、企业资源性数据以及酒店的财务数据，如果我们想要知道酒店在哪个季节来消费的都是什么样的客人，他们消费的服务产品是哪一类，每次消费的额度是多少，这就需要在数据中心的大数据中去挖掘。

如果还要知道这些客人是通过什么渠道知道酒店的，他们的网络行为怎样，在什么情境下预订了酒店产品，这时就要到互联网大数据中去分析和挖掘，抓取互联网环境下客人的交互信息。因此，对于一个酒店的经营者来说，如何利用知识工程师去寻找有用的数据，分析出个性化的小数据，是酒店能否创造市场竞争优势的关键。通常，在酒店业的大数据分析中，主要有数据采集和存储技术、分析和建模技术、可视化应用技术、管理和运维技术、学习和挖掘技术以及数据服务平台技术等，如图 2-4 所示。

图 2-4　大数据分析的应用技术内容

在图 2-4 中，数据采集和存储技术解决了酒店的数据来源以及如何存储为酒店经营所用等问题，电子商务开展过程中不仅仅是依靠酒店内部的数据，还需要外部的数据源，如社交数据、政府数据等，如何采集和通过互联网接驳这些信息是电子商务成功的关键，而存储是为了使用，许多酒店存储的数据都无法利用起来，抓取和使用极不方便。分析和建模技术是解决酒店寻找关键信息和企业知识的一种应用技术，对酒店来说主要是如何选择模型，然后分析出对酒店有用的信息。可视化应用技术解决酒店信息系统应用中的监管问题，如服务平台的可视化、移动服务的可视化、舆情检测的可视化等都要用到可视化技术。管理和运维技术解决电子商务系统的信息管理、安全管理、内容管理等问题，如在不同的季节酒店的商务内容应如何布局，以及系统运转中的日常性维护问题，有效的维护技术可以节省维护成本，提高系统维护管理的效率。学习和挖掘技术解决酒店电子商务系统的智能化问题，一个电子商务系统不能简单地处理业务过程，需要智慧化地解决商务问题，这就要求系统具有学习功能，能灵活处理一些客户商务需求问题，如客户在用餐过程中对座位有一定偏好，系统记录后下次客户预订时就会主动询问，让客户觉得有亲切感，同样通过挖掘技术也可以把客户的一些习惯行为提炼出来，可为客户提供敏捷的个性化服务。数据服务平台技术是酒店电子商务平台化的核心技术，它具有对信息系统的整合能力，酒店有许多电子商务小应用，包括微信公众号、小程序 APP 等，把它们的应用整合在一起，以保证信息的一致性、推广活动的同时性、商务处理的协同性，就要用到软件的平台化技术。未来酒店的电子商务，系统是经营中点的应用，平台才是酒店电子商务的一个整体，是创造酒店电子商务竞争优势的主要技术。

一个酒店电子商务系统是否有创新能力，在市场中是否有竞争优势，大数据分析技术的应用是关键，它是未来智能化电子商务系统必须具备的应用技术。需要进一步了解这些技术的读者可以关注大数据应用技术的有关专业书籍，这里就不再赘述。

三、大数据在酒店中的应用

对于单体酒店企业来说，建立和应用大数据的确很难，对于有一定规模的酒店集团或连锁酒店来说，大数据的建设说难也难，说容易也容易。其实大数据是相对的，多大的数据集才是大数据没有定论，当然是越大越好，但只要对某数据集分析获得的数据信息总是有效的、恰当的，预测的结果是符合经营方向的，这个数据集就是企业所需的大数据。酒店除了自己的数据集外，还需要利用行业的数据集，需要利用互联网，特别是社交平台的数据集，这就需要和外部数据源的实体进行合作，这样才能形成酒店的大数据，对酒店经营有用的数据集。

（一）软件平台化的概念

随着酒店信息化的不断深入，酒店各类的软件应用系统越来越多，有前台的PMS，也有后台的财务软件系统、客房的迷你吧系统，以及APP小程序，如果是酒店集团，其信息系统就更多。这些应用软件都是在不同时期购买或建立起来的，大多数系统都自成体系，相互之间实现数据交换很麻烦，最后影响整体的信息化效果和效率，尤其是开展电子商务的效益不明显，给客户的感觉就是服务不及时。这种效率和效益低下是系统的数据流动性差引起的，有的系统其数据根本不流通，需要对酒店整体信息化应用进行改造，软件平台化就是在这样的情境下提出的。所谓软件平台化，就是把酒店所有的信息系统整合起来，实现统一管控，并对其运营进行可视化管理，促使各系统的数据能相互流通，形成平台管控下的数据中心。数据中心是酒店软件平台的数据集，一个酒店只能存在唯一的数据中心，以便实现统一管理、统一使用，从而提高所有信息系统的运营效率及提高电子商务的效益。酒店信息系统软件平台化概念图如图2-5所示。

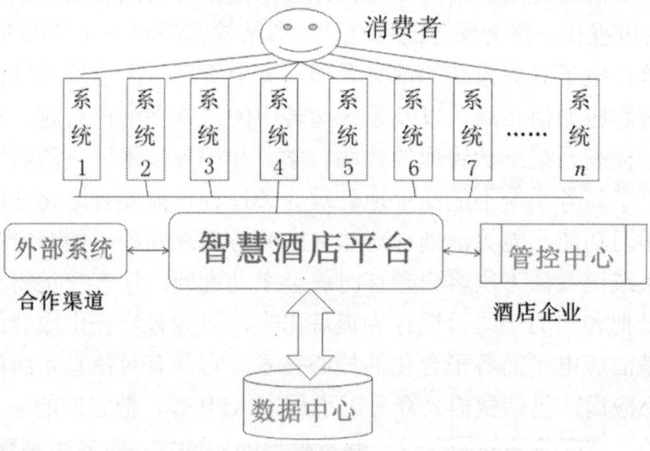

图2-5 酒店信息系统软件平台化概念图

在图2-5中，系统1、系统2……系统n是指酒店中所应用的所有信息系统，有的是前台用的信息系统，有的是后台用的信息系统，它们都是在不同时期购买或开发的，各自独立地在不同部门中运营使用，数据可能是各自系统管理的信息孤岛，很少能相互流动使用。平台化就是逐步地把这些信息系统整合在一起的过程，实现各系统数据能相互流动，通过数据的流动实现对客户的敏捷服务，形成一个智慧酒店的服务平台，并由管控模块实现对各系统的可视化运营管理，形成系统智慧和人的智慧相结合的管控中心，最后形成在智慧酒店平台下能统一管理的数据中心，这个数据中心就是酒店经营中能直接使用的企业大数据。平台连接的外部系统是指酒店的合作伙伴数据，可以是 OAT 分销渠道的数据，可以是旅行社等服务企业的数据，也可以是政府部门的数据，这些数据通过协议或约定可以相互交换，为酒店经营的需要所用。酒店电子商务系统也是平台下的一个系统，同样由管控中心可视化地管理其运营，以实现电子商务的智慧化处理。任何酒店的信息系统整合都要经历平台化这一过程，可能有些系统太陈旧无法整合，这样就需要在平台化过程中重新开发一部分系统，但大多数的信息系统是可以通过 Internet+整合到平台中实现统一管理的。图 2-6 就是杭州绿云科技开发的 i-Hotel 酒店平台的应用架构图。

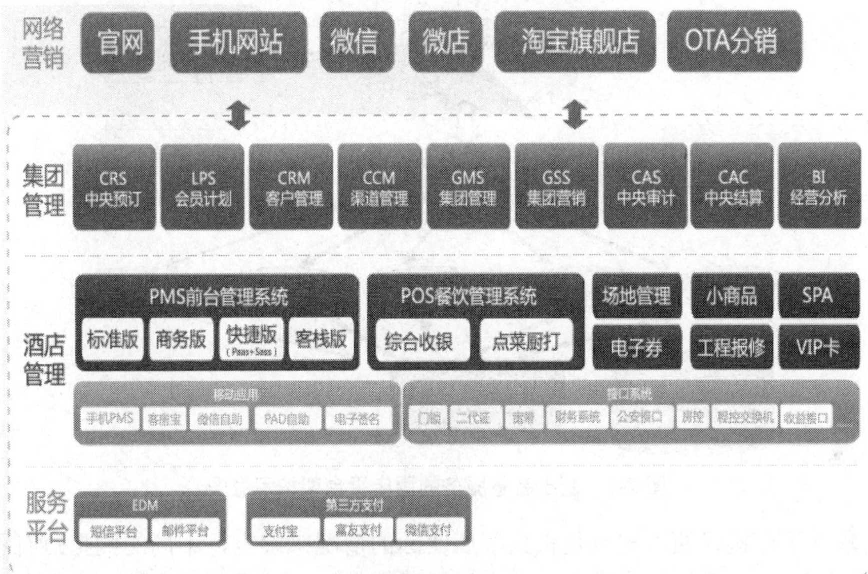

图 2-6　i-Hotel 酒店平台的应用架构图

（二）电子商务中的大数据应用

酒店信息系统平台化以后，电子商务系统的数据就可以和其他信息系统的数据实现任意流动，真正意义上实现无缝的对接，实现酒店商务的自动化处理，甚至实现智慧化处理。例如电子商务系统可以和前台 PMS 系统实现数据对接，实现网络客户的订单自动排房；由于酒店门户网站和前台系统的对接，可以实现对门户网站的访问者的精准预订问候，使访问者感到非常亲切。因此，一个酒店的信息系统平台化以后，由于数据的流动性，就形成了大数据的流动效应，这个流动效应就是客户对服务的满意度。作为一个酒店的电子商务系统，就要不断地去挖掘大数据的流动效应，这就是最具体的酒店大数据应用。

大数据的流动效应为酒店经营节省了服务成本，增加了收益，主要表现在可精准市场定位、挖掘有价值客户、多维度分析客评、建立最佳收益模型、实现精准市场营销等方面。精准市场定位主要围绕服务产品的设计档次、客源类型以及产品价格等，通过大数据的分析定位合适的经营产品、服务群体以及恰当的价格；挖掘有价值客户主要围绕受众群体进行，寻找与金卡客户、白金卡客户、银卡客户相似的受众，或者分析出与酒店忠诚客户有相似消费爱好的潜在客户；多维度分析客评是通过社交平台数据进行客评分析，从中可以分析客户的消费偏好和潜在需求，同时分析社交平台上的正面信息和负面信息，为改进酒店服务、确定营销方向提供依据；建立最佳收益模型是通过各渠道的销售数据以及酒店经营数据来建模，寻找酒店服务产品的最佳收益模式，可以按酒店经营的不同季节来构建收益模型；实现精准市场营销是通过大数据分析的客源分类，进行有目标地开展营销，通常精准营销需要平台的实时分析来实现，因为现在的消费者都是通过手机即时通信，随时可以在社交平台上发布和获取信息，因此通过酒店平台可以有效处理酒店的精准营销问题。基于酒店平台的精准营销就是智慧型营销，它的构建框架如图 2-7 所示。

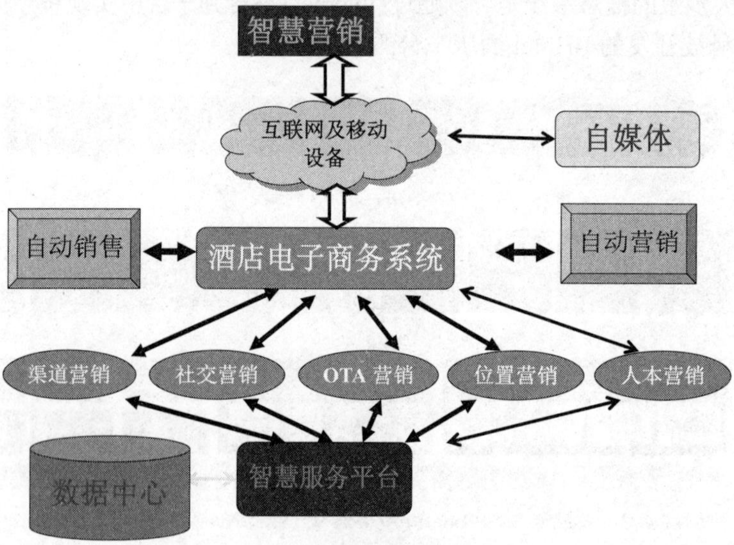

图 2-7 基于智慧服务的酒店平台架构示意图

酒店软件平台构建的侧重点是根据酒店实际的情况来确定，不同的侧重点有不同的平台架构。从已有的实践经验来看，有偏重于管理的，也有偏重于服务的，也有专门为营销而建的，不同的侧重点实现的平台架构不相同。图 2-7 其实是以智慧营销为主体的酒店平台，它的构建必然以酒店电子商务系统为核心，因为网络营销已是电子商务的重要组成部分，同时需要整合酒店所有的微系统，这样才能形成软件平台下的数据中心，这个数据中心就是酒店的大数据。酒店平台同时整合了目前移动电子商务中所有的营销方式和渠道，如渠道营销、社交营销、OTA 营销、位置营销以及人本营销等，正是有了以即时通信为基础的人本营销，酒店才可以利用平台的可视化管理实现对客的精准营销。

第四节 人工智能技术

人工智能（Artificial Intelligence，AI）是近年来酒店电子商务应用中最热门的关键技术，它和电子商务融合成为智慧商务最热门的应用，当前热点最关注的智慧酒店建设已离不开人工智能的应用，其中就包含了酒店的智慧型商务，如酒店的商务助手、服务机器人、智能客房、刷脸入住、咨询代理等都是人工智能在酒店的具体应用。酒店赖以生存的是优质服务，所有经营的产品都与服务有关，酒店除提供给客人吃住，很大一部分的重头戏就是酒店的附加服务和增值服务。如娱乐服务、信息服务、休闲服务等，这些服务水平的高低直接关系到酒店的口碑以及生意。人工智能在酒店服务过程中能提供什么样的可能性体验呢？下面我们从接待服务、商务服务、营销服务等方面来了解人工智能在酒店中的具体应用。

一、人工智能在酒店接待服务中的应用

近年来，人工智能在酒店接待服务中的应用除了机器人以外，在前台接待子系统中还有许多应用的场景。例如，当客人进入酒店接触到的第一个部门是酒店的前厅部，人工智能技术与酒店前厅部配合，可以在以下方面提高员工效率和对客服务品质：人工智能的人脸识别技术可以在客人跨入酒店的那一刻，通过大数据识别客人的基本信息，其信息数据可以读取公安数据或者机场数据，最终实现数据共享，在客人掏出证件之前，员工就可以亲切地称呼客人的姓名，前台接待软件上也已跳出客人的预订信息，自动化办理入住登记，客人无须拿着房卡，系统会自动将房号发到客人手机上，客人到达客房门前，门锁摄像头识别到客人面部，就会自动打开房门。

在酒店的会议接待、餐饮接待服务中，同样有人工智能的新技术应用。如餐厅员工通过人工智能耳机可以听到客人的相关信息，及时为客人安排好位置，并推荐酒店特色菜品，刷脸技术可以用虚拟人进行入席问候，然后开始电子点菜，客人在餐厅用完餐后，也无须到收银台结账，人工智能会通过基于多模式传感器和深度学习技术研发的快速结算支付系统进行后台结账，为客人节省了结账时间。人工智能在酒店接待服务中的应用既提高了服务的敏捷度，又给客人带来了新体验，如提前可为客人打开房间灯光，根据该客人之前的入住记录，可以自动设置空调温度以及客人喜爱的电视节目，还可以自动声控窗帘及台灯亮度，让客人有家一般的亲情体验。在客人入睡前，询问客人是否要设置闹钟，闹钟设置成功后，第二天，虚拟人像会用甜美的声音呼叫客人起床，出门前会提供当地的天气预报，并提前安排好所需的车辆。

实例：阿里巴巴的未来酒店

2018 年 10 月 30 日，在 2018 年“双 11”到来之前，阿里巴巴集团建设、运营的首家未来酒店也在杭州首次揭开了神秘的面纱。

这家名为菲住布渴（英文名 FlyZoo Hotel）的酒店充满了各种智能科技元素，包括刷脸入住、到处游走的智慧机器人、自动开门的电梯和房门、专属的客房小管家等。它包括了六大未来生活场景，即智能身份、智能连接、智能服务、智能景观、智能客房、智能餐饮。

与传统酒店不同，这家未来酒店给客人带来了另外一番体验：一旦进入大堂，互动景观大屏映入眼帘，没有前台，而替代以机器人“天猫精灵福袋”迎宾、指引，客人可在大堂自助机刷脸办理入住或在手机上凭电子身份证完成 Check in；基于覆盖酒店内全场景的

客人身份识别，无感梯控、无触门控将自动进行人脸识别，智能点亮客人入住楼层，自动开启房间门；借助无感体控定位系统，客人离开房间的瞬间，电梯也将自动响应等候。

而客人一旦进入房间，客人专属的客房管家天猫精灵智能音箱已经被唤醒，可直接对室内温度、灯光、窗帘、电视等进行语音控制。客人还可以通过客房管家发出送餐、送水等客房服务指令，随即会有机器人“天猫精灵太空蛋”和“天猫精灵福袋”将客人所需送到客房。

客人去餐厅用餐吃饭，只需要点餐吃饭就行，吃饱了就走。如果需要付费，会自动将费用计入你房间的账单。如果你退房，只需要在手机上进行退房操作，支付完成，走就行了，电梯也会把你送下去，整个过程，你不需要接触任何人，接触的都是各种人工智能设备。听起来很酷，体验起来也很酷。

未来酒店一定没人吗？阿里巴巴不这么认为。阿里巴巴未来酒店的首席执行官王群说：“人工智能不是万能的，但是没有人是万万不能的。”人工智能只是酒店提高服务效率的一个方面。现在，阿里巴巴未来酒店也在聚焦于更有温度的消费者体验，为旅行服务升级的“最后1公里”积蓄力量。

据了解，这家酒店是阿里巴巴经济体内多个团队协同打造的成果：飞猪设计了全链路的体验流程；达摩院负责酒店创新研究计划，阿里云提供稳定安全的大数据底层服务，人工智能实验室启用了最新设计的智慧机器人；智能场景事业部完成酒店整套数字化运营平台和AI智能服务中枢以及智能场景系统的研发；天猫国际推出7个国家主题房，天猫等平台则为酒店家具、床品提供了供应链。

特别值得一提的是，客房内的家具、床品及其他物件，未来将支持APP拍照后一键在线下单。阿里巴巴未来酒店CEO王群介绍道：“通过酒店管理平台系统能力的提升，未来酒店的人效比是传统同档次、同等规模酒店的1.5倍。”

资料来源：https://baijiahao.baidu.com/s?id=1615740252293145716&wfr=spider&for=pc，由作者整理。

二、人工智能在酒店商务服务中的应用

人工智能的应用已给酒店的商务带来无限可能，它的潜能几乎是无限的，它在酒店商务咨询服务中的应用已达到人类的智力水平。人工智能应用会给酒店销售工作带来新的机遇，使其在客人个人偏好、需求和消费能力的基础上做出更精准的客户分析，凭借对客户更深的大数据了解，为其打造个性化的、有创意的、更有效的商务服务。目前，人工智能在酒店的应用主要建立在酒店大数据和机器学习的基础上，为客户提供更有效的商务服务，如智能客服、产品设计、数据分析、订房参谋等都是人工智能的具体应用。

酒店的智能客服主要是电话咨询和网络咨询，通过人工智能的自然语言理解，用机器人助理帮助回答客户的咨询问题，如房类问题、价格问题、楼层问题等，还可以通过大数据了解客户的潜在需求，提供咨询中问题的相关建议，并通过学习功能，机器人助理可以记忆客户的消费需求。在酒店大堂，也可以通过设计虚拟人来解答客户咨询的有关酒店周边的旅游问题；产品设计是通过人工智能为客人个性化组合或设计合适的客房产品和餐饮产品，包括环境的布置、色彩搭配、功能配置、安全要求等，系统只要输入相关的需求要素，通过系统的规划和设计，就能很快地提供客户需要的产品方案；数据分析主要是帮助酒店挖掘小数据，为客户提供智慧型的服务，而且是在线的、实时的为客户提供类似虚拟

人一样的服务，系统具备充分运用影像识别技术、语音识别技术、语义识别技术、生物识别技术、机器深度学习的人工智能技术，能实现在大堂、客房、餐厅等环境的虚拟人服务，既提高了服务效率，又增加了客户的体验，具有服务场景中的亲情感；订房参谋是酒店商务中最有效益的一个人工智能应用，它的应用可为酒店直接增加收益，尤其在酒店的门户网站上，订房参谋可以有效地培育网络客户群，为酒店的在线直销增加份额，订房参谋根据订房者的历史数据，或者通过大数据分析获取的客户消费习惯和喜爱，给订房者推荐其感兴趣的产品，可给客户带来意外的在线体验。

三、人工智能在酒店营销服务中的应用

酒店要真正实现精准营销或者自动化营销，同样需要人工智能的技术支持，不管是在电子商务系统（ECS）中还是客户关系管理系统（CRM）中开展的市场营销，都需要通过系统的深度学习功能去实现精准营销。很多酒店在进行营销决策时并没有明确的目标和受众，手中掌握着大量的潜在高价值数据，但却不能将其转化为有效的营销决策路径依据。酒店运用人工智能和数据挖掘算法，可依据不同客户的消费需求，探索出有效的营销渠道路径，实现针对特定客户营销的智能化和自动化，可以大幅提升精准营销的效率。例如，酒店用人本营销开展面向相似受众的市场营销，可以利用人工智能去寻找相似受众指定客户群的上网行为，然后挖掘出他们在不同平台上的行为轨迹，酒店就可以有目标地针对这些平台渠道开展营销，这时投放的营销信息正符合这些受众的需求，慢慢地这些相似受众就会成为酒店的核心受众，再结合系统的深度学习，就可以实现对核心受众有的放矢的自动营销。人工智能在酒店营销服务中的应用主要介绍以下几个方面。

（一）营销内容智能生成

引入人工智能进行广告内容或一般新闻的撰写，是人工智能在酒店营销中的应用尝试。这意味着 AI 将逐渐具备高效、快速编撰营销内容的能力——能将原始数据转化为叙事文章并自动生成营销标题及内容。

这同样意味着，AI 有能力在文案写作方面引导酒店的市场营销转型。目前，一款名为“Automated Insights”的人工智能写作系统在许多美国企业得到应用。通过一种可将数据变为符合人类阅读习惯文本的“自然语言生成”技术，它能够自动收集与主题相关的信息，然后从中筛选有价值的部分，最后形成可阅读的文案。尽管这些内容在文法上仍显干涩，但都包含所有阅读者需要的各类信息、数据，有些甚至有着连贯的上下文关系。

这一技术还将提高营销人员的工作效率。借助人工智能，他们可以改进广告、网络软文等写作质量，通过 SEO（搜索引擎优化）提高营销工作的效率。个性化内容传播，就是最典型的代表。人工智能在目标消费者信息的基础上，针对其个人撰写与其相关、“投其所好”的营销内容。比起千篇一律、大水漫灌式的传统营销，显然会得到更积极的效果反馈。

（二）精准营销智能推送

营销内容推荐是当今酒店针对常客展开的常见的营销方式之一。AI 的加入，让这种营销模式如虎添翼，因为它可以迎合消费者需求精准推送。

美国 Outbrain 公司就借助人工智能，将制作好的内容推送给被挑选出来、更有可能阅读的网民。这极大地减轻了营销人员从海量反馈中挑选被推荐者的工作，并且能够保证公司希望传达的信息会以较高的概率被目标消费群体阅读。酒店也是这样，借助人工智能可以把营销内容推送给选定的目标受众。

在未来的人本营销中，酒店可以根据自己的核心受众、自定义受众、相似受众自动推送不同的信息，这就需要人工智能技术来自动划分不同的受众群体。其实目前大多数的电子商务网站、OTA 平台等现在每天都会根据消费者的浏览历史，自动推荐一些客户很有可能感兴趣的文章和商品，而这些推送都是通过人工智能自动发送的。未来酒店可以通过营销专家系统来实现对指定客户群的营销信息自动推送。

可以预见，从咨询开始提供选择购买的意见，到广告文本的自动写作，以及营销信息的主动推送，再到门户网站界面的智能设计，人工智能将一步步覆盖到当代酒店营销的方方面面。

（三）精准定位目标客户

开元旅业集团旗下的原杭州之江度假村，是一个兼娱乐和休闲的度假酒店，有很大的江边草坪，养了许多鸽子，孩子们都喜欢在草坪上玩耍。由于鸽子繁殖很快，总经理担心鸽子越来越多，饲养的场地逐渐不够。后来总经理要求信息部在历年的资料库中寻找带有小孩的客户，按地址给每个小孩寄一只鸽子，用鸽子做目标客户的营销工具，结果第二年的暑假之江度假村的客房几乎满房，获得了前所未有的客房率，这就是开展精准目标客户营销带来的收益，通过这件事总经理要求营销部每年做营销计划时先分析历年的客户数据特征。

人工智能通过酒店的大数据分析和深度学习功能，可以在数据库中依据营销方向设定特定客户群，尤其是未来针对基于 ID 消费客户，这些客户都有相同或相似的消费偏好，然后分批向不同的客户群开展有目的的营销，或一对一的营销。在未来酒店的营销中，人工智能可以轻松地把具备相同或相似行为习惯的消费者加以细分、组群，进而根据社群的共性制作更加个性化的营销内容并更加精准地推送，极大地提高酒店市场营销的投入产出比。如酒店 APP 的访客用户、门户网站的访客用户，以及小程序应用的访客用户，都可以通过人工智能跟踪这些访客的习惯行为，然后把这些客户分类组成不同的客户群，这样有区别地推送营销内容到不同的目标群，既节省了人力，又提高了营销的效益。

（四）预测未来需求趋势

每个酒店都想预知未来，但具有预测能力的酒店少之又少，大多数酒店都是通过 OTA 平台或搜索引擎平台去购买与自己相关的预测报告。对于有创新能力的酒店，一般在参考购买的预测分析报告基础上，还要结合自己酒店平台数据中心的历史数据分析，形成下一年的市场预测趋势报告，为下一年的营销计划做准备。在移动互联网时代，虽然酒店对市场的未来趋势是可以做出预测的，但做到精准预测非常困难。为什么酒店的市场营销需要运用人工智能，因为社会生活环境时刻在发生变化，旅游的热点也时刻在发生变化，消费者的需求也时刻在发生变化，酒店必须随时对营销计划做出调整，对于平台化的酒店，即时的联机分析在人工智能技术的支持下就显得非常方便。因此，正确地预测趋势、灵活地调整方案对酒店的智慧化营销可带来巨大的收益。

如何运用人工智能让酒店预测趋势的把握大大提高，这是每个酒店的营销部需要了解的。其实运用人工智能也需要对酒店信息化有个战略方案，这就是有一个开放的 PMS，有一个酒店平台（如绿云科技的 i-Hotel），有一个好的门户网站，再加上有一个好的电子商务系统，并且以上的这些信息化系统都有人工智能的技术支持，把它们的数据都关联起来，把不同历史时期的数据也关联起来，这时再去做预测的趋势分析就不是很难的事情了。当今是数据爆炸的时代，先进的信息技术以及人工智能让酒店能够从不计其数的渠道获取各类数据，而经过知识工程师的分析后，就能形成小数据，为酒店做出营销决策提供依据。精明的营销者应当意识到，AI 技术从某种程度上将成为指引酒店发现、挖掘未知金矿的真正“先知”。

借助特殊的智能算法，AI 首先在数以百万计的数据中，遴选出与酒店自己、行业和消费者相关的有效信息。然后可以预测出酒店主要客户的客源地，预测出最受欢迎的客房类型，预测出酒店发展方向的最佳类型，预测出当今消费者的偏好点，预测出消费者最关心和喜爱的平台渠道，预测出高消费者访客和一般消费者访客的行为区别，预测出酒店忠诚客户的订房习惯和渠道，预测出 OTA 客户和酒店在线直销客户的消费行为区别，还可以预测出门户网站访客的行为特征，以及预测出门户网站访客浏览却不订房的原因。

本章案例：锦江国际集团的电子商务之路

锦江国际集团是中国规模最大的综合性酒店旅游企业集团之一，有着近一个世纪的中国酒店旅游品牌和文化传承，拥有酒店、旅游、客运三大核心主业和地产、金融等相关产业及基础产业，目前初步形成了以酒店为核心的旅行服务产业链。锦江国际集团深耕国内，布局全球，加快传统业态创新转型，着力提升品牌、质量、效益，经济总量和产业规模都取得了重大突破。

随着酒店业人力、物料等成本的增加，以及互联网电子商务的日益普及和渗透，给酒店业发展带来了新的机遇与挑战。锦江国际集团致力于国内和国际的全球化布局，旗下酒店的数量和规模不断增长，为更好地管理下属酒店，迎合市场变化，满足消费者日益多样化、个性化的需求，锦江国际集团作为中国旅游行业的领导品牌，积极利用高科技开始着重打造锦江电子商务平台，用电子商务推动企业的持续发展，以不断适应时代发展的要求。

一、打造锦江国际电子商务平台

2010 年 7 月以来，集团全面启动了打造锦江国际电子商务平台项目，成立了锦江国际电子商务有限公司，借助互联网全面发展自己的在线直销战略。2012 年年初平台全面上线，不再仅仅是旅游酒店以及简单的“机票+酒店”度假产品的展示和预订平台，更是与锦江国际集团各项线下旅游业务的网络接口，包括国内、出境、入境等旅游服务业都将利用此网络平台分步骤、有计划地实现实时在线的产品发布与预订、客户服务与信息交互。主要产品战略包括：① “锦江旅行+”，是集团整合创新业务与传统业务的互联网平台，其功能涵盖集团下属的酒店、旅游、汽车租赁等产业的产品展示与销售预订。② “锦江礼享+”，是集团倾力打造的会员忠诚度奖励计划，全面覆盖集团旗下的酒店、旅游及汽车服务，针对不同人士提供个性化服务。③ “锦江 e 卡通”，是已获《支付业务许可证》的商务储值卡，将依托先进的智能系统和安全可靠的金融网络，让广大消费者享受安全、高效、便捷的刷卡服务，还支持公共事业缴费、手机充值等在线支付服务。该卡目前已涵盖锦江国际集团旗下所有商户，是锦江国际官方唯一指定的储值预付卡。未来将以锦江国际集团核心业务为依托，力争成为上海地区旅游行业的标志卡。锦江国际电子商务平台与其他打造一站式旅游服务的纯电子商务网站相比，优势在于依托集团完整的旅游服务实体产业链，拥有强大的线下品牌支持，电子商务平台是对现有业务模式的一个网络延伸。有线下业务、品牌、渠道、顾客等多方面资源的支持，线上的电子商务平台运营将更稳健。图 2-8 是锦江电子商务的业务发展战略框架示意图。

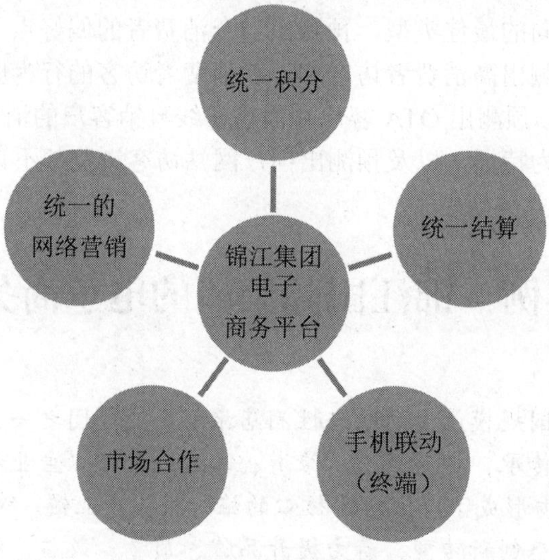

图 2-8 锦江电子商务的业务发展战略框架示意图

图 2-8 所示的锦江电子商务的业务发展战略主要考虑五个方面：统一的网络营销，通过 SEO、SEM 实现网络营销联盟，统一对会员推行促销计划；统一积分，利用集团 CRM 统一积分管理，利用集团资源优势统一推行锦江礼享会员的忠诚度计划；统一结算，通过锦江 e 卡通增加消费黏性，实现集团内部的统一结算；手机联动，利用便捷的移动支付与银联电子支付和第三方电子支付合作，实现即时通信下的一对一营销服务；市场合作，利用电子商务平台与第三方渠道实现多渠道合作，形成锦江国际线上线下融合的电子商务竞争优势。

锦江电子商务于 2013 年年底创建了具有国际领先水平的锦江国际 Hadoop 大数据应用平台。该大数据应用体系不仅独创性地实现了高效列式内存存储格式和 Spark 计算引擎在旅游行业大数据系统中的高效应用，更完美地实现了一对一精准营销和智能化推荐，并最终为锦江国际在精准营销、提高用户体验以及实时分析预测等方面发挥了巨大作用。锦江电子商务大数据分析平台通过利用对每次用户服务体验所产生的大量结构性和非结构性优质数据的高效收集和多样化分析应用模型等优势，多维度、深层次挖掘个性化数据例证，而这些涵盖了用户对旅行产品品牌、价格及服务偏好信息的大数据分析例证，可以让锦江国际旗下各企业对客户服务体验、营销推广等做出策略性调整，使其更为贴切地满足用户的实际需求，进而有效地推动企业整体收益的稳步提升。

2017 年，集团按照“基因不变、后台整合、优势互补、共同发展”16 字方针，引入“互联网+共享经济”理念，整合全球行业资源，加快打造“一中心三平台”，即锦江酒店全球创新中心和 WebHotel 全球旅行产业共享平台、全球统一采购共享平台、全球酒店财务共享平台。2018 年年底，以“再出发，新体验”为主题的锦江全球采购平台 B2B 电子商务系统上线启动仪式在上海公司所在地成功举行。作为集团“一中心三平台”任务中重要的跨年度重点项目，以 B2B 电子商务平台为核心的“三位一体”新平台系统更新后成功上线，不仅完成了对原来分散在各集团内部自有系统的替代，也标志着采购平台公司将正式承载起今后锦江国际旗下三大酒店板块集团的集采物资采购及供应链管理的重任。在不久的将来，该平台系统还将对接集团更多海外酒店板块的集采物资采购业务。

二、建立全新直销平台，拓展服务场景，优化服务体验

为了顺应消费者移动商务的需要，根据普及的智能手机终端，锦江国际认为真正的在线直销时代已经来临。集团除了建好电子商务的大平台，还必须建立基于移动服务的小前台，以便酒店能快速响应消费者的预订需求。用移动型的 APP 拓展服务场景，强调和优化客户的服务体验，由此启动了“锦江旅行”APP 计划。

2017 年，锦江国际集团正式发布“锦江旅行”APP。这一全新的直销平台不但提供锦江、铂涛、维也纳三大酒店管理公司旗下 20 多个品牌近 5 000 家酒店的预订服务，更全面提升了酒店、旅游、订车等在线预订和会员服务功能。在“锦江旅行”APP 上，有多个品牌酒店供用户选择，范围包括经济型、舒适/三星、高档/四星以及豪华/五星不同档次的酒店，这些酒店遍布全国各地，客房总数约 50 万间，可满足用户不同的地域和消费需求。除了酒店预订，这一移动型新平台还集会员礼遇、旅游、订车等多功能为一体，包括“今夜特价”“凌晨房”“热销酒店”“猜你想去”等特色服务功能，并全面支持银联、支付宝、微信等主流支付方式，以期通过给力的优惠、可信的房源、便捷的预订、省心的支付，为用户打造全新的高品质出行服务体验。“锦江旅行”APP 的全新上线，是锦江国际集团顺应并把握互联网和共享经济时代的机遇及趋势，围绕消费者利益最大化和资产价值最大化，对全球旅行服务共享平台建设的全面推进。“锦江旅行”APP 以期用更优的价格、更多的品牌、更酷的服务为人们智慧出行提供新方式和新选择。2018 年“锦江旅行”APP 上线一周年之际，正式推出全新升级版，以更优的产品、更好的服务回馈广大用户长期以来的信任和支持。一年来，作为锦江国际线上直销渠道的“锦江旅行”APP，持续拓展业务场景，不断优化服务体验，目前已涵盖国内酒店、海外酒店、度假、商城、钱包、会员服务等多个领域，登录用户数已突破千万人次。

三、利用黑科技打造智慧酒店

上海锦江集团是最早推行电子商务平台化的酒店企业，但在电子商务开展过程中总觉得客户体验存在许多不足，为了使酒店电子商务的应用场景的体验感更好，锦江国际从酒店基本的服务开始抓起，利用目前的高科技全力打造基于电子商务的智慧酒店。

锦江国际集团在创建电子商务平台的过程中，还将黑科技引入酒店。随着消费者需求的不断提高，以解决传统酒店痛点、提升用户体验为核心的智慧酒店正快速兴起。锦江电子商务以锦江国际多元化产业资源为依托，以物联网技术为主体，以用户个性化体验为核心，于2014年年底成功完成了锦江国际“智慧酒店”一期项目的创新开发并投入试运营，新一代无线网络、智慧电视、多屏互动成为此项目的三大亮点。2015年开始，锦江电子商务用 4G 信号标准所提出的酒店一体化无线覆盖解决方案，不仅使得宾客拥有了比现有一般网络快了 3 倍的无线上网速度，更让酒店的无线网络技术在未来数年内无任何升级更新之忧。同时，锦江电子商务通过对底层安卓解决方案的应用，让客房电视机华丽转身为第二代智慧电视平台。该平台以客房智能电视为载体，以客户智能手机为核心，以平板电脑、可穿戴设备等智能设备为辅助，形成一个集行前体验、信息推送、入住服务、行后评估于一体的个性化的O2O旅游信息闭环。

锦江电子商务还在继续开发并应用身份证识别、人像识别等技术在内的智慧酒店应用系统。于2018年下半年打造首家智能样板酒店，利用“黑科技”为服务加码，其智能机器人、自助入住、智能门锁、智能电视、智能清扫系统、电子房卡等多样化智能设备，可让客人只需通过手机即可体验“搜索、预订、支付、入住、逗留、离店”全流程的智能化服务。高品质的居住体验迅速吸引了市场关注的目光。

锦江国际集团始终致力于弘扬东方待客之道，创造美好品质生活，秉承着“团结、务实、创新、亲民、廉洁”的企业文化，砥砺前行，不断创造新的辉煌。截至2017年年底，集团投资和管理的酒店超过 9 500 家，客房总数超过 97 万间（套），拥有多个高、中端及经济型酒店品牌，分布在中国 31 个省（直辖市/自治区）和五大洲 67 个国家，在全球旅游业竞争日益激烈的市场环境中，依然保持着强劲的发展势头。

资料来源：本案例依据锦江国际官网信息，作者参访后整理。

思考题：

1. 上海锦江集团的酒店电子商务竞争优势体现在哪几方面？结合它的官网，了解最近的锦江电子商务新发展。

2. “锦江旅行”APP 有怎样的市场竞争优势？它是如何实现线上线下融合的？

3. 上海锦江集团为什么要打造智慧酒店？它采用了哪些黑科技技术？打造的智慧酒店和酒店电子商务是一个什么样的关系？

拓展知识

XML 标记语言	物联网技术	IP V6 技术
公有云技术	私有云技术	OLAP 联机分析技术
CRM 客户关系管理	AR/VR 技术	BI 商业智能
服务器集群	负载均衡器	移动 APP 应用技术
小程序应用技术	移动支付技术	深度学习
专家系统	机器人服务	自然语言理解
舆情检测技术	在线互动技术	区块链技术

思　考　题

1．试叙述酒店信息化和酒店电子商务的关系。

2．基础性技术包含哪些？它的应用能解决酒店哪些管理问题？

3．内部网和外部网的含义是什么？分别有哪些酒店应用？

4．什么是门户网站？酒店门户网站与电子商务的关系是什么？

5．什么是网络软件技术？酒店的信息工程师掌握网络软件技术的用途是什么？

6．通过拓展知识的自主学习，试解释什么是 AR/VR 技术？它在酒店有哪些应用？

7．什么是云计算技术？它有哪些应用模式？

8．云计算技术的应用，对酒店电子商务的应用架构产生了哪些影响？

9．什么是云 PMS？它和传统 PMS 有什么不同？有怎样的应用前景？

10．与传统 PMS 比较，云 PMS 的应用特点体现了怎样的市场优势？

11．什么是物联网技术？物联网和互联网是一个什么样的关系？

12．什么是大数据？旅游大数据包含哪些？酒店大数据又包含哪些？

13．试解释大数据技术的内容，这些技术的应用解决了酒店怎样的商务问题？

14．什么是软件平台化？平台化的主要作用是什么？

15．什么是人工智能？它在酒店有哪些应用？举例说明。

16．人工智能在酒店营销中的应用有哪些？举例说明。

17．如何运用大数据和机器学习功能构建酒店电子商务的智慧架构？

18．通过拓展知识的自主学习，试解释什么是 BI 商务智能，举例说明。

19．通过本章的学习，作为一个酒店的 CIO（首席信息官），应怎样去规划和开展电子商务？

20．结合图 2-7 所示的平台架构示意图，试设计一个单体酒店的商务平台示意图。

第三章　酒店电子商务的创建与管理

本章要点

酒店电子商务的创建与管理都是酒店经营者在应用中面临的关键问题，电子商务的创建可能是建一个 APP 应用，也可能是建一个完全型的系统，或者是建一个电子商务软件平台，凡事开头难，从何开始做起，是每个酒店管理者需要面对的问题，本章以此为话题，展开了对酒店电子商务创建的讨论，介绍内容包括创建电子商务的目的、创建电子商务的准备，以及创建电子商务的规划等问题，明确系统建设的定位和目的性是什么很重要，不能盲目地去开展无效的或低效的电子商务应用，因为电子商务是战略性的技术应用。最后对电子商务的运行管理进行了一些探索，这是系统建成以后必然要面对的实际问题，包括系统运行中的制度管理、绩效评估和改进管理以及数据和商务管理等内容。

电子商务的开展需要经历一个困惑的选择和创建过程，通过酒店经营的战略目标和定位，明确电子商务开展的最终目的，如何通过电子商务的支持形成酒店经营独特的竞争优势。电子商务系统既是一个技术系统，又是一个管理系统，更是一个经营性的服务系统，因此，创建电子商务需要有所准备，其中包括技术、人员和开发前的准备，然后做好创建电子商务系统的规划工作。酒店电子商务首先是一个应用系统，作为一个应用系统要先规划后实施，包括电子商务业务的规划、实施建设的规划以及建成后营销推广的规划。最后对系统上线后的运行管理和营销推广进行组织，因为电子商务是一个综合性的交易系统，需要对运行、商务、客户、营销等开展一系列的管理工作，目的是培育线上客户群，处理好所有对客户相关的服务工作，为以后酒店的在线直销创造最大化的收益。

第一节　明确创建电子商务的目的

电子商务创建的基本目的就是要为酒店经营增加收益，降低销售成本，并创造经营的市场竞争优势。这是任何一家酒店所要求的，但真正做起来就不是那么容易，往往开展的工作达不到理想效果，最后归结为电子商务的技术要求太高，酒店缺乏这样的技术型人才。其实现在开展电子商务并不存在很大的技术问题，真正存在的问题是对开展电子商务的定位和目的不够明确，在电子商务的开展理念上出现偏差，盲目地开展电子商务的组建工作，往往酒店做的不是消费者所需要的，或者是没有迎合消费群体的实际需要，无法达到开展电子商务的预期收益效果。因此，酒店开展电子商务在一开始就要对系统进行定位，并明确开展的最终目的。

一、酒店经营的环境分析

酒店开展电子商务的效果有时和环境有关，这个环境包括网络环境、客户环境、法律环境和社区环境等。建立一个电子商务系统需要针对这些环境来具体展开，不能盲目地建立一个技术系统然后投放到不熟悉的环境中去。分析网络环境可以指导你应该建怎样的系统让消费者便捷地使用，如可以是基于网站的系统，可以是基于移动手机的系统，也可以是基于微信平台的系统，或者是基于支付宝的系统，或者是基于小程序的APP系统等，这些系统对网络环境的要求是不一样的。客户环境，要求必须了解目标客户地的经济情况和当地的消费水平，了解他们的习惯和使用环境，便于对系统的商务环节的定位和设计。法律环境，是要了解电子商务的相关法律，以及商务约束的相关情况，特别是国际电子商务，要熟悉目的地国的相关商务习俗和政策法规，保证呈现给他们的电子商务系统界面不会出现法律问题。社区环境，主要了解社区群类的消费层次情况，以及社区的一些周边情况，以便电子商务系统针对社区群开展个性化和有针对性的营销。

其中最重要的是客户环境分析，这些客户是不是酒店的消费对象，需要分析系统针对的目标客户群有怎样的消费能力、消费偏好、消费频次、网络习惯、生活习俗以及当地的经济发展水平。通过分析，使酒店电子商务系统的界面、商务流程、价格定位、情境风格、支付习惯符合这些消费客户的需要，尤其是促销和商务操作的界面，能符合这些客户群的喜爱要求，从而可以增加系统流量，提高系统的商务转化率，最终能提高系统的电子商务收益。

二、创建电子商务的定位

酒店电子商务面临群体、系统类型、技术架构、如何实施等应用创建，需要定位，因此系统创建前的定位是多方面的。酒店电子商务面临众多的客户消费群体，需要明确定位，建一个怎样的系统能够支持酒店经营的战略目标。系统是建立移动型的电子商务还是建立非移动型的电子商务，同样需要定位。另外，系统未来运行的方式用怎样的软件架构，因为电子商务系统有多种不同的技术架构可以实现，这也需要定位。电子商务系统有系统型的，也有平台型的，它们建设的规模大小不一样，作为酒店也需要定位考虑。电子商务系统是分阶段实施，还是一次建成，也需要实施步骤的定位。电子商务系统是建区域型的还是建国际型的，同样需要根据自己的业务范围定位。这些定位的确定会影响整个酒店电子商务系统的运行方式、开发工作量、系统价格和运行的维护成本，甚至还会影响到系统运行的收益。

其中客户定位是最关键的，它要和酒店经营的客户定位相一致，是一般的商务客户，还是高端的商务客户，或者是一般的度假客户，系统建设的要求是不一样的。其中相关的包括价格定位、场景定位以及私密性要求定位等。移动型和非移动型定位会涉及系统可接入的设备类型，由于移动型设备类型多，对系统设计的开发和要求就高，它要满足未来各种移动设备的使用要求。系统架构主要考虑到软件架构、数据架构和网络架构等技术，它会影响到系统用什么工具开发，用什么数据库架构系统的数据，以及将来采用云技术还是采用区块链技术来架构系统，在什么网络环境下运行所开发的系统。系统类型是建基于微信的商务系统、小程序 APP 系统还是整合型的集成系统等。如果建平台型的电子商务，它应整合酒店所有的应用系统，所有系统的数据都整合在平台之下，数据可以相互交换和使用，也方便用 Internet+与外界交换数据，容易实现业务的对接和融合，当然开发费用也比较高。分阶段实施的定位主要取决于酒店的建设资金，分阶段实施费用可逐步筹集使用，总体价格能够承受，一次性完成开发则总体开发费用较高，适合于大的酒店集团开发建设。目标区域定位主要考虑区域型和国际型两种，这也和酒店经营的定位相关，高端旅游酒店都定位国际型，低端酒店和经济型酒店则定位区域型的多，区域型电子商务系统对系统设计的语言要求、安全性要求、界面操作要求都比较低，而国际型系统对语言要求、法规要求、私密性要求、界面友好性要求都比较高。因此，在开发和设计系统以前，都必须对这些定位要求进行必要的论证和确认，然后才能进入下一步的开发建设。

三、创建电子商务的目的

酒店开展电子商务是为了能增加网络收益，至少能降低酒店的经营成本。我国酒店业经过近 40 年的发展，伴随着信息技术的发展而不断壮大，酒店前台和后台各部门都有信息技术的应用，到目前为止电子商务还是作为酒店经营发展中重要的创新手段，也是酒店创新管理与服务的主要内容。但未来电子商务将是酒店经营的常态，不管是酒店内部的商务往来，还是与外部的商务往来，都将全面电子化，无纸化商务将是一种必然趋势。在现阶段，开展电子商务在不同的酒店有不同的目的，有些酒店的目的是短期的，有些酒店开展的目的是长期的。可以说不同的目的，酒店开展电子商务投入的资金和产出的效益都是不同的。这里我们可以简单地了解一下目前不同酒店类型应用电子商务的目的。

目前，酒店类型主要分旅游酒店（原国家旅游局下的星级酒店，大部分是商务型酒店）、度假型酒店和经济型酒店。每一类酒店都有高低档之分，如旅游酒店有高档的五星酒店，度假型酒店有高档的精品酒店，经济型酒店有高档的品质时尚酒店，这些高档酒店相互之间也有层次差别。低档酒店在我国总体上电子商务应用水平还比较低，这里并不去讨论它们应用电子商务的目的，主要讨论高档酒店一类的电子商务应用目的。现阶段，在高档酒店一类里，开展电子商务的目的有下面几种。

（1）市场营销，很多酒店认为现在的网络营销非常重要，利用互联网和移动互联网开展无处不在的营销，如搜索引擎营销、社交平台营销、小程序 APP 营销、人本营销、内容营销以及 OTA 平台广告营销等，通过营销来增加酒店的市场份额，增加收益，但自己还没有完整的电子销售体系。

（2）增加自己的在线直销份额，具有这种目的的酒店都是具有较高的电子商务能力和信息化水平，它们不想通过 OTA 来增加网络市场份额，而是通过自己的电子商务平台、自媒体平台、小程序 APP、门户网站等开展在线销售、在线服务、在线关怀、在线营销，形成自己平台式全方位的电子商务应用体系。

（3）会员客户销售，现在许多酒店都有会员制度，根据消费的层次划分多种会员客户，有白金卡客户、金卡客户、银卡客户等，开展电子商务的目的是便于会员的商务处理，如开元酒店集团利用电子商务会员可以方便地预订客房、餐饮，也可以为会员提供消费后的历史查询服务，所有的会员商务都可以通过系统进行在线处理，因为会员是酒店的重要客户，服务好会员的商务处理是酒店经营的第一要务，有利于培养酒店的忠诚客户群体。确认了电子商务建设的目的，就围绕该目的开展电子商务应用的创建，这些不同目的的电子商务有较大的差异，建设的费用也会不同。

除了以上三种目的外，在酒店开展电子商务还有其他一些目的，由于这些目的都是比较散或者对应的系统还没有形成体系，在这里就不详细介绍了。

第二节　创建电子商务的准备

酒店电子商务涉及技术、管理、服务，既是一个技术性的系统，又是一个经营战略的布局和应用，作为酒店经营者不能想当然地去创建其应用。完整的电子商务系统是一种复杂的应用系统，它涉及计算机的技术、网络的技术、数据库的技术以及人工智能技术等。虽然作为酒店的电子商务应用人员不需要具备电子商务所涉及的所有技术，但作为一个处理商务的系统需要知道怎样去应用这些技术，怎样去形成系统所需要的技术氛围，又怎样去管理电子商务系统的运行。所以酒店在购买或开发这样的电子商务系统时，需要做一定的准备工作，不能盲目地上马去建设一个系统。准备工作包括技术准备、人员准备和开发准备（如果是购买系统，需要相关的调研准备）。

一、技术准备

技术准备的依据是酒店电子商务系统采用什么样的架构、采用什么样的运行方式，这些内容的确定还需要根据酒店目前采用什么样的 PMS 系统，目前酒店有哪些应用系统与电子商务系统相对接。这些内容明确了以后，就可以开始做相关的技术准备工作，包括网络环境的准备、数据架构的准备以及外部系统对接的相关准备。网络环境的准备主要是互联网和移动互联网接入的准备，要做好各部门对接移动互联网的所有准备工作，包括网络安全的相关措施等，目前网络设施都是租用云平台，选择合适的云设施平台就基本解决了网络和服务器的问题，这些准备工作可以通过调研去选择，如阿里云、腾讯云等都是国内的著名品牌；数据架构的准备主要是确定有哪些业务数据以及有哪些系统的数据需要接入电子商务系统，包括所有酒店自己内部的数据和协作业务外部的数据，尤其是外部数据的要求会影响到系统开发的所有数据接口设计，这些准备还包括数据的形式、数据的格式、数据的传输要求、数据的私密性以及数据的安全性等要求；外部系统对接的准备涉及的内容就比较多，因为一个电子商务系统是一个综合性的系统，类似于一个软件平台，平台下有很多应用系统整合在一起，如酒店有 PMS 系统、财务系统、中央预订系统、网站系统、电子支付系统、移动 APP 系统等，这些系统都需要和电子商务系统对接，系统对接得好，数据交换就快，在线业务处理就越智慧，效果就越好，所以外部系统对接的准备是一个很大的信息系统工程，必须认真对待，否则开发的电子商务系统运行效率不会很高。

技术准备还包括用什么数据库管理系统来管理电子商务的业务数据，这是以后数据管理、数据分析、数据挖掘的关键系统，也是创建电子商务是否具有先进性、交换灵活性的关键技术应用，酒店需要通过专业的人员来论证所选择的数据库管理系统。另外，在整体技术层面的考虑上，还需要考虑社交平台技术的利用，如怎样利用微信平台构建自媒体，协同电子商务系统开展社交营销、人本营销、内容营销的信息对接；包括搜索引擎平台的利用，如怎样利用百度搜索平台建立自己的搜索营销体系、关键字体系等，以便跟踪和挖掘相关的潜在客户。还包括与OTA分销渠道对接的相关技术利用，如携程旅行网、途牛网、去哪儿网等，在这些平台上开展有针对性的广告营销，以实现自己品牌的有效传播，所有这些都会涉及数据的在线交换和管理，需要技术上的准备和对接。

如果酒店电子商务完全是自己组织人员创建和开发，则它的技术准备工作差异性就很大，因为不同的规模和不同的系统完整性考虑的技术范围都不相同。共同的内容可能需要开发模式的讨论和开发工具的选择等，如语言的选择（是选择PHP、ASP、JSP、C#，还是选择其他），还包括平台的选择等。是跨平台开发还是单一平台开发，都需要在具体开发前做好准备工作，以及开发环境的网络选择，尤其是电子商务流行的移动互联网相关技术的选择，也包括目前智能化要求的人工智能技术的选择问题等。这些选择都要结合酒店自身的具体情况，以及已有信息系统的技术应用情况来综合考虑，确定最后的开发工具和语言的选择。

二、人员准备

创建一个酒店电子商务系统，不管是自己开发还是去技术服务商那里购买，都需要有相应的人去开展电子商务的实施工作，尤其是酒店自己组织开发建设一个系统，人员的准备更是创建中的重点工作，更是顺利完成系统开发建设的基本保障。酒店电子商务系统是一个综合性的系统，又是一个整合各方面数据的集成型系统，因此它需要各方面的技术人员参与，最基本的参与人员主要包括系统分析员、酒店业务分析员、网络编程员、数据架构设计员、人工智能设计师、系统测试员等。

系统分析员的职责是根据酒店的核心需求提出实现系统的架构和软件架构的逻辑模型，他是系统开发最核心的指导人员，系统开发以前必须确定好要开发怎样的一个系统，以后系统在怎样的环境下运行，这些问题都由系统分析员来确定；酒店业务分析员是开发过程中汇总酒店需求的关键人员，他必须熟悉酒店业务，熟悉酒店所有业务流程，是系统确定功能模块和核心功能的主要参与者，他与开发技术人员讨论需求分析、功能架构、数据处理流程，保障系统开发的每一个功能都符合酒店业务处理要求；网络编程人员是系统开发中人员最多的一类，其核心职责就是网络编程，实现系统，系统所有的功能模块、输入输出模块、模块调试等工作都由网络编程人员来承担，要求这类人员有丰富的软件工具知识和开发能力，是系统商务处理功能的创造者；数据架构设计员是系统数据结构的设计师，电子商务中处理的所有数据都要经过设计员的设计，包括类型设计、范式设计、结构设计、关联设计、流程设计、安全性设计等，一个系统是否为优秀的系统，系统处理事务的效率是否高，关键看数据架构的设计，因此系统开发要求数据架构设计员必须有丰富的设计知识和经验，还具备有对数据的分析能力和数据挖掘的能力；人工智能设计师负责系统的商务智能和自动处理设计，现在对电子商务数据处理的智能化要求越来越高，如电子商务中的客户识别、自动营销、ID跟踪、客户划分、数据挖掘、偏好分析等都要有人工智能技术的支持，系统对每一个商务模块都需要智能化的分析处理，以提高电子商务系统每一个功能模块的处理效率；系统测试员是负责系统的联调和测试，测试的目的是寻找错误漏洞，证明程序是否还有错误，然后验证系统是否符合酒店商务的需求，因此系统测试所用的用例很关键，通过用例尽可能地发现系统错误，这就要求测试员有丰富的测试经验，并掌握尽量多的测试方法，采用交叉的形式测试，以最后发现问题而进一步提高系统开发的软件质量。

人员准备还包括文档整理编辑员，一个大型的应用软件会涉及许多开发的技术文档、数据文档、测试文档等，还包括开发后的技术手册、用户手册等使用文档，这些文档需要专门的人去整理、编辑，最后作为系统开发的档案资料。要求参与的编辑员具有较好的文档处理能力、编辑能力，以及文字的组织能力，使开发后的酒店电子商务系统有完善的文档资料，也便于后面的系统升级和再开发。但如果是向技术服务商直接购买系统，则这些人员基本可以简化了，这时需要准备的是营销人员和数据分析人员等相关运维人员。

三、开发准备

技术准备和人员准备完成后，就可以进入开发准备，开发准备主要是对酒店来说的，开发前要对各部门开动员会，主要是发动所有的业务相关人员，挖掘对电子商务的真实需求，这里要注意需求不能靠技术人员去做简单的分析获取，需要动员各部门去挖掘，形成电子商务系统完整的需求文档。酒店各部门还要做好准备，可能会遇到部门的调整，也会遇到有些部门人员的增删，因为电子商务系统实施后，有些工作会被系统代替人工自动完成了。所以，开发前的准备要把建设电子商务系统的利弊告知员工，以获得所有员工对电子商务系统建设的支持，并形成完整的系统对各部门业务处理的真实需求，最终形成酒店电子商务创建的用户需求文档，作为系统开发用的《需求分析说明书》的依据。另外，开发前的准备还包括资金的准备，酒店开发系统费用的开销是逐步进行的，整个开发的费用是有预算的，酒店要根据预算准备好开发资金，保障系统开发能按时间要求顺利地完成。

如果创建电子商务系统采取租用云平台的形式，酒店自己就不需要购买服务器和相关设备，这时开发前的准备还包括云服务商的选择、租用服务器容量和要求、系统运行的安全性要求，以及存储设备的容量要求和租用的费用价格等，这些内容都敲定了，酒店就可以正式进入系统的开发阶段，创建电子商务的准备工作基本上都完成了。

第三节　创建电子商务的规划

无规划成不了一个优质的信息系统，酒店电子商务经历了碎片化的应用，需要进入系统化规划的创建阶段。酒店电子商务系统作为一个综合性的软件系统，软件系统开发阶段的第一件事就是进行系统规划，在完成了创建前的准备工作后，实质性的创建系统就进入了规划阶段。本书不是介绍系统开发的专著，在这里仅是介绍一些规划的概念和相关内容，让读者明确规划对于开发一个系统的重要性。规划的核心内容有：酒店业务的规划，明确哪些业务进入电子商务系统的电子化流程；系统建设的规划，包括建设中的系统规划、功能模块规划、处理流程规划等；系统建成后的营销推广规划，因为系统上线后，需要一定的网络推广，所以必须确定怎样的推广路径能使系统迅速产生效果。如果读者要详细了解这些系统规划的内容，可以参考软件工程以及管理信息系统一类的教科书。

一、酒店业务的规划

电子商务的业务规划是确定如何使酒店的核心业务转向电子商务，确定一个转向的实施目标，明确一个未来酒店的电子商务战略，最终设计一个支持这种战略改变的电子商务系统体系结构。酒店的业务涉及多种类型，对客户的有客房销售业务、餐饮销售业务、娱乐销售业务等，对供应商的有采购业务，包括客房用品采购、餐饮食料采购以及工程设备及配件采购等。这些业务是部分转向电子商务，还是全部转向电子商务，或者是采取分步实施地转向电子商务，都需要在系统规划时进行明确。不同的业务规划，组成电子商务系统的各个组成部分技术方案以及开发完成的时间是不同的，涉及的费用开销和产生的收益也有差异。

目前，酒店开展电子商务中的业务规划有两种情况：第一种是全部酒店业务转向电子商务，一次性业务规划完成系统开发，这种方式适合大型酒店和酒店集团企业，在业务规划中，可以按照不同业态开发成一个个独立的子系统，然后再整合在一起，但必须对业务如何转向做统一规划，如客房销售系统、餐饮销售系统、宴会系统、物品采购系统等，都可以用 APP 或小程序的形式独立把传统业务转向电子商务，其优势是所有系统是统一规划的，具有完善的电子商务数据流程，系统处理商务的效率比较高，缺点是开发和转向的风险比较大，开发成本也高；第二种是分阶段根据不同的业务逐步转向电子商务，确定哪个业务转向就先规划哪个业务，独立规划和设计对应的电子商务系统，这种方式适合单体的中小型酒店企业，而且目前大多数酒店都采用这种方式，因为开发规模小，见效快，如确定酒店的客房销售转向电子商务，先进行客房业务的规划，等成熟后再确定把会议室销售转向电子商务，再规划会议室业务，这种方式的业务规划所形成的电子商务投入费用小，转向电子商务的风险也小，缺点就是没有系统的规划整体性，最后形成的电子商务系统在数据交换、网络安全、智能助理方面问题会比较多，因为每一个子系统开发所处的时间段不同，可能采用的技术不同，开发的工具也不同，而形成一个完整电子商务系统需要好多年，信息技术的发展和进步太快了，所以做业务规划时需要注意这些新技术快速变化的特点。

二、系统建设的规划

明确了业务规划的内容，作为技术开发人员就知道了酒店要做什么样的系统，系统建设规划就是明确系统要做成什么样。因此，这一阶段的工作就是根据酒店的业务需求进行系统性的规划，确定系统设计的范围和总体方案，制定出酒店电子商务的发展战略思路，并明确酒店电子商务的主要信息需求、资源需求，最后制订出系统建设的资源分配计划。一个完整的系统涉及的规划包括门户网站规划、主控系统规划以及移动服务系统规划等。系统规划的组织工作主要由系统分析员来具体主持。

门户网站规划是系统规划中的重要内容，因为它是酒店电子商务的窗口，也是接触客户、了解客户需求的窗口，需要根据定位明确对网站的开发建设思路，这里包括内容的规划、流程的规划、商务的规划、支付方式的规划、展示位的规划等，通过门户网站可以分层次地为客户提供随时随地的服务；主控系统规划是整个电子商务系统规划的重点，在规划前要调查清楚目前酒店有哪些信息系统，这些系统输出的是什么数据，还要计划开发哪些应用系统，然后针对计划开发的电子商务业务规划，明确哪些系统要接入电子商务系统，根据要接入的系统进行整体性的系统规划，这是以后进行电子商务系统总体设计的依据，因此系统分析员要召集酒店管理层、酒店业务分析员以及网络编程设计员等一起讨论和分析电子商务系统现有环境以及今后面临的变化，形成电子商务系统开发的系统规划报告；移动服务系统规划是确定电子商务系统前端的移动服务软件，它们可以独立地运行于手机端，并受电子商务系统主控系统的控制，形成一个电子商务服务的整体，它可以是一个客房销售的 APP，也可以是提供会议服务的 APP，或者是专门用于关系客户营销的小程序，一个酒店需要多少个应用的移动服务软件，每个小软件完成怎样的服务职能，需要有统一的规划来明确，包括它们要完成的商务功能以及数据交换的安全要求等。

三、营销推广的规划

为了使系统建成后能快速地推入市场，系统在开发过程中酒店自身就需要做好营销推广的规划工作。酒店电子商务系统在开发完成前需要想好系统上线后应如何做营销推广，选择哪些渠道，为系统上线做好准备，形成营销推广的规划文本，任何一个系统都需要通过宣传来形成系统的热点，这种推广要根据酒店客源地的定位、客户的定位，有选择地在网络渠道中做推广，让客户知道酒店的在线服务特色、在线商务特色和推广活动中的优惠措施等。如社交营销的规划、搜索引擎营销的规划、事件营销的规划、网络广告营销等都是推广活动规划的重要内容，这些规划都必须事先做好准备，并筹集相应的推广费用资金。

社交营销是营销推广中的重点，如微信营销、微博营销等，酒店要充分利用微信平台构建自己的自媒体营销，尤其是面对自己的消费客户，让基于微信的自媒体与电子商务系统成为一体，可视化地关注消费客户的需求动向，这些社交营销的活动需要提前做出计划；搜索引擎营销同样是电子商务活动中经常采用的方式，这种营销需要关键字的规划设计，还需要落地页的规划设计，也需要与搜索引擎服务商商谈服务的价格，如购买关键字、广告排序、预测分析等，这些工作都要事先做出安排，便于让消费者可以很快地关注到酒店开发的电子商务系统；事件营销规划是为酒店电子商务系统发布制造热点，在确定发布的时间以后，就要策划相关的事件活动，这些活动主要发布在自己的门户网站或相关的分销渠道，事件营销可以是喜庆活动、推广活动、颁奖活动、评选活动以及热点新闻等；网络广告营销规划主要是在分销渠道、综合性门户网站做广告推广，如可以选择携程旅行网、途牛网、去哪儿网做广告，也可以选择新浪网及专业门户网站做广告，这些广告怎么投放，内容怎么做，都需要事先安排，有预测、有预算、有选择地进行事先计划。

营销推广规划的内容还有很多，酒店在推广规划前需要进行一番全面的调研，了解各渠道的客流情况，比较哪一家适合酒店去做电子商务的推广，使营销规划落到实处。另外，酒店要在传统媒体、网络媒体上同步做营销推广的规划内容，哪些内容做互补性的营销，通过同步规划一步一步去落实推广会有比较好的效果。

第四节　系统的运行管理

电子商务对于一些中小酒店来说还是一个新鲜事物，对其系统的运维环节也不熟悉。从电子商务的实践来看，电子商务运行管理对于现代酒店来说已是经营管理中的一个重要内容，但目前来看系统运维做得好的酒店并不多。举个简单例子，酒店的门户网站运维管理，它是电子商务的门户，但很多酒店几乎没有运维中的服务，只是埋怨自己的网站没有流量，试想没有好的服务访客会增多吗？不可能的。酒店的电子商务是一种服务，它更需要运维中的服务，但目前还没有一家酒店根据电子商务运行的需要设置相应的管理组织架构。电子商务系统运行管理涉及的内容非常多，这也是许多酒店开展电子商务效果不佳的主要原因，因为目前大多数酒店还不知道怎么去掌控一个电子商务系统的运行。本节主要讲一下运行管理的一般运维内容，如运行中的制度管理、系统运行中的绩效评估和改进管理，以及系统运行中的数据和商务管理等内容。

一、系统的运行管理概述

运行管理的目的是使电子商务系统能更好地为客户服务。其实电子商务运行涉及的管理有很多，有系统维护管理、战略管理、系统安全管理、营销管理、绩效管理、流程升级管理、制度管理、数据与商务管理等内容，这里我们不可能去一一展开，其中重点的制度管理、绩效评估和改进管理、数据和商务管理等内容在下面会进一步介绍。本小节我们先介绍日常的几个管理内容，主要讲一下酒店门户网站的运行管理、主控系统的运行管理以及移动服务端软件的运行管理。

门户网站是电子商务系统的窗口，它的运行管理涉及对客的服务，我们经常碰到这样的事情，同一家服务商为两家酒店开发了同类型和同样商务流程要求的网站，产生的效果会产生很大的差异，其实这个差异的根源就是对网站的运行管理差异，往往管理好的就会有好的收益，这个好就是对网站运行的精细化管理，关注访问者的行为，并敏捷地提供在线服务，因此网站的运行管理主要就是不断地更新信息、积累信息、制造热点、关注客户，并敏捷地采取相应措施，这样精细的管理一定会培育出酒店的忠诚客户；主控系统的运行管理就是可视化管理链接的所有应用系统，特别是关注移动服务端软件的运行状态，其中重点关注客户的咨询、交易，或系统异常的情况，并采取相应的管理措施，这类管理的主要职责是保障所有服务系统的运营和数据交换不出异常情况，并对系统数据的安全加以关注，出现问题时可以及时采取措施，这是整个电子商务系统的掌控系统，需要有专门的人负责值班管理；移动服务端软件的运行管理除包括其运行的日常管理外，还要关注消费者的行为及动向，这里的管理包括交互管理、转发信息审核管理、咨询服务管理等。其中微信服务号的运行管理，就需要关注消费者在微信圈里的一些交互行为，管理的目的就是引导消费者的一些行为理念以及消除一些负面信息的影响。由于一个酒店可能有许多移动服务端软件，所以其中的运行管理工作量其实非常大，酒店需要有专门的人去负责这些管理。

运行管理与维护是一个应用软件生命周期中最重要的一个阶段，也是经历时间最长的一个阶段，酒店需要有相关的部门去做好系统的运行管理与维护工作。对于电子商务的主控系统和移动服务端软件的运行管理，除了适应性维护、完善性维护、预防性等技术性维护工作外，酒店自身在系统运行管理过程中还需要考虑以下几方面的日常维护内容。

（一）运行情况记录管理

电子商务运行情况更多的是在线服务中客户所反映的问题，需要如实记录下来，有些是服务功能性的问题，需要记录下来反映给系统的技术服务商，尤其是主控系统中存在的问题。对于移动服务端记录的情况主要是客户反映系统打不开，或者打开后无法操作，这些都需要反映给技术服务商进行在线维护处理。其他需要记录的就是系统的访问量变化和业务交易量的变化，需要通过平时的记录进行客观的分析。电子商务需要一定的培育过程，而网络客户的培育需要根据运行情况记录来制定培育策略。

（二）应急措施落实管理

电子商务系统运行会碰到各种突发情况，需要通过一定的应急措施来对付。如系统运行缓慢、系统访问量猛增导致卡机、社交平台的负面舆情爆发、支付系统受黑客的攻击等。为了使系统能维持正常运行，需要对可能的突发事件采取应急措施来预防，保证突发事件带来的系统运行损失达到最小。

（三）系统资源完善性管理

酒店电子商务系统的资源是一个变动的资源，不管是酒店的客房资源还是娱乐资源，甚至是酒店的客户资源，都是随着系统的运行在不断变化，需要一套有效的完善性管理方法来应对这些资源变化。尤其是客户资源动态变化的可能性最大，电子商务中不管是门户网站还是移动服务 APP，都需要在服务环节通过交互吸引和黏住客户，这是运行管理与维护中最关键的管理内容，完善性管理就是要建立一套互动环节的服务流程，充分体现个性化的需要。

（四）系统内容维护管理

一个高效率的酒店电子商务系统一定有内容管理的要求，尤其是系统的人工智能的应用，智能化的系统可以通过模板内容的管理来实现高效的操作和运行。如电子商务系统中的产品搜索、安全控制、信息集成、智能助理、界面组合、系统整合等都可以通过相应模板的内容管理来自动实现。如酒店网络营销中，可以通过对视频、直播、社交、广告等内容管理，实现有效的个性化分类营销。系统后台也可以通过知识模板的内容管理来获取系统前端的互动信息，从而可以分析未来客户的变动趋势。

二、运行中的制度管理

酒店电子商务系统是一个综合性的大型信息系统，系统运行涉及人、系统、数据、客户等诸多因素，在运行过程中为了确保系统安全有效地运行，降低人为因素的影响，需要建立一套运行管理的制度来保障。尤其是电子商务占销售总额比重较大的那些酒店企业，制度管理就显得非常重要。在现阶段，酒店电子商务运行中的制度管理包括客服管理制度、信息管理制度、岗位职责制度、行为规范制度、安全管理制度等内容，这些制度的制定和管理对酒店电子商务系统的运行来说是不可缺少的内容，也是提高系统运行效率和效益的基本保障。

客服管理制度是电子商务中最重要的运维内容，它是系统对外的窗口，也是客户接触系统的第一感知窗口，对酒店的服务形象影响很大，必须对在线客服人员的行为、礼仪、咨询范围要求等进行制度化管理，目的是提升服务，塑造酒店的品牌服务形象；信息管理制度是系统运维中的核心内容，系统的信息怎么更新、怎么删除、怎么分类、怎么展示、怎么搜索、怎么使用都需要根据整体的策略建立一套管理制度来实现，这样系统的信息会越来越丰富，累积到一定程度就可以挖掘出更有使用价值的信息；岗位职责制度是系统运营中根据各个职位建立的管理制度，如客服岗位、运行技术岗位、商务交易岗位等，通过制度来确保系统运行中的系统、服务、交易的正常运作；行为规范制度是对涉及系统的所有人员来讲的，制度内容包括酒店的商务保密和防止数据泄露等要求；安全管理制度主要针对系统运行的安全、网络的安全、数据的安全等做出规范的管理规定，防止和减少人为因素对系统产生的影响。酒店应根据自身的具体情况来量身定制这些运行管理制度。

未来酒店电子商务系统都是通过云计算环境来建立，系统数据都在云端保存着，数据管理岗位将是未来酒店系统运行很重要的一个岗位，需要协同云服务商共同对系统数据进行管理，方便使用。这也需要相应的管理制度来操作，包括数据的完整性、安全性、上传下载等管理，运行管理的制度也会随着软件环境的变化而不断完善。

三、绩效评估和改进管理

酒店电子商务系统既是一个软件系统，又是一个酒店业务（商务）系统，系统需要持续改进，业务需要按时绩效评价，系统才能不断得到完善。因此，对于这样一个综合性系统，需要在持续改进和绩效评估方面进行专门管理，以提升酒店电子商务系统的效率和效益。提升效率就是要改进系统，包括系统的功能性改进、数据结构优化改进以及缺陷性补丁改进等；提升效益就是要商务优化，包括分销渠道改进、直销方式改进、商务流程改进等，还包括服务流程的优化，满足客户即时通信中的即时服务需求。酒店开展电子商务后就需要围绕这些内容做好绩效评估和改进系统的一系列管理。

功能性改进管理的计划必须根据每次测试的情况来制订，任何软件每次测试都能找出问题，在不影响运行的前提下，把问题记录下来进行功能性改进，待下一版本发布时完善系统存在的问题，功能性改进有大有小，必须根据实际需要以及改进的成本来制订改进计划。数据结构化改进主要改进子系统之间的交换数据可能存在的缺陷，以提高数据交换效率。由于系统整合存在的数据交换越来越多，会出现交换效率下降的问题，这时就需要优化它们的数据结构关系，以改善系统运行效率。缺陷性补丁改进主要针对系统出现的小问题，用加补丁的形式来加以改进，这类改进问题是随时发现，随时用补丁加以弥补，这是系统改进中一项的经常性管理工作。分销渠道改进也是一项经常性的工作，现在酒店的分销渠道很多，哪些渠道对酒店分销有效是要经常观察优化的，当出现业务下滑、市场份额下降时，就需要优化调整，因此系统管理人员和业务人员要协调关注分销渠道业绩的变化，以便快速做出调整。直销方式改进是系统对自己在线直销业绩变化所做出的调整，这要根据酒店业务策略来展开，酒店通过自己的平台在各种渠道中开展直销，需要根据直销效果选择重点，如社区平台的选择、直销方法的选择，都需要通过绩效的评估来加以改进优化它们的组合；商务流程改进的工作也是通过绩效分析来确定的，开始设计的商务流程不可能永远有效，需要经过一定时间的运行，以及商务对象的变化来改进自己的流程，商务对象不同，商务流程也会有所不同，在商务对象不断变化的互联网环境中，需要不断地调整商务流程以适应自己业务发展的需要，这样系统产生的效益才会不断提升。

四、数据和商务管理

数据和商务都是酒店电子商务系统的经营财富，是酒店经营中最核心的内容。数据是生产力，商务是生产关系，是业务交易的形式，在电子商务系统中流淌着大量的业务数据和客户数据，管理好这些数据可以为酒店创造更大的财富和意想不到的收益。如杭州绿云科技的 i-Hotel 平台，系统中有几万家酒店的业务数据，通过这些数据提供的经营预测报告，可以精准辅导酒店的市场营销，为酒店在经营中增加收益，所以该平台下的酒店用户都会获得很高的数据分析附加值。在现阶段，电子商务的数据和商务管理主要包括客户数据管理、商品价格体系管理、备份和搜索管理以及会员合同（协议）数据管理等。

客户数据管理目前有专门的系统来处理（如 CRM），在酒店电子商务系统中，客户数据包括客户资源数据和客户交易数据，对客户资源数据的管理主要包括客户分类、客户偏好、客户区域等，对客户交易数据的管理主要包括消费数据、结算方式、客户等级等，精细化地管理客户数据可以激发客户的消费，培育酒店的忠诚客户群体；商品价格体系管理主要针对酒店的服务产品进行个性化的划分，为不同等级的客户提供合适的服务，包括会员客户、企业客户、VIP 客户等，酒店的精细化服务就需要建立一套受客户喜爱的商品价格体系；备份和搜索管理主要为系统数据建立一套备份方案，以便系统可以即时找到备份的经营数据，当然，在云设施平台的支持下，系统数据几乎处于海量的存储系统中，但作为酒店经营管理者，每年备份好系统的经营数据是一种比较好的管理理念，结合采用的搜索方法，系统就可以随时获取所备份的历史数据；会员合同（协议）数据管理是专门针对协议客户来制定的，包括企业大客户等，电子商务系统对这些协议客户都有一定的期限和条件要求，在规定的期限和条件下，系统能对这些客户进行自动营销和自动销售，并在约定的条件下自动结算，人工要做的事情就是跟踪这些协议信息，尽可能地提醒消费客户，使客户能按照规则来续签协议和满足约定的条件，保障系统的会员客户不会流失，以不断提升系统的经营收益。

截至目前，大多数酒店的电子商务还没有形成系统，都是一些碎片化的软件应用，因而没有形成一体化的数据管理，还停留在经营中的客史管理。一体化的数据管理必须形成酒店电子商务的应用平台，通过平台化实现数据管理。因此，要创造电子商务的竞争优势，渐进式的平台化数据管理是未来数据技术应用的基础。酒店在未来开展电子商务的过程中，既要管理客史数据，又要管理潜在客户数据，还要管理在线交互数据，取得竞争优势的关键就是酒店能识别潜在客户的当前需求。这些数据通过管理和分析，能形成未来酒店开展精准营销和个性化营销的知识依据，也是未来电子商务智慧营销所需要的数据。

本章案例：君澜集团用电子商务推“度假圈”建设

君澜酒店集团（NARADA HOTEL GROUP）目前为中国饭店集团10强和全球酒店集团60强。集团旗下主要拥有“君澜度假酒店”（各得其所的休闲生活模式酒店）、“君澜大饭店”（极具时代特征的休闲商务模式酒店）、“景澜酒店”（极具时代特征的多维社区生活模式酒店）三大品牌。截至2018年11月，君澜酒店集团业绩遍布国内22个省市，投资管理超过140家酒店，客房总数逾32 000间。2016年集团意识到未来休闲度假是国民旅游中的一个主流方式，开始对度假类酒店布局，并实施电子商务战略，提出建立君澜度假圈，用电子商务与度假产品融合推动集团的转型发展。酒店业具有属于比较传统的劳动力密集型服务行业的特点，用技术密集型的电子商务能降低集团发展中的经营成本。为此，君澜酒店集团开始了用电子商务促进度假圈发展的实践，全力以赴致力做好以下两件事。

一、集团所有产品资源“上天”

第一件事是“上天”，是指将所有集团及酒店产品资源都上线，借助互联网以实现线上线下资源整合共享，协同服务。具体业务考虑以下两个方面的互联化。

（一）服务产品互联化

对客服务所有产品资源的移动互联化。君澜集团的所有产品通过电子商务也从最初的400预订中心到官网预订，再到行业的普遍OTA代理，从集团月刊自嗨到借助自媒体发力，从线下的传统公司协议客户开发维系到君澜“度假圈”客流平台的资源共享，一步一步实现分布的资源移动互联，提高了产品资源的高度共享。与主流OTA的互联合作也是每家成员酒店基本的客源渠道，君澜作为国内知名的度假品牌，在OTA合作方面也需引领，有策略地开展合作。除了常规的日历房、餐饮、度假套餐等合作，更增加了相关的延伸服务和推广合作，例如，携程的租车、行李寄送、旅拍、抖音推广互联，飞猪的明星店铺、轻店铺等。

餐饮服务资源的互联化。住酒店的大部分宾客都有这样的体验，酒店的餐饮服务优，菜肴品相佳，味道马马虎虎，商务宴请比较合适，如家庭老友聚餐肯定首选社会餐饮。随着互联网外卖的兴起，酒店餐饮承受的压力更大了。住在酒店，外卖送餐到房成为住店标配，外卖小哥在酒店频繁进出引起的管理和安全问题一度成为微博热搜话题。为了应对互联网如此餐饮盛景，将食街、特色小吃引入酒店，开通酒店网上外卖服务，君澜的餐饮也不得不与时俱进。例如，君澜海南三亚的迎宾馆酒店，从2018年年初调整菜品结构，开始外卖业务后，预订入口对接外卖平台和酒店自己的微信商城，不仅本酒店送餐到房得到客人的一致好评，外卖业务甚至延伸至周边酒店和临近居民，当年年中每天外卖业务营收已经达到万元以上。餐饮资源互联化后，改善了酒店餐饮的服务和经营方式，得到了社会的认可，口碑和营收实现了Win-Win（双赢）。

通过自己的微商城实现资源共享。君澜酒店集团的微商城平台是专门为酒店客户提供的电子商务平台，主要提供商品服务和度假产品服务。其中有“君澜度假”（开放注册平台）与“度假东方”（封闭协议平台）双微商城运作，实现全客源链（包括散客、公司协议客、旅行社团队、会务中介）微商城对接，全集团共享。微商城按照市场细分区分客户等级及优享礼遇，并与各电子商务平台会员实施权益互通，如支付宝、京东、飞猪等平台各等级会员。两个微商城都兼具全员营销功能，相关注册员工和销售人员通过自己的微信、抖音、微博等宣传，在推荐君澜集团各地度假佳品的同时，也有一份奖励回报。君澜度假平台更是导入了分销功能，宾客注册会员后，可以进一步注册成为“逍客”，通过体验后分销，领取奖励金的同时，也成为君澜的最有发言权的口碑传播者。

（二）与供应商资源互联化

供应商资源也是酒店电子商务的重要组成部分，通过供应商资源的“上天”，实现君澜物资采购的互联。君澜利用集团自身的采购渠道和旗下各店的特色原料采购能力，搭建了集团采购平台，用微商城向旗下各酒店和集团会员开放。通过集采平台的电子商务，可以极大地降低酒店经营成本。就食材举例来说，最新鲜的海南热带水果、安吉时令鲜笋产品、绍兴的醇香干菜、青岛的海鲜干货、云南的野菌山珍都会第一时间通过各地物流到达集团各酒店，并通过限量预订第一时间呈现在宾客的餐桌上。酒店会员也可以通过集团微商城预订，购买自己喜欢的土特产商品，享受各地精选的专供食材。

二、集团所有服务资源“落地”

第二件事是“落地”，是指使君澜的文旅产品和服务更接地气，让宾客实实在在、真真切切地感知体验到，并通过线上口碑传播和媒体曝光，成为君澜酒店网红代言，最终让君澜“度假圈”通过互联网占领宾客心智，反哺“上天”。君澜酒店集团“落地”有“四大件”：有一种管理工具叫君澜十大“品牌放大镜”；有一种服务叫“更多的关爱”；有一支队伍叫“君澜大使”；有一种度假产品叫“各得其所的休闲生活”。

君澜十大“品牌放大镜”的实质是产品与服务的放大。通过把客人在酒店最关切的体验元素进行放大或强化，把服务的关键节点进行提炼，凝结成细节要领。十大“品牌放大镜”处处浸润和累积着品牌独有的中国文化气质，其中包括君澜之花、君澜之艺……均可娓娓道来。

就“君澜之花”来说，大部分酒店可能都聘请过花艺师或外包此类服务，不但价格不菲，而且插花与酒店气质不符。这些酒店同行参观君澜旗下酒店时，看到君澜旗下度假酒店的大部分插花都由员工自行完成，而且格调高、创意多，不禁大加赞赏。每年，君澜酒店集团会举办“君澜之花”大赛，各个酒店、各部门都会拿出精彩的插花作品。现在，这种自己动手创作成为了酒店员工的乐趣，员工们就地取材，利用酒店及周边的竹木花草资源作餐厅竹篱隔断、麻绳行李车缠绕、竹筒指示牌设计及客房欢迎信拼写等，让散发着当地自然气息的装饰点缀着酒店的每个角落，带给宾客点点滴滴的生活之美。

“更多的关爱”，作为线下服务支撑，是君澜线上品牌形象有力的佐证。在海南保亭七仙岭君澜度假酒店，一位高龄客人方便后站起时比较吃力的信息发送到酒店管理群之后，酒店工程部在缺少相应的移动设施的情况下，愣是在客人散步回到客房前，把一个打磨光滑的木制座架送进了客房。另一位酒店的“阿七管家”在得知客人被蚊虫叮咬痒得浑身难受后，当天晚上下班后便去药店购买驱蚊液送到客人房间，而远在北京出差的酒店总经理得知这一情况后，半夜安排餐饮部采摘园区捞叶和柠檬加在一起榨汁制成特效草药，快速送至客人处。七仙岭君澜在网上的好评，就是靠这些线下“更多的关爱”叠加起来的。“更多的关爱”使君澜各级服务人员均从宾客角度出发，提供实实在在的温馨服务，如推荐最具性价比的产品，包括可能的浪费提醒、优惠推荐、服务预约、会员特享等，因为每一位君澜人都知道：客人的满意和口碑是互联网时代最大的价值源泉。

“君澜大使”更是从时间和空间两个维度，将关爱链接至宾客的到店前、住店中和离店后的体验。君澜的集团客服中心和各店的“君澜大使”都要求建立宾客、会员微信群，例如，到店前当次活动负责人会发布活动日程流程和服务安排，让客人未到酒店，已开始度假；在店时，在群内活动预热，组织客人之间互动和友情搭建；离店后，送别、安排并问候返回情况，并适时推荐客人喜好的下次旅程，让线下细微的个性服务延伸至线上的即时服务响应。

“各得其所的休闲生活”使客人在度假中享受更个性化的体验。君澜酒店集团提出了住宿为核心，“食、宿、动、乐、聚+X”的产品思路。即根据各年龄段的受众需求，结合酒店及周边特色资源，定制各层级各得其所的休闲产品，结合酒店所在的地域、文化特征，设计了包含食、宿、聚的基本元素，而又兼具动、乐的情绪产品基因，增加了网红“X（引爆点）”。每家君澜酒店“X（引爆点）”从环境、摆设、音韵入手，配上服饰、把玩等，入景的服务人员更会引导宾客自拍、摆拍、合拍，并免费给予专业的富有网红基因的短视频剪辑。就家庭亲子类产品为例，君澜认为国人亲子度假需求不同于国外，家长既要求孩子玩得开心，又希望度假中的活动能让孩子寓教于乐。因此，南浔君澜度假酒店“改变孩子一生的几天”产品应运而生。君澜成人礼、生日、周年、升学、毕业等关键人生节点的度假产品不仅提供了家人团聚的欢乐，也设计了满满民国风仪式感的礼仪流程，并做拍摄和视频记录，为孩子和整个家族留下印象深刻的瞬间。这样的产品打造理念，为君澜的电子商务奠定了最有力的市场引爆基因，加之在活动体验中对宾客的传播引导，如微信、抖音等的照片、视频的转发，为休闲产品的互联网二次推广助了一臂之力。

三、度假圈电子商务需要“上天”“落地”的融合

“上天”“落地”的融合其实就是电子商务的线上线下融合，君澜借助互联网把产品全部实现互联化，又更好地体现了自己的特色服务，这个特色就是“X”。就城市休闲产品而言，度假产品需要体现不同区域的“X”。如君澜鉴湖大酒店于 2017 年年底完成了对大堂茶吧的改建，引入君澜酒店集团“休闲会客厅”的概念，把黄酒之乡的绍兴风情与酒店中庭的“亭”“轩”“廊”相结合，在空间上打通黄酒吧与自助餐厅的边界，时间上错开了两处经营场地的营业节点，使二者在各自客情高峰均可得到营业空间的扩展和服务人员的互补。“黄酒吧”产品概念一推出，便赢得了市场，外地游客来到酒店后，被浓郁的绍兴酒文化所感染，喝着花雕、加饭、黄酒调制的鸡尾酒，品着网红产品黄酒棒冰，一时引爆朋友圈。又如安吉君澜的“可以过夜的竹博物馆”、香水湾君澜与七仙岭君澜的“海誓山盟”等君澜“四南一北”战略的“度假圈”产品，都根据地域与文化特色形成了自己独特的“X”。

君澜的电子商务两手抓战略——“上天”为产量、“落地”保质量，有力地推动了君澜

度假圈的形成和发展。“气质、人本、柔软、难忘”的空间表达与服务深化为线下基础，“整合、传播、共享、种草”的市场属性和价值实现为线上推广。经过这几年电子商务战略的实施，君澜酒店集团电子商务营收占比一路上扬，从2016年的22.65%、2017年的24.58%，直至2018年的26.94%。君澜的电子商务思路会进一步夯实君澜“度假圈”的发展战略，力争在未来三年，集团线上营收占比达到40%以上，从整体布局的地理和契合宾客的“心理”两个维度牢牢地圈住现代的“网人”需求。

资料来源：本案例由君澜集团提供素材，作者研究整理。

思考题：

1. 君澜集团的电子商务“上天”和“落地”战略，反映了互联网电子商务怎样的商务模式？
2. 君澜集团的服务产品“上天”包括了哪些内容？产品互联化后有怎样的竞争优势？
3. 结合君澜集团的官网，试分析君澜集团的度假圈电子商务还存在哪些不足？

拓展知识

软件战略规划　　碎片化应用　　软件项目管理
软件项目运行　　系统规划　　需求分析
系统设计　　系统实施　　电子商务法律环境
电子商务道德　　电子商务安全　　隐私保护
软件需求管理　　软件需求开发　　系统性能分析
委托运行管理　　自运行管理　　云服务管理
内容管理　　流程管理

思考题

1．电子商务开发建设的准备包含了哪些内容？
2．酒店创建电子商务的目的是什么？应如何开始创建？
3．为什么酒店开展电子商务首先要进行定位？定位包含了哪些内容？
4．本章介绍了三种创建电子商务的不同目的，除此以外，还有其他的目的吗？
5．通过拓展知识的自主学习，酒店电子商务作为一个应用系统，为什么要进行系统规划？
6．通过课外或网络搜索的学习，试介绍作为一个信息系统，目前在系统规划中一般有哪几种规划的方法？
7．结合拓展知识，解释软件的需求分析和需求开发有什么不同？
8．结合拓展知识，试解释什么是系统规划？系统规划目前有哪几种方法？

9．如果一个酒店的电子商务系统是由自己开发，自己运行管理，需要做哪些技术准备？

10．假如一个酒店的电子商务系统是购买的，酒店应如何做营销推广规划？

11．为什么酒店电子商务系统的运行管理需要制度建设？它考虑了哪些因素？

12．酒店电子商务系统的运行管理包含哪些内容？对于酒店自身需要完善哪些管理内容？

13．通过拓展知识的自主学习，试解释什么是电子商务的碎片化应用，它与系统化应用有哪些区别？举例说明。

14．如果一个酒店的电子商务系统是通过云服务运行的，它应如何开展运行中的数据管理？

15．通过拓展知识的自主学习，试解释什么是电子商务的内容管理，它有哪些管理内容？

16．如何开展酒店电子商务的绩效评估？结合评估结果，又如何对电子商务系统进行改进？

17．什么是电子商务的功能性改进？功能性改进的依据是什么？

18．为什么说电子商务系统的数据管理很重要？它是一种怎样的经营资源？

19．从市场竞争的角度出发，酒店的电子商务应怎样创建才能体现市场的竞争优势？

第四章　酒店前台电子商务

本章要点

酒店前台是对客服务的部门集合，它的电子商务应用场景包括前厅、客房、会议室和娱乐服务，也包括门户网站和餐饮服务，餐饮电子商务将另立一章介绍。本章主要介绍前台的前厅电子商务、客房服务电子商务以及会议室娱乐服务电子商务等基本内容。这些电子商务内容大多数是内部电子商务，即具体业务的电子化处理，但多数电子商务与外部电子商务密切相关，与外部的电子商务关联在一起。如预订中心、门户网站、娱乐等服务的电子商务，前台的内外商务都交叉存在。这些电子商务内容都是在酒店统一的电子商务平台框架下开展，形成相应的电子商务系统应用，本章就介绍这些与前台相关的电子商务内容，涉及前厅、客房、会议室、娱乐服务等，包括相关应用系统的功能结构框架。希望读者对酒店前台电子商务有一个完整的了解。

酒店前台是酒店经营的主要场所，由前厅部、客房部、餐饮部以及会议和娱乐等业务部门构成，凡是和客户直接相关的业务部门都称为前台，前台是酒店的核心经营部门。随着酒店互联网技术的应用，前台的电子商务交叉复杂，有外部的电子商务，也有内部的电子商务。外部的电子商务主要是网络营销和网络渠道订单的接入，包括 OTA 订单和酒店的门户网站订单等。内部的电子商务主要是客人预订和接待的电子化处理、客房消费的电子化处理、餐饮和娱乐消费的电子化处理，以及会议室租用业务和宴会消费的电子化处理，这些业务也是与客户相关的商务，内部商务与外部的网络商务协同化的电子处理是本章介绍的重点。本章介绍的内容主要是针对酒店内部并与客户相关的电子商务。

第一节　前厅服务的电子商务

客人到达酒店后，只要在服务台完成入住登记或自助登记，以后在酒店的任何地方消费产生的业务都可以实现电子化处理结算，这就是对酒店前厅电子商务的基本要求。按照常规，住店客人都可以把消费单汇集到服务台实现一次性电子化处理。在完全电子商务的酒店里，登记也可以通过刷脸或刷卡的方式完成，非常便捷，消费时的付费也是一样，每个人都可以选择最方便的形式进行电子支付，也许到了区块链技术时代，酒店的入住和消费付费就更方便了。到了那时每个客人都有一个唯一的真实 ID 号，周游世界，入住酒店，所有的一切消费都是完全的电子化处理。在酒店前厅服务范围内，涉及的电子商务内容可能包括预订中心，因为客人的预订房间都需要前厅确认；还包括门户网站以及 APP 服务的在线直销，网络订房的订单也需要前厅确认后才能进行排房处理；在住客人的消费账务都需要汇集到服务台实行统一处理，这些消费单都必须是电子化传递，其中不能存在人工收费和人工传递的情况，这是对完全电子商务酒店业务处理的最基本要求。

一、预订中心的电子商务

预订中心的职责就是管理酒店订单，它既涉及外部的电子商务，又涉及内部的电子商务。在网络化经营的时代，预订中心的订单可能是 OTA 渠道传来的，也可能是门户网站传来的，还有可能是合作伙伴或散客打电话来预订的，以及也有相关部门的 VIP 预订，不管是什么渠道传来的订单，在预订中心都要形成规范的电子订单，这个电子订单都需要通过前厅服务台的确认才能形成有效电子订单，对于这些订单，酒店集团有专门的系统进行管理（如 CRS）。有效电子订单还分成两种情况：一种是确认订单，这是已经付款或已经付了定金的订单；另一种是不确定订单，这是还没有付款或没有付过定金的订单，还存在不确定性。对于前一种情况，酒店可以直接进入 PMS 排房的电子化处理，而对于后一种情况，酒店只能做预留房间的电子化处理操作。作为酒店的预订中心必须时刻跟踪不确定订单，尤其是在预订日期前的一天，与预订人保持联系，必要时给客人提供一定的帮助和方便，以防止不确定订单的流失。

（一）预订中心的商务接驳

在电子商务开展过程中，预订中心的任务除了把传统预订转变成系统有效的电子订单以外，还要承担各种渠道来的预订单接驳到相关的业务部门进行确认，形成系统能自动处理的有效订单，实现完整的商务电子化处理。如 OTA 渠道来的网络订单确认与接入、国际分销渠道（如 GDS）来的订单确认与转化、门户网站来的客户订单确认与接入，以及销售部内部转来的业务订单确认等。通过预订中心接驳确认的网络订单，可以直接进入前台的 PMS 系统进行排房处理。对于有些网络渠道与酒店有协议通过接口接入的网络订单，就可以省略确认的步骤直接接入前台 PMS 系统进行排房等处理。随着人工智能的应用，预订中心的商务接驳正在朝智能化方向发展，如传统预订（如电话预订）通过语音识别自动转化成电子订单、网络订单的智慧识别、有效订单的智慧接驳，以及确认订单的自动接入等。同时在预订中心可以安排机器人客服，更加智慧地为客人提供在线服务，使预订中心的电子商务完全智能化，从而提高预订中心电子商务的效率和效益。

虽然预订中心不直接管理客房，但掌握着所有客房的预订情况，预订中心要在房控允许的情况下，尽量地提高预订率，而提高预订率与预订中心的商务接驳效率直接相关，及时处理客户的预订信息，并为客人快速地确认订单，能给客人留下良好的服务形象，因为现代的消费客人最计较的是你的服务，包括在线咨询服务、预订确认服务以及售后的问候服务。因此，为了提高预订中心的服务效率和服务精准性，就需要有完整的信息系统，目前酒店预订中心的信息系统还是比较薄弱，尤其是涉及各部门的商务信息互动沟通存在不足，这对整个酒店的电子商务会造成不良影响。因此，为了提升酒店电子商务的竞争优势，预订中心需要提升预订服务管理系统，或开发基于移动互联网的新一代系统，该系统应在酒店房控指标、房类管理等要求下，以各部门之间的商务接驳为核心功能，可视化地对预订订单确认流程进行管理，结合智慧型服务机器人为预订者提供快速响应服务，并辅助为客户办理电子化的预订服务协议，使预订中心真正成为酒店商务信息的智慧中转站。

（二）预订中心的网络营销

预订中心的网络营销是在营销部统一规划下实施的，也有些小型酒店直接通过移动互联网由预订中心具体负责，关于营销部主管的网络营销后面有一章专门做介绍。预订中心的网络营销主要通过移动服务 APP 或者小程序，让消费者知道预订中心有哪些预订方式，在什么地方预订最方便，最近有什么促销活动等。因此，预订中心必须有自己的小系统让客户知道酒店的预订便利通道。

酒店的预订中心在移动互联网环境下需要走出去，直接面向互联网的消费者，开展各种形式的网络营销，让消费者直接访问预订中心的移动 APP 服务，了解酒店产品，直接预订服务，用与 OTA 不同的方式向互联网消费者提供移动服务。目前大多数酒店的预订中心都是以等客户上门的方式开展工作，作为一个电子商务酒店，预订中心需要有创新的思路，如何围绕电子商务采取走出去的方式开展工作？到互联网世界去主动寻找客户，这就是预订中心开展网络营销的思路。其实预订中心走出去就是和营销部或市场部捆绑营销的一种形式，用营销绑定服务，体现营销部在营销中有服务，预订中心在服务中有营销的经营策略。以前有位酒店总经理总结网络营销的经验，说一个酒店至少可以做 100 个 APP 移动服务，各部门都主动出击做十几个 APP，投放在各种网络渠道，每个 APP 产生一点点效果，各个渠道投放后合起来的效果就很大，这就是网络营销的长尾巴理论实践。

当然，各个部门主动出击开展网络营销需要营销部来总策划协调，分别应有不同的营销侧重点内容，核心是掌握如何把营销绑定服务，让消费者觉得有便捷的温馨服务体验。作为预订中心的营销，协同门户网站的营销重在预订服务细节，把这个服务细节通过 APP 或小程序移动服务推送到微信客户群、会员客户群、微博群以及社交网络的自定义客户群中，也可以推送到合作伙伴的网络渠道中，甚至可以基于客户 ID 号来精准推送，让互联网消费者或 OTA 客户感受到酒店预订中心与 OTA 不一样的、便捷的预订服务。

预订中心的电子商务还有一个重要系统就是中央预订系统（CRS），这是大多数连锁酒店或酒店集团都具有的一个系统，其核心功能就是预订管理，并把有效订单接驳到各成员酒店，管理所有成员酒店的预订订单。目前有专门基于互联网的中央预订系统，既有预订功能，又有营销功能。未来 CRS 可以与 OTA 服务商实现数据对接，酒店可以监管各 OTA 的网络价格。对于我国大多数的单体酒店来说，几乎都没有自己的 CRS 系统，或者仅有简单的计算机预订系统，它们的电子商务还是主要依赖 OTA。对于有营销功能的 CRS，基本都设计有移动服务的客户 APP 服务端，可以专门为酒店会员提供定制式的服务。

二、门户网站在线直销

门户网站是酒店对外的服务窗口，也是酒店电子商务的对外门户，判断一个酒店电子商务是否成功，其门户网站的在线直销占比是一个很重要的衡量指标。在业务管理上，门户网站上的每一个订单都由酒店前厅的预订中心来确认，网站要做的商务主要是围绕转化率开展，一个好的门户网站不但能提供好的服务产品，还能提供智慧型的服务，这个服务可以提高消费者访问的转化率，最终提高门户网站的在线直销销售额。这里所谓智慧型的服务，就是网站能预测出访问者需要什么，然后提示性地为访问者提供咨询信息，帮助访问者找到所需要的服务产品。另外，网站的商务逻辑能根据访问者的访问行为预测访问者的产品需求，并可持续地跟踪访问者的访问行为，通过后续的精准营销能使访问者变为酒店的消费客户。因此，未来酒店门户网站的智慧服务设计是酒店竞争优势的主要体现，也是门户网站智慧商务实现的技术基础。

（一）门户网站的营销作用

门户网站的营销也是在营销部的统一规划下实施。目前大多数酒店的门户网站营销作用都很弱，访问量不大，自己的会员客户也很少访问，为什么会这样？酒店应从自身去找问题，门户网站的信息是不是用户所需要的，门户网站的咨询是否有及时回复，门户网站的信息有没有及时更新，更重要的是门户网站是否有热点新闻，门户网站是否有消费者感兴趣的热点事件，所有这些都会影响门户网站的访问量，从而影响门户网站的营销效果。总之，门户网站的访问量低多是因为服务不足，或服务不细致，缺乏有效的商务流程和信息发布流程引起的，一个门户网站仅靠酒店信息部去发布和维护网站信息远远不够，因为这其中的周折和跨部门的整理信息会极大地影响信息发布的时效性和效果，从而影响门户网站的营销作用，兴趣点不足，无法有效培养自己的网络客户群体。

因此，要想一个门户网站取得好的营销效果，必须从门户网站信息流程的合理性上下功夫。已有研究表明，网站的营销作用信息流程设计是关键，信息热点发布是重点，趣味性的场景不可少。笔者根据对多家酒店门户网站建设的指导经验，认为门户网站与前台相关部门的信息流程示意图（见图 4-1）对酒店营销有较好的影响和促进作用。

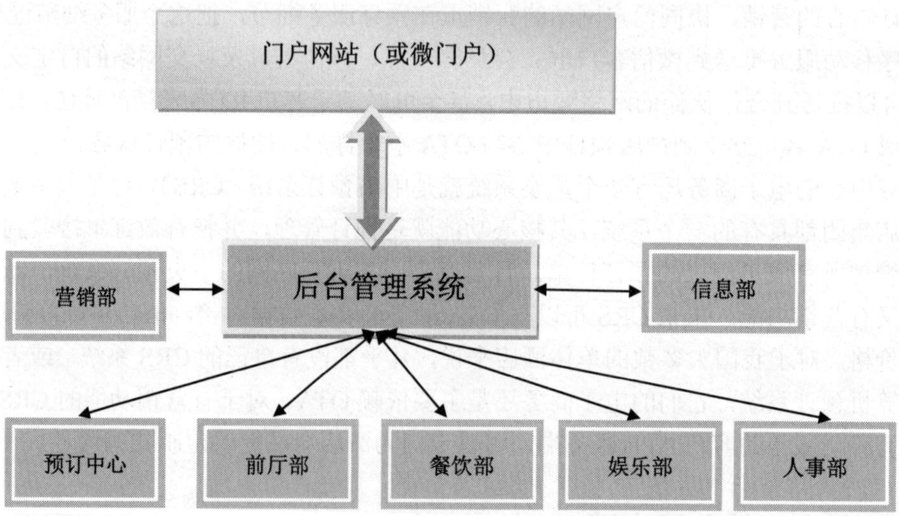

图 4-1 门户网站与前台相关部门的信息流程示意图

为什么说图 4-1 所示的信息流程图有较好的营销作用？因为访问者通过门户网站咨询相关信息可以得到相关部门的快速响应，从用户的角度看就是有很好的服务，有即时的服务就有营销作用。其中后台管理系统设计是关键，它应有敏捷的信息接驳功能。从门户网站信息更新的角度看，网站信息与前台相关部门都有关系，并不是酒店信息部一个部门的事，每个部门都应负责相应服务产品栏目的信息更新。前厅部负责客房产品的信息维护，餐饮部负责餐饮服务产品的信息维护，娱乐部负责娱乐服务产品信息的维护，保证网站上销售的服务产品信息是最新的。另外，门户网站的热点新闻或热点事件每个部门都有责任发布，如果依赖信息部去发布热点信息，这个门户网站永远是做不好的。门户网站的热点信息可以由营销部去负责统筹，根据经营的情况在门户网站上制造热点，吸引消费者访问。例如，酒店可以要求前台每个部门每周必须发布一个热点信息，不能间断，营销部和信息部共同监督信息的发布过程，营销部负责监督发布的内容，信息部负责信息传播的安全。相信经过持续不断地发布热点信息和开展促销活动，门户网站的营销作用将越来越明显，也一定能培育出酒店自己的网络客户群体。

作为一个电子商务酒店，如果门户网站有自己稳定的客户群，它的营销作用将更加明显，因为酒店自己的客户群需要什么，门户网站后台管理系统的各部门就可以敏捷地推送什么信息，结合营销部掌握的客户资料，利用移动互联网一对一地推送信息。这样的网络营销既省钱，效果又好。因此酒店门户网站的营销作用是建立在合理的信息流程和信息积累的基础上的。

（二）门户网站的直销功能

门户网站的营销效果产生后，其网络预订的直销功能就水到渠成。门户网站的在线直销应是酒店销售的重要战略内容，有了直销的销售占比，网络市场就有自己的话语权。

酒店在线直销主渠道还是依赖门户网站，如果酒店门户网站的销售额能占到全年销售额的 30%以上，那么酒店就没有做不好的生意。拿客房来说，门户网站的直销信息流转主要在网站、预订中心和前厅部之间，一个有效的订单被预订中心接收以后，要经过前厅部的确认，然后再由预订中心传给前厅服务台进行预留或排房处理。酒店要做的就是直销过程中的在线服务，如客户的咨询、对房间的要求、价格的问题、周边的交通、购物场所等，都有可能在直销过程中出现互动交流，客服人员或在线销售人员必须认真做好在线服务，快速给客户满意的答复，这就是在线直销的互动环节，图 4-1 所示的信息流程图表明，相关部门都可以围绕访问者的互动要求参加信息互动，酒店必须认真做好每一个在线服务环节的互动，以满足访问者的各种咨询需求，只有这样才能提高门户网站的转化率，这是酒店提高在线直销的份额和收益的最基本的服务。

一个好的门户网站除了基本的直销功能外，还应该有学习功能，最好达到深度学习。网站就像一个窗口客服一样，能认识每一个访问者，回忆起这个访问者以前浏览过的栏目信息，回忆起以前咨询过的问题，以及能回忆起以前消费过的服务产品，通过大数据梳理和分析，能预测出这个访问者这次访问的目的和需求，并提供给这个访问者相应的操作建议或提供给他所需要的帮助，进而能极大地提高在线销售量，为酒店增加网络直销的收益。因此，一个门户网站的直销效果除了前面说的做好各环节的在线服务外，高科技的应用也是在直销过程中不可缺少的内容，尤其是人工智能应用、大数据分析应用等，它能给访问者带来新的交互体验，激发访问者购买服务产品的欲望，使门户网站的信息流程、信息交互更顺畅，使在线直销的效果更好。门户网站的直销功能除了客房服务产品外，还包括餐饮服务产品的在线销售，以及娱乐服务产品的网上销售。

三、住店客户消费的汇总处理

酒店除了住宿产生费用外，还有许多消费项目需要账务处理，这些账务是人工处理还是电子化处理，涉及酒店对客服务的形象。在酒店无非就是两种消费账务：一种是住店客人的消费账务；另一种是非住店客人的消费账务。对于电子商务酒店，住店客人的消费可以通过记账实现服务台的一次性结账，但账单必须电子化实时传输到服务台；非住店客人的消费账务可以在消费收银点用第三方的电子支付方式进行支付，目前电子商务酒店基本上都可以接受第三方的电子支付方式，有些酒店也可以在服务台换取酒店消费卡，这类卡可以在酒店的任何消费点使用。在现代的度假型酒店里，既有休闲产品项目，又有娱乐产品项目，还有丰富的地方特色产品销售，所以酒店的消费点非常多，住店客户消费的汇总处理可以方便住店客人的结算，也提升了酒店服务电子化的良好形象。

（一）收银点的电子化处理

在酒店的收银点有比较复杂的电子化处理业务，包括银联电子支付系统、信用卡支付系统、第三方电子支付系统以及现金的电子流程处理，还包括记账和挂账的电子流程处理。虽然好多客人都有网络预约或预订，但大部分都是到店后服务结束时结算。

在酒店各收银点，现金和刷卡支付的电子化处理比较简单，但除了正常的收银功能以外，收银点还要提供住店客人的挂账和记账处理。对于住店客人的账务，收银点需要根据客人房号形成电子消费单，结算时这个电子消费单可以自动传输到服务台，进行按房号账务自动汇总，给客人提供一次性服务结账的方便。对于协议客人，收银点通过挂账形成电子消费单，并把电子消费单传输给后台财务，由财务负责汇总后按协议进行结算。收银点的系统必须把所有客人的消费形成电子消费单，作为相关部门和客人结算的依据。收银点的电子消费单可以在服务台、财务、销售部等相关部门通过网络实时传送，或通过网络查询，并且有客人的电子签单作为结算的凭据。随着人工智能的应用，酒店收银点的系统也将朝智能化方向发展，客人签单可以通过刷脸、指纹等新技术应用，结算将更加高效，消费的电子结算将更加便捷，客人消费的电子化处理过程将更加智能。

（二）服务台的收银系统

服务台是酒店经营的中心，所有住店客人在酒店内的所有消费都要在服务台结算，因此对酒店服务台的收银系统的电子化处理的智能化要求更高。在服务台，各营业点的收银台或收银终端形成的电子消费单都会传到这里，自动按房号分类汇总，形成客户结算所需要的消费清单。同时在服务台的收银系统中，为了满足客人的消费结算需要，具有银联电子支付的接入，第三方电子支付的接入，可以满足不同客人的需要，以减少客人的等待时间，提高结算效率。在新一代的收银系统中，传统的电子消费单可能会消失，为了更有效地实现客人消费的汇总处理，会出现更智能的刷脸消费单、指纹消费单，以及客人真实 ID 号消费单，因为客人的脸型、指纹、ID 号都是唯一的真实信息，而按房号形成的电子消费单会产生差错，当然这些智能的电子消费单也会和房号关联起来，形成更有智慧的消费收银系统，使服务台结账的效率更高，更人性化。新一代的智能收银系统功能框架如图 4-2 所示。

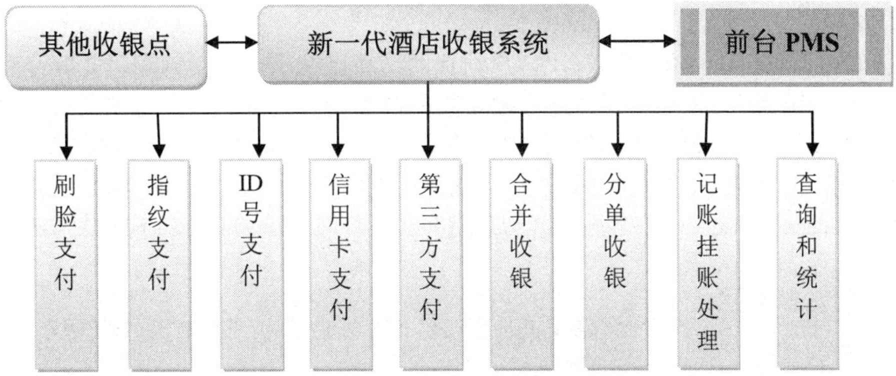

图 4-2　新一代的智能收银系统功能框架示意图

酒店作为服务性企业，其电子商务都是以预约型为主，因此电子商务的“最后一公里”就是结算，服务台的收银智能化是这最后环节的重点，酒店收银的服务形式应多样化，效率要高，把最繁忙的结算环节通过人工智能技术简单化，为客人节省等待时间，尤其是商务客人，这是酒店电子商务成功经营的关键。

第二节　客房服务的电子商务

在很多的品质酒店经营中，客房也有辅助服务供住店客人消费，也需要电子商务来管理客房的消费交易。在很多酒店里，客房服务电子商务建设的目的是促使客人消费，为客人提供更好的服务，因此酒店需要让消费者知道客房有哪些特色消费。客人入住房间后，可以有许多消费项目，包括吃的、用的和娱乐项目，这些消费需要在线处理或挂账处理。有些酒店通过客房的迷你吧处理入住客人的消费结算，也有酒店通过客房指南的 APP 完成客人需要的购物和送餐需求，也有酒店通过电话用挂账的方式处理消费商务。在电子商务酒店，这些客房的消费商务都需要纳入酒店电子商务系统进行统一处理，一方面是为了提高酒店的服务效率，另一方面是为了提升酒店的电子化处理服务形象。

一、迷你吧消费的电子商务

客房迷你吧一直以来是酒店比较有争议的服务项目，原因是大多数酒店的客房迷你吧都是亏损状态，盈利的很少。因为迷你吧的商品存在价格贵、产品质量不佳等问题，再有就是管理迷你吧的人工费用等问题。在酒店业转型的新消费时代，如何在高端酒店提供客房的迷你吧项目服务，一直是酒店人常在思考的问题，直到智慧型迷你吧和机器人服务的出现，情况有了新的转机，所以笔者在这里和读者一起再探讨一下迷你吧的电子商务，笔者认为只要把迷你吧服务的管理成本降下来，把迷你吧的商品质量管理好，把迷你吧商品的价格定位好，最后把迷你吧商品结算服务智慧化，迷你吧的客房服务一定会受到客人青睐。在新一代的客人消费中，客人入住房间后，常会产生各种各样的消费，以前消费的账务处理都靠人工服务来解决，现在有了移动互联网的应用，通过软件把人工服务改为智慧型迷你吧，这个迷你吧专门为客房的客人提供消费的账务处理以及商品的质量管理，客房的商务就来了。

智慧型迷你吧电子商务主要解决客户消费的结算以及产品质量问题，尤其是食品的质量，如生产日期检测与管理，保证迷你吧销售的商品没有质量问题，再加上智慧化的结算服务，就形成了有高科技体验感的迷你吧服务系统。作为一个电子商务品质酒店，选择智慧型迷你吧系统为住店客人提供服务，可以提高酒店整体电子商务的服务形象，也通过客房电子商务为酒店创造收益，让顾客满意。智慧型客房迷你吧系统的功能结构如图 4-3 所示。

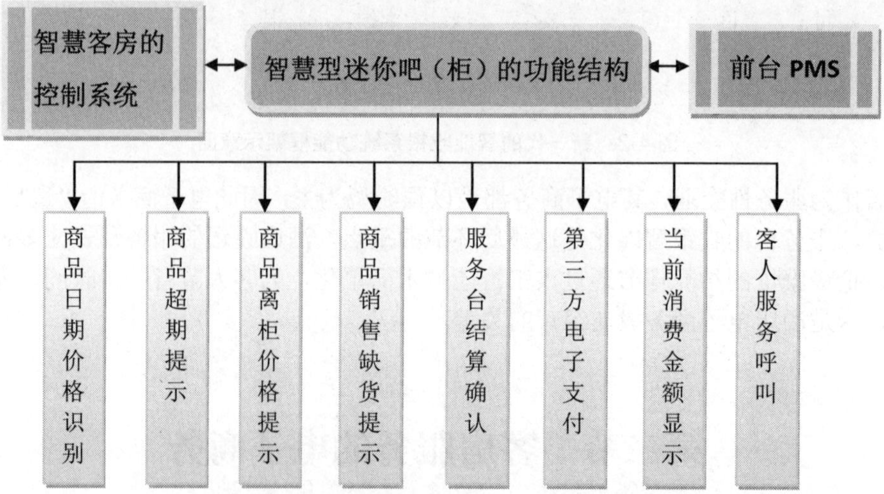

图 4-3 智慧型客房迷你吧系统的功能结构图

在图 4-3 中，迷你吧系统采用了感应识别技术，并与智慧客房控制系统和前台的 PMS 系统实现对接，形成了数据自动对接的智慧型迷你吧，给客人一个全新的体验，可以有效地促进客房电子商务的增效。存放在迷你吧上的商品通过识别以后，可以自动提示商品的生产日期是否超期，自动提示消费商品的价格，并提示客人是自己通过第三方电子支付直接付费，还是到服务台退房时一次性结账。当没有商品或商品不足时，客人可以通过服务呼叫由客房服务人员送上所需的商品。客人消费的商品总金额在迷你吧液晶显示屏上也是一目了然，所有消费的项目和费用都可以传到服务台，客房在退房时不需要人工查房，由系统自动在服务台上的系统提示，消费清单清晰可见。

智慧型迷你吧的开发，将成为未来品质酒店客房服务的标配，它的优势不但实现了迷你吧商品的精细化管理，而且节省了迷你吧管理的人力资源成本，所有迷你吧服务与管理都由系统自动完成，包括消费结算、商品质量监管、查房、商品配送等，尤其提升了酒店客房服务的档次，也增加了酒店电子商务中的客房收益。为了提高客房智慧型迷你吧的服务效率，酒店可以配备智慧机器人服务，通过机器人配合智慧型迷你吧，既能提高客房电子商务效率，又能满足客人避免接触服务员的隐私需求。

实例：新新人类机器人在酒店服务中的应用

沈阳东北大厦于 2017 年 12 月开始使用新新人类整套机器人，前台迎宾机器人 Pepper 应用于酒店大堂，帮助酒店做迎宾接待；自助机器人比得帮助酒店客人办理自助入住、退房服务；送物机器人服务于酒店各个房间送物和酒店日常信息播报，如图 4-4 所示。这些新颖机器人成为酒店新一代的客服人员，为酒店客人提供敏捷的精准服务。

图 4-4　沈阳东北大厦前厅三台机器人合影

2018 年 11 月 18 日，张小姐和王小姐因公出差入住沈阳东北大厦，看到前台的迎宾机器人“北北”后非常开心，这是她们第一次近距离地与机器人接触。两人顾不得办理入住手续，一直与“北北”互动，了解酒店信息，如图 4-5 所示。

图 4-5　迎宾机器人与住店客人互动

“你叫什么名字？”——“我叫北北，请问有什么可以帮您？”

“你是男是女？你有朋友吗？”

“你都会做什么？你会跳舞吗？”

“太可爱了，我们和他合个影，我要发朋友圈。”

……

两人和“北北”一问一答，一直玩耍，舍不得离开，不知不觉已过去20分钟才想起办理入住手续。收拾完行李后，两人下楼觅食，发现“北北”不见了，找到前台询问：“你们的机器人去哪里了？”前台告知，机器人已经收起来了，明天早晨才会再拿出来。两人很是失望，表示明日上午有事就直接离开酒店了，还想再与“北北”玩一会儿，为什么要收起来呢？原来是大堂经理考虑到晚上值班人员较少，担心机器人的安全问题，另外，担心机器人24小时不间断运转，会出问题。一到晚上就会把机器人放进办公室，第二天上班才会放到大堂。

两位客人非常不理解地说：“一个机器人还需要藏起来吗？我们还想再和他聊一会儿。机器人不应该是给客人服务的吗？”幸好当天我们的巡检工程师在现场，帮助酒店解决了这个问题。在与大堂经理沟通过后，“北北”再度现身，现场工程师还让“北北”给客人使出一些隐藏本领，让两位客人非常满意。事后，工程师再次给酒店做了培训，新新人类机器人虽不能完全代替人类，但是可以24小时不间断地工作，帮助人类员工分担一些基础工作。如晚上的值勤，当夜间有客人到店后，由迎宾机器人接待服务，会带给客人不一样的感受。如果深夜有客房需要物品，由送物机器人送上楼，既规避了工作人员的安全问题，也避免了一些特殊物品的尴尬和深夜工作人员的态度问题，能够保证酒店24小时高水准服务。

机器人服务不仅给东北大厦带来了良好的口碑，更是激发了住客的主动分享欲望，通过一系列与机器人服务相加的优惠活动，为酒店的客房电子商务带来了喜人的收益，也将东北大厦的影响力不断扩大。应用机器人从事基础的重复工作以及楼层客房商品的配送后，使得服务人员有更多的时间为客人提供人性化服务，进而为酒店赢得更多客人的好评。

二、叫餐与其他服务电子商务

由于配餐的复杂性和客户的不同需求，叫餐服务在客房一般都用移动服务APP来实现，餐厅能提供的餐饮种类和菜谱通过图片的形式在APP上供客人选择。客人有叫餐需求时，可以在客房服务指南中扫描二维码获取点餐服务APP。酒店提供的其他服务也可以在APP上获取。目前有些酒店都是通过开发客房服务APP，提供客人所需要的服务，包括叫车服务、导游服务、叫餐服务、洗衣服务、医疗服务等。酒店提供的这些服务，对于有偿服务，客人可以选择第三方电子支付方式直接付款，也可以选择服务台的退房一次性结账。因此，客房的APP服务，既是提升客房服务形象的需要，也是酒店客房电子商务一体化管理的需要。图4-6是客房服务APP系统的功能结构示意图。

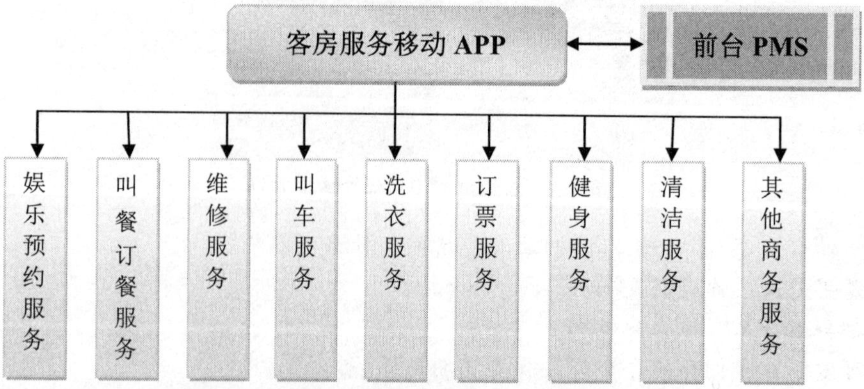

图4-6　客房服务APP系统的功能结构示意图

图 4-6 所示的客房服务移动 APP 是一个纯软件系统，目前功能用得最多的是叫餐服务或订餐服务，其次是娱乐预约服务。APP 系统功能基本提供的是有偿服务，少量提供一些免费服务，如叫醒服务，因为大多数酒店的叫醒服务在电话机上已经设置了，所以在移动服务 APP 上就不再设置了。很多酒店也在其他商务服务一栏中提供一些当地的特色产品服务，这些特色服务也可以通过软件服务商定制，也有根据客人大多数的需求情况提供一些内衣的商品服务，这些其他商品酒店如何去准备要根据酒店及当地情况来确定，凡是客人有需要的，酒店就可以去为客人准备，这是客房服务 APP 为酒店电子商务增收所涉及的商务软件，如果定位准确，产品组织得当，可以给酒店带来可观的电子商务收益。例如，在中国台湾的一些酒店和民宿中，通过客房的 APP 服务，为客人购买当地的凤梨酥土特产，并且可以代为邮寄到中国大陆指定的地址，这种客房服务 APP 的特色服务受到了很多客人的喜爱，也可以为酒店创收增收。

图 4-6 所示的客房服务 APP 同样可以和前台 PMS 系统对接，客人消费除了在 APP 中通过第三方电子支付结算以外，也可以把消费电子账单传给前台 PMS 实现退房的一次性结账处理，以方便客人个性化结算的需要。实践证明，客房服务 APP 的应用为酒店客人提供了更便捷的服务，方便了客人住店期间购物的需要，也方便了客人随时随刻用餐的需要，是目前酒店客房电子商务最理想的应用系统。

三、客房中心的电子商务

客房中心的电子商务是间接性的，它对客人的信息沟通质量和服务质量会影响客人在客房的消费。客房中心是信息沟通和服务的指挥和协调中心，客房中心的高效运作是酒店为顾客提供各项客房服务的基础。虽然客房中心不直接接触客人，但它必须对各种信息进行汇总、分拣和传递，确保服务信息在客人和酒店各服务部门之间的敏捷传递，使得客人在房间的需求能得到满足。客人在酒店内的吃、住、行、娱、购等总是在快节奏中进行的，客人在提出服务需求时是以酒店只为他服务为标准的，但是酒店在那一时间段可能会收到诸多客人的服务要求，因此对客人的需求是否能做出及时的反馈并满足客人是非常重要的，客房中心在整个客房服务过程中发挥着至关重要的作用。

通常，在住客人通过酒店工作人员或电子通信设备将自己的需求传至客房中心，客房中心通过客人的要求对信息进行确认、分拣，传达给相应的服务部门或客房服务员；客房中心还需要随时与各部门保持良好的沟通和联系，以确保能够获取各项服务信息，及时对客人的要求做出处理和反馈。客房中心是在住客人与酒店各项服务提供者的联络员，通过电子商务，客房中心对各项信息做出及时、准确的反应，保证信息在客人和各部门之间的有效传递，从而为顾客提供及时、准确的客房服务。

例如，客房中心要利用便捷的移动系统掌握和管理好房态，及时与前厅接待沟通房态，确认客人入店、离店情况，便于客房服务员及时清扫房间，保证客人可以顺利入住；客房中心还要掌握房间设施设备的完好情况信息，及时通知工程部对房间进行维护，保证客房的可使用性；客房中心也要与餐饮部保持沟通，为客人提供良好的会议接待以及送餐等服务。所有这些都需要信息的即时沟通，才能为客人提供敏捷的服务，最终为客房增加消费收益。所有这些部门之间的沟通管理与服务，可以为客人营造更好的客房环境，提供更好的客房产品和便利的客房增值服务，能大大提升客人的住宿体验，进而可以提升酒店的形象，增加客房的消费收益，获得客人的满意度和忠诚度。

第三节　会议和娱乐服务的电子商务

会议室、娱乐服务是酒店在为顾客提供基本的住宿、餐饮服务的基础上，为满足社会需求和提高市场竞争力，同时为满足顾客日益增长的多元需求而衍生出来的酒店业务。酒店的会议和娱乐服务电子商务主要是内部电子商务和网络营销，目前这部分已成为酒店的主要经营业务。有些商务酒店的会议室租赁和娱乐服务已成为酒店电子商务较为重要的核心商务，酒店如何利用电子商务开展会议服务和娱乐服务的营销，如何利用电子商务开展更有效的营销以及给客户提供更好的服务，是酒店在开展电子商务过程中需要重点考虑的问题。如企业的会议、消费者的婚宴等都会租用酒店的会议室，需要有预订、销售的业务处理；娱乐服务对于有些休闲型的度假酒店是一个重要的经营项，在有些度假村中都有非常丰富的亲子游娱乐项目。例如杭州开元酒店集团的度假村系列酒店，大型娱乐项目与酒店客房结合已成为度假村系列酒店经营的最佳搭配，这些娱乐项目的预订、销售和售后服务等已实现了便捷的电子商务系统管理，能为客户提供优质的在线咨询和服务。

一、酒店会议服务电子商务

酒店会议服务电子商务主要考虑如何用电子商务手段提高会议室资源的收益，酒店需要了解客户需要怎样的会议服务，以及酒店能提供怎样的会议服务产品。常规的会议服务主要是利用会议室场地提供会议、宴会、产品展示等服务，客户可以利用酒店的电子商务系统预订和租赁会议室场地，酒店利用该系统也可以帮助客户实现会议室的电子签到、座位安排、时间控制、抽奖娱乐等智能化服务。电子商务系统的核心作用就是可以提高会议室的利用率，为酒店增加收益，对于有各种会议室资源的酒店来说，会议服务是酒店经营中很重要的服务产品，因为它还可以带动酒店的餐饮销售，做好会议服务也成为酒店经营的重要战略。长期以来，如何提高会议服务收益是酒店经营者一直在思考的问题。酒店探索会议室的智慧管理，用信息技术来提高会议室的利用效率，就是为了吸引客户，提升服务，多元化地创造酒店住宿、会议、娱乐、休闲等方面的服务品牌，以此提升酒店的市场竞争优势。现阶段在会议服务方面，电子商务主要围绕智慧化管理和智慧化商务展开。

（一）会议服务管理系统

酒店有一个好的会议服务管理系统，就可以更便捷地为客户提供会议服务，提高酒店会议室使用的效率和效益。会议服务管理系统是一个基于移动互联网的开放型、智能化的会议服务管家，它主要为会议主办方或承办方以及参会者提供数据管理、签到管理（或报名管理）、互动管理、同声翻译管理以及现场抽奖管理等。酒店利用会议服务管理系统可以更好地为客户提供智慧化的会议服务，提高会议室的使用效率和效益。下面简要介绍一下该系统数据管理、签到管理、现场管理的一些功能内容。

1. 数据管理

数据管理是会议服务管理系统的基本要求，是会议服务电子商务的基础性功能。一个智能化的会议服务管理系统有很强的数据管理功能，这可以帮助客户简化许多烦琐的会议数据整理工作，提高会议会务组的工作效率。该功能主要实现了会议资料管理、会议图片管理、会议 PPT 演讲文档管理、会议议程管理、会议嘉宾管理、会议参会人员管理、会议地图管理、报名费凭证管理、组织方名单管理、票务订单管理以及会议费用支出管理等。同时对这些数据可以进行简单的分析和处理，如报名来源统计分析、签到率统计分析、报名费统计分析、赞助服务商统计分析以及会议流程统计及会议纪要生成自动编辑等。

2. 签到管理

作为一个智慧型的会议服务管理系统，签到管理的电子化是提升会议服务的重要环节，也是提高接待签到服务效率所需要的。而且作为一个智慧型的会议服务系统，应具有多样化的电子签到方式，以满足不同参会者的需要。目前，多样化的签到方式主要包括微信签到、二维码签到、RFID（无线射频识别）签到、身份证阅读器签到、人脸识别签到、平板电脑移动服务签到以及手机号码签到等方式。

3. 现场管理

现场管理通常都是移动式的，实现动态管理会议现场的所有议程事务。系统的会议现场管理可以帮助会议举办方提高议程的流程控制效率和管理工作量，通常采用移动设备辅助现场的呼叫管理。这些现场管理内容包括演讲文档的顺序管理、同声翻译管理、嘉宾分座管理、会场互动管理、抽奖方式管理、时间控制管理以及展示位分布管理等。具体会议服务管理系统的功能结构如图 4-7 所示。

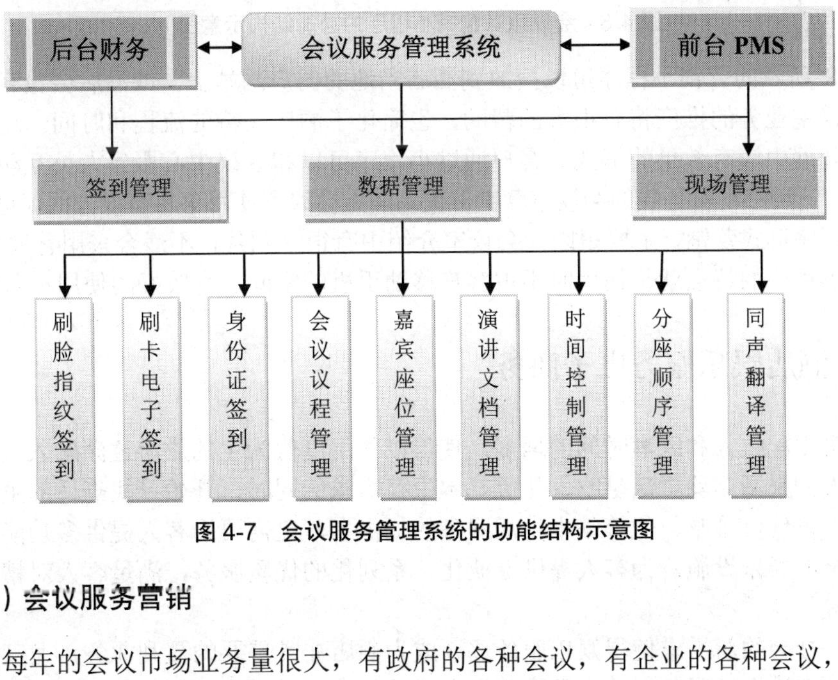

图 4-7　会议服务管理系统的功能结构示意图

（二）会议服务营销

我国每年的会议市场业务量很大，有政府的各种会议，有企业的各种会议，有学术界的各种创新论坛会议，还有各行各业的各种总结会议等。但作为酒店的会议业务市场，近几年来竞争非常激烈，尤其在信息非常透明的互联网环境下。作为一个会议服务电子商务的软件系统，营销是酒店开展会议电子商务的核心功能，它满足了客户获取会议服务信息的需要，酒店应根据自己会议服务的优势通过电子商务获取更多的客户。如杭州的黄龙饭店有非常丰富的会议室资源，该饭店从2010年围绕智慧酒店建设就开发了智慧型会议服务管理系统，迎合了新时代客户对会议服务的智能化需求，获得了许多高端会议客户的普遍认可，这几年来该饭店的会议服务收益一直处在杭州饭店业的前列。

在电子商务普及的今天，酒店的会议服务也需要电子化营销业务才能更好地发展，当前会议服务营销主要依赖于网络营销，通过移动互联网推广酒店的会议场地特色和服务特色，通常可以通过新闻网站、酒店门户网站以及行业专用网站等渠道做推广。如酒店可以把会议服务管理系统通过嵌入式广告在酒店的门户网站、自媒体平台做推广，也可以做专门的APP小程序在社交网络平台上做推广。通过会议服务管理系统的功能特色介绍，逐渐形成酒店特有的会议服务品牌，使酒店会议服务成为区域高端会议的首选场所。具体会议服务营销小程序的功能结构如图4-8所示。

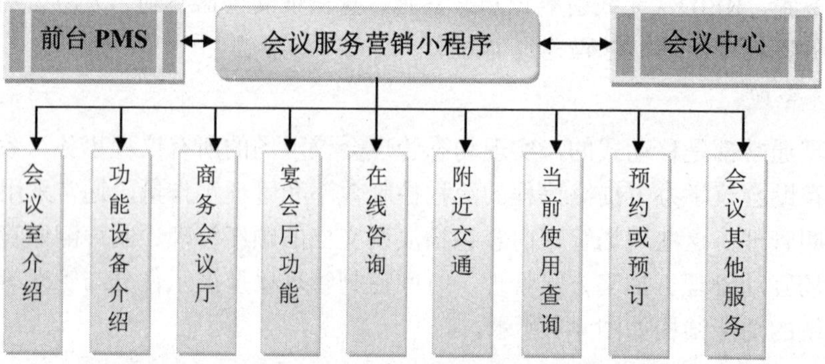

图4-8 会议服务营销小程序的功能结构示意图

图4-8所示的营销小程序可以投放到酒店当地的门户网站上，或酒店会员客户群中，对酒店会议室业务的推广将有很大的帮助，也简化了酒店接待的流程和时间，这是会议室电子商务开展中较有效果的形式。客户通过小程序可以和会议中心服务人员互动，咨询相关的信息。这种移动服务式的会议室营销对提高酒店会议室使用率将有很大的促进作用。之所以用小程序形式营销，主要是因为会议室介绍中有很多图片，不适合采用普通的APP开展营销，小程序的特点就是使用时不占客户移动手机的空间，有较好的使用和营销效果。

二、酒店娱乐服务电子商务

人们可支配收入和闲暇时间的增多，使得以休闲度假为主的旅游逐渐融入人们的日常生活中，人们来酒店除了满足吃、住等基本生存需求的同时，开始寻找舒适的生活娱乐方式，酒店不再仅仅是吃、住等基本生活服务的提供者，更需要为客人提供多功能、自动化的配套齐全的娱乐设施，为客人提供专业化、系列化的优质服务，满足客人对精神享受的追求。

因此，社会的新需求使得娱乐服务逐渐成为酒店非常重要的盈利业务，尤其是在度假型酒店。如何让娱乐服务产品实现收益最大化，如何知道现代消费者喜欢怎样的酒店娱乐产品，以及客人在什么时候需要酒店的娱乐服务，尤其是如何开展有效的网络营销让消费者知道酒店娱乐服务产品的吸引力和优势，这就是酒店娱乐服务电子商务需要解决的问题。通常，酒店在娱乐经营管理过程中，涉及娱乐服务的预订、销售和结算，其中有住店客人的娱乐消费，也有不住店客人来酒店的娱乐消费，以前这些业务的处理都靠人工处理，有了酒店电子商务系统后，酒店就可以电子化地处理娱乐服务的预订、销售和结算。尤其有了电子商务系统，娱乐服务产品的营销推广都实现了网络化和电子化，并可以利用系统的智慧性挖掘客户的消费需求。因此，酒店的娱乐服务随着电子商务应用的普及，通过移动互联网实现游戏化的营销，消费者可以很方便地获取酒店的娱乐服务信息，并在需要时通过在线预订结伴前行。

（一）娱乐服务管理系统

酒店的娱乐服务管理系统是一个开放式、智能化的一站式全流程数字管理平台，是在移动互联网技术支持下为用户提供预订、销售和营销服务的技术型系统。酒店利用该系统可以实现娱乐项目经营的电子化管理，结合 APP 的移动服务，还可以为客户提供娱乐服务的信息咨询、娱乐服务预订以及电子化的支付等。同时利用该系统提供的客户管理功能，可以大概知道客户什么时候需要消费，并向客人提供精准的服务信息，实现有效的精准营销。一个智慧型的娱乐服务管理系统是智慧酒店建设的重要组成部分，也是娱乐服务的大管家，同时可以为客户提供更敏捷的精准服务。下面是目前娱乐服务管理系统所具备的基本功能。

1. 登记管理

客户到酒店娱乐部消费首先要进行登记，建立客户的消费账户。登记管理功能允许客户修改登记，更换消费项目。对于预订的客户同样要进行预订登记，也允许客户修改预订、删除预订或查询预订等管理操作。在娱乐过程中，也允许客户增加消费项目，以及接受客户的消费查询等操作。

2. 销售过程管理

销售过程管理也是与客户互动的过程，通过该系统的移动服务功能与消费者进行信息交互，洽谈关于消费需求的有关细节，作为酒店，通过销售过程管理可以吸引潜在客户的消费动机，作为消费者，通过互动过程可以获得最实惠的娱乐服务。酒店通过这样的销售过程，记录了所有转化成功的客户互动信息，通过积累可以节省大量的客户开发成本，也有利于维系原有的老客户，防止竞争对手针对客户挖墙脚的情况出现。

3. 收银管理

娱乐的收银通常都是电子化收银，基本不收现金。这也是为了便于酒店各收银点的统一管理，是电子商务酒店的基本要求。客户的娱乐消费结束后，系统就自动统计客户消费的所有项目，并完成结账的收银工作。客人可以通过银联信用卡支付、支付宝或微信支付，也可以通过其他第三方支付。如果是在住客人消费，可以把客人的消费账单进行挂账处理，然后合并传输到酒店服务台，实现退房时的一次性结账。收银管理允许客人消费账的拆分和合并处理，满足客人对消费账单支付处理上的要求，并提供相关的查询和交接班等管理功能。

4. 会员管理

娱乐消费会员是酒店的重要客户资源，会员管理功能可以对消费会员进行细分，为会员提供更精准的服务，也为酒店娱乐业务收益创造更好的机会。该功能有基本的会员信息管理功能，包括增加会员、删除会员、修改会员信息等，也具备会员查询等服务功能。每一个会员的消费记录都可以在线查询，并进行消费记录的分析，挖掘潜在的商机，同时通过分析为精准营销提供依据，向客户提供客户需要的服务信息，并在适当的时候发送关怀信息。

5. 营业查询

营业查询是娱乐服务管理系统的基本功能，系统有非常丰富的项目查询和智能报表。其中包括客户信息查询、会员客户查询、收银明细查询、营业情况查询与分类统计、消费分类和排行统计，以及生成各类统计分析报表等。同时可以提供报表的导出、打印等服务。

娱乐服务管理系统还有其他的一些管理功能，读者可以通过课外学习去了解新一代的智慧型娱乐服务管理系统。随着技术的进步和新型系统的运用，酒店的传统娱乐业正朝着现代娱乐业方向转化，而现代娱乐业最显著的一个特征就是使用智慧型的信息化管理系统，具有很高的服务效能，也受到消费者的喜爱，开发和使用智慧型娱乐系统也成为娱乐经营者们的共识。新一代的智慧型娱乐系统具有信息量大、数据准确、速度快、管理效能高的特点，已获得了广大娱乐企业管理者的认可，它克服了人为因素、人情因素造成的经营管理上的不便，明显提高了酒店娱乐业务开展的工作效率，是酒店娱乐服务未来发展的方向。娱乐服务管理系统的功能结构如图 4-9 所示。

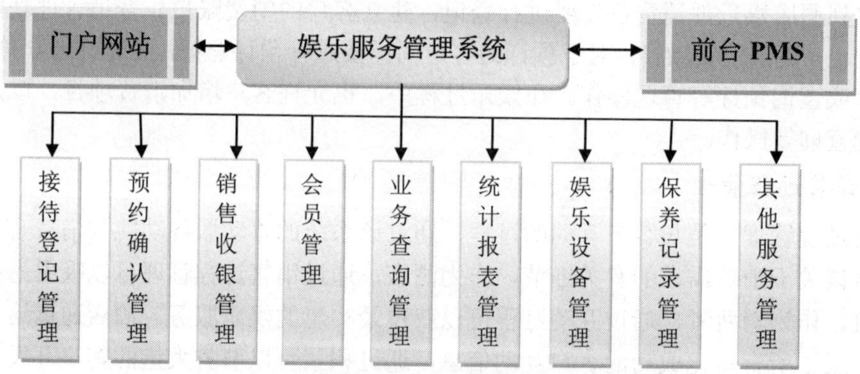

图 4-9 娱乐服务管理系统的功能结构示意图

娱乐服务管理系统也是一个开放型的服务系统，可以和酒店门户网站对接，门户网站的预约订单可以传输到该系统实现预约确认的统一管理。系统也可以和前台的 PMS 系统实现对接，住店客人的娱乐消费所产生的电子消费单可以传输到 PMS 系统实现退房结算的一次性支付处理。该系统所需要的服务特色也可以在其他服务管理中通过软件服务商进行定制处理，形成酒店特有的娱乐服务电子商务特色。

（二）娱乐服务的营销

我国酒店娱乐业的营销还处于比较初级的水平，尤其是商务酒店的娱乐服务营销。一个娱乐项目往往要投入大量的资金，尤其是大型娱乐项目，智慧型的儿童智乐游项目，酒店需要通过良好的经营才能收回成本。但一个好的经营仅依靠在住客人的娱乐消费是远远不够的，必须需要通过营销吸引更多的娱乐爱好者来消费，设计客人喜欢的组合产品包来开展市场营销。因此，对于酒店的娱乐服务，利用互联网，通过社交网络开展促销活动，用网络营销来吸引娱乐爱好者是目前最佳的营销选择。例如，开元森泊度假乐园是开元旅业集团投资 11.7 亿元创新研发的适合中国游客短期度假和家庭亲子游的全天候一站式旅游综合体项目，有 460 个客房，有丰富多彩的室内外娱乐项目，包括大型水上游乐、儿童乐园、亲子互动、户外探险等娱乐设施。该项目从建设开始就开展了网络营销，通过社交网络媒体、门户网站广告、移动 APP 等形式，用组合产品包的方式在移动互联网上持续推广。通过有效的网络营销，开元森泊度假乐园建成开业收到了非常好的经营效果，客房、娱乐项目、餐饮都获得了非常好的收益。

酒店的娱乐服务如何开展营销，目前一直是酒店经营者比较困惑的事。以前有许多酒店经营的案例，娱乐服务能持续热销的并不多，这使得许多酒店投资者对娱乐项目投资都非常谨慎，国内像开元旅业大手笔在酒店创新开发娱乐项目的并不多。就当前酒店业娱乐服务经营情况看，最有效的营销是设计客房、娱乐、餐饮的组合消费包，针对不同的消费人群设计不同的组合包，然后在不同的社群中做网络推广，而且需要分阶段开展持续的推进工作，这样才会有比较好的营销收益。随着区块链技术的成熟应用，可以采用精准的人本营销方式，针对娱乐消费社群和酒店自己的会员客户，有目标地推送组合服务包信息，可以将娱乐和客房组合、娱乐和餐饮组合，以及专门设计带小孩的三人亲子游组合包。除此以外，酒店的娱乐服务还可以采用各种营销策略组合，包括市场细分策略、形象策略、价格策略、促销策略、服务策略、宣传策略、连锁与特许经营策略、内部营销策略等。如在社交网络平台上需要细分策略和价格策略组合开展营销，在门户网站上需要服务策略和形象策略组合做营销，在分销渠道上需要促销策略和价格策略组合做营销，在在住客人群体中需要内部营销策略和服务策略组合开展面对面的营销。

酒店在娱乐服务营销中还必须关注消费者需求的变化，对社会潮流的娱乐项目要及时选择与更新。对于酒店来说，只有娱乐项目不断推陈出新，才可以保持娱乐服务的生命力和活力。现在，随着互联网渗透的电子商务在酒店各部门的应用，酒店须通过官网、微信公众号、小程序或手机 APP 等多种方式，为客人呈现即时的娱乐信息服务。作为娱乐服务的小系统，更需要营销与服务捆绑，以方便客人获取需要的娱乐服务。在营销服务的过程中，内容应不断更新并迎合客人的需要，尤其是在社交平台上的营销。娱乐服务的客服人员要利用即时通信的便捷性，跨越时间和空间的限制，随时随地与客人互动，使得客人的问题能够得到及时的回应和解答，从而提高酒店娱乐消费的收益。

本章案例：开元酒店集团的电子商务之路

开元酒店集团历来都重视电子商务和技术创新，是全国最早开展电子商务的酒店集团之一。在集团发展早期就搭建了门户网站，并开展了信息化酒店建设及线上订房业务；集团在 2014 年进行战略考虑，投资成立了由专业运营及技术团队组成的互联网科技公司，一方面持续开发和运营自有线上直销渠道（PC 官方网站、移动 APP、官方微信公众号、官方支付宝生活号等），另外，通过技术直连完成与主要外部渠道的合作和对接。在历经多轮的持续发展之后，开元酒店电子商务业务获得快速发展，目前在技术上完成了支持跨平台横向扩展的架构平台，实现了会员、直销、分销三者的有效融合，中央渠道贡献也已占到集团总客源的30%以上。开元酒店集团的电子商务发展大致经历了以下几个阶段。

第一阶段（2003—2007年）：建立PC官方网站　搭建集团市场运营体系

开元酒店集团非常注重官网门户的网络营销，开始建立官网是以营销宣传为主。网站以展示集团品牌及各酒店信息、树立企业形象为主要目的，那时关注的是网站页面形象、图片内容形象等。客房在线预订功能虽有涉及，但在功能上较为单一，且限于用户的预订习惯及网站运营人员的专业性，线上订房量占比较小，用户的主要订房途径依然是通过线下或电话订房。但网站的建立为品牌提供了一个较好的对外展示窗口，相比于传统的纸质印刷品，网站易于获取、传播及可以承载更多的图片及文字信息等优势显而易见，更有纸质印刷品不可比拟的成本优势，且可针对酒店的变更信息随时修改。在此阶段，网站在运营维护上也主要以信息更新、酒店资料维护管理为主，并建立官网规范管理制度，明确网站信息维护、系统维护及更新、搜索排名及对外推广等各项管理职责，确保网站制作设计和维护更新的统一性、规范性、安全性。

在与分销渠道合作方面，集团配置了专员进行合作开发和业务对接，较早系统性地认识和学习了分销渠道的运营方法和规则，并有针对性地设计了产品和定价。这个阶段的订单全部是通过eBooking的方式进行传递，虽然效率不高，但是基于标准化的操作流程依然可以非常顺畅地完成订单、库存、房价的管理。

在此阶段开元酒店集团还完成了整体上对于会员体系、大客户体系、渠道体系、市场体系、房价体系等方面的规划梳理工作，形成了较为完整的运营体系，为后续电子商务业务的持续开展奠定了基础。

第二阶段（2008—2013年）：全面开通预订和会员服务　完成系统直连对接

在上一阶段集团整体市场和运营体系标准化管理工作的基础上，开元酒店集团在2007年和2008年集中力量搭建了中央订房系统和会员管理平台，并成立了呼叫中心，由此逐步形成了中央预订平台和会员管理服务体系。2009年，开元酒店集团重新设计开发官方网站，重点建设窗口的预订商务流程，并正式开通了线上客房预订和会员服务功能，实现了订单和会员直连功能，极大地提升了用户体验；与此同时开元成立了独立的电子商务团队，主要由运营和技术开发人员构成，虽然当时团队规模不大，但是从体系上进行了规划，整个运作效率和推进速度很快；开元还完成了移动端H5的网站开发工作，构建了集团微门户，并在2012年成功对接到微信平台公众号，基于社交流量和用户价值开启了移动互联网发展之路。

开元于2013年适时推出开元商祺会手机客户端，手机APP以九宫格形式呈现，在订房功能上，通过与中央预订系统的对接，用户可较为便捷地查询到各酒店的实时库存及价格。另外，在会员服务上，则主要提供积分查询、卡值记录、会员资料管理等功能，鼓励会员官网订房。这一版本手机APP在功能上则相对单一，所能承载的内容较少，但移动端订房的便捷性无疑为开元的电子商务业务插上了腾飞的翅膀，开元商祺会APP的订单量很快就超越PC官网的订单量，在2014年APP的单月订单量已经是PC官网订单量的2倍以上。

在这个阶段，开元与分销渠道的合作也进一步加强，集团与携程、艺龙、去哪儿等都建立起了战略合作关系。在2012年和2013年，通过与艺龙和携程在商务和技术上的多轮沟通洽谈，成功完成了与艺龙和携程的技术直连对接，这在当时也是比较先进和超前的做法，通过技术对接，开元所有酒店的库存和价格可以快速同步到渠道，而渠道订单可以实时下载到开元中央预订系统，这一方面使用户订房体验得到了提升，另一方面极大地提升了开元中央和酒店的订单处理效率。

第三阶段（2014—2016年）：投资成立科技公司　全面拥抱移动互联网

随着移动互联网的快速兴起，人们的生活习惯和出行方式发生了巨大的变化，开元的电子商务整体战略方向也进行了快速优化调整，一方面建立了多品牌发展战略，另一方面也看到了科技对效率的推动作用以及电子商务对业务的强大动能，成立了浙江金扇子网络科技有限公司。

互联网公司的成立，彻底改变了传统的管理机制和运作模式，开元在人员结构和组织效率上进行了重组变革，主要由市场运营和技术两个板块组成，而市场运营又包括会员、直销、新媒体、合作渠道、客服等板块，通过两大板块的有效组合，基于共同的绩效目标，很快就取得了不错的成绩。

从2014年开始，开元对开元微信公众号重新定位，升级到了服务号，无论在技术上还是在运营上，开元进行了持续的投入和开发。开元酒店针对无线官网、手机APP进行了全新迭代升级，版式及功能业务模式上均有大幅优化，发现版块丰富了移动端的内容咨询，从品牌到酒店所在城市，从新开业介绍到优惠活动，宾客可以通过手机方便查看到各类信息资讯；新增主题房版块，打造个性化的客房产品，给宾客多样性的选择，凸显平台特色；另外，持续培养会员用户黏性及活跃度也是这一版本着重强化的，在会员相关业务上，客房预订增加了积分抵扣功能，会员宾客在预订时，可以使用积分直接抵扣最高10%的房费，有效提升了积分价值及感知度，并进一步丰富了积分商城的商品，为会员提供更多积分兑换的选择；新增了电子优惠券功能，通过各类营销活动的开展，为会员提供了便捷和福利；会员还可以通过每日签到功能持续获取积分，会员的线上活跃度得到有效提升。

除针对个人散客市场的微信社交平台和手机APP之外，开元酒店依托集团连锁优势，针对协议散客市场全新推出“扇子商旅”预订平台，秉承“人人都是订房人，人人都是销售员”的全员营销理念，基于扇子商旅微信公众账号及全布局移动端应用，结合全新预订支付体验，并引入了虚拟货币和实时奖励政策，鼓励异地客源交叉营销，为酒店带来了大量异地协议客源，到2016年年底，扇子商旅订房平台为开元各酒店输送的订单已占到开元总订单量的5%。

而在此期间，开元继续保持与主流分销渠道的紧密合作，除了携程、艺龙、去哪儿之外，继续开通了与飞猪（阿里旅行）、美团的技术直连工作，开元通过集团化营销优势大幅提升了酒店在渠道的曝光度，同期在天猫、去哪儿等平台的旗舰店也相继上线，进一步丰富了客源构成。

第四阶段（2017—2018年）：精细化用户运营　聚焦服务价值

随着集团品牌影响力不断扩大，门店规模快速布点，会员规模和粉丝数量持续提升，基于精细化运营和流量价值的需求，开元重新进行自我定位，除了做好线上营销之外，更加关注用户精细化运营，为用户提供线上线下相融合的服务体系。

在此期间，开元继续不断完善平台用户体验，并完成了技术架构平台的转型，以保证持续增强的用户访问和预订请求。开元对预订流程进行了重新设计优化，在活动配置、点评管理、酒店详情页展示等多方面均进行了多项优化，积分商城进行全面升级，将拼购商城全面升级为开元悦选商城，通过一系列的迭代升级，开元酒店官网也从客房预订拓展到全会员服务，线上活跃会员量及订单量均大幅提升，2018 年开元酒店官网单月访客数和订单量同比增长都超过了 100%；在官网全新上线的种草社区，用户可在种草社区发帖、回复、参与话题讨论等，在 1.0 版本上线后，开元将在后续不断升级这一板块，将其打造成为酒店与用户、用户与用户之间有效连接的新型虚拟社区。

在此期间，开元酒店在线上 OTA 渠道的业务也在持续提升，2016 年 8 月，开元酒店与美团开展合作并上线美团酒旅频道，美团业务上线后整体订单量迅速提升，2018 年美团订单量同比 2017 年增长高达 75%，美团也成为继携程、飞猪后的开元酒店第三大 OTA 客源渠道。此外，随着天猫“双 11”活动影响力的不断扩大，已逐渐发展成为一场全民购物狂欢盛宴，开元酒店在上线天猫旗舰店后，每年均参与这项年度盛事，并随着“双 11”影响力的不断扩大，在成交量上获得了爆发式增长，开元酒店在“双 11”当天的成交额从 2014 年的不足 100 万元到 2016 年的破 2 000 万元，再到 2018 年的超 4 000 万元，四年间增长了几十倍，获得了飞猪平台最具人气品牌大奖，开元酒店的品牌影响力也因此进一步提升。

截至 2018 年年底，商祺会会员规模达到 800 万，全年中央渠道产生间夜量达到 200 万间夜，总客源量占比已超过 30%。

第五阶段（2019 年及未来）：智能化全场景 打造服务闭环

进入 2019 年，开元利用基于大数据的人工智能积极打造服务闭环。未来开元酒店的线上业务通过高科技将全面与线下场景结合，通过在线预订、在线选房、在线入住、在线服务、在线点餐、在线开发票、在线结账等功能实现全链路的智能化服务体系，迎接酒店全面电子商务的到来。同时酒店小社区作为所有会员的服务入口，打造酒店服务闭环，提升效率。同时，开元将借助用户行为数据分析会员画像，设计更符合用户需求的多样化的产品内容，实现更精准的产品推送，满足用户更为个性化的需求。

资料来源：本案例由开元酒店集团提供素材，作者研究整理。

思考题：

1. 开元酒店集团的电子商务之路，给酒店集团带来了怎样的市场竞争优势？有哪些经验可以借鉴？

2. 作为酒店集团的电子商务战略，开元的战略部署起步于 2014 年，它的电子商务战略特点是什么？

3. 开元酒店集团的第二阶段电子商务在整个集团电子商务战略中起到了什么作用？

拓展知识

前厅服务	预订中心	在线直销
客房迷你吧	智慧前台	CRS 系统
智慧客房	RFID 阅读器	智慧娱乐
智慧服务	电子化管理	电子化服务

数字会议	刷脸签到	指纹签到
小程序	即时通信	社交营销

思　考　题

1．什么是酒店前台？酒店前台电子商务包含哪些内容？

2．酒店前厅部的职责主要是销售和接待服务，它的电子商务开展对前台服务有怎样的影响？

3．酒店预订中心的电子商务包含哪些内容？怎样提高它的电子商务效益？

4．PMS 系统在酒店前台电子商务中是怎样的角色？

5．什么是门户网站的在线直销？如何挖掘网站的在线直销功能？

6．为什么说前台的服务收银点要倡导电子化收银管理？

7．什么是客房电子商务？客房电子商务包含哪些内容？

8．什么是智慧型客房迷你吧？它通常有哪些智能的商务实用功能？

9．什么是会议娱乐电子商务？它有哪些电子商务的业务内容？

10．酒店的会议室有哪些应用功能？如何提高它的电子商务效益？

11．什么是会议室服务管理系统？它通常有哪些服务与管理的处理功能？

12．什么是娱乐服务营销？目前有哪些娱乐服务营销的方法？

13．通过拓展知识的课外学习，试解释什么是在线直销，请举例说明。

14．在移动互联网的影响下，酒店的娱乐服务营销应如何去开展？

15．预订中心的主要职责是管理酒店的订单，它的电子商务涉及哪些内容？

16．通过会议服务营销小程序的功能结构示意图（见图 4-8），试设计一个酒店的会议特色服务。

17．在图 4-9 中，娱乐服务管理系统的功能结构示意图应如何体现酒店娱乐的特色服务？

18．在图 4-9 中，娱乐服务管理系统的数据流程涉及哪些服务系统？结合前面介绍的内容，试列出所有的业务数据流程。

19．酒店的前台服务的电子商务系统设计和前台的 PMS 系统应是怎样的关系？

第五章 餐饮电子商务

本章要点

餐饮电子商务是酒店电子商务中的重要组成部分，是互联网时代餐饮经营的新业态。但是酒店的餐饮仅是一个部门，它和社会上的专业餐馆、快餐业以及餐饮连锁的独立实体企业不同，开展的电子商务方式和内容也不尽相同。如何利用电子商务让酒店的餐饮重新引领餐饮的发展，尤其是高科技应用的发展，是本章需要考虑的重要内容。本章主要介绍了餐饮电子商务的概念和概况，包括信息化管理和信息化服务的情况，在此基础上介绍了餐饮电子商务系统的概念和平台的概念。然后介绍了餐饮电子商务的运行模式，合适的运行模式对电子商务能起到事半功倍的作用。最后介绍了酒店内餐饮电子商务的一些典型应用。

本章所讲的餐饮电子商务是指酒店内的餐饮商务。近年来，由于移动互联网的普及，餐饮电子商务发展迅速，消费者可以用自己的手机订餐，到了餐厅也可以用平板电脑点菜，用餐结束后可以通过电子支付方式结账，整个消费过程都由移动电子商务完成，既省力，又省时，极大地推进了我国餐饮业的快速发展。餐饮电子商务对推广我国餐饮文化特色和个性化经营作用更加明显，管理与服务更趋于信息化，有利于特色餐饮品牌的网络传播。因此，近年来餐饮电子商务的推进，预示着传统餐饮正逐步向现代餐饮方向转化。而且餐饮业又是一个大众性行业，数据信息量大，这些都有利于电子商务的应用和发展。实践表明，餐饮和信息通信技术的结合，使餐饮经营的服务数据准确、传播速度快、管理效能高，改变了以前餐饮低科技、低效能的状况，也是餐饮业转型提升的重要举措，这在快餐业和连锁餐饮业发展中更加明显。本章我们将围绕餐饮业电子商务的概况、餐饮电子商务的运行模式以及酒店中餐饮电子商务的应用向读者做个系统性的介绍。

第一节 餐饮电子商务概况

我国酒店的餐饮电子商务基本上是从电子点菜的应用开始，这和社会上连锁的专业餐馆不同，它们是从电子采购开始做起的。酒店的餐饮电子商务从酒店内部的电子商务开始做起，如电子点菜、电子传菜、电子结算等，当餐饮部的服务能力超过了住店客人的需要时，就需要通过网络招揽本地客人来消费，这时慢慢受互联网的影响逐步采用走出去的方式，从网络营销开始向外做网络推广，到社交网络平台做 APP 应用，以及在网络渠道做推广活动等，形成了餐饮电子商务的一个应用分支，应该说餐饮电子商务已成为酒店电子商务的重要组成部分。但作为酒店的一个经营部门，它的电子商务发展有其独特性，它经营的对象除了住店客人以外，其他的几乎都是本地客人，如婚宴客人、寿宴客人、谢师宴客人等。因此，餐饮电子商务的推广重点是在本地区域。下面我们从餐饮信息化，即内部电子商务的基础开始介绍。

一、餐饮信息化基础

餐饮开展电子商务信息化建设是基础，不管是餐饮的预订、接待，还是菜品上传和厨房分单，以及餐饮的收银和成本控制，都需要信息系统的流程支撑辅助经营管理，有了这些基本的信息化管理流程，才能逐步形成信息化服务的基础环境，这时餐饮服务流程的电子商务就水到渠成。我国餐饮业虽然具有巨大的消费市场，但由于进入门槛低，竞争非常激烈。长期以来餐饮业的竞争就是拼价格、拼菜品、比档次、比服务，随着互联网在餐饮业的普及应用，高科技服务已成为餐饮业竞争优势的关键内容。电子商务就是餐饮企业高科技应用的一个方面，它能促进餐饮服务的信息化。目前，许多餐饮企业逐渐依靠先进的电子信息工具，不断地提高市场应变能力和服务能力，就是信息化建设的主要体现。在介绍餐饮电子商务概况以前，我们先了解餐饮业信息化建设的基本概况，不管是一个独立的餐饮部门还是一个餐饮企业，信息化建设都是开展电子商务必须具备的技术基础。

（一）餐饮的信息化管理

信息化是20世纪60年代末日本最先提出来的。1963年，梅卓忠夫在其所著的《信息产业论》一书中首先向人们描绘了“信息革命”和“信息化社会”的前景。当时他就预见到信息技术的发展和广泛应用将会引起一场全面的社会改革，并将人类推入“信息化社会”。

随着时间的推移，“信息化”的内涵和外延不断发展丰富。许多学者对信息化进行了专门研究，形成了以下几个有代表性的观念。

（1）从技术方面来看，信息化是以信息资源开发利用为核心，以网络技术、通信技术、数据技术、人工智能技术等方式为依托的一种新技术扩散。

（2）从过程方面来看，信息化是在社会和经济活动中普遍采用信息通信技术开发和利用信息资源，提高信息资源的利用率，以此来推动经济发展和社会文明进步的过程。

（3）从组成要素来看，信息化由信息基础设施、信息通信技术与信息产业、信息技术产业界应用、信息应用人才所组成。

信息化管理就是围绕一个组织的管理，用信息通信技术等高科技实现管理各环节的信息化过程，以充分利用信息资源提高组织的管理效率和效益，同时提升管理人的工作素质。

餐饮信息化管理是指餐饮业在其制定的信息战略的指导下，采用先进的管理理念，通过信息系统对餐饮信息资源进行深度开发、综合分析和广泛利用，不断提高餐饮经营、决策管理的效率和水平的过程。餐饮企业需要制定正确的信息战略来指导信息化管理的实现，在进行具体的信息系统建设项目之前，从企业战略的角度加以考虑，重在内部管理。餐饮信息化管理能否取得成功，除了相关的技术因素之外，更大的因素将取决于能否将先进的管理理念同餐饮经营的目标良好结合。从互联网时代服务业的发展来看，只有通过信息化管理，才能提高餐饮服务的管理精度、产品研发能力和经营水平。

信息技术是服务创新的重要驱动力，也是服务创新的内容之一。已有研究表明，在构建餐饮服务企业服务创新驱动力模型时，把技术应用列为重要驱动力因素之一，指出高科技特别是信息和通信技术（ICT）在推动餐饮服务业创新时起了非常重要的作用。应用实践表明，餐饮业信息技术的应用是由客户需求、不断变化的环境和餐饮企业创造可持续竞争优势的目的等因素所驱动的。通过调查发现，采取连锁经营方式的企业比单店更容易使用信息技术，因为在同一个连锁经营品牌下的餐馆提供的服务和产品要求基本上是一致的，因此一项应用技术一旦在连锁经营品牌下的某个单店试点内被测试成功，就可以在比较大的范围内得到推广，可以形成非常强大的竞争优势。餐饮的信息化管理就是在连锁经营品牌引领下逐步形成的。从目前来看，餐饮信息化管理应围绕经营的日常管理、食品采购质量控制、成本核算与管控、收银与账务管理、服务人员培训管理、数据中心等信息系统主线开展建设。

（二）餐饮的信息化服务

信息化服务是互联网时代围绕“服务”提出的管理思想，是结合客户互动需要而提出的一种理念，对客户不能是管理，只能是一种服务。为了与信息化管理概念统一，我们把企业内部管理者和员工使用信息系统也认定是信息系统向企业内部顾客（即饭店管理者和员工）提供的服务，让他们能够方便地获取信息以实现管理和服务。这样，从信息化服务的广义含义来看，信息化管理是信息化服务的一部分内容，一方面向员工和管理者提供服务，另一方面向企业顾客提供互动服务，两者都是在集成的信息系统支持下实现的。从信息化服务的狭义含义来看，信息化管理是信息化服务的基础，只有在完善的信息系统和良好的信息化管理模式前提下，信息化服务才得以开展，真正实现企业对客的敏捷服务，也为企业经营创造竞争优势和影响力。

所谓餐饮信息化服务，是利用互联网等高科技手段，在餐饮管理信息系统的支持下，利用移动服务等智能终端为顾客和经营管理者提供的各种服务。应该从以下三方面来理解这个概念：① 信息化服务的实现离不开餐饮管理信息系统（以下简称信息系统）的支持。企业需要一个强大的信息系统来收集信息、存储信息、处理信息、传输信息和提供信息。离开了信息系统这个平台，信息化服务得以实现的信息终端设备和技术发挥不了作用。同时，一个没有信息系统的餐饮企业不可能提供信息化服务，只能提供“服务员-宾客”单一模式的信息服务。② 信息化服务离不开基于智能终端的移动服务，如信息互动屏、餐厅的点菜器、平板电脑等，这些基于系统的智能设备不仅提升了餐厅员工的对客服务能力，也拓展了服务的种类和渠道，增加了餐饮收入。③ 信息化服务的开展并不代表餐饮可以用信息通信技术和智能设备完全取代员工服务，它只能是作为智慧的辅助性服务。目前，餐饮信息化服务的开展并不存在技术性的问题，其主要阻力在于人。餐馆在引进、安装和使用新技术时，首先要考虑员工的适应性，员工对新技术、新系统的应用是否认知。已有调查表明，在酒店各部门中餐饮部的员工对技术的认知、技术的适应度、技术的满意度和技术应用意向是最低的，而酒店餐饮部又恰恰是目前最需要引进新的信息技术来改善服务手段和程序的部门。所以酒店尤其需要提高餐厅员工和厨房的电子点菜和移动服务系统的认知和态度，从而提高新技术的使用效率和意向，加快酒店餐饮服务电子化。

信息化服务强调的是服务，特别是对顾客的服务，这种服务一定要具有个性化、人性化和可操作性。餐饮开展信息化服务，目的是提高餐饮服务效率，随时可以和客户沟通。

目前在信息化服务开展中存在以下一些问题：相当部分旅游餐馆仅重视信息化管理，对信息化服务没有高度的认识；在构建内部的信息系统时，强调的是内部管理，忽视了对客信息化服务的重要性和便捷性。因此，对于餐饮业的信息化服务，需要有一个整合型的系统构建信息化服务，把信息网站和内部管理信息系统以及餐厅的客户端整合在一起，形成基于网络信息化服务的 Web 网站-客户端系统-内部信息系统的整合模式，如图 5-1 所示。

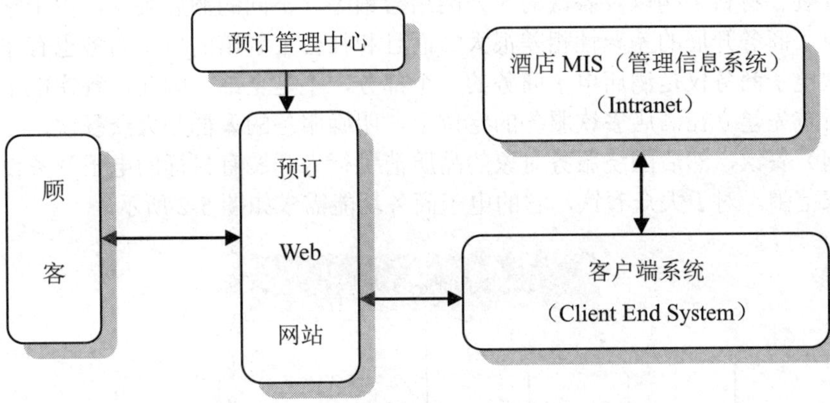

图 5-1　W-C-I 网络信息化服务模式示意图

资料来源：陆均良，朱路平．我国旅游业信息化服务模式探讨[J]．商业经济与管理，2005（6）：61-64．

在图 5-1 中，Web 网站的主要作用是提供信息服务和网络预订，它可以是 PC 型网站，也可以是微网站，可以和整个酒店的门户网站融合在一起，也可以独立；客户端系统（Client End System）是一个移动服务系统，是实现系统互动的关键部分，它可以是点菜器，也可以是平板电脑或智能手机，它和内部信息系统可以实时交换数据，形成前端服务的大数据支持；内部信息系统（Intranet）是一个企业内部的管理信息系统，是酒店或餐厅开展业务处理的应用系统，也是酒店内部电子商务处理的主系统。这种移动服务模式简称为 W-C-I 模式，并用 Web Service 技术、XML 和人工智能等技术实现了该模式。它通过智能终端拉近了餐馆与客户之间的距离，也方便了餐厅服务员的操作和服务，实现了酒店与客户实时互动交流，既方便了点菜，又方便了结账服务。而且这样的模式特别适合小规模旅游餐馆企业使用。对于小规模旅游企业，客户端系统是一个功能非常灵活、很实用的服务系统，而且实施非常简单，只要安装在具有 Web 功能的平板电脑或智能终端上，就可以开展对客信息化服务的相关管理工作。在餐厅里，点菜流程、传菜流程、加菜流程、结账流程以及查询流程都可以采用这样的模式开展有效的信息化服务。

二、餐饮电子商务系统

在餐饮业有了完善的信息化系统，开展电子商务系统的建设就有了基础，否则开展电子商务都是一些碎片化的应用，没有坚实的核心竞争力。酒店内的餐饮部门属于一个餐饮电子商务子系统，它的规划、设计应在酒店电子商务系统整体战略的框架之内，根据既定的战略框架，有步骤、有计划地实施餐饮电子商务的建设。作为一个系统，它与碎片化的应用不同，建设一个餐饮电子商务系统需要规划设计，并且系统的规划需要建立在顾客需求和企业经营需求的基础上，如顾客的消费爱好、订餐习惯、付款方式等。对于餐饮企业来说，需要考虑菜品信息发布、订单管理、采购和物流管理、市场预测、账务结算等功能需求。

本节我们专门针对酒店内的餐饮电子商务系统，分析它的功能需求以及需要建设的内容。

（一）餐饮电子商务的功能需求

餐饮电子商务作为酒店内的子系统，它的功能规划包括内部商务和外部商务，内部商务主要包括电子点菜、电子结算、厨房分单、成本控制以及账务管理等内容，外部商务主要是客户订餐、材料采购以及餐饮的对外网络营销等。不同的酒店餐饮，由于它的经营定位不同，电子商务开展的差异性相差很大。而且和社会上餐馆的电子商务也有差异，因为酒店的餐饮电子商务仅是酒店电子商务的一个部分，不是全部。因此，餐饮电子商务的功能需求分析首先建立在酒店餐饮服务的定位上，明确服务的人群是大众餐饮，还是高端商务（或休闲）餐饮，然后围绕服务对象的品质消费行为开展有目标的电子商务设计，确定其功能需求范围。对于大众餐饮，它的电子商务功能需求如图 5-2 所示。

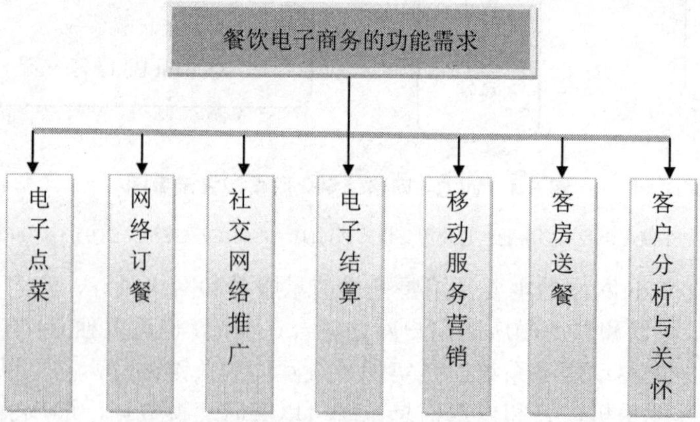

图 5-2 大众餐饮电子商务的功能需求示意图

图 5-2 所列出的是大众餐饮的核心功能需求，从目前酒店内应用的电子商务情况看，除客户分析与关怀的功能欠缺外，其他功能在餐厅应用中都能基本实现。从餐饮电子商务的实践来看，大多数酒店的网络订餐基本都是针对婚宴和寿宴等大众餐饮，或通过酒店的门户网站接受当地的婚宴预订。如杭州开元名都大酒店，它的婚宴餐饮已经成为当地的一个品牌，成为餐饮部全年的主要营收来源。对于高端餐饮来说，它的电子商务功能需求比较个性化，如图 5-3 所示。

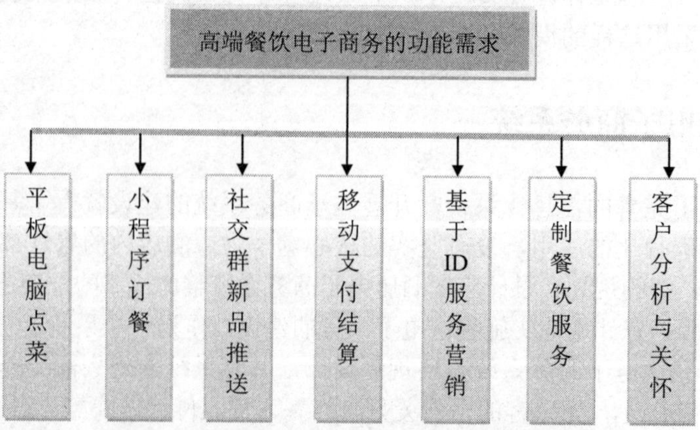

图 5-3 高端餐饮电子商务的功能需求示意图

高端客户餐饮的电子商务主要考虑网络营销的方式和服务便捷方面，如可以在社交群中寻找高端客户，因为高端客户往往有自己的社交群范围，通过一定的观察分析推送他们感兴趣的新品信息，或者可以直接基于真实的 ID 号开展精准营销。在点菜和结算方面都是采用比较高雅的智能终端，有较好的隐私和信息安全保证，客户关怀方面也都是一对一的智能服务形式，给客户一个比较安全的信息交互环境。在功能需求的确定过程中，商务模式也是需要考虑的一个内容，“互联网+”信息时代的电子商务已经融入餐饮业的发展，酒店想要增强市场竞争力与市场占有率，必须低成本地开展电子商务，而 O2O 商业模式非常适合餐饮服务业，尤其适合餐饮连锁企业。O2O 就是线上预订线下服务的一种商业模式，消费者通过移动互联网了解餐饮信息及自己喜欢的餐饮菜系，然后到实体店享受服务。O2O 模式作为餐饮行业全新的经营模式，对餐饮电子商务的发展有着至关重要的作用和意义。

（二）餐饮电子商务的建设内容

除了前面分析的功能需求内容需要分阶段建设以外，餐饮电子商务系统建设的内容还涉及餐厅环境以及微系统等建设内容，微系统主要是小程序等移动服务，这些系统是前台的服务端，应该建设得越多越好，功能越细（单一）使用起来就越方便。另外，基于手机的微网站以及餐饮服务号等也是建设的重点，因为那是酒店餐饮的门户，消费者获取服务的窗口，这些微服务代表了酒店的服务品牌和形象，建设时需要精心设计，应符合酒店的视觉形象要求。下面选择几个建设内容做简单说明。

1. 餐厅无线网络环境

餐饮电子商务基本是以移动电子商务为主，在餐厅里，无线网络环境是最基本的建设内容，既可以方便顾客上网，又可以使平板电脑、智能手机便捷地点菜与支付。餐厅的无线流量要足够可用，保证众多客人同时上网的流畅。客人对无线网络环境的满意度，也是餐饮服务营销评价的内容，因此在做好餐饮服务的同时，建设好无线网络环境是餐饮电子商务最基本的内容，也是最重要的内容。

2. 移动 POS 点餐系统

该系统既可以用在餐厅点菜，又可以用在客房点餐，是餐饮移动服务的主要客户端系统。在设计时可以独立处理前台服务，也可以和餐饮信息系统整合设计在一起使用，整合使用时可以显示历史消费信息，分析客人的餐饮偏好，并可以推荐适合客人的餐饮信息，实现智能点餐的常规操作。因此，一个使用便捷的移动 POS 点餐系统，需要移动互联网技术、人工智能技术、数据分析技术以及第三方电子支付整合应用的技术支持。

3. 客房订餐配送系统

客人在客房订餐，可以通过电话订餐，也可以通过移动 POS 系统订餐，或者通过小程序服务订餐。不管通过什么方式订餐，最后订餐信息都会进入客房订餐配送系统进行后续处理。最后订单要进入厨房准备，还要进入配送组准备，直至把订餐送到客房才结束订餐服务流程。系统会记录每一个服务环节所用的时间，作为服务人员质量监督的考核依据。订餐配送系统也可以为会议人员进行配送，为参会人员节省时间，参会人员只要用移动 POE 点餐系统点餐，餐饮部就可以快速将餐食配送到会议指定地点。

4. 小程序服务系统

小程序服务系统是一个移动服务管理系统，酒店有许多功能单一的小程序软件，如前厅的、客房的、餐饮的、娱乐的，这些小程序都是独立地在智能手机中使用，但它的运行状态统一由小程序服务系统管理使用。对于餐饮部来说，可能有那么几个小程序应用，如菜系查询小程序、特色菜小程序、加菜小程序、结账小程序。从手机应用的角度看，小程序的功能越简单越好用。这些小程序的使用，既有餐饮服务的功能处理，又有对客服务的营销作用，是未来餐饮业餐厅服务中最有潜力的电子商务应用。

餐饮电子商务系统从概念上来说也是一个信息系统，作为一个系统它有严格的设计流程，本节我们仅介绍了餐饮电子商务的概念，让读者了解系统的功能需求。从餐饮电子商务的发展历程来看，它是从碎片化应用发展而来，早期的应用基本都是碎片化软件，因此它没有数据积累，也无法分析应用的持续性改进。随着技术的进步，移动互联网的普及，餐饮的电子商务进入了系统化建设阶段，希望本节所介绍的电子商务系统对业界和读者都有所帮助。虽然餐饮部仅是酒店的一个业务部门，但是同样要用系统的角度去构建餐饮电子商务系统，并把它融入酒店电子商务平台，共享客户资源，以形成酒店的核心竞争力产品。

第二节 餐饮电子商务运行模式

了解餐饮电子商务的运行模式，可以让酒店建设餐饮电子商务少走弯路，选择适合自己又能节省运维成本的运行方式。电子商务发展到今天，已有多种运行模式，分别在不同的行业中应用，如集市商务模式、商城商务模式、团购商务模式、独立站点商务模式等，它们都各有自己的发展特点。作为独立的餐饮服务企业，其电子商务也有不同的运行模式，如平台模式、团购模式、外卖商务模式以及半成品或准成品商务模式等。但作为酒店内的餐饮经营部门，应发展怎样的电子商务运行模式，需要研究和探索。本节我们就一起探讨这一类餐饮电子商务的运行模式，寻找不同酒店类型以及不同餐饮定位的最佳电子商务运行模式。

一、选择运行模式的必要性

餐饮业给人的印象是一个较古老的行业，而电子商务则是新兴发展的一项科技含量较高的新型业态。但是如果我们研究餐饮业的特点可以发现，这一传统行业具有适合运用电子商务技术的特点。中国餐饮业以中小企业为核心，大部分的餐饮老板都希望通过电子商务降低成本，提高利润。如快餐业是对技术最敏锐的现代餐饮业，其电子商务在餐饮业是领先的，随着技术、配方、设备和人才的引入，每年的营业额以20%的增长率在高速发展。连锁餐饮业其次，其近年来电子商务发展迅猛，技术革新的财富效应对连锁餐饮企业的刺激很大，大家都在寻求一种安全、稳定、绿色、快捷的增值方式。作为酒店内的餐饮部门，也认识到了电子商务的作用，正在探索电子商务对其部门发展的影响，本小节我们围绕电子商务运行模式讨论它的必要性问题。

（一）选择的必要性

餐饮业是服务业里面竞争最激烈的行业，也是最传统的行业。以前酒店内的餐饮是很有亮点的行业，但随着互联网的应用，随着连锁餐饮企业和快餐业电子商务的快速发展，酒店内的餐饮就失去了以前的光彩。因为新时代的消费者讲究的是服务，需要的是便捷，感兴趣的是餐饮特色和时尚，而所有这些都需要新技术的支持。酒店想要与信息时代的电子商务共同发展，就需要意识到选择一个电子商务运行模式的必要性以及它对餐饮经营的影响。

1. 提升收益能力的必要

近几年来，酒店的餐饮收益普遍有所下降，一些高档酒店的餐饮经营下降更大，引起的原因除与国家政策有些关系外，主要的原因还是社会消费进入了理性阶段，人们更注重的是餐饮中的服务，尤其是电子商务服务带来的新体验，酒店内的餐饮可能在这些方面近年来落伍了。如何提升高科技的服务，真正贴心地为消费者考虑，了解消费者的喜爱，这就要从电子商务方面精心考虑，选择电子商务的运行模式，就是希望餐饮的电子商务能获得更好的收益，系统有更好的运行管理基础，使餐饮电子商务发挥出更大的作用。

2. 改善服务能力的必要

当今的餐饮竞争力的表现，除了设计出消费者喜爱的菜谱外，服务能力是主要因素，做好餐饮除了服务还是服务。前面已说过，新时代的消费者在意的是服务，餐饮服务不到位，菜谱做得再好也无人问津。如客人的咨询是否方便、用餐中的服务是否敏捷、餐后的服务是否温馨、信息推送的时间是否到位等。所有这些只有在电子商务理想的运行模式下才能实现，因为如果一个电子商务系统运行环境不好也做不到实时响应，所以有必要选择一个适合电子商务系统运行的模式来提升餐饮的在线服务能力。

3. 引领餐饮发展的必要

酒店的餐饮以前一直是餐饮业的引领者，但最近10年以来，引领者的地位优势正在消失。作为一个引领者，不仅在餐饮的菜谱、菜系设计上要引领，在餐饮服务上要引领，更需要在餐饮的高科技应用上引领。如杭州黄龙饭店的餐饮部，2010年就开始用平板电脑给消费者电子点菜，当时的确是杭州黄龙饭店引领了餐饮电子点菜的高科技应用，但近10年来这些应用一直没变，服务能力停止不前，也没有形成餐饮电子商务系统的体系运行，渐渐就失去了引领者的地位。因此，酒店的餐饮电子商务需要一个运行模式来支持电子商务系统的运行，通过运行模式可以扩大餐饮电子商务的影响力，从而引领餐饮业电子商务的发展。

（二）对运行管理的作用

一个理想的电子商务运行模式不仅能产生好的效益，而且对餐饮电子商务系统的运行管理起到事半功倍的作用。尤其是对数据的积累，与前台PMS系统、门户网站对接的数据交换，都有非常好的业务数据管理作用。作为一个餐饮电子商务系统，在运行过程中需要内容管理、数据管理、与顾客交互管理、功能扩充管理、流程改进管理、安全管理等，这些管理在选择的运行模式下是如何实现的？下面我们就简单介绍运行模式对这些管理的作用。

1. 对内容管理的作用

餐饮电子商务系统涉及许多内容管理，包括产品内容、流程内容、商务内容和营销内容等，这些内容在运行过程中需要及时管理，选择一个合适的运行模式可有利于这些内容的管理。如假定系统选择平台运行模式，把餐饮电子商务系统融入酒店电子商务平台中去运行，就可以可视化管理以上内容，使得餐饮电子商务系统运行效率更高。目前，电子商务系统的平台化运行是最有发展前景的一种运行模式。

2. 对数据管理的作用

一个好的系统需要数据积累，形成有学习能力和有智慧的电子商务优势。餐饮业是信息密集型行业，对信息依赖程度比较高。在完整的餐饮电子商务系统中有很多类数据，如客户消费数据、产品数据、质量控制数据、财务和账务数据等，这些数据的有效管理可以使电子商务系统发挥更好的作用。如餐饮的关怀服务、营销服务等都需要客户消费数据的支持，因此，选择运行模式时需要根据酒店的具体情况，例如，如果酒店有数据中心自己管理数据，在选择运行模式时主要考虑可以把餐饮电子商务系统数据整合在数据中心统一管理的方式。未来酒店建数据中心管理业务数据已是一种趋势，是电子商务应用能力的一种体现。

3. 与顾客交互管理的作用

任何电子商务系统都有交流环节，服务业尤其如此。消费者在查阅餐饮服务信息时，往往需要在线交流互动，在仔细了解餐饮服务的相关内容后再做出预订的决策。互动环节做得好，访问的转化率就高，产生的交易就越顺利。因此，在选择运行模式时，如果电子商务系统设计偏重营销和互动环节，可以选择社区群运行模式，这样餐饮电子商务系统在设计时可以轻松地与群里面的消费者沟通，获取群里面的互动信息，便于餐饮促销活动的安排和推广。

4. 对功能扩充管理的作用

一个餐饮电子商务系统的运行需要不断地改进，功能才趋完善，因此功能的扩充管理是一个运行中的经常性管理工作。对于酒店来说，电子商务系统基本上都是委托开发或直接购买，自己直接有能力开发的酒店很少。在开展电子商务过程中，作为餐饮业务的一个部门，可以选择 SaaS 服务模式，这样对于系统的功能扩充管理由专业的人做专业的事，餐饮部只需做好运行中的服务工作，技术性的功能扩充就由 SaaS 服务的技术服务商去负责管理。因此酒店如果选择 SaaS 服务运行模式，就可以轻松地解决系统的功能扩充管理问题。

5. 对流程改进管理的作用

电子商务的数据流程也是需要不断完善的，系统在运行过程中，合作伙伴可能会变，社交平台可能会变，销售网络渠道也可能会变，这样系统的数据流程也会跟着变。再说酒店内部的业务处理流程也会变化，所以电子商务系统的数据流程需要由改进管理来不断优化，使电子商务系统的业务处理效率不断提升。流程的变更与系统的设计以及运行模式相关，为了在运行中能轻松地管理流程，就需要选择合适的系统运行模式。如果系统是酒店自己委托开发，并在门户网站上运行，用站点运行模式来管理系统运行，流程的管理变更就比较方便，但酒店直接购买或租用的系统，用 SaaS 服务模式运行系统，则在开始就协议约定好，流程的变更管理就由 SaaS 服务商负责管理。只要酒店餐饮部门提出变更要求，服务商就负责对系统流程进行修改和变更。

6. 对安全管理的作用

餐饮电子商务系统的运行同样涉及安全问题，包括网络的安全、系统数据的安全、客户隐私问题的安全等。如果系统在没有安全措施的服务器上运行，这样的运行环境就会产生很大的数据安全问题。因此，酒店选择恰当的运行模式也需要考虑电子商务系统的运行安全，而这些安全问题可以由运行模式的环境来保障。酒店要做的是根据安全等级需要和数据隐私去选择合适的运行模式。例如，酒店的餐饮电子商务系统是选择 SaaS 服务运行模式还是平台运行模式，其实两个都有很好的安全措施环境，但有些酒店业主就是不放心自己的业务数据放在云端，觉得 SaaS 服务运行模式可能会泄露数据，失去自己的业务隐私，这时会选择平台运行模式。酒店对安全考虑不同，选择的运行模式也会不一样。

二、常见的几种运行模式

在互联网时代，酒店已很少以建机房的形式投资电子商务系统建设，餐饮部门的电子商务更是如此。大多数都选择一个运行模式来投资电子商务系统的建设，重点考虑的是软件的定位和投资，其他的设备、开发、维护等都可以选择外包或租用。前面我们对选择运行模式的必要性以及对系统运行产生的管理作用进行了粗浅的分析。在此基础上，我们将进一步介绍一下目前常见的几种运行模式，以帮助业界系统地规划和选用。笔者认为这几种运行模式都适合酒店选择使用，主要看酒店所建的餐饮电子商务系统重点投放在哪里以及对系统的投入资金有多少，还有就是对系统运行管理的期望值大小。建设电子商务系统的目标都是运行管理工作量要小，系统产生的期望效益要最大化。

（一）站点运行模式

站点运行模式是大多数中小型酒店所采用的一种运行模式。酒店经营的规模不同，餐饮电子商务系统的软件规模也有大有小，商务的重点也各不相同。如果酒店的餐饮业务规模不是很大，但餐饮有自己的特色，拥有自己的客户群，电子商务的重点在于客户预订，而且喜欢用自己的渠道开展预订，这时可以选择站点运行模式。站点运行模式的站点就是酒店的门户网站，少数可以选择当地的地方门户网站，或者做一个小型的手机网站。这种模式把站点作为电子商务的窗口，主要的商务处理在后台，通过网站预订，后台处理服务的方式，大多数业务流程还是酒店内部的商务，系统可以实时接收站点来的订单和咨询。对于单体酒店的餐饮电子商务，这种运行模式基本可以满足酒店的需要，也是目前大多数精品酒店采用的方式。因为这种模式运行成本低，客户咨询的响应速度快。

（二）平台运行模式

这里的平台是指软件平台，是整合所有系统的集成化平台，有非常强的服务能力和系统运行管理能力。酒店开展电子商务平台化以后，所有部门的子系统都整合到平台下面，各系统数据集中管理，形成酒店唯一的数据中心。平台运行模式主要针对酒店规模比较大的酒店集团，不但有自己的特色餐饮，并且有很多口味的餐饮系列，也有比较大的餐饮业务量。这里的餐饮电子商务子系统也整合到酒店电子商务平台中，餐饮电子商务实现平台的统一管理以后，它的营销、运维以及客服都在一个在线服务平台上实现。另外，餐饮电子商务平台化后，它与其他系统的数据交换就比较方便，作为一个独立的经营部门，在电子商务管理过程中，要充分利用平台化的功能，为餐饮电子商务创造更好的收益，尤其要做好客人的在线服务工作，大多数餐饮业务要针对当地消费者，在线服务做得好能吸引当地忠诚的餐饮常客。图 5-4 为酒店电子商务平台化示意图。

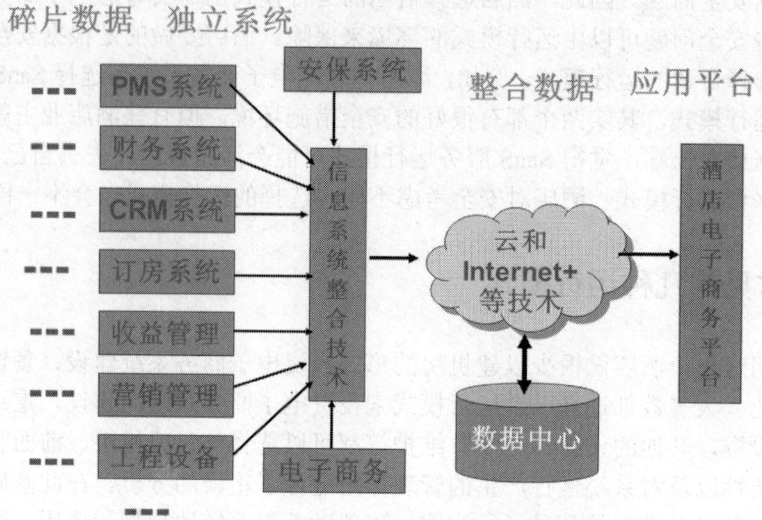

图 5-4 酒店电子商务平台化示意图

在图 5-4 中把前台 PMS、订房系统以及后台的财务系统等应用软件整合到同一个平台下，图中的电子商务就是酒店的电子商务系统，它包括客房的电子商务子系统、餐饮电子商务子系统以及会议娱乐电子商务子系统等，这些专门的电子商务子系统与酒店所有信息系统整合在一起，形成了既能处理内部电子商务，又能处理外部电子商务的整合型平台，并形成了可以相互使用数据的数据中心。这是电子商务平台化在酒店的具体应用，有非常好的系统运行管理效果和商务处理能力：可以可视化所有系统运行状态，监管业务处理和交易的过程，又有完整的数据中心管理，是未来酒店电子商务最有发展潜力的运行模式应用。

（三）社交群运行模式

社交平台是未来服务业开展营销的主战场，如果酒店的餐饮电子商务重点在于市场推广和营销，可以考虑采用社交群运行模式进行电子商务的规划与设计，而且社交群运行模式特别适合做大众化餐饮。社交群是利用现在的社交平台开展业务，餐饮部可以规划多个 APP 应用，投放到社交群中去开展移动服务和营销，这些 APP 服务软件和酒店的餐饮电子商务系统无缝对接，为社交群中的消费者提供咨询服务和预订服务，用移动电子商务的方式实现销售和在线交易。这种运行模式对于促销活动、新品的发布、定制服务有比较好的效果。在设计电子商务时，这种模式下的后台系统不需要很大很完整，但要求响应消费者的服务要快，前端移动服务的 APP 要小而功能专一，并定期更新内容投放。

（四）SaaS 服务运行模式

SaaS（Software-as-a-Service）是软件即服务的简称。SaaS 服务商利用云技术为企业搭建信息化系统所需要的所有网络基础设施及软件硬件运作平台，并负责所有前期的实施、后期的运行维护等一系列服务，企业无须购买软硬件、建设机房、招聘 IT 人员，即可通过互联网使用所需要的信息系统。软件使用就像打开自来水龙头就能用水一样，企业根据实际需要，向 SaaS 服务商租赁软件服务。简单地讲，SaaS 就是企业通过网络购买软件服务，购买即使用，买多少，用多少，非常方便。SaaS 的服务对象就是中小型企业，酒店也属于这类型的企业，所以许多酒店为了节省费用也开始采用 SaaS 服务运行模式，餐饮电子商务软件在云端由服务商统一运行管理，这对中小型的酒店企业来说，可以大幅度地降低系统的运维成本，包括人力资源成本。对于大多数的单体酒店，餐饮业务量又不是很大，都可以采用 SaaS 服务运行模式开展餐饮电子商务。

三、餐饮 O2O 平台应用实践

O2O（Online To Offline）是线上线下融合的一种商务运行模式，是指将线下的商务机会与互联网结合，让互联网成为线下交易的平台，这个概念最早来源于美国。O2O 的概念非常广泛，只要产业链中既涉及线上，又涉及线下，就可统称为 O2O。餐饮 O2O=线上餐饮+线下餐饮服务，即传统餐饮的互联网化、互联网餐饮的实体化，最终实现信息化管理与服务，提高整体餐饮服务的营收。

餐饮 O2O 模式的应用主要有两种：一是线上交易后线下体验服务，常见的有团购、外卖等形式，团购是 O2O 比较成熟的应用；二是将消费者从线下吸引到线上，企业在线下做对接服务，利用微信、微博、二维码等方式引导消费者在线上实现交易，如到店消费时可以扫码点餐、扫码支付等。总之，餐饮 O2O 就是利用互联网将线上与线下相结合的一种餐饮消费新模式。餐饮 O2O 平台的电子商务形式主要有以下几种应用实践。

（一）社交平台

随着互联网的普及，消费者的消费观念发生了极大转变，消费者不再被动地接受来自商家的推荐信息，而是开始主动搜集来自各个渠道的消费者分享的经验信息，全新的互动式分享可以满足消费者对于美食的需求，并且更能获得消费者的信任。通过社交平台，用户可以对产品做出评价和反馈，与商家进行实时互动，可以把自己吃过的美食拍照分享到平台上，可以与其他消费者进行互动，甚至可以发起美食约会，与志同道合的“吃货”朋友们一起开启美食之旅，以前可以“以酒会友”，现在可以“以食会友”。

对于此类社交平台，比较典型的代表是 Eat with China（简写为 EWC），是以食之名的 O2O 社交平台，它想让国内外的私厨和陌生食客在一起分享美味，同时还能有一番文化的碰撞。EWC 每期活动都会有一名私厨掌勺，可能你会吃到一位北京姑娘做的地道的麻辣香锅，也可能吃到一名来自秘鲁小哥烹饪的秘鲁美食，其中也不乏专业大厨。EWC 在强调厨艺的同时，也致力于将社交融入并贯穿始终。在 EWC，吃什么很重要，跟谁一起吃也很重要，食客们因喜欢同一道菜而相聚一处，一同分享彼此的故事，交流经历与感悟，该活动无疑被打造成为线下交友平台。大家在一个轻松的环境下聊天谈笑，学一学对方的语言，可以讲一讲自己在这个城市的故事，也可以听一听另一个国家的风土人情。EWC 不仅能让陌生人快速体验这个城市的生活，也给当地人搭建了一座触碰世界的桥梁。EWC 自 2014 年创办以来，已在全国举办了近 3 000 场活动。

（二）外卖平台

当代生活节奏日益加快，人们逐渐走出厨房选择外出用餐。到店就餐往往需要排队点餐、候餐、埋单等，花费很多不必要的时间，为了省出更多可自由支配的时间，人们更愿意待在家中等待餐饮上门，外卖服务正是顺应了当前消费理念和社会发展的新形势，改变了传统的到店用餐、电话订购等服务模式，受到越来越多消费者的青睐。打包是最早的外卖形式，后来逐渐出现了电话订餐外送到家等形式，外卖越来越普遍，然而送餐慢成为消费者投诉的热点，在用餐高峰期等待时间长、交通状态难以预料、送餐地点较为分散等众多原因导致准点送达困难重重。外卖平台作为餐饮 O2O 领域中一个重要的营销平台，把“跟吃有关的一切”联系起来，提供免费、方便、快捷、自主、丰富的餐饮信息，帮助用户找到适合自己的外卖服务，还可以选择送达的时间，让用户可以根据自己的需要选择送达时间，对高峰期进行分流，更好地缓解了送餐慢的问题，为“懒人”谋取餐饮福利。

如美团外卖（见图 5-5 和图 5-6），是美团网旗下的网上订餐平台，是一家专业提供外卖服务的平台。美团外卖为用户精心挑选了众多优质外卖商家，为用户提供快速、便捷的线上订外卖服务。用户在美团外卖的平台上，通过定位，平台会将用户所在位置的附近商家信息提供给消费者，消费者可以根据销量、距离对商家进行排序，还可以进行筛选，最大限度地满足用户的个性化需求。用户通过线上点餐、支付，足不出户就可以轻松实现网上订餐、手机 APP 订外卖，在线支付。

图 5-5 美团外卖手机界面（1）

图 5-6 美团外卖手机界面（2）

（三）团购平台

团购也叫集采，是团体购买和集体采购的简称，其实质是将具有相同购买意向的零散消费者集合起来，向厂商进行大批量购买的行为。团购最核心的优势体现在商品价格更加优惠上，通过团购平台，不仅可以帮助消费者查找到相关服务信息，还能使消费者在享受团购优惠价格的同时获得贴心的线下服务。

例如大众点评，不仅为用户提供商户信息、消费点评及消费优惠等信息服务，同时也提供团购、餐厅预订、外卖及电子会员卡等交易服务。2012 年 8 月起，大众点评发布了两款全新的独立客户端：“点评团购”客户端（见图 5-7）与“周边快查”客户端（见图 5-8）。

其中，“点评团购”客户端是面向团购客户的专属客户端，方便用户快速、轻松地购买、管理团购，涵盖了本地生活的方方面面，除了美食以外，还有购物、丽人、亲子、运动健身等板块。

图 5-7　“点评团购”客户端

图 5-8　“周边快查”客户端

在餐饮 O2O 运营过程中，平台是一个衔接餐饮企业或商家与消费者之间关系的存在，并在这一管理过程中为餐饮企业或商家提供涉及 O2O 的功能和服务，如大众点评、美团、淘点点等都是餐饮 O2O 平台的一种。需要指出的是，现在的 O2O 平台已不仅局限于社交、外卖或者团购等单方面的电子商务服务，更多的是趋向多元化、一体化，为用户提供更全面的餐饮服务。相信在不久的未来将有更创新的 O2O 应用实践涌现，线上线下融合服务将是餐饮电子商务发展的必然趋势。作为酒店的餐饮服务，在开展电子商务的过程中，应充分借鉴社会餐馆 O2O 运行模式的应用实践，力争在电子商务方面重新引领餐饮业的发展。

第三节 酒店中的餐饮电子商务应用

对于餐饮部门来说，如果酒店没有开展电子商务的平台，则餐饮的电子商务仅是一些碎片化的应用，很难形成一个独立的系统。从酒店信息化的发展历程来看，酒店餐饮的信息化建设也是重管理，轻服务。在服务方面就是一个电子点菜系统，以及电子结算等应用。从星级酒店的餐饮电子商务来看，目前的餐饮电子商务应用基本上是网络营销、电子采购和常客管理系统等几个方面。下面我们就围绕这三个方面简单对餐饮电子商务应用做个介绍。

一、餐饮网络营销

餐饮需要营销，互联网时代的餐饮营销就是网络营销。餐饮网络营销就是利用互联网让酒店客户及附近的消费者知道餐饮的接待能力以及餐饮的服务种类以及菜谱特色。如APP 移动服务，可以让住店客人通过二维码扫描知道餐饮的新品及特色服务；在网站做的网络广告，可以让消费者知道餐厅的宴会功能和婚宴的接待能力以及相关服务；社交平台推广的促销活动，可以让餐饮爱好者找到你的新品创意和服务，品尝有创意的新菜式。实践表明，餐饮是最怕巷子深，没有人气，中华民族的消费习惯也是这样，最怕没有人气的餐厅，认为无人光顾的餐厅肯定是菜谱不好或服务不怎么样。所以任何一家酒店的餐饮都需要通过网络营销来推销自己的餐饮服务，对于餐饮电子商务，网络营销已是最关键的电子化建设内容。

（一）在社交平台中开展营销

餐饮作为大众化服务，利用目前的社交平台开展营销是最合适的，开始时可以利用微信的社交平台开展碎片化营销，当积累了一定的社交营销经验后可以利用微信的社交平台做自媒体营销。已有实践证明，基于微信的自媒体平台有很好的营销效果。如关系客户联系、促销活动以及预订服务都可以在自媒体上完成。餐饮部也可以利用微信建一个常客群，通过常客群可以相互增进感情联系，这种感情联系有非常好的营销效果。作为餐饮服务，需要记住在社交平台上不能为营销而营销，这会引起客户的反感，首先要提供服务，为消费者提供与餐饮有关的服务，在即时通信的社交环境中，服务就是营销，营销也是服务。如在微信社交平台上做个 APP 移动服务，或做个小程序的专门服务，或做个公众服务号等，甚至用微信扫一扫二维码获取某个咨询服务等，都有非常好的营销作用。随着区块链技术的成熟应用，在移动互联网环境下的一对一营销、人本营销等也会在餐饮服务中逐步开展。可以预计，未来社交平台的网络营销将是餐饮服务的主战场。

（二）在酒店门户网站开展营销

酒店门户网站本身是电子商务的窗口，更是网络营销的窗口。目前，大多数酒店片面地认为自己的网站没有什么流量，访问的人又少，所以门户网站的营销不重要。其实酒店门户网站流量小的原因是没有用心去做，门户网站需要呵护，需要根据客户的信息需求去不断更新信息内容，如果能用心去培育网站的访问群，去培育访问流量，一定会成为消费者喜爱的站点。首先门户网站要为餐饮专门开辟一个频道或栏目，有专门的人去为消费者做信息服务，为什么 OTA 有访问、有流量，因为它有服务，消费者认可它的服务，而很多酒店的网站没有专职的服务人员，导致消费者的咨询得不到回复，这种服务缺失的站点是不可能有流量的。作为门户网站上的餐饮栏目，至少每天要更新信息，每周有新闻热点，每旬有促销活动，每月有餐饮新品推出，由此来吸引餐饮消费者的访问和光顾，真正起到门户网站的营销作用。

如宁波开元大酒店就是利用门户网站开展了很有效果的营销，几乎每周都在门户网站上推出促销活动，而且为餐饮制造一些新闻热点。如新海鲜上市、端午节等都会举行相关的促销活动，通过网站的推广和营销，宁波开元大酒店在当地餐饮市场获得了良好的口碑，不管是一般餐饮，还是婚宴、寿宴等套餐业务，都取得了非常好的经营业绩。利用门户网站做餐饮的营销，费用低，收效快，是酒店餐饮最理想的营销渠道。

（三）用二维码和小程序开展营销

扫描二维码是消费者获取服务最便捷的方式，如餐厅的促销活动、特色菜的促销以及加菜服务等，都可以用二维码形式让消费者便捷地了解。近几年发展起来的小程序，也非常适合餐饮做网络营销。小程序的特点就是便捷，消费者也愿意使用。在即时通信和智能手机普及的年代，餐饮如何用二维码和小程序开展营销服务，是餐饮经营管理者需要不断去探索的新技术应用。餐饮要想做得好，还需要营销服务做得好，而营销服务好需要互联网技术的支持。

餐饮的网络营销还需要提升餐厅的文化品位和网络餐饮的文化特色，电子商务既体现高科技的应用，还需要配套餐厅的文化品位，抛弃传统餐饮业低层次的服务方式，走特色美食与网络文化之路。如可以用小程序建立餐饮的虚拟店面，既有店面的定位和订餐方式，又能突出餐饮的深层次服务，如特色菜肴、定制套餐、文化娱乐、投诉处理、意见反馈以及互动交流等。这种简单的虚拟店面可以吸引各种兴趣的餐饮爱好者，是目前最好的餐饮营销方式。在用二维码开展营销时，也需要处处体现酒店的爱心、洁净、美味，用电子商务关爱消费者，让他们通过互联网的虚拟店面产生闻其香、诱其色、顺其意、进其餐、醉其眠的感觉，这就需要在餐饮网络营销上下功夫，而不是简单地做几个页面。

二、常客管理系统

常客管理系统主要是便于消费者的预订和消费，餐饮部把酒店的常客和餐饮部的本地消费常客用 APP 的形式进行客户管理，既可以开展对常客的营销信息传播，发布促销活动内容，又便于常客的用餐预订和消费查询，是一个非常实用的基于手机的常客管理系统。对于餐饮规模比较大的酒店，或有比较多的常客消费者，可以在 APP 服务端的后台做一个基于平板电脑或 PC 电脑的后台管理端，专门接收手机端的客户信息，重点对常客客户进行管理和挖掘，分析消费的潜在需求和趋势，有利于更好地为常客提供服务。

（一）常客管理系统的功能结构

从酒店电子商务战略的角度考虑，餐饮常客管理系统是酒店客户关系管理的重要组成部分，现阶段的餐饮电子商务的客户管理主要考虑常客管理。在电子商务的大背景下，餐饮的常客管理系统不仅仅是管理客户，系统需要充分利用移动互联网的便捷性，为常客提供最基本的信息服务，也需要为常客获取餐饮服务提供方便。因此，餐饮部的常客管理系统包括客户管理、促销活动管理、预订和业务查询等功能。餐饮常客管理系统的功能结构如图 5-9 所示。

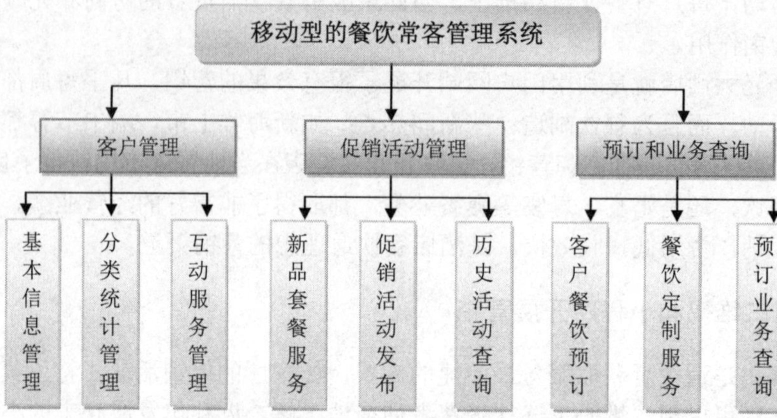

图 5-9　餐饮常客管理系统的功能结构

1. 基本信息管理

基本信息管理主要记录客户的联系方式、消费爱好和每次的消费额度，这些信息来自餐厅的消费客户，以及来自住店客人的用餐记录。也有部分是系统的注册客户，但还没有消费记录，是系统的潜在客户，也是餐饮营销的主要目标群体。

2. 分类统计管理

分类统计主要对常客的消费情况进行分类，系统可以分为忠诚客户、特色客户和一般客户。忠诚客户可能消费的频度比较高，对餐厅的菜系比较喜欢，是餐厅真正的常客。特色客户消费的额度比较大，但不经常光顾，喜欢品尝有特色的新品菜式，有较高的消费品位。一般客户就是消费频度不高，消费额度一般，无法确定偏好的那些顾客。分类统计管理主要分析近期和未来一段时间内哪些客人会增长，以便给定向目标的精准营销提供依据。

3. 互动服务管理

系统具有互动服务的环节，当消费者提出咨询服务请求，系统的客服就要响应请求，在线为客户提供咨询服务。互动服务管理应记录每一个客服人员的互动信息，并可以查询历史咨询的记录，便于后台管理这些咨询信息，从中分析消费者的咨询行为和近期的市场动向。

4. 新品套餐服务

新品套餐服务主要是发布餐饮新品以及餐厅的套餐服务，新品可以每周或每月发布，以吸引餐饮爱好者或一些常客的喜爱。套餐可以是会议套餐、宴会套餐以及婚宴套餐等，这些套餐反映了餐厅的接待服务能力，也反映了餐饮服务的设计和创新能力。通过常客系统在移动互联网上发布这些餐厅资源信息，可以收到非常好的电子商务效果。

5. 促销活动发布

餐饮部门为了充分利用酒店的公共资源，可以经常在系统中发布促销活动信息，需要餐饮部策划人员利用节庆、当地重大活动、风俗习惯等制造热点促销内容，形成有形式的活动氛围。有些促销活动也需要迎合常客的需要，形成有意义的优惠服务活动。

6. 历史活动查询

这个功能主要是通过记录以前的促销活动，便于管理人员同时期活动策划的参考，也便于消费者查询以前餐饮的优惠活动情况。

7. 客户餐饮预订

利用常客系统，客户可以预订或预约餐饮包厢，消费者可以直接查询包厢的预订情况，预订后可以跟踪预订处理情况。每个注册的常客可以查询自己的历史预订记录，系统可提供预订修改、预订取消以及预付款等确认预订，是餐饮电子商务的主要业务功能。

8. 餐饮定制服务

餐饮定制主要是为那些特色消费客人服务的一个功能。消费客人在确定包厢以后，对菜系可提出定制需求，指定菜系的具体要求，以及消费的额度范围。餐饮预订部收到定制信息及要求后，要快速回复客人，以便双方对定制的内容进行确认。餐饮定制服务是餐饮的高档消费，一般都是针对那些有高品位的特色客人，因为定制服务费要高于一般的餐饮服务。

9. 预订业务查询

该功能是提供管理人员的业务查询，包括订单查询、客户查询、包厢查询、历史消费查询以及服务人员岗位查询等。对于提供给客人的手机端系统，常客管理的查询主要是包厢查询、订单查询和历史消费查询等，其查询功能比管理人员业务查询的功能要少一些。

（二）常客管理系统的电子商务作用

酒店餐饮部的常客管理系统虽然系统规模不大，但由于是在移动互联网环境下的开放型系统，它既具备管理功能，也具备服务功能，系统只要有服务功能，就有电子商务的作用。从管理的角度看，系统能对常客以及常客的服务订单具有管理功能。从消费者的角度看，系统提供了订餐服务，包括套餐的预订服务，它就具有电子商务的作用，因为客户通过网络就可以获取服务。常客管理系统作为一个移动服务 APP，虽然它可以分两个服务端，一个在餐饮部的管理方，另一个在消费者的手机端，但它们是一个整体，是一个很实用的常客管理软件，也是一个客户订餐服务软件。常客管理系统的电子商务作用体现在以下几个方面。

1. 常客的分类管理中有电子商务作用

常客分类的目的就是希望给不同的客户提供不同的服务，而且这个服务必须让客户能感觉到。这就可以反映在促销活动中，每次不同的促销活动针对不同的常客群，而且这样的促销活动必须让目标客户群能真正体验到，以后再组织相似的促销活动，这些客户就会很快地响应。

2. 系统互动服务中有电子商务作用

餐饮部门利用开放性的常客系统做好互动服务工作，是系统最好的电子商务作用。许多特色服务可以通过互动环节向消费者介绍，已有研究表明，一个系统不是功能多就能做好电子商务，而是系统只要做好沟通环节，认真地做好互动客服，电子商务就能做好。因此，餐饮部必须重视常客管理系统的互动环节，尤其在移动互联网的即时通信环境中，应培养几名在线客服人员，耐心听取消费者的心声，用情感感化消费者，回答他们的疑问，这样才能吸引更多的消费者。

3. 餐饮预订和定制服务中有电子商务作用

系统提供的预订功能是直接的电子商务行为，这是为酒店的忠诚常客提供的专门服务，当然也会有一些消费者通过系统进行预订。由于系统是移动服务的 APP，预订环节的功能要求简单、直接、实用性强。在 APP 环境中，操作越是简单越有人使用，作为移动服务中的电子商务，预订环节一定要适合大多数餐饮消费者的习惯，不能太技术专业。

三、电子采购系统

餐饮的电子采购系统是餐饮部管控物品原材料的一个应用系统，是食品采购的主要电子商务系统。在没有电子采购系统以前，餐饮部都是靠人工和电话实现餐饮原材料物品的购买。随着互联网及移动互联网的普及，电子采购系统也形成了移动式应用系统，系统运行基本都是以平板电脑和手机作为应用终端，使得餐饮管理人员可以实现随时随地地根据需要进行物品采购。如鲜活鱼用完了，就可以用平板电脑根据厨师的需求量直接采购，供货商手机收到信息后可立即安排送货，保证了鲜活鱼的质量。因此，有了餐饮物品的电子采购系统，餐饮部可以大幅度地节省仓库空间，减少库存量，同时可以节省流动资金，大幅度地降低餐饮的采购成本，包括人力成本、费用成本。同时，餐饮部与供货商通过协议约定，采用电子商务的按需采购，明确了送货的周期时间，也提高了餐饮原材料的物品质量。

（一）采购管理系统的功能

采购管理系统的建设对餐饮材料的电子采购、物品使用、成本控制等有较好的管理作用，同时快捷的电子化采购对前台的餐饮服务也有较好的保障作用。随着电子商务的深入应用，电子采购已成为餐饮部重点建设的内容，是餐饮电子商务的重要组成部分。在许多中小型酒店，可以利用移动互联网开发一个实用的采购管理系统，用于餐饮部的食品、饮料、鱼肉类的实时采购。大型酒店有专门的电子采购系统，餐饮的原材料也可以通过电子采购系统进行按需采购。这里讲的采购管理系统是一个小型系统，用移动设备及智能手机就能操作。在采购管理系统的功能设计中，主要考虑供应商管理、采购管理、成本管控等基本内容。餐饮采购管理系统的功能结构如图 5-10 所示。

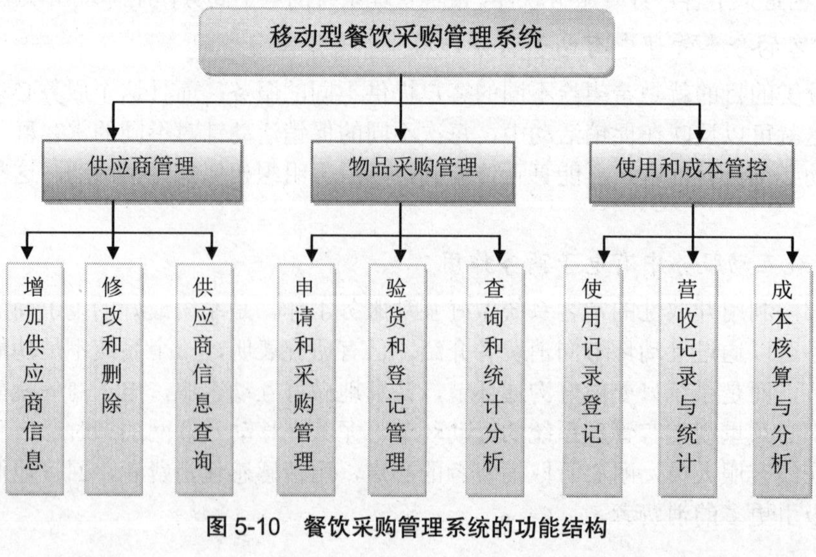

图 5-10 餐饮采购管理系统的功能结构

1. 增加供应商信息

餐饮的材料供货商经常会变化，该功能可以给系统增加供应商信息，包括供货品种、产地、供货商地址、网络联系方式、送货到达时间、联系人及电话等。系统登记完供应商信息后，酒店餐饮部的采购人员及管理人员可以通过即时通信方式与供应商保持联系，采购人员提出采购计划，管理人员则负责采购审核。

2. 修改和删除

该功能可以对系统的供应商信息进行修改，并把修改操作的记录日志保存下来。对停止供货的供应商可以根据权限进行删除，以保证系统供应商的信息完整性。

3. 供应商信息查询

该功能对供应商信息进行查询操作，同时可以进行分类打印，可以按关键字搜索查询。

4. 申请和采购管理

该选项有两个处理功能：一是采购申请，由相关部门提出，如厨房或饮料组；二是由相关责任人审批进入采购流程，并对申请和审核的记录做保存留档。采购人员把采购计划通过即时通信方式发送给供货商，保存采购的电子凭据。

5. 验货和登记管理

该功能主要是采购货物的验货和入库登记。供货商把货送到酒店后，验货人员就根据采购计划验货，形成验货清单以及支付计划凭证。同时做入库登记（可以是虚拟仓库形式）形成入库清单，需要时形成出库清单（直接到厨房），物品的电子采购计划到此就完成了。

6. 查询和统计分析

该功能主要对采购计划、验货清单、入库清单、出库清单进行业务查询，可以形成相应的日报表和月报表，并可以按类进行统计分析，分析出资金的使用周转率和相应效益。

7. 使用记录登记

该功能对餐饮制作所有使用和领用的物品进行登记管理，如领用品名和数量、领用人和部门、领用时间等，形成餐饮用材料每日的汇总表，其中金额汇总就是当天餐饮材料的实际成本。汇总表可以按流水日期打印，也可以分类汇总后打印。

8. 营收记录与统计

该功能对每天的营收进行登记，一般都和餐饮的电子支付系统，如收银 POS 终端进行对接，自动获取每日营收数据。然后可以对经营按类统计分析，形成每日报表和每月报表。

9. 成本核算与分析

该功能可以给餐饮部每日销售进行简单的成本核算，系统根据每日营收记录有一个材料期望成本，然后与每日的材料实际成本进行比较。当出现较大的差距时可以从厨房用料上进行排查分析，形成简单的餐饮用料成本核算分析表。

该系统的采购订单与供应商之间可以有两种对接方式：一种是供应商有完善的供货发送系统，系统把采购订单直接传输到供应商的系统；另一种是供应商没有完整系统，酒店可以制作一个小型的采购单接收 APP，安装在供应商联系人的智能手机上，用于接收采购管理系统发来的采购订单，形成餐饮采购业务电子商务订单的有效流转。实践证明，该系统非常适合中小型酒店的餐饮经营中的食用材料电子采购。

（二）采购管理系统的应用特点

餐饮采购管理系统是一个小型的B2B电子商务系统，核心功能就是餐饮食用材料采购，既可以实现对食用材料的计划采购，又可以实现经营中的即时采购。它的应用既为酒店餐饮节省了材料存放的仓储空间，又提高了采购资金的流动周转率，关键是为餐饮部降低了采购成本。同时，系统可以实现对餐饮食用材料的领用进行有效的管理，并详细记录食用材料的采购和领用，对食用材料的使用采取了有效管理，实现了餐饮部对材料成本的核算和管控，既提高了餐饮采购环节的管理效率，又提升了餐厅对客服务的质量。采购管理系统还具有以下一些应用特点。

1. 移动性特点

在移动互联网时代，系统的移动性适应了移动终端普及的今天，不管是餐饮的管理人员还是供应商联系人，都可以在平板电脑或智能手机的移动设备上使用该系统。餐饮的管理人员可以使用系统随时随地订货，供应商也可以使用系统随时随地发货。系统的移动性有效地支撑了餐厅移动电子商务的操作，这是采购管理系统最实用的应用特点。

2. 便捷性特点

系统利用了移动手机的操作特性，使得采购管理系统成为随身携带的应用系统，使用非常方便。不管是采购订单传递，还是发货清单接收，采购管理系统操作起来都非常便捷。

3. 可控性特点

系统的可控性特点包括了采购流程的管控、验收和领用流程的管控、发货和送货流程的管控以及经营中成本核算的管控，任何操作和处理的环节都有记录可查。

4. 即时性特点

即时性特点体现的就是系统使用方便，本系统的采购订货过程都是在即时通信方式下进行，餐饮管理方与供应商联系人可以保持信息传递的畅通，这种即时性特点使得采购人员可以利用系统随时发送采购订单，满足餐厅消费者的特殊服务需要。

本章案例：海底捞的电子商务之路

创建于1994年的海底捞品牌，是一家以经营川味火锅为主、融各地火锅特色为一体的餐饮品牌火锅店，经过二十多年的发展，海底捞国际控股有限公司已经成长为国际知名的专业餐饮企业。2012年海底捞首家海外门店——新加坡克拉码头店正式营业，正式开始它的全球化扩张道路。截至2017年年底，海底捞已经在中国100多个城市以及新加坡、美国、澳大利亚、韩国、日本等国家经营300多家直营门店，拥有超过50 000名员工；2018年海底捞签约了更多海外门店，主要覆盖欧洲、美洲、澳洲等海外市场，并于2018年9月在中国香港成功上市。

一、从送外卖开始电子商务之路

餐饮市场潜力巨大，很多商家都想来分一杯羹，但是随着众多商家的涌入，市场竞争愈发激烈。随着劳动力成本的提高，企业负担成本增加，利润低，餐饮企业面临严峻的发展问题，开始用高科技寻找新的出路。电子商务的发展为餐饮企业带来了新的机遇和挑战。我国网络用户的规模逐渐扩大，对于餐饮有更多个性化的需求，且为迎合消费者的个性化需求，团购、外卖、点评类网站层出不穷，极大地满足了消费者的需求，带来了消费方式的改变，同时也给实体餐饮企业带来了冲击，需要改变服务方式以满足消费者的外送需求。面对市场变化，海底捞及时做出应对，迎合市场，积极利用互联网开拓线上市场，提高自身竞争力。

海底捞利用互联网推出外卖服务，改变了以往到店消费的服务模式，满足了消费者更加多样化、个性化的需求，使得消费者可以通过电话或者网络预订，便可以足不出户享用海底捞的产品。在外卖试水获得成功后，为了更好地将自己的产品信息传递给消费者，给消费者更多的选择、更好的服务，海底捞正式上线自己的外卖官网，为需要外卖或者团购服务的用户提供更加便捷的在线服务，消费者可以通过互联网进行线上点餐，足不出户就可以完成购餐过程，电子商务为海底捞开启了快速扩展的大门。下面是一位消费者的体验感受。

为了体验海底捞的外卖服务，我先是在网上订了餐，选了一个套餐 c，208 元，含锅底和五个小料，还有荤素菜若干，然后又单点了几个菜。提交订单之后没多久客服就给我打了电话，提醒我忘了选锅底和小料的品种，后补选了普通的鸳鸯锅底和五个香油料，确定了送货时间晚上 18:00。

17:40 多楼下就响起了门铃声，送货员提前到达，锅、电磁炉、接线板、一次性台布、围裙、垃圾桶、垃圾袋、纸巾全齐，菜摆了一桌子，小料都是分袋装的，还有葱花和香菜末，还送了小菜海带丝和小西红柿。送货员帮忙把鸳鸯锅底加好，就走了，跟我说第二天上午 11:00 来收锅。

除了点的菜，我们自己还买了点绿叶蔬菜和梅林午餐肉，还有鱼豆腐、蟹肉棒和肥牛羊肉片，最后撑得都吃不下了。吃完后把所有垃圾往大垃圾袋里一扔，拿出去丢了。本来送货员说我们可以不扔，他们可以帮我们扔，不过确实没那个必要，锅也顺手给刷了。

海底捞外卖真是很棒，吃得很过瘾，服务也很周到。

二、线上线下结合的全民网络营销

为了迎合移动互联网下的移动电子商务需要，海底捞开始利用 APP 开展在线预订和在线服务，并利用网络平台让消费者通过点评、体验相互交流，形成了效果非常火爆的全民网络营销。

随着智能手机的普及和移动支付的日益渗透，现在的消费者更加依赖用手机进行餐饮消费活动，消费者更加倾向于用自己的手机在线收集餐饮信息、在线点单、在线排队、在线支付等。海底捞的餐饮消费更加注重面对面"亲自"接受体验，赢得了顾客的满意和忠诚。因此海底捞非常注重线上营销，通过线上营销将线上客户带到线下消费，线上线下两种渠道融合，实现了消费者与商家的真正共赢。海底捞陆续上线了移动客户端、微信公众号以及其他先进的信息系统，方便用户进行门店查询、享受外卖服务以及在线预订服务，大大提高了连锁门店的服务效率，满足了消费者不同的需求。海底捞推出的手机 APP（见

图 5-11）集预订点餐、排号、社区、会员体系等于一体，极大地满足了消费者的需求。消费者可以通过手机预订点餐，线上排队，在排号期间，消费者可以从事其他活动，只需要关注手机信息就好；在店内等候的客人除了可以享受店内提供的特色服务外，还可以在手机 APP 上玩游戏来打发时间。海底捞的社区是一个集分享、点评、社交于一体的平台。用户可以在线上分享自己的消费体验；可以进入讨论专区发表自己的见解或疑问；志同道合的朋友，可以互加关注，满足消费者的交友需求；还有达人分享自己的心得体会，供其他用户参考借鉴。海底捞通过 O2O 平台，不仅将自己的菜品信息、活动呈现给线上用户，还通过社区让用户自由地发表自己的体验，增加了社区评论的真实性和海底捞服务的透明度，赢得了消费者的信任和青睐。海底捞利用社交平台扩大销售，积极进行全民网络营销。在不断加大点评网站改进的同时，借助互联网络不断改善官网的消费者服务体验，其微博转发量一直高于其他餐饮企业。海底捞在重视网络营销的同时，还非常重视官网的维护和建设，方便消费者查询餐厅、菜品，成功利用互联网点评平台提高了自己企业的知名度。

图 5-11 海底捞推出的手机 APP 界面

三、挖掘需求，不断完善在线服务

海底捞最为人熟知和称赞的是它的线上线下融合服务，海底捞除了产品多样，还非常注重在线服务，将服务做到极致，充分满足了现代消费者对服务的个性化和人性化需求，也是海底捞区别于其他火锅餐饮企业的地方。海底捞为到店顾客提供特色的个性化服务，例如，为女性顾客准备的免费美甲（工作日）和手护（节假日）；免费皮鞋擦拭清理服务；免费照片打印；按摩椅放松；部分门店设有儿童游乐园，并有专人陪护；展示和宣传特色火锅文化等。例如，四川特色国粹变脸表演（见图 5-12）；融合中华武术的捞面表演；等座期间还为顾客提供各种零食、水果、游戏等。海底捞凭借其特色且优质的服务融合，让顾客感受到“家的温暖”，成功抢占了更大的市场份额。利用互联网平台强大的信息采集功能，对消费者的相关信息进行分析整理，通过对每笔订单的详细查询，对数据进行深度分析挖掘，根据后台数据掌握客户信息，维护老用户，挖掘新用户。在线服务充分利用后台数据，挖掘在线消费者的个性化需求，准确把握顾客认同的商品，使得企业的产品开发、渠道选择等营销活动真正做到“从顾客需求出发”，提升了企业营销水平。

图 5-12 四川特色国粹变脸表演

对消费者来说，海底捞通过电子 O2O 平台的搭建，不仅可以将更加丰富、多样化的产品信息通过网络平台提供给消费者，供其进行消费信息的搜集和筛选，帮助消费者实现高效的“购物决策”、享用更多“商家优惠”和活动，还可以将实际消费过程仍然保留在线下实体店中进行，具有体验性、社交性和本地化服务性交易的特点，因此更能赢得消费者的信赖。同时，利用互联网的APP服务，可以减少不必要的耗费，形成“投入小、作用大”的精准营销效果。在线服务对于企业来说更容易实现网络营销和体验营销，为消费者提供快速响应的服务，使得海底捞的规模经营生产大大减少了服务成本。海底捞秉承“通过精心挑选的产品和创新的服务，创造欢乐火锅时光，向世界各国美食爱好者传递健康火锅饮食文化”的公司使命，在向世界介绍中国传统火锅的同时，利用互联网平台为全球范围内的顾客提供超越期望值的火锅欢乐时光和独特的海底捞餐饮体验。

四、用人工智能创造电子商务竞争优势

面临人工智能的浪潮，海底捞开始用人工智能打造智慧餐厅，大量使用智慧机器人和智能化系统，对现有餐饮电子商务系统开始全面提升，减少服务员，降低劳动力成本，用智能化的电子商务进一步创造市场竞争优势，如图5-13所示。

图5-13 海底捞开始用人工智能打造智慧餐厅

2018年年底，海底捞斥资1.5亿元打造的“无人餐厅”在北京正式营业。昔日穿梭不息的服务员，瞬间被智能机器人取代。所谓的无人餐厅具有以下几方面的市场优势。

（一）洗菜工不见了

任何一家餐厅都会标配数量不等的洗菜工。但在海底捞“无人餐厅”，这个工种被淘汰了。它把食材加工的所有环节统一前置到外包供应商和中央厨房。所有菜品从自动控温30万级超洁净智能仓库中，全程经0～4℃冷链保鲜物流直达门店。

无人餐厅不需要任何人洗菜，菜品反而更洁净安全。那些抱怨工作简单、工资太低的洗菜工，终于再也不用面对十年如一日的工作了。

（二）配菜员不见了

传统火锅店，配菜员地位举足轻重，但海底捞“无人餐厅”却通过一组机器臂让这个

职位凭空消失。顾客通过 iPad 点完单后，数据就会传到后厨的菜品仓库中。这时就轮到机器臂表演了，它高度灵活，最高可触达两米多高的货架顶层，轻松取下菜品，再放到传送带上送至传菜口。

这个过程，人工配菜员至少需要 10 分钟，但机器臂仅用两分钟就能完成，顾客的等餐时间大幅缩短。

（三）传菜员不见了

厨房机器臂配好菜后，在一旁待命的机器人就会得到指令，准确无误地将菜品送到顾客的桌子前。

（四）酒水配送员不见了

在海底捞“无人餐厅”的酒水区，设有一个 3 米高的自动酒水柜，可以容纳 1 100 个抽屉，各类酒水饮料一应俱全。

这个酒水区有一个“大脑”，系统根据点餐信息，可以将酒水自动送到一个出口处，顾客可以自己去取，也可以呼叫工作人员送达。

（五）等位区服务员下岗了

人性化等位区一直是海底捞的服务招牌，顾客可以在这里美甲、擦鞋、坐按摩椅。但是在“无人餐厅”里，这些服务员彻底下岗。

它设置了一个超级等餐区，几排座椅面对一个宽 13 米、高 3 米的影院级巨幕投影屏。这个屏幕相当于一个游戏界面，顾客手机扫码就能和其他等位的顾客一起玩游戏。

“无人餐厅”无须钱包和手机，更没有服务员和收银员，全程智能点餐和支付全部电子化处理。吃完饭后，直接走人就行。走出去的同时，支付宝会自动为你埋单。机器全年无休、不要加班费、不会发脾气、出错率又低，届时，那些辛勤的服务员就会面临最大的职业危机。

由于没有服务员、收银员等人工成本，“无人餐厅”的成本支出大约只有传统餐厅的四分之一。未来 3～5 年，实体店、餐饮业、超市将面临一场前所未有的大冲击！

资料来源：本案例作者通过海底捞官网信息整理。

思考题：

1. 海底捞的电子商务是怎样起步的？它的电子商务特色是什么？
2. 海底捞是靠什么不断完善它的在线服务的？其线上线下服务是如何融合的？
3. 海底捞的人工智能应用打造了什么餐厅？有怎样的电子商务竞争优势？

拓展知识

管理信息系统	客户关系管理系统（CRM）	移动电子商务
电子点菜	互动信息屏	厨房分单

移动管理	移动服务	基于真实 ID 号的营销
定制餐饮	团购运行模式	O2O 运行模式
PaaS 服务	IaaS 服务	电子采购
智慧餐厅	供应链管理系统	

思　考　题

1．什么是信息化管理？什么是信息化服务？请分别举例说明。

2．试解释餐饮信息化服务的含义。

3．为什么说 W-C-I 信息化服务模式最适合餐厅的信息化服务应用？

4．餐饮电子商务和餐饮信息化之间有什么关系？为什么？

5．通过拓展知识的课外学习，举例说明在餐馆内有哪些移动服务的应用。

6．根据拓展知识的课外学习，试解释什么是定制餐饮，试从消费者的角度，分析定制餐饮的功能需求，并画出简图。

7．什么是小程序服务系统？它应该有哪些管理的功能需求？

8．试分析餐厅服务中加菜小程序的功能需求，并画出其功能结构图。

9．什么是平台运行模式？它有哪些管理的优势？

10．软件系统和软件平台的区别在哪里？为什么软件应用要平台化？

11．通过拓展知识的课外学习，试解释什么是 PaaS 服务，请举例说明。

12．酒店开展餐饮电子商务，为什么要选择运行模式？举一个实际应用的酒店例子。

13．为什么说常客管理系统有电子商务作用？作为一个消费者，你认为它的功能还存在哪些不足？

14．通过拓展知识的课外学习，试解释什么是客户关系管理系统，它有哪些功能？

15．常客管理系统和客户管理系统有什么区别？

16．为什么说采购管理系统有电子商务作用？它的电子商务功能还有哪些不足？

17．酒店餐饮部的电子商务和社会专业餐馆的电子商务有什么不同的地方？试举例说明。

18．通过社会的专业实习，试举一个实际的酒店餐饮开展电子商务的例子。

第六章　酒店网络营销

本章要点

网络营销是酒店营销部在新时代营销的核心工作。在网络营销即将成为酒店市场营销常态的转折时刻，在这里给读者介绍网络营销的内容，觉得很难写成读者所需要的，又是作者想表达的新时期网络营销理念和内容。因此，本章从营销理论发展、网络营销概述的基本特点、应用类型等开始介绍，并重点介绍网络营销技术，以弥补酒店营销人员在技术方面应用的不足。最后进一步介绍网络营销管理的内容，包括网络营销策略，这是在酒店很少涉及的内容，作为以后网络营销的常态化，网络营销策略与管理也是酒店营销人员需要掌握的内容，以改变当前酒店网络营销碎片式的应用，使酒店网络营销走向有策略、有目标、有管控的系统化网络营销应用。

酒店的网络营销是电子商务中的重要工作内容，酒店早期开展的电子商务先是从网络营销开始的，如通过网站去做销售推广，通过 APP 开展移动营销服务，通过社交平台开展交互式的营销，或者通过电子邮件、微博等方式开展营销。酒店要有的放矢地开展网络营销，需要研究营销渠道的客户优势和效果，研究网络营销的策略和应用技术，研究网络营销的管理方法，以及需要研究客户的网络行为，为酒店开展网络营销探索合适的渠道和方法。尤其是酒店采用自媒体形式开展的营销，专门针对自己的会员或关系客户，是一种黏性效果非常好的营销方式。近年来酒店的网络营销多样化，采用的方法也很多，这里也不可能把这些方法一一罗列出来，仅是把目前常用的一些营销技术和方法介绍给读者，并针对酒店的服务特殊性来介绍网络营销过程中的一些管理要点。

第一节　网络营销概述

随着科技的不断进步，移动互联网的普及，酒店的经营越来越依赖互联网，由此基于互联网的网络营销显得越来越重要，可以说网络营销已成为酒店电子商务的核心内容。从营销的演变过程来看，网络营销是由传统营销发展而来，又在强烈地冲击着传统营销，给传统营销带来了新的挑战，也给酒店的营销人员带来了挑战。它们之间既有相同之处又有不同之处，酒店面对这两种营销方式，需要做出不同的营销渠道和方式选择，使得营销效果能更加显著。但要做到这一点，作为酒店人员首先要理解网络营销，理解它在互联网时代对酒店经营的作用。简单地说，网络营销就是以国际互联网络为基础，通过利用其独特的数字化信息和网络媒体的交互性，来辅助营销目标实现的一种新型的市场营销方式，它的核心作用是通过互动功能来最大程度地满足客户的需求，以便酒店能够进一步地开拓市场、吸引客户、增加盈利。当前酒店的网络营销往往与网络调研、网络创新、网络促销、网络服务、网络沟通等一系列的电子商务活动紧密相关。

一、营销理论的演变与发展

随着管理学理论的不断发展，学术界的营销管理理论随着新技术的应用不断涌现，从1898年的AIDA法则（也叫“爱达法则”，其中A代表Attention，I代表Interest，D代表Desire，A代表Action，AIDA法则本质上是一个“刺激-响应”模型）的提出，到今天的互联网时代，营销理论随着应用实践的深化而不断产生演变，这种演变使得现代营销理论更加完善。尤其受互联网时代营销的影响，随着新技术的应用，传统的营销理论的管理模型将不断地产生演变。中间经历了营销大师杰罗姆•麦卡锡（Jerome McCarthy）提出的4P理论（1960年），即产品（Product）、价格（Price）、渠道（Place）、促销（Promotion）管理模型；经历了著名的营销学专家罗伯特•劳特朋（Robert F. Lauterborn）教授提出的4C理论（1990年），即消费者（Customer）、成本（Cost）、便利（Convenience）和沟通（Communication）管理模型；经历了整合营销奠基人唐•舒尔茨（Don E. Schultz）在以客户为中心的4C理论基础上，又提出了基于客户关系和忠诚度的新营销理论——4R理论（2001年），即关联（Relevance）、反应（Reaction）、关系（Relationship）和回报（Reward）管理模型。从此现代营销理论注重企业和客户关系的长期互动，重在建立顾客忠诚，它既从供应商的利益出发又兼顾消费者的需求，是一个更为实际、有效的现代营销新理论，符合移动互联网发展的需要。因此我们需要理解新技术应用后对营销理论的影响，并不断通过新技术的应用实践去探索新的营销理论，尤其是在移动互联网技术深入应用的今天。

著名学者菲利普•科特勒提出了营销革命基于逻辑的进化路径，即从营销革命1.0进化到营销4.0，从中也可以看出技术进步和互联网应用所产生的作用，尤其是网络改变人的活动习惯，使每个阶段的管理模型都在不断演变，成为企业营销实践的理论指导。

营销1.0就是工业化时代以产品为中心的营销，解决企业如何实现更好地“交易”的问题，功能诉求、差异化卖点成为帮助企业从产品到利润的经营原则，实现了马克思所言“惊险一跃”的核心。

营销2.0是以消费者为导向的营销，不仅仅需要产品有功能差异，更需要企业向消费者诉求情感与形象，营销考虑了消费者的情感，因此这个阶段出现了大量以品牌为核心的公司。

营销3.0是以价值观驱动的营销，它把消费者从企业“捕捉的猎物”还原成“丰富的人”，是以人为本的营销，营销活动兼顾消费者的需求，开始鼓励与消费者互动。

营销4.0以大数据、社群、价值观营销为基础，企业将营销的中心转移到如何与消费者积极互动、尊重消费者作为“主体”的价值观，让消费者更多地参与营销价值的创造。在数字化连接的时代，洞察与满足这些连接点所代表的需求，帮助客户实现自我价值，就是营销4.0所需要面对和解决的问题，它是以价值观、连接、大数据、社区、网络分享、新一代分析技术为基础所造就的。如表6-1所示，总结了营销1.0到4.0的综合对比。

表 6-1 营销革命不同时代的综合对比

	1.0 时代	2.0 时代	3.0 时代	4.0 时代
	产品中心营销	消费者定位营销	价值驱动营销	消费者价值观互动营销
目标	销售产品	满足并维护消费者	让世界变得更好	自我价值的实现
推动力	工业革命	信息技术	互联网浪潮科技	社群、大数据、连接、分析技术、价值观
企业看待市场方式	具有生理需要的大众买方	有思想和选择能力的聪明消费者	具有独立思想、心灵和精神的完整个体	消费者和客户是企业参与的主体
主要营销概念	产品开发	差异化	价值	社群、大数据
企业营销方针	产品细化	企业和产品定位	企业使命、愿景和价值观	全面的数字技术+社群构建能力
价值主张	功能性	功能性和情感化	功能性、情感化和精神化	个性化价值实现
与消费者互动情况	一对多交易	一对一关系	多对多合作	网络性参与和整合

二、网络营销的基本特点

网络营销的最大特点就是高效，且受众面广，营销过程可视化。尤其当前的网络营销基本都是基于移动互联网，它比互联网更直接，效果反应更快。如在酒店的手机网站上做产品的推广营销，可以快捷地了解到访问者的浏览情况、推广活动的点击情况，而且可以根据访问情况快速进行推广活动的调整，使促销活动的效果更好。下面介绍的网络营销特点是相对于传统营销来说的，它可以帮助我们理解网络营销的真实含义。

（一）开放性

酒店的网络营销目前都是在信息网站或社交平台上，或在搜索引擎平台上开展的，如酒店自己的门户网站、OTA 网站、行业网站、新闻类网站等。这些营销场景都是开放式的，社交平台是开放式的、搜索引擎平台是开放式的，这种开放式使得消费者可以很方便地了解酒店，酒店也可以了解消费者的需求情况，更可以了解竞争对手在开放式环境下的营销情况。因此，开放式的特点使得大家都是在透明的环境下开展营销，酒店可以与消费者互动交流，关心客户的潜在需求，也可以为消费者推荐酒店的特色产品和服务。

（二）沟通性

不管是门户网站还是自媒体平台，酒店营销人员都可以和消费者实现一对一的沟通。移动互联网可以在很大程度上拉近酒店服务产品与消费者之间的距离，这种双向互动式的沟通形式能够提高消费者的参与性和积极性，从而增强他们对酒店产品的信任感，使得酒店的营销活动进一步在消费者层面展开，大大地提高了消费者的满意度，实现了与消费者的同步营销。如消费者通过酒店 APP 了解酒店的环境情况，可直接沟通房间的朝向等情况，了解酒店周边的旅游环境，这种沟通性增加了消费者的预订欲望。

（三）传播性

互联网可以让文字、声音、图像实现实时的传播，突破时空限制实现营销信息的全世界传播，使得酒店的商务营销可以轻松地成为全球性的活动。酒店的营销视频、酒店的图片广告、酒店的3D动画都可以实现有效的传播。

（四）便捷性

网络营销的便捷性主要是移动互联网出现以后，由于移动互联网的普及，消费者都通过自己的手机终端获取信息，酒店可以利用移动终端的便捷性，开展针对消费者实时需求的即时营销。如通过微信、微博等网络环境，开展针对特定客户群的营销信息传送。如酒店的促销活动信息、特价房信息、新产品发布信息等，都可以利用便捷的即时通信方式开展营销。

（五）价格低廉

价格低廉是网络营销的最大亮点，它和传统营销相比，有些营销活动的费用几乎可以忽略不计。尤其是视频信息的传播，以前通过电视台传播营销视频非常昂贵，而现在视频的网络传播费用非常低廉，如果是通过酒店的自媒体平台传播则费用更低。酒店只要策划好营销信息的传播渠道，包括OTA渠道、电子分销渠道、自媒体平台等，就可以把营销活动的费用控制在一个较低的范围。尤其在数字化建设中结合智慧营销平台的建设，可以把未来酒店基于ID自动营销的费用降到最低。

三、网络营销的应用类型

现在酒店网络营销使用最多的是微信营销，自从互联网出现以后，已有很多网络营销类型的应用，从最早的网站营销和电子邮件营销，到现在利用移动互联网的即时通信营销，它们在酒店都有不同程度的应用。现在酒店非常缺乏网络营销的应用人员，酒店营销部的营销人员太传统，酒店计算机部的技术人员又不懂营销，但基于互联网信息管理的信息部大多数酒店还没有成立，所以对多大数酒店来说，尤其是对一些酒店集团来说，如何利用网络营销来提升酒店市场的竞争优势，是当前迫切要解决的问题。本小节我们就依据大多数酒店的实际情况给读者简要介绍一些目前在旅游服务业市场流行的网络营销类型。

（一）搜索引擎营销

搜索引擎营销是旅游业中使用最广泛的一种网络营销，它必须和网站结构的设计相结合，再结合页面主题关键字的设计，才可以使搜索引擎营销的效果达到最佳。目前国内最大的搜索引擎服务商是百度，国际上搜索引擎服务商影响力最大的是美国的谷歌。作为酒店型企业，在使用搜索引擎开展市场营销时，必须对酒店的门户网站结构和内容进行优化，包括链接结构、网站物理结构、网站逻辑结构、高质量的网站主题内容、丰富而有价值的相关性外部链接等，从而使网站对用户以及搜索引擎更加友好，以获得在搜索引擎上的优势排名，并为网站引入流量，访问者也容易获得所需要的信息页面。通常，酒店也是通过购买搜索结果页上的广告位来实现营销目的的，各大搜索引擎都推出了自己的广告体系，相互之间只是形式不同而已。搜索引擎广告的优势是相关性，由于广告只出现在相关搜索结果或相关主题网页中，因此，搜索引擎广告比传统广告更加有效，营销信息被精准地传播给有需求的客户，客户转化率更高。

（二）社交网络营销

社交网络营销是利用社交网络平台的广泛性而开展的一种营销。国内最大的社交网络就是微信，国际上影响力最大的社交网络是美国的Facebook，它们都在酒店业有非常广泛的应用，各种广告页面随处可见。酒店都有自己的会员制度，之所以喜欢用社交网络开展营销，是因为社交网络营销是基于圈子、人脉、六度空间这样的概念而产生的，即它有主题明确的圈子、俱乐部等进行自我扩充的营销策略，一般以成员推荐机制为主要形式，非常适合酒店针对会员的营销，为精准营销提供了可能，而且在营销中实际销售的转化率也非常高。在社交网络中，基于音频的营销信息和基于视频的营销信息都可以便捷地传播，因此酒店还可以利用社交网络建立自己的自媒体平台，用于管理在社交网络中的信息发布、信息传播和可视化跟踪营销的效果。

社交营销的方式一般有官方推广和第三方推广两种。

酒店在进行官方推广时要将自己设定为一个有人格特质的主题，发布的内容也要契合酒店的战略使命、愿景和价值观，用一个声音说话，传递一种确定性。同时要重视与客户之间的互动沟通，如微信公众号整合客服功能，通过功能的聚合增强与客户、粉丝之间的互动。如果是微博类的社交平台，也要选择性地回复粉丝留言，让关注的粉丝感受到品牌的温度。对于每一次的推广动作，要全程跟踪分析传播的效果（阅读量、转发量、点赞数）和粉丝的行为（阅读高峰时段、转发、点赞），从而找出客户最关注的兴趣点和最合适的沟通方式。

第三方推广一般借助具有关键影响力的人（KOL）和自媒体进行发声，看重的是KOL的影响力和追随其后的目标粉丝。第三方推广一般是阶段性的，节点性的，是为了配合酒店短期的销售目标和营销活动展开的。

（三）网络事件营销

网络事件营销就是利用有吸引力的事件，在网络上传播，以达到营销的目的。因此，事件营销有时也认为是热点炒作，它可以是有价值的新闻点或突发事件，或者是消费者关心的热点，它们可以在酒店的门户网站或分销平台上，或平台外其他的网络渠道进行任意传播的方式来提高酒店的影响力。例如，杭州之江度假村在刚开始用自己的门户网站开展订房时，度假村的总经理在获得第一个客户订单时，在大堂举行了一个欢迎仪式，把网络订房的开端作为一个事件进行营销，写了新闻稿在网上推广，起到了很好的营销效果，之江度假村也成为当时在浙江区域酒店门户网站订房数最多的酒店。因此，酒店在策划事件营销时，要选择和客户相关的热点事件，并选择在门户网站、移动APP、分销渠道等场合做事件营销推广，这样才会收到非常好的营销效果。

（四）网络视频营销

由于移动互联网技术的成熟，酒店利用视频信息在网上传播达到营销的目的成为可能，通过数码技术将产品营销现场实时视频图像信号和酒店形象视频信号传输至 Internet 网上，消费者只需要点开相关网站就能看到酒店产品进行视频展示的电视现场直播。如酒店的新产品信息、酒店产品的展示、酒店的现场促销活动等都可以通过视频形式开展网络营销。酒店利用网络视频把最合适的视频信息传达给目标客户，最终达到宣传酒店产品和服务的目的，进而在消费者心中树立起酒店良好的网络品牌形象，从而最终达到为酒店增加收益的目的。如目前流行的抖音短视频就是一种非常有效的网络视频营销方式。

（五）即时通信营销

即时通信营销是利用移动互联网在社交平台上进行产品推广的一种营销方式。酒店利用消费者的移动终端发布相关的消费者感兴趣的信息，以获得消费者的青睐。但如果酒店盲目地发布信息，消费者可能会反感，不但没有认可你的营销信息，甚至会将你的酒店名称拉进黑名单。所以，有效地开展网络营销要求酒店考虑为消费者提供对其个体有价值的信息，这就出现了在即时通信营销下的人本营销。这种人本营销是基于客户 ID 的营销，酒店可以精准地对需要信息的客户发送即时信息。在人本营销的开展过程中，酒店可以对自己的常客（即核心客户）开展即时营销，也可以对有目标的自定义客户开展即时营销，还可以对酒店常客中有消费爱好相似性的相似客户开展即时营销。这种营销往往是非常精准的，甚至可以把在住的 OTA 客户通过即时营销转变为酒店客户。

（六）博客营销

博客营销是用于酒店企业与消费者之间的互动交流以及酒店文化传播的一种方式。一般酒店可以选择如消费评论、体验感想、心情随笔和想说点事等作为酒店博客内容，使消费者更加信赖酒店文化的品牌影响力。博客营销可以通过酒店自建博客或者通过第三方 BSP（板级支持包）来实现，酒店通过博客来与常客进行交流沟通，以达到增进客户关系，改善酒店商业活动的效果。酒店还可以利用博客发布酒店新闻、收集反馈信息和意见、实现酒店公关等，这些虽然没有直接宣传产品，但是让消费者接近、倾听、交流的过程本身就是最好的营销手段。另一种有效且可行的方法是利用博客（人）进行营销，这是博客界始终非常热门的话题，酒店可以利用博客人为酒店发布相关的信息。博客营销的内容往往还会引起消费者的谈论，能达到很好的二次传播效果。

（七）网络整合营销

网络整合营销传播是 20 世纪 90 年代以来在西方风行的营销理念和方法。它与传统营销“以产品为中心”相比，更强调“以客户为中心”。尤其在互联网时代，酒店的营销转向了以客户为中心，通过互联网实现与消费者的多渠道沟通，从而形成酒店的整合营销概念。其实本书介绍软件平台化概念，对酒店网络营销就是一种整合的概念。它利用 Internet+实现各种媒体资源和渠道的整合，如门户网站、电子商务平台、行业网站、搜索引擎、分销渠道平台、论坛社区、视频网站、虚拟社区等，整合后酒店需要精确分析各种网络媒体渠道的定位、用户行为和投入成本，根据酒店的客观实际情况（如酒店规模、发展战略、广告预算等）为酒店提供最具性价比的一种或者多种个性化网络营销的解决方案，这种营销可以使酒店达到最佳的收益愿景，非常适合酒店集团和连锁酒店采用。

（八）自媒体营销

酒店要用好互联网一定要做自己的自媒体，因为自媒体营销是网络营销中最好的载体。无论是文章、图片、视频，只要是可以向别人传递出你想表达的信息，这些都是自媒体信息。自媒体作为互联网的一部分，具有线下无法比拟的低成本链接潜在客户的优势，具有能与客户深度有效沟通的优势，因为酒店产品成交的基础在于信任感建立，信任感取决于沟通的水平，传统方式的硬广告无法解决有效深度沟通的问题，自媒体通过把时间线拉长，利用故事、游戏、提问、悬念、触点的力量，把点点滴滴和方方面面呈现给客户，达到交易前有效沟通的目的，从而提升成交率。当前流行的社会化网络、在线社区、博客、短视频、微博、微信、今日头条、百度、搜狐、凤凰、UC 等平台都是自媒体传播和合作的渠道，形成了酒店营销、销售、公共关系处理和客户关系服务等一条龙管理的营销模式。酒店营销人员必须认识网络时代带来的不可逃避的自媒体营销变革，了解当前企鹅、考拉、天涯、贴吧、猫扑、秒拍、映客、快手等平台对互联网流量的影响，在实施自媒体营销时充分利用以上平台的影响，以提高酒店品牌的知名度。

第二节 网络营销技术

在了解网络营销类型的基础上，酒店营销人员可以大概知道当前网络营销可选择的方式，这些营销方式有些是酒店营销人员可以直接操作实施的，如微信的信息发布、APP 服务的信息上传、门户网站的促销活动等。但有些还涉及一些技术细节问题，酒店营销人员需要和酒店信息部的技术人员配合才能完成网络营销的实际操作。因此，我们有必要单独列出一节来介绍网络营销的技术问题。从目前的实战经验来看，搜索引擎优化技术、网络舆情监测技术、人工智能应用技术、数据分析技术、酒店营销专家系统等是酒店网络营销中的常见技术。下面针对这些常用技术做简单的介绍。

一、搜索引擎优化技术

搜索引擎优化（Search Engine Optimization，SEO），又称为搜索引擎最佳化，是近年来较为流行的网络营销技术。大家知道，网络营销是通过一个个的网页来进行营销推广活动的，所以，每个网页的可搜索和排名是极为重要的，这就需要专业的 SEO 技术。如果客户在搜索酒店相关信息时，酒店相应的推广页面不能得到良好的排名，则营销能力会大打折扣，并且搜索引擎是每个网站都具备的功能，所以，专业的 SEO 技术是必备的功底，也是网络营销工作者必须精通掌握的网络营销技术。酒店 SEO 的目的是增加门户网站特定关键字的曝光率以增加网站的能见度，进而增加酒店的销售机会。而门户网站的 SEO 指的是针对搜索引擎去使酒店网站内容较容易地被搜索引擎取得并接受，搜索引擎在收到该网站的资料后进行比对及运算，而后将 PR 值（Page Rank）较高的网站放在搜索网络页面上，其他使用者在搜索时会优先看到其位置，进而促使搜索者可以得到正确且有帮助的酒店咨询。

（一）门户网站的整体策划

这里门户网站的整体策划主要是针对搜索引擎营销的优化来说的，通常为了提高搜索引擎营销的效果，需要围绕酒店自己的门户网站结构、流程架构、栏目主题、页面主题以及网页文字语言和站点间的超链接互动来开展，目的是提高酒店 SEO 的效率。通过合理规划及部署来发掘酒店门户网站的最大潜力而使其在搜索引擎中具有较强的自然排名竞争优势，从而促进酒店的在线销售和强化网络品牌，在搜索引擎营销中起到积极作用。

（二）网页主题名关联设计

网站的栏目或频道都有自己的主题名，网页也需要一个主题名。一个网站由成千上万个网页组成，设计主题名以及相互之间的关联有利于搜索引擎的搜索，用户通过关键词也容易找到相关网页的信息。由于酒店网站的页面不断在更新和变化，所以网页主题名的管理需要借助数据库，通过数据库来实现网页主题名和相互关联的变更、增加和删除，这样设计的网页利用搜索引擎营销方式是最高效的。

（三）网页超链接优化设计

网页超链接优化设计同样有利于搜索引擎营销的开展，提高访问者点击页面的浏览效率，有利于酒店网络品牌的传播。一个酒店门户网站，尤其是手机网站页面的超链接非常复杂，在使用很长的时间后，会出现网页垂直超链接的情况，这会对网站访问效率造成影响。因此，营销及技术人员要不断去维护和优化网页之间的超链接关系，使得网站的页面之间超链接永远处于高效的网状超链接状态。

（四）关键词购买战略及优化

用户在寻找酒店信息时，往往都是在百度搜索引擎中输入相应短语来获取信息，这个短语就是获取信息的关键词。酒店为了在搜索引擎中提高排名，让用户方便地获取信息，就可以向搜索引擎服务商购买关键词，以提高酒店搜索引擎营销的实际效果。关键词购买需要有战略考虑，不能一次性买很多关键词或很长的时间，需要根据效果调整优化适合酒店营销的关键词，因此它需要一个较长的时间过程沉淀，另外，消费者通过搜索引擎寻找信息的关键词也在不断变化，热点词汇往往会过去，酒店营销人员需要观察和分析未来热点的关键词是什么，提前购买或许会收到更好的营销效果。

（五）落地页的规划与设计

落地页是指用户通过搜索引擎寻找信息，当点击在搜索页面上出现的酒店后，第一个出现在浏览器上的页面就是落地页。如果用户看到这个页面上的信息就是自己想要的信息，而不是酒店网站的首页，这个落地页设计就是最符合用户体验需要的。这样的设计是对酒店搜索引擎营销最好的，酒店如果在网站上开展促销活动，用户就可以很方便地搜索到酒店的促销页面。但是目前大多数酒店的门户网站几乎都忽略了落地页设计，用户在搜索引擎中寻找酒店信息几乎都是出现该酒店的首页。因此，酒店在开展搜索引擎营销时，不管是购买关键词，还是自己的网页主题名设计，都要考虑主题名和关键词的关联设计，把关键词和落地页关联起来，这样开展的搜索引擎营销才是最受用户欢迎的，用户也能获得最快乐的上网体验。

酒店开展搜索引擎营销，就是要以最小的投入获取最大的来自搜索引擎的访问量，并产生高效的商业价值，为酒店门户网站的在线直销创造机会。因此，在网站的规划和设计上最重要的是要让页面产品有用，这个有用是指符合用户的获取需求，其次是易用高效。这就是网站搜索引擎 SEO 的应用所求，一个酒店网站的用户体验好，也就是说，用户在搜索引擎上很容易找到需求的信息，并且没有影响用户浏览信息的障碍物，如弹窗、广告等无用信息。近年来，搜索引擎优化技术一直在不断涌现，关心这项技术的读者可以参读相关书籍，限于篇幅这里就不一一展开了。

二、网络舆情监测技术

网络舆情监测是网络营销中的辅助管理内容，酒店在网络营销开展过程中，需要了解网络用户对酒店发表的言论或体验感受，有些是正面的信息，有些是负面的信息，正面的信息需要转播或推送，以推动网络营销的效果，负面的信息需要通过网络进行消除或引导，以抑制其产生的不利影响。网络舆情的监测通常是对网络上各类信息进行汇集、分类、整合、筛选等技术处理，再形成对网络热点、动态、网民正面和负面意见等实时统计，是提供给营销人员了解网络情况的一门应用技术。它利用互联网信息采集技术和信息智能处理技术，通过对互联网海量信息的自动采集处理、敏感词过滤、智能聚类分类、主题监测、专题聚焦、统计分析，实现酒店对自己相关网络舆情监督管理的需要，最终形成舆情简报、舆情专报、分析报告、移动快报，为决策层全面掌握网络舆情动态，做出正确的下一步网络营销战术决策提供依据。

（一）网络舆情的生成和传播特点

网络舆情发生在网络空间内，带有深刻的网络技术特点：发生快、传播快、扩散力强，偏激的声音容易占据主导地位，尤其是现在基于即时通信的微媒体，消费者随时可以利用自己的手机发布信息，汇集成非常庞大的网络舆情，酒店营销人员在利用即时通信开展网络营销的同时，也需要关注移动互联网上消费者发出的网络舆情情况。特别是对一些煽动性的舆情、突发性的恶意事件，网络舆论会产生无法预料的放大效应和聚集效应，时常会把舆论引向另一个极端，极大地影响酒店的日常经营和客源波动，影响酒店的稳定和经营秩序。从酒店的网络营销情况来看，市场竞争、突发事件、卫生曝光、个人情绪是四种最常见的网络舆情生成基础。在移动网络中，网络舆情的传播通常在熟悉的人群中进行，这种传播称为关系传播，如微信的朋友圈、微博等群体；还有一种是情绪化传播，每一个突发舆情事件背后都可以观察到情绪的力量，正是因为事件本身触动了普遍存在的社会情绪，推动了网络舆情的高涨，酒店营销人员才需要注意负面舆情的情绪化传播。在移动互联网环境下，舆情的传播显性与隐匿传播并存，尤其在微信中的节点式传播，很多舆情呈现为“窃窃私语”式的暗流涌动，但几何式的传播又具有巨大的扩散威力，这样的网络舆情监测是对监测技术的一种考验。

（二）酒店网络舆情监测工作策略

一要用科学的方法去监测网络舆情，现在有许多非常有效果的软件工具。从限制传播变为争论、整合、引导性传播。二要调整管理预期。网络时代，神鬼出没，防不胜防，想从根本上封锁或消除一切不利于己的信息已不可能。所以，要科学、合理地设置网络舆情管理的绩效预期，宜从总体上去认识、评价网络管理的状况，不宜囿于一事一处作茧自缚。只要在一定的时期内，网络舆情工作没出现系统性、整体性的问题，就值得肯定。三要真正把工作重心放到“人”上来。网络舆情工作管理空间是虚拟网络，真正的对象是活生生的人。只要抓住关键的人（意见领袖、版主等）、团结可互利的人（驻地方媒体负责人等）、孤立激进的人，就可以收四两拨千斤之效。可以说，只要我们把握舆情传播规律，采取务实的工作策略，就能更好地通过网络把握民情、体贴民意、倾听民声。

（三）网络舆情监测技术的软件化

网络舆情监测技术的软件化是未来自动化营销的必然趋势，它是利用信息通信的最新技术，如云计算、大数据技术、移动互联网以及人工智能等，实现对互联网上目前主流的媒体渠道、社交平台传播的信息按指定关键字进行自动抓取、分类、分析汇总，实现自动监管的过程，形成一个可实际操作的舆情监管软件平台，并可以生成具有指导性的舆情分析报表，提供给舆情监管的管理人员决策所用。如果这个监测软件用于酒店企业，就可以形成用于营销的酒店舆情监测软件，可以为酒店的网络营销提供决策依据。

酒店网络舆情监测软件可以帮助酒店营销人员搜索相关信息，并辅助营销人员分析当前的舆情趋势，必要时可以对重要的舆情趋势进行预警，既提高了舆情监测效率又节省了许多人力和物力。网络舆情监测技术软件化的优势是还可以实时对网络上的舆情信息进行在线监测，新产生的舆情信息，或者重点舆情产生了新的转载、新的跟帖等变化，都会在第一时间采集过来，供酒店营销人员采取及时的防扩散措施。目前，舆情监测软件的应用已遍地开花，政府层面的有军犬舆情监测系统、人民网舆情监测系统、新华网舆情监测系统等。用于企业或行业的就更多，如拓尔思舆情监测系统、乐思网络舆情监测系统、慧科舆情监测系统、识微舆情监测系统、顺时舆情监测系统、法骑士舆情监测系统以及熊猫舆情监测系统等，酒店可以根据这些系统的各自特点去选购，限于篇幅这里就不详细展开了。

三、人工智能应用技术

前面第二章已经介绍过了人工智能技术，这里重点是向读者论述一下酒店在营销方面如何利用人工智能提高营销的效益，并如何努力去实现酒店自动化的营销，这对未来酒店经营如何提高竞争优势、创新营销的服务非常重要。目前，酒店的跨行业发展几乎都是被动的，很少有酒店主动去其他行业获取客户，坐等着其他行业把客户介绍过来，人工智能在营销方面的应用或许可以改变这样的情况。如通过智能化的广告可以获取消费者的需求信息，通过智能化的信息接驳可以获取消费者的潜在需求，通过智能化的客服可以更精准地实施个性化营销。总之，人工智能已为酒店提供了无限可能，就看我们酒店营销人员如何去开展，当然自己首先要提升有关人工智能的应有知识面和技能。

（一）人工智能在酒店营销中的应用

人工智能在酒店营销中的应用已经涉及方方面面，有的应用在 CRM 系统中，也有的应用在酒店自媒体系统中，也有的应用在酒店的电子商务系统中，或者应用在酒店自己的门户网站中，就看酒店建设的 CRM、自媒体、电子商务系统、门户网站是否有人工智能技术的应用。尤其是针对网络渠道的应用，目前线上的渠道越来越多，大的分类有搜索、评论、社交等，小的分类则更多。选择哪些渠道效果更好？线上、线下渠道如何实现最优组合？没有人工智能，仅靠酒店营销人员是很难完成的。一个好的人工智能应用是无形的，管理人员只需设置应用目的，人工智能就能轻松给你想要的结果，而这一切的过程是在你感知不到的地方进行的。如酒店要知道门户网站来访者是哪里的，来访者看了哪些栏目信息，来访的目的是什么，酒店营销人员只需要在后台设置一下就能轻松获取这些信息。

从 AI 在酒店应用的发展来看，它的道路是曲折的，因为酒店很缺乏技术应用型的营销人员，但发展的前途一定是光明的。目前，虽然 AI 还处于发展的早期，但几乎所有的酒店集团都在尝试。如智能化的广告投放、网络的虚假流量识别、CRM 中的自动化营销等。其中对客户营销服务的人工智能应用尤为重要，可以先从酒店常客或会员客户做起，逐步开展对潜在客户的人工智能服务。如客户关系管理中包含了酒店每个客户信息的数据库，人工智能可以利用消费者信息库实现实时预测消费者行为和需求信息，如对酒店新报价的反应、促销活动的热情、忠诚度以及对酒店服务的期望等。

（二）人工智能改变广告投放方式

人工智能通过客户识别以及效果判断，可以改变广告投放的方式。酒店在网络渠道或数字广告牌投放广告后，效果怎么样是酒店营销人员非常关心的，而且效果获取越快越好。在广告投放中应用 AI 技术后，系统可以通过多个维度来判断投放对象与目标消费群体的契合度，并根据分析结果进一步给出不同的投放方案。例如，在数字广告牌上安装软件和网络摄像装置，广告牌可以利用智能的人脸识别技术，识别观看者的体貌特征和观看广告的时间等信息，酒店利用收集到的数据信息来作为衡量广告投放效果评判的依据，从而合理地选择广告投放人群和区域。网络渠道投放的广告也是这样，可通过软件来识别点击浏览者的信息，并通过其对广告的浏览行为进一步判断其对广告信息感兴趣的程度。

除此之外，人工智能广告还可以根据浏览者或观看者的反应，感知受众的偏好或喜欢程度，从而进行广告投放的渠道筛选以及选择合适的方式，有针对性地向消费者推送广告。如为了更好地吸引消费者，酒店可以推出语音互动式广告，使得广告能听、会说、会思考，客户在聆听广告的同时，可以通过语音与广告进行互动，让客户获得更多更详细的产品信息，也让广告体验变得更加有趣。如在广告点击过程中，服务商家通过语音向客户提出问题，客户通过语音来回答，如果客户回答正确，则酒店可以免费提供相应的酒店服务。在智能手机普及的今天，这样的互动语音式广告很容易实现，也很容易知道客户的关心程度和需求。从客户角度来讲，互动帮助他们节省了时间，也可以获得更多的增值信息。这种利用广告互动咨询的过程，后台的人工智能一方面对客户有了需求调研的机会，另一方面也可以对咨询客户做更精准的分析，以便向客户提供更精准的服务信息。因此，在人工智能的帮助下，广告服务商由单向的广告推送变成了双向的互动，人工智能可以帮助酒店利用广告更好地了解受众群体，选择更精准的广告投放方式。

（三）人工智能的虚假流量识别

虚假流量其实就是垃圾流量。酒店在开展网络营销过程中，对于网络广告的计费流量，有时往往是广告服务商说了算，酒店毫无能力去核实流量的真实性。随着酒店信息部的成立，应该有能力逐步去识别目前市场上存在的虚假广告流量问题，保证酒店的真实数据流量不受影响，也不浪费广告费用，让客户能有更好的访问体验。最简单的方法是通过智能的热力图来判断流量的真实性，如果是机器流量进来，广告点击在热力图上会是很稀疏的，甚至是没有点击痕迹，或者观察如果流量异常好，但无转化，这些基本都是属于虚假流量。

虚假流量和真实流量之间的访问行为存在较大的差别，酒店营销人员和相关技术人员积累了一定的网络营销技能后，可以从访问行为方面去识别流量的真实性。例如，可以从时间和区域分布去识别，真实流量一天中访问的时段和区域都比较均匀；也可以从访问终端的类型去识别，正常情况下访问终端类型应该是多元化的；还可以从平均访问深度和访问时长去识别，虚假流量的访问不深入，访问时间也不长；或者从单页面平均访问次数去识别，虚假流量往往聚焦在单页面上点击，或者杂乱点击一番；最后可以看访问转化情况，虚假流量不可能有成交的转化。所有这些访问行为的识别，可以编写一个智能小程序去观察收集，或者用智能的上网助理就可以代替人工去识别虚假的广告流量。酒店识别虚假流量的工作将越来越艰巨，尤其是有些是雇用人工制造的虚假流量，识别难度更大，酒店为了应对这些情况，最好选择有成交的流量计费方式，没有成交就不需付费，具体细节需要和服务商共同商量。

（四）基于人工智能的自动化营销

人工智能在营销中的应用，实行自动化营销是新时代企业追求的目标，也是大多数营销技术应用中的核心。近几年来，酒店网络营销与 AI 结合是业界最被人们看好的，因为它既提高了营销的效率和效益，也节省了许多人力和物力，是酒店自动化服务中的重要内容。在酒店的自动化营销实践中，目前主要针对酒店的常客和会员客户开展自动化营销，因为酒店基本都有类似于 CRM 的客户关系管理系统，该系统借助人工智能，可以通过分析知道客户什么时候需要服务，需要怎样的服务，然后根据客户的需要主动推送相关的营销信息，最终实现营销的自动化。自动化营销的关键是根据客户细分如何与营销内容进行匹配，然后自动地给需要的客户发送营销信息，人工智能要做的就是内容匹配工作，甚至可以通过跟踪监测自动给需要的个性化客户发送营销信息。人工智能还可以根据客户的消费行为和近期的社交行为预测，决定下一步的营销时间和营销内容，精准地为客户自动发送所需要的信息。

自动化营销开展的另一条路径就是可以通过营销专家系统来实现。人工智能的成熟应用，使酒店营销专家系统开始流行起来，它通过知识库的推理实现细分客户与营销内容的自动匹配，并实现自动化营销。专家系统通过知识库中的大量酒店营销知识储备，寻找现实中客户消费行为与系统中相似情境来推理营销方案，系统的知识库还具有改善和扩充的自我学习和完善的能力，通过知识积累可以解决酒店很多的自动化营销方案。酒店营销专家系统使用人工智能不仅可以大大降低人力成本，还能提高工作效率和缩短市场反应率，是未来自动化营销组合应用的发展方向。作为酒店营销人员如何利用客户关系管理系统以及营销专家系统，结合人工智能的先进工具，是未来酒店网络营销实践中很重要的研究课题，随着技术的进步，酒店也会逐步在潜在客户中开展自动化营销。

四、数据分析技术

酒店的营销人员学一点数据分析技术的技能，或许对酒店开展精准营销会有非常大的好处，尤其在互联网时代，粗放的网络营销不但浪费酒店的营销经费，而且得不到所期望的营销效果。这里也不可能介绍非常专业的数据分析技术内容，主要是介绍一些思路，网络营销需要结合数据分析技术才能发挥更好的作用。在酒店业多数人认为网络营销很烧钱，自己的门户网站很难招揽客户，其实这些现象都是因为酒店缺乏有效的分析技术应用，所以才导致网络营销失去应有的效果。

（一）分析核心关键词对营销的影响

到目前为止，酒店重视核心关键词对营销的作用还并不多，对自己门户网站的推广同样重视不足，这也是导致酒店在线直销做不起来的原因，坐等 OTA 的客户，成为自己不做在线服务的一种赖人经营方式。其实，门户网站的访问流量与关键词的选择和应用有关，网站的订房量也与关键词合理性相关。酒店必须不断优化关键词的应用，提升使用关键词的排名，这是酒店营销人员的一项长期性工作，关键词需要在不同的季节和时段进行调整。根据酒店选择的关键词，可重点分析那些点击量低、排名低的关键词，然后进行优化和调整，提高关键词与落地页的匹配方式，观察调整后网站的访问量改变，反复进行多次，一定会找到最适合酒店的核心关键词。尤其是酒店开展促销活动时，这时结合核心关键词的设置，就会取得非常好的促销效果。

（二）学会利用数据分析工具

酒店在网络营销开展过程中，如果要精准地开展网络营销，或者要知道竞争对手的网站排名，以及想要知道消费者最近关心的热点以及酒店常客或会员客户最近的消费行为是否有变化，酒店营销人员必须学会利用一些数据分析工具。简单地说，数据分析就是为了发现问题，并为解决问题提供数据的参考。如酒店的门户网站为什么访问者不多，来的都是怎样的访问者，就需要数据分析工具去发现，然后逐步解决存在的问题，这样酒店的门户网站就会越来越完善，客户也会感觉到门户网站提供的服务。

在利用数据分析工具时，首先要确定数据分析的目的是什么，可以围绕促销活动相关的目的，围绕 APP 服务消费者访问行为的目的，围绕网络广告投放流量分布分析的目的，也可以围绕门户网站访问者行为调查的目的，以及最近社交网络关注程度调研的目的等。然后开始收集数据，并整理数据，有些分析工具可以直接在网络上进行在线分析。最后就是选择一个合适的数据分析工具获取所要的分析结果，并反复进行分析。如针对门户网站的数据分析可以选择 GrowingIO 数据分析工具，它可以给门户网站的用户分群，并分析每一个访问者转化成功的路径，得出每一个转化节点的效率以及哪一步转化流失最多；QlikView 数据分析工具，具有较好的图形展现和客户体验，分析功能较强，但需要较好的数据仓库作为基础，学习成本较高，适合酒店集团类大型企业做数据分析使用；神策分析工具，特点是简单易用，可以有效地分析客户的网络行为和访问行为；FineBI 数据分析工具，可以可视化地分析指定数据源，适合酒店类的中小规模企业使用。

（三）学会简单数学建模的分析

用数学建模可以更好地实现精准营销，当一个商业目标与多种行为、画像等信息有关联性时，我们通常会使用数学建模的手段进行建模，预测未来商业结果的产生，然后根据预定结果开展更有效的营销。如酒店的在线直销目标往往与消费者的访问行为和路径有关，而访问行为有门户网站的访问行为、酒店 APP 的访问行为、酒店移动服务小程序的访问行为，而且这些访问行为的转化都与咨询酒店的响应敏捷度有关，这些都是作为一个消费者所需要的访问期望值，也都是酒店在线直销的影响因素，再加上酒店的价格因素和服务增值因素，这些因素通过数学建模去预测目标实现的可能性，然后有目标地开展网络营销。

作为一家酒店企业，当我们需要预测和判断某时间段客户有可能流失时，也可以通过用户的行为数据、酒店信息、客户画像等数据建立流失模型，再利用统计学的方式进行一些组合和权重计算，从而得知用户在哪些方面的需求没有得到满足时流失的可能性会更高，然后酒店可以通过营销的手段来加强预防。已有的实践表明，数据建模的分析对于酒店商业价值的提升有着至关重要的作用，当然，仅仅掌握单纯的建模理论还远远不够，需要结合酒店的实际和大环境的影响，用实践预测出酒店经营的未来，预测出客户兴趣和偏好的未来。酒店营销人员可以把数据建模分析的方法应用在自己日常工作中，相信可以起到事半功倍的作用。

第三节　网络营销策略与管理

酒店业的网络营销管理目前还非常薄弱，通常只有营销管理。酒店虽然知道网络营销越来越重要，但如何对互联网上不确定的千变万化的信息进行管理，还缺乏行之有效的措施。网络营销管理与其他企业管理一样，也需要有目标、控制和方法，它们都围绕商业目标来开展。简单地说，就是要利用互联网收集与酒店网络营销相关的市场、竞争者、消费者以及宏观环境等方面的信息，采取行之有效的管理手段，使其效果满足商业既定的目标，并在时间和空间的效能上达到最大化，发挥网络资源和酒店营销人员整合的最大优势，用最少的经费发挥网络效应的最大潜能。虽然网络营销管理很少被人提及，但随着互联网应用的进一步普及，网络营销的常态性，网络营销管理将是酒店网络营销运营中不可或缺的步骤，有效的管理和监督才能帮助酒店走好网络营销之路，有创新地实现酒店市场营销的转型。管理往往是战略考虑，而策略是战术考虑，下面先介绍网络营销开展中的策略。

一、网络营销策略

策略比方法更重要，提升网络营销效果需要一定的实施策略，所以酒店网络营销的策略必须适应当下移动互联网甚至未来万物互联的大背景，基于现代营销学理论，结合网络营销的特点，找出面向酒店业的网络营销有效方法。

（一）市场细分策略

互联网是一个面向所有人的超宽渠道网络，现实的商业运营中存在着明显的长尾效应，在旅游产品同质化严重的形势下，如何找到适合自身的一个精准细分市场尤为重要。市场细分策略最早是由美国营销学家温德尔·史密斯（Wendell Smith）在1956年首次提出的，是指营销者通过市场调研，依据消费者的需要和欲望、购买行为和购买习惯等方面的差异，把某个旅游产品所对应的一个大的整体市场划分为若干个消费者群的细分市场的过程。

例如，Airbnb在2017年收购了一家成立于2015年名叫Accomable的公司。Accomable的两位创始人Madipalli和Martyn Sibley本身都是脊髓性肌萎缩的病人，每次要寻找适合自己的酒店总是非常受挫折，因此他们成立了这家专门帮助行动不便的旅客解决住宿问题的公司。这家公司瞄准的就是酒店巨头或者OTA巨头都不愿意涉足的无障碍住宿服务领域。

市场细分策略十分适用于互联网时代的企业，找准自己的利基市场，找准自己的受众，精准地进行推广营销，将有助于制定更好的营销策略，集中人力、物力投入，可以提高酒店企业的经济效益。

（二）心智定位策略

定位理论奠基人杰克·特劳特对定位的解释：“商业成功的关键，是在顾客心智中变得与众不同，这就是定位。”杰克·特劳特曾经在《什么是战略》一书中说道：“最近几十年里，商业发生了巨变，几乎每个品类可选择的产品数量都有了出人意料的增长。”例如，现在买一款手机，就有苹果、三星、华为、小米、vivo、OPPO等几十种手机品牌供选择，且每种品牌都有其高、中、低三个不同档次的产品。往往价格策略很多时候是行不通的，在信息透明的今天，靠制造廉价产品是行不通的，因为总有其他对手会制造出更廉价的产品，这时如何在顾客和潜在顾客的心智中建立品牌和认知就变得非常重要。

定位是一种逆向思维，不是从企业自身开始，而是从潜在客户的心智开始。定位的基本方法并非创造某种新的、不同的事物，而是调动心智中已有的认知，重新连接已经存在的联系。杰克·特劳特在其著作《定位》中，介绍了成功定位的六个步骤：第一，你已经拥有什么定位？第二，你想拥有什么定位？第三，你必须超越谁？第四，你有足够的钱吗？第五，你能坚持到底吗？第六，你的传播体现了自己的定位吗？

例如，山东青岛的旅游定位非常清晰，即“滨海度假旅游城市”，在中国广大旅游消费者心中，说到滨海度假城市，就能第一时间想到山东青岛。四川成都市是继哥伦比亚波帕扬之后，全世界第二个、亚洲第一个被联合国教科文组织授予“美食之都”荣誉称号的城市。“美食之都”成为成都非常形象且贴合的旅游定位，每年都有无数的旅游消费者前往。

（三）产品/服务策略

产品/服务策略需要考虑规模效益，不同的规模效益可能会采取不同的营销策略。

1. *产品规模效益*

在互联网电子商务模式下，酒店服务的规模效益需要考虑是全城范围、全省范围还是全国范围，不同规模效益要求的营销策略不尽相同。一般主题公园主要是服务周边2～3小时车程范围内的省级区域规模，单体酒店一般是全城范围内，连锁酒店规模效益可以放大到省级乃至全国性的连锁集团。

例如，美团外卖和饿了么外卖平台的竞争不是比较全国范围内有多少订单，而是每个城市内的比较，是一种“同城规模效应”。同一个城市的主题公园之间的竞争、品牌连锁酒店之间的竞争也是如此，需要站在“同城规模效益”的角度制定产品策略。大型酒店集团、美食产品通过电子商务平台和物流系统可以销往全国，这样就可以站在“全国性规模效益”的角度制定自己的产品营销策略。

2. 产品/服务策略之“多、快、好、省”

什么是好的用户体验，总结起来四个字——“多、快、好、省”，淘宝创立之初依靠的就是“多”和“省”两个字，京东成功之道取决于“快”和“好”，美国零售巨头好事多（Costco）把“好”和“省”做到了极致。好事多超市的 SKU（存货单位，Stock Keeping Unit）只有 4 000 个左右，而沃尔玛的商品却有两三万种，去好事多购物一般要开车一个多小时才能到，但是它一样可以非常成功。

一般的产品策略是要在这四个字中做取舍，如果四个都想做到，最终可能一个都做不到，正确的策略是阶段性的取舍，而非永久放弃，等成熟发展之后再尽可能地慢慢补齐。亚马逊的发展之道就是先占位“多”和“省”，然后通过改善物流及服务，逐步补齐“快”和“好”的发展策略。如开元酒店集团这几年的扩张也体现了“多”和“快”的策略。

3. 产品/服务策略之“广、深、高、速”

在追求全域发展、强化 IP、模式扩张的过程中，目标很宏大，起点就很高，扩张速度很快，但是往往做得不够精深。作为酒店服务业，所有的产品和服务都是以“提供更好的客户服务”为中心的，只有 IP 心智占有度做得足够深，才能有底气做广度和拉速度。例如，迪士尼的 IP 深入人心，细心打磨每一个和客户之间的服务触点，才能做好在全球范围内的扩张。亚朵酒店也是紧紧抓住与客户接触的“十二个核心触点”，才在中高端酒店市场点奠定了自己的品牌深度，然后逐步扩张。

此外，在产品策略上，小企业不能学大公司一味地拓宽产品线和投入新的产品研发，只有为数不多的成功产品才能够赚回研发和投入的资金，小企业负担不起这样的成本投入，只能在一个产品方向上先做到极致，一个市场的用户服务做得足够“深”之后才能再考虑扩张。

（四）渠道策略

渠道就是拉通产品和消费者之间的桥梁，网络营销的渠道主要是线上，主要包含三部分：一是自有渠道，包括官方网站商城、官方微信公众号、官方微博；二是第三方平台，如 OTA 平台、电子商务平台旗舰店、O2O 服务平台、搜索引擎 SEO、第三方旅游网站、全域旅游平台、协会网站、线上广告位等；三是社交网络的关键意见领袖（KOL）及消费者本身自发的传播渠道。酒店除 OTA 渠道之外，还有很多旅游企业通过电子商务平台进行网络传播，如希尔顿、亚朵、首旅如家在飞猪平台的旗舰店销售自己的产品和服务，也有酒店会利用 KOL 进行直播或者评价分享，利用社交媒体的传播途径，充分拓宽自己的网络传播渠道。

（五）价格策略

酒店的服务产品多种多样，定价逻辑也各不相同。很多酒店是依托公共资源向广大消费者传播信息，过高的定价会损伤消费者利益，过低的定价又不利于酒店的收益管理目标。酒店的定价取决于其不同的营销渠道和营销目的，且有明显的淡旺季分布，其中餐饮业的定价还受地理位置影响比较大。因此，需要根据具体情况制定价格目标和相应策略。

1. 定价目标

不管是什么产品，无外乎以下几种定价目标。

（1）利润最大化。定价的基础是获得利润，尽可能地获取最大的利润。总利润是建立在销量和单品利润之上的，定价一定会影响销量，而一般为了获得最大的利润，商家会采取动态定价策略，本质在于，动态定价相对于单一价格的定价能够在最大程度上获得“消费者剩余”，从而获取最大的利润。

（2）占据市场。通过定价占据市场，一般是通过价格战的模式。一方通过主动降价换取客户，从而实现对市场的占有。如曾经滴滴和快的的烧钱大战，携程和去哪儿的烧钱大战，都是为了通过资本的补贴换取客户流量，从而占据市场。而价格战一般是通过降价补贴用户来留住客户，但是如果竞争对手之间一直不惜成本地烧钱补贴，最终只会两败俱伤，滴滴、快的、Uber 中国共烧掉了超过 300 亿元人民币，最后只能通过合并和解。

（3）预期投资收益。旅游业的投资回报一般都是长周期的，前期大量的投入需要数年才能有所回报，因此，为了保证预期的投资收益，就必须达到一定的定价。

（4）企业生存。很多时候产品的定价是不受自己控制的，如企业间的价格战、国家间的贸易战、相关政策的调整等，都会影响定价。企业为了生存必须跟随市场做出应对和调整。

2. 心理价格技巧

在网络定价上，有一些心理技巧可以运用。通过添加参照物，将两个产品的价格形成鲜明对比，让消费者很容易看出其中一个很划算。如酒店 A 标房价 190 元，酒店 B 标房价 160 元，两个酒店的地理位置和档次相当。如此一来，消费者就会觉得选酒店 B 更划算，从而获得了消费者青睐。

（六）促销策略

酒店产品的网络促销方式主要有网络广告、站点推广、销售促进（折扣、赠送等）、关系营销、社交软文、明星代言、网络节目赞助、KOL 推荐等方式。在促销策略上，主要有限时限量打折促销、有奖促销、赠送促销、免费资源服务促销、积分促销、会员促销、整合促销等。酒店促销策略的选择与实施是由增加销量、测试市场、加强忠诚度、增加会员数量、提升品牌传播等目的决定的。

（七）场景策略

什么是场景营销？举个简单的例子，当你走出地铁口发现下大雨，这时有个老奶奶正好在旁边兜售那种便宜的自动雨伞，你刚好需要就买了一把雨伞，这就是场景营销。促使场景营销成功实现交易闭环的有以下几个因素：场景地点（Location Based Service，LBS），合适的时间，置身场景里的人，合适的需求，方便交易（移动支付/现金），缺一不可。如肯德基推出的扫码点餐，免排队，本质上就是对其传统的点餐排队场景进行营销，在点餐区，点餐高峰期，为那些想要快速就餐的人提供手机就能下单订餐的功能。

而互联网的场景营销在以上基础上还加入了“大数据”这个丰富的元素，互联网场景营销兴起的本质原因在于对流量的再一次变革，线上流量的上升已经到了瓶颈，且获取客户的成本越来越高，线上线下深度融合，互联网营销下沉，大数据下沉是新的流量入口。

互联网场景营销 1.0 是基于位置的服务（LBS），简单地根据客户的位置推送相关的营销信息。2.0 是在 LBS 的基础上，基于大数据做消费者的需求和行为预测，并结合线下场景，深度融合。结合消费者的基本信息数据和在网络上购物、消费所产生的行为数据，就可以在适当的时间和地点对客户的需求进行预测，并通过信息推送系统建立与消费者之间的联系。这时的广告营销是非常精准的，这也使得广告投放是基于大数据计算的，通过数据挖掘客户的需求后，在合适的场景就可以进行广告实时竞价（Real Time Bidding，RTB）。

亚朵酒店在场景营销方面做得非常好，除了考虑到与客户之间的每一个触点之外，客户在亚朵酒店体验到的东西，如枕头、床垫、洗发水都是可以买的。仅仅 2016 年，亚朵酒店的床垫共买了 3 万张，即使对于一个天猫店来说，这都是一个很大的销量。亚朵的蓝图是要开到 1 000 家店，一年要服务几百万独立用户，所以，未来它很可能会成为一家成功的电子商务公司。

（八）创新策略

互联网的营销策略是跟随技术和流量不断变化的，10 年前的在线外卖还仅仅停留在拨打传单上的电话号码预订，10 年后的今天（2019 年）外卖平台已经改变了国人的就餐方式。10 年前移动拿到 3G 牌照，10 年后 5G 开始商用。10 年前网页 Banner 广告（横幅广告）大行其道，10 年后人们仅靠一部智能手机开启说走就走的旅行。10 年前还没有微信、微博，大家都在逛博客和百度贴吧，10 年后最新的最有质量的内容基本上都在知乎、微信公众号中。

酒店行业的互联网营销创新也要抓住技术变革的趋势，通过新的互联网流量导向，不同目标客群的行为方式，找出适合自己的营销渠道。如有些旅游酒店看中了抖音短视频的巨大流量潜力，积极展开合作，依托抖音平台生产匹配的内容，这一策略也让许多大型酒店集团的营销抓住了客户的眼球，获得了很好的营销效果。

（九）社交营销策略

社交营销策略就是通过社交平台进行产品和品牌的营销。酒店业为消费者提供的服务本就是值得分享的事情，尤其是度假型酒店，而社交平台刚好给了每个人分享的机会和平台，既可以分享给熟悉的人，也可以分享给陌生人，分享经济将越来越活跃。

通过社交营销的目的主要有两个：一是通过社交分享传递价值；二是通过社交平台和客户充分沟通。不同的社交平台有着其特有的用户特质、沟通语言、内容形式、算法机制以及内容公信力。一个产品的宣传，无论是图片形式还是视频形式，如果能够被社交平台的用户主动分享，就说明宣传内容是能够打动受众，引起共鸣的。

酒店还可以采取整合营销策略和品牌营销策略，尤其是品牌营销策略。因为所有的营销策略最终都是为了建立更好的品牌影响力。精准的市场定位，挖掘 IP 资源，精心开发酒店服务产品，都是提升酒店服务的行为，最终都是为了塑造好酒店的品牌形象。对于酒店网络营销，最核心的部分还是创意，没有创意的营销推广，就是随波逐流，可能会产生一定的效果和流量，但是绝对不会在广告信息大潮中脱颖而出。在大 IP、大企业“马太效应”抢占流量和心智的当下，酒店作为中小型企业没有资金拼广告投入，创新和创意是唯一的出路。在新经济、新常态下，互联网不是存量的竞争，而是增量的竞争，在存量市场之外，中小型酒店通过创新开辟新的增量市场，最后通过创意抢占营销流量。

二、网络营销管理内容

网络营销管理贯穿于整个酒店网络营销活动中，每一项网络营销的实施均包含多种具体的网络营销管理内容。在不同的营销阶段，网络营销管理的任务和实现手段也会有一定的差别，有些属于阶段性网络营销管理，有些则属于长期性、连续性的管理内容。相对于一般层面上的网络营销方法，网络营销管理的实现显得更有深度，因而需要更深层次的网络营销战略思想作为指导，也需要酒店的战略定位和使命作为指导。

（一）网络品牌管理

酒店在网络营销中必须有自己的网络品牌，因为品牌也是消费者的情感诉求。不管是在分销渠道投放广告，还是自己的门户网站投放广告，都必须有自己的网络形象，而且必须和自己酒店的定位和档次相一致，更需要符合自己客户的情感需要。网络品牌管理是指通过合理利用各种网络营销途径创建和提升酒店的网络品牌，管理内容还包括网络品牌策略制定、网络品牌计划实施、网络品牌传播路径、网络品牌评价等。

（二）门户网站推广管理

门户网站是酒店对外的窗口，是网络营销的主要门户。门户酒店需要网络推广、内容管理、数据积累、信息更新、促销活动、制造热点、在线直销等管理。其中，推广管理是吸引客户的重要内容，也是最基本的网络营销管理活动，它的内容包括门户网站搜索引擎优化状况诊断、网站推广阶段计划的制订、各种网络渠道推广手段管理、网站推广效果分析评价、网站流量统计分析与真假识别、网站访问量与效果转化分析等。

（三）在线客户关系管理

在线客户是酒店网络经营的重要资源，对其开展在线管理和服务对酒店来说非常重要。在线客户关系管理包括客户行为研究、客户资料管理和有效利用、客户关系营销策略的效果评价等。好的在线客户关系管理是既能维系在线客户的关系，又能把 OTA 的在线客户转变为酒店自己的在线客户，并形成酒店自己特有的消费客户群。

（四）网络渠道促销管理

网络营销既有自己的平台渠道，也需要网络分销渠道的合作伙伴，如何选择渠道开展促销，以及促销活动的内容怎样布局，都是促销管理要做的内容。其中针对酒店不同产品/服务，需要制定不同阶段的促销目标和策略，并对在线促销的效果进行跟踪控制和评估。

（五）消费者偏好管理

管理消费者偏好是为了更精准地营销，酒店营销如果能迎合消费者的兴趣爱好，就能取得较好的网络营销效果。酒店要对不同层次的客户进行偏好分类管理，针对不同的客户群投放他们感兴趣的营销内容，也可以通过 APP 向不同人群推送迎合他们需要的营销活动和内容。其中包括消费习惯、消费档次、网络行为等与消费偏好相关的管理内容。

（六）网络营销策略实施管理

酒店在不同经营阶段需要有不同的营销策略，也需要根据市场的竞争对手情况、网站搜索排名情况实施不同的营销策略，当消费者需求发生变化时也需要采取不同的营销策略。因此酒店需要计划好各种备案的网络营销方案，有选择地做好各种实施安排，保证酒店的各种营销策略能高效率地实施，达到所需要的预期效果。

三、战略计划与目标

网络营销对酒店来讲，提高了工作效率，降低了营销成本，扩大了市场，给酒店带来了稳定的社会效益和经济效益。相对于传统营销，网络营销具有国际化、信息化和无纸化的特点，已经成为酒店服务业营销发展的趋势。为了促进网络营销的持续稳定和高效，酒店需要对网络营销进行战略分析和确定计划目标，其指导意义是可以为酒店获取持续的竞争优势。

（一）战略分析

酒店在经营过程中需要有一定的战略规划，尤其是集团类酒店企业。网络营销也是这样，什么时候做网络促销，什么时候投放网络广告，什么阶段用什么搜索引擎关键词，都需要有完整的战略计划。为了做好这个计划，需要对当前酒店与其他竞争者之间的竞争进行对比分析，需要与 OTA 采用的营销方法做对比分析，也需要对当前网络消费者行为的变化做对比分析，分析客户的网络要求和潜在需求的变化，然后根据这些对比分析和变化制订出酒店网络营销的策略和营销计划。这个计划必须符合酒店经营发展的实际需要，并具有一定的针对性和科学性，分析实施网络营销能否促进本酒店的市场增长，或通过改进策略实现收入增长和降低营销成本，并能落地便于实施和控制。如酒店需要在十一国庆大假前制作一个小程序 APP，作为大假到来以前的网络营销计划，该小程序应该投放在哪些人群，吸引怎样的消费客户，和哪个竞争对手开展竞争，投放在什么网络渠道，需要事先做好战略分析，通过分析后制作的小程序营销就具有针对性，选择合适的网络渠道投放会取得非常好的效果。

（二）计划目标

酒店开展网络营销需要设定计划目标，这样酒店营销人员就可以按照既定目标开展有效的网络营销步骤，而不是随意投放网络广告。在开展过程中还需要不断评估阶段性效果，如果偏离目标就可以及时调整和管控，使得网络营销能发挥最佳效益，达到酒店既定的计划目标。通常酒店的网络营销目标分为三种类型：一种是单项的网络营销目标，一种是短期或阶段性的网络营销目标，还有一种是长期或连续性的网络营销目标。单项的网络营销目标往往是为酒店的促销活动而设定的，短期或阶段性的网络营销目标是酒店为了在某个网络渠道做推广而设定的，长期或连续性的网络营销目标是为酒店自己的门户网站和自媒体平台设定的目标，也可以是酒店为在网络营销渠道上的长期合作伙伴而设定的目标。如酒店在淡季要做一个促销活动，要求这个促销活动能提高15%的客房出租率，这时应怎样去实现这个目标做推广呢？这是一个单项的网络营销目标计划，酒店营销人员可以通过自定义受众，去寻找以前关心过酒店产品的客户，酒店营销人员也可以通过自己的潜在客户名单，或通过门户网站的访客线索，以及通过社交网络的互动痕迹，找到那些感兴趣的客户后就给他们直接发送网络促销信息，这样的营销效果可能比在渠道中做网络广告的效果要好得多。

四、网络营销的管控

互联网上的信息瞬息万变，营销信息在互联网上投放后，需要进行跟踪和必要的管控，这和信息系统运行需要管控是一样的道理。酒店在确定网络营销战略及计划目标后，就要组织相关部门实施战略和执行具体的目标，营销部和信息部是实施战略的主要部门，其他部门尤其是前厅部也需要密切配合，因为网络营销是通过新技术来改造和改进目前的营销方式和渠道，它涉及酒店的组织、战略、文化和管理各个方面。如果在执行中不进行有效的控制，网络营销的效果就会偏离目标，无法体现酒店战略，尤其是网络营销目标的竞争优势。最好的管控方法就是建立基于网络营销的软件管控平台，前面讲过平台化可以有效监管信息系统的运行，可视化网络营销的过程，包括可视化社交平台的营销过程。目前许多酒店的网络营销都是基于形式，很少有监管的系统及监管过程，对网络营销的效果问题出在哪里都无法排查，这基本上都是缺乏有效管控的一种表现，酒店网络营销还处于初步的探索阶段。

在没有软件平台的情况下，网络营销管控只能靠人工去监管营销的效果，结合常用的分析工具以及人工记录去观察网络营销开展后的情况。如门户网站营销的管控，重点要跟踪访客的行为踪迹，评估其营销效果和访客的兴趣点；投放网络广告后的管控，重点跟踪落地页的点击访问情况，及时发现虚假流量和盲目的页面点击情况；小程序营销投放后的管控，跟踪其访客的类型以及转化路径的情况，及时发现内容与目标客户不对称的情况。总之，网络营销在具体实施执行后，它的页面运行控制是一个非常细致的过程，需要仔细评估其投放是否有改进余地；通过评估改进使每一个网络营销项目都能达到理想的效果。酒店在开展网络营销过程中，尤其是自媒体开展的网络营销，其运行的管控可以由信息部去帮助执行，然后把营销效果评估及改进的内容反馈给营销部。

本章案例：如何让“棋子”在互联网上闪闪发光

——棋子湾度假酒店在线营销的实践与探索

移动互联网的迅猛发展，带来了丰富的线上渠道和自媒体，使企业乃至个人都可以凭借各种途径自我展示、自我推广。在流量为王的时代，酒店如何抓住机遇，借助互联网的东风，增加曝光量，提升转化率，成为每一家酒店提高经营收益的关注重点和不懈追求。

地处海南西线的棋子湾开元度假村，拥有一流的原生态海湾风光，成为继亚龙湾以后海南度假休闲酒店的后起之秀。酒店面向辽阔的北部湾海域，接近 180° 的海平线视角，令人心旷神怡。尤其是每天变幻莫测的“海上落日”景观，令人迷醉的夕阳晚霞，使酒店成为摄影爱好者的“打卡胜地”，也为酒店的网络营销提供了绝佳条件。“中国西海岸，海南棋子湾”的 Slogan（品牌口号）也不胫而走，广为传颂，并成为棋子湾景区的对外宣传口号。但是，度假型酒店因地理位置等因素的限制，目标客户有一定的局限性，在线下客户无法满足酒店经营的前提下，酒店将目标群体转向线上旅行商，即 OTA，并把电子商务的重点放在网络营销上。

为了提高酒店的网络知名度，在线上各个渠道获得更多的关注，海南棋子湾开元度假村在电子商务中首先对网络营销进行了多方面的探索，取得了非常好的电子商务效果和经验。

一、积极完善在线展示

网络营销需要尽可能地通过渠道展示酒店产品和服务。线上的图片要清晰真实，不夸张、不作假，充分而客观地展示酒店产品，使宾客的心理预期与到店感受相一致。把握好尺度，则可使客人的到店感受远大于心理预期。文字描述措辞要严谨，要字斟句酌。线上展示尤其应注意 OTA 展示页小标签的运用，可以通过引导宾客点评的方式，使线上标签与众不同。同时必须注重承诺，保证执行落地。

代理乱价现象是很多酒店网络销售面临的问题。尤其是酒店集团会员制和 OTA 之间价格的平衡，容易让很多代理商抓住漏洞。宾客在申请售后时，存在诸多不便，这些问题往往会被归咎于酒店责任。本酒店放弃存在巨大“隐患”的冲量销售，及时清理线上价格，平衡各 OTA 渠道售价，同时满足集团限价的要求，将酒店的展示页变得“清爽”。在方便宾客的同时，也最大限度地维护酒店利益。

二、提高宾客点评数量

渠道的宾客点评是宾客选择酒店时除了性价比之外的第三维度。点评的文字描述为即将选择酒店的宾客提供了充分参考。好评率及评分更加直观地展示了宾客对于酒店设施、服务和管理上的感受。酒店设立了 GRO（宾客关系代表）岗位，通过与宾客的有效沟通，听取意见和建议，尽量将宾客的不满留在酒店。随着客源群体的变化，“90 后”成为酒店消费的主力军，因此，更为轻松的交互方式，朋友般的问候与服务，奠定了 GRO 的存在价值。对于已产生的负面点评，如发现系统错误，及时申诉修正，以保证点评质量。在关注展示的同时，对每一条点评都认真回复，对好评表示感谢，对低分评价也努力理解并化解宾客对酒店可能产生的误会，同时告知酒店的具体改进措施。

三、与渠道真诚合作

合作都应该本着公平、互惠、双赢的原则。酒店需要 OTA 带来产量，OTA 也同样需要借助酒店产品产生利益。保证线上价格的“干净”，日常对账准确，是对渠道最基本的尊重。不要轻易将乱价现象归咎于渠道，酒店本身优选合作渠道，重视合同条款，规范限价，才是解决问题的关键。此外，还要重视酒店的服务评分，较高的服务评分会在线上赢得更多的展示机会，增进酒店与渠道间的相互信任和友好合作。酒店应严格把握佣金的及时支付，宣传合规，杜绝切客等失信行为。维护线上渠道的形象也是酒店本身形象的一种展示，诚实地履行合作协议可以让酒店与渠道的沟通更加便捷与顺畅。

四、丰富产品吸引力

许多酒店在经营淡季都喜欢搞低价促销，这可以称之为一种手段，但并非上策。线上推广，高端酒店 299 元、399 元等价格比比皆是。问题是价格做低容易，做高就会很难，低价促销容易导致客人对酒店价格和产品的信任度降低。丰富产品内涵，保证服务品质，提高酒店吸引力，才是有效的营销策略。

提高吸引力，并不是一味地追求性价比，而是要赋予产品背景，讲出宾客感兴趣的故事。要分析酒店宾客入住习惯，满足不同客源群体的需求，让产品的丰富性和可选性同时兼备。2018 年全年，本酒店套餐以酒店所处环境的原生态为背景，以自然数为套餐故事，666 元、777 元、888 元以及后来的 1 234 元、2 345 元等候鸟套餐，在保证客房价格和品质的同时，以丰富的产品内容来吸引宾客。本着“做加法”的原则，不断对套餐内容进行完善，获得了不错的销量和宾客满意度。

五、广泛的渠道开拓

伴随着携程、艺龙、去哪儿等 OTA 渠道的崛起，越来越多的线上渠道悄然抢占了旅游度假市场。虽然在日历房上产量较低，但对于套餐、预售抢购、周边度假等有着不错的销量。顺应形势，酒店采取“广种薄收”的策略，努力发展多种渠道，将线上旅行商和小渠道列入收益管理范围。每个不同的渠道都有相应的客户群体，针对每一个渠道，设计出符合酒店价位，并且适应渠道受众群体的套餐，以此来促进酒店产品的售卖。同时因为线上小渠道每次活动都有相应的推文发送，也带来了衍生效应和边际效应，无形中提高了酒店的市场认知度。酒店将此类线上渠道的发展列入计划，并且在规定日期内对发展数量进行考核，之后在已发展的渠道中筛选优质合作渠道，稳步提升酒店产品的推广和售卖效果。目前，酒店的线上合作渠道已经增加到 20 家以上。

六、精心策划网络主题活动

以往都是 OTA 渠道组织活动，组织酒店报名参加，很难体现酒店的特性。酒店完全可以根据自身特点组织策划活动，然后联系渠道进行推广。如本酒店组织过的“东方魔舞”“暑期寻宝”等主题活动，在拥有不错销量的同时，有效提升了酒店的口碑与认知度。目前本酒店推出的活动套餐和广告都遵循活动策划流程，并准确执行，让酒店的套餐类产品成为一次经典的主题推广活动，以此来带动酒店客情与宣传。在主题策划阶段，赋予其一定的内涵与寓意，讲述具有吸引力的故事，努力引发宾客共鸣。充分的预热与宣传，保证活动带来的销售量。针对酒店会员推出的活动也是如此，尽量避免竭泽而渔，而是重视酒店的口碑，在争取客源的同时，提高市场影响力。

七、维护良好的宾客关系

GRO岗位的设置，不仅是为了网络点评的维护，更重要的是在酒店和宾客之间建立起沟通交流的桥梁，增加酒店聆听宾客意见和建议的途径，更加直接、快速地解决客人反馈的问题。宾客的抱怨与不满，往往是对酒店的不断改进和提升充满信心，对酒店的未来发展充满希望，因此酒店应当以感激的态度倾听宾客的诉求。GRO与宾客成为朋友，定期回访、不定期问候都将增加酒店宾客的回头率，增进酒店与宾客的感情联系，也能够提升宾客的忠诚度。

八、推出宾客礼遇计划

酒店服务的魅力，存在于对宾客的礼遇。将网络宾客礼遇区别于普通客人，通常是为了追求网络点评所带来的衍生效应。以前OTA客人由于价格优惠，不能享受酒店的各种礼遇，如今网络订房已成为主流，理应转变观念。开元集团很早就提出了宾客满意度提升计划，针对不同类型的宾客，提供方便快捷的服务。针对网络预订客人，我们再次提升，从入住前房间的布置、水果及房间小件的配备，到接待入住过程中的送房及介绍，再到离店时的伴手礼选择，离店后的回访，进行了系统的梳理。针对每一个环节，力求精益求精，努力带给宾客惊喜。尤其是OTA渠道更改点评规则后，更促使酒店在接待的每个环节更加认真，以宾客满意提升酒店网络口碑。实施宾客礼遇计划以后，酒店的网络评分从原来的4.6分，提高到4.8分，在竞争酒店群中位居前列。

九、定期分析和评估

在网络营销、线上订房日益发达的今天，针对每条点评进行分析，应该成为酒店品质管理的一项重要工作。酒店设置了低分预警，一旦触发，就立即召集会议进行分析。低分预警的设置，让酒店上下始终保持高度的警觉；每条不足4.5分的点评，低房量的预订信息，都表明酒店营销管理中存在需要调整的问题。管理团队的及时商讨，可以纠正工作中的偏颇和失误，还可以针对经营思路及套餐受欢迎程度准确把握酒店的营销方向。讨论的过程更能激发服务改进提升的思路，达到“头脑风暴”的效果。让市场、让宾客评价来决定酒店服务质量分析会议的召开节点，无疑也是酒店质量管理的一种创新。

网络营销的提升需要酒店高层大局观的把握，同时也需要操作层面的认真细致，不断的经验积累和锲而不舍的努力，才能实现酒店良好的网络口碑和网络预订数量的提高。经营理念的转变、科学的实证分析，加上管理者时常涌现的灵感，将助推酒店网络营销跃升到一个新的高度。

为了更好地挖掘网络营销的效益，酒店专门组织成立网络营销小组，致力于线上产品的设计和推广，并对推出的每一个套餐都精雕细琢，都要经过酒店部门负责人几个小时的讨论。每一段文字、每一组修辞都呈现着"头脑风暴"的结晶。像本酒店推出的"候鸟"系列套餐，每一个单独子产品的名字都是有一定意义的，并且经过长时间的推敲。"我爱自然数"（I love natural number）主题包价系列产品，更是贯穿全年，这些都离不开夜以继日的研讨与思想碰撞。酒店的产品不再是单单的一份包价，而是一种情怀，一个故事，一种自我展示，一场遇见即开启美好的邂逅。

据统计，2018 年度，仅线上套餐销售一项，产量就达到 1.1 万间夜，实现营业收入约 745 万元。酒店未来的网络营销将进一步完善自媒体营销，通过自媒体提升酒店的在线直销份额，从而不断提升酒店电子商务销售的比重。

资料来源：本案例由海南棋子湾开元度假村提供素材，作者研究整理。

思考题：

1. 海南棋子湾开元度假村的在线营销开展的经验是什么？可以给度假酒店提供哪些借鉴？
2. 为什么说提高客户点评数量将有非常好的网络影响效果？酒店应如何引导客户点评？
3. 酒店在网络营销中应如何精心策划主题活动？又如何吸引消费者参与活动？请举例说明。

拓展知识

病毒式营销	口碑营销	人本营销
BBS 营销	微博营销	场景营销
长尾理论	刺激—响应模型	4R 理论模型
垃圾流量	流量截取	营销专家系统
整合营销	转化率	规模效应
知识库	营销关键词	价值驱动营销

思考题

1. 什么是 4P、4C、4R 营销管理模型？请分别说明。
2. 营销管理理论经历了哪几个变革时代？目前处于哪个变革时代？
3. 什么是网络营销？目前有哪些网络营销方式？
4. 酒店的网络营销主要有哪些应用类型？请举例说明。
5. 什么是自媒体营销？酒店的自媒体营销应如何规划实施？
6. 网络营销与传统营销比有哪些应用特点？
7. 通过拓展知识的课外学习，试解释什么是人本营销。

8．通过拓展知识的课外学习，试解释什么是知识库，它和数据库的区别在哪里？
9．基于人工智能的自动化营销有什么特点？举个酒店应用的例子。
10．什么是落地页？在搜索引擎营销中如何规划落地页？
11．常用的网络营销技术有哪几种？酒店营销部应如何应用这些网络营销技术？
12．试在自己的门户网站策划一个事件营销，内容自定。
13．酒店网络营销通常可以采取哪些策略？请举例说明。
14．什么是网络营销管理？酒店为什么要开展网络营销管理？
15．什么是网络营销管控？管控的作用是什么？
16．作为服务性企业，网络舆情给企业会产生怎样的营销影响？如何利用和引导？
17．根据所学知识，请策划一个酒店促销活动的营销内容。
18．根据所学的知识内容，请策划一个酒店门户网站的营销方案，方法自定。
19．酒店要创造自己的网络营销优势，应如何制定自己的网络营销战略？
20．为什么说酒店网络营销的核心是创意？它和网络营销创新是什么关系？

第七章　网 上 支 付

本章要点

网上支付是酒店电子商务开展中的重要环节。本章围绕酒店电子商务中的支付重点介绍了电子支付的概念及相关内容，因为酒店电子商务最普遍的支付方式就是电子支付。文中首先介绍了电子支付的应用流程以及市场优势和对消费的促进作用。然后对酒店电子商务的支付体系进行了介绍，主要介绍在酒店使用较为普遍的银联电子支付平台和第三方电子支付平台，分析了它们各自的优势和应用特性以及如何选择的问题。最后介绍了酒店目前的一些电子支付平台的应用，重点介绍了 i-Hotel 酒店平台下的电子支付应用。

网上支付也称网络支付，或电子支付，是电子商务中在线支付的一种形式。客户在酒店消费过程中，可以进行各种形式的刷卡支付，包括第三方的电子支付，在网上预订酒店服务产品，也可以直接网上支付，以确保订单的有效性。作为电子商务酒店，在酒店内消费几乎不用现金支付，这也有利于酒店各收银点的管理，也提高了客户消费结账的效率，节省了客户等待的时间。本章将给读者介绍目前酒店电子支付的应用情况，了解酒店电子商务的支付体系，并熟悉当前酒店常用的网上支付类型。

第一节　酒店电子支付概述

电子支付是指单位、个人（以下简称客户）直接或授权他人通过电子终端发出支付指令，实现货币支付与资金转移的行为。支付是电子商务中一个非常重要的环节，基于 Internet 的电子商务，需要为数以千万的购买者和销售者提供支付服务，目前已开发出了很多网上支付系统，这些系统的实质都是要把现有的支付方式转化为电子形式。基于 Internet 的电子支付系统主要包括金融机构、付款者和收款者以及第三方非银行金融机构（如支付宝），包括各种金融网络等。在这里金融机构通常指银行，它为付款者和收款者保持账户。酒店的电子商务同样需要电子支付系统，那么电子支付平台目前有哪些？酒店应如何选择电子支付平台？本节我们就一起了解一下关于电子支付的一些概念和应用。

一、电子支付的概念及市场优势

随着移动互联网的普及，电子支付将越来越普遍，而传统支付方式因过程复杂、时空受限、现金携带不便等缺陷受到各方诟病，与此同时，电子支付方便、快捷、经济、高效的特点，使基于数字化和网络化的电子支付方式开始受到市场的热捧。如支付宝支付、微信支付等，已在杭州的各大超市和农贸市场以及公共交通等普及，这足以说明市场对电子支付的热捧。尤其是电子商务快速发展与常态化，电子支付为适应电子商务环境需要而不断推陈出新，在电子商务活动过程中发挥了不可替代的重要作用。在传统商务和网络商务的交易过程中，电子支付已成为电子商务发展中资金流的重要组成部分，是实现网上购物与实时支付的关键所在。电子支付方式的广泛运用，为电子商务的发展提供了更多的可能性和更广阔的市场，不但提高了交易效率，也对加速电子商务的发展产生了深远的影响。

（一）电子支付的流程

电子支付作为一种新型的支付方式，随着信息化、网络化的社会环境而日益呈现出新的姿态，它利用自身高效、便利等优势为大众所接受并逐渐得到了广泛的应用。相信在未来的网络大环境中，电子支付会以其特有的优势，健康、合理地发展，为广大用户营造一个更加安全、便捷、经济的支付环境，从而促进电子商务朝着更加健康的方向发展。电子支付流程原理如图 7-1 所示。

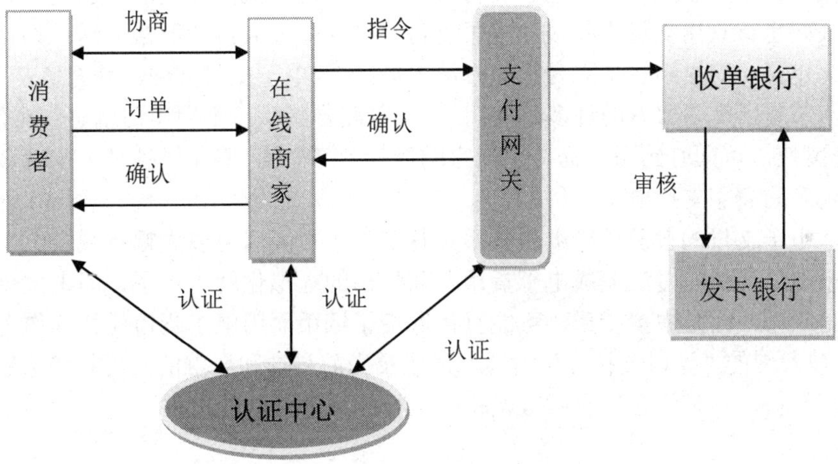

图 7-1　电子支付流程原理简图

图 7-1 中的支付网关是完成银行网络和互联网之间的通信、协议转换和进行数据加密和解密，保护银行内部网络安全的一组服务器。它是互联网公用网络平台和银行内部的金融专用网络平台之间的安全接口，电子支付的信息必须通过支付网关进行处理后才能进入银行内部的支付结算系统。收单银行是为商家提供资金账户的银行，因为商家银行是依据商家提供的合法账单来工作的，当客户向商家发送订单和支付指令时，商家将收到的订单留下，将客户的支付指令提交给收单银行，然后收单银行向客户银行发出支付授权请求，并进行它们之间的清算工作。发卡银行是消费者客户的银行，是指为客户提供资金账户和网络支付工具的银行，为客户提供消费账户。发卡银行根据不同的政策和规定，保证支付工具的真实性，并保证对每一笔认证交易的付款和结算。认证中心是交易各方都信任的公正的第三方中介机构，它主要负责为参与电子交易活动的各方发放和维护数字证书，以确认各方的真实身份，保证电子交易整个过程的安全稳定进行。

因此，基于互联网的电子支付系统由消费者、在线商家、认证中心、支付网关、发卡银行、收单银行等几部分组成。开始银行的电子支付系统无疑是主导力量，但银行自身没有足够的动力也没有足够的精力去扩展不同行业的中小型商家参与电子支付。于是非银行类的企业开始进入支付领域，它们通常被称为第三方电子支付公司。如微信支付、支付宝支付等电子支付都属于第三方公司，由此出现了自建支付平台模式、第三方垫付模式以及混合型的电子支付模式等应用。近年来，电子支付技术的快速发展和第三方支付形式日益多样化，为商业银行等金融机构参与电子商务创造了技术条件。因此电子支付技术的日益成熟，造就了我国网上支付行业并催生了大量以电子支付业务为核心的新型业态和支付企业。可以说，正是依托电子支付技术和多种支付形式的支撑，我国电子商务才得以在较短的时间内实现健康和快速的发展。

（二）电子支付的市场优势

这几年来电子支付延续了强劲的增长态势，增长率惊人。2008 年我国电子支付的市场规模仅为 2 743 亿元，但那时年增长率为 181.0%，2009 年中国电子支付的市场规模为 5 766 亿元，年增长率为 110.2%，2017 年仅支付宝就超过 10 000 亿元，电子支付已是几十万亿级别的规模，预计未来几年我国电子支付市场规模将进入成熟稳定的增长趋势。就连菜市场卖菜的大妈也喜欢用支付宝收钱，电子支付已经伴随着人们的日常生活。为什么电子支付发展如此迅猛，归根结底是因为它的市场优势：① 电子支付方便，易充值，不用找兑，不用清点，节省了交易双方的许多时间。② 可以配合网购，不用出门就可以买任何东西。③ 交易速度快，可即时到账，提高了商家的经营效率。④ 避免了携带大量现金的风险，所以越来越多的商家支持电子支付。

另外，电子支付的普及还给纸质货币发行节省了费用，可以大幅度减少纸质货币的发行量，未来电子支付慢慢演变成电子货币，离货币的虚拟化就不远了。即未来央行发行的货币不再是纸币，而是虚拟货币，可能直接取缔了纸币而用电子货币代替其作为“货币符号”。就目前我国的“无现金社会”的逐步建成及当前科技和金融的发展趋势来看，货币虚拟化是必然趋势，到时候必然会颠覆现有的银行体系及其运行机制。

二、电子支付对消费的促进作用

我国电子支付技术虽然起步较晚，但发展速度十分惊人。按照 CNNIC 在 42 期《中国互联网络发展状况统计报告》公布的数据，我国电子支付仅移动手机用户数量到 2018 年 6 月已经达到 5.595 亿户，受智能手机全面普及的影响，移动支付用户规模增长最为明显，极大地促进了个人的市场消费。当前，电子支付技术在快速发展的过程中日益丰富和完善，已经成为商务活动中最为重要的支付形式。2017 年网络支付应用发展呈现出三个特点：① 移动支付深入绑定个人生活。继打车、外卖、购物等个人消费服务场景之后，移动支付进一步向公共服务领域延伸，已由早期水、电等生活类缴费逐步扩展到公共交通、高速收费、医疗等领域。② 线上支付加速向农村地区网民和老龄网民渗透。调查显示，农村地区网民使用线上支付的比例已由 2016 年年底的 31.7%提升至 47.1%；50 岁以上网民中使用率从 14.8%提升至 32.1%。③ 技术进一步提升移动支付的安全和便捷性。生物识别技术日趋成熟，指纹识别已被大规模使用，面部识别也得到初步商用，这些都极大地促进了我国消费市场的升级。

（一）电子支付优化了市场的信任体系

支付安全是电子商务顺利发展的重要保障。据淘宝网统计，即使商品价格稍高，但只要信誉可靠往往能吸引来更多的买家。这一现象表明，网络消费者更加看重的是以商家信誉为基础的营商环境。电子商务的实践证明，信任度已经成为决定电子商务产业健康发展的重要变量，只有建立起充分的电子信任，电子商务才能健康生存和迅速壮大。随着第三方支付平台的迅速兴起，如支付宝的交易担保业务，在线的电子支付交易已经成为电子商务交易最为安全便捷的通道，保障了消费者的权益，商家要在客户收到了货物并没有质量问题的情况下才能收到支付宝平台的货款。因此，电子支付业务的健康发展，不仅仅促进了电子商务交易双方信任环境的加强，同时更促进了整个网络信任环境的加强。电子支付消除了电子商务发展的阻碍，并为电子商务迅猛发展的态势增加了新的动力。最近全国电子商务法的发布与实施，电子支付安全性的不断提升，更加优化了以消费者、电商和金融机构为主体的电子商务营商环境，有力地促进了电子商务信任体系的不断完善。

（二）电子支付对消费者的心理影响

电子支付对消费的促进作用在于它的便捷性，这种快捷支付方式，它让我们从拿着纸币去消费变成了看着电子数字的变动，电子货币让人们在花钱时不觉得自己在花钱，只觉得是手机里几个数字的变动，减少了人们花钱时的“损失感”，消费自然增多。这就是电子支付的便捷性使人们对“花钱”这个过程不再那么敏感，它的奇妙之处就在于感觉上来说它没有改变人们在银行的总存款量，但由于 APP 服务方便了人们的使用，于是消费心理产生了变化。

有学者研究后认为这种消费的促进是“心理账户”的作用，他们认为当人们使用电子支付时，其“心理账户”之间的替代效应会减弱。而且网络支付的虚拟性会使人们产生减少的“损失感”，所谓眼不见心不烦，同样的道理，当你看不到钱时，它的减少就不会给你的内心带来很大的波动，于是人们花钱的次数在不知不觉中就多了。在酒店消费也是一样，尤其是酒店内的娱乐消费，电子支付的便捷性也会让消费者花钱很随意。

（三）电子支付中鼓励金的促销作用

在很多的第三方电子支付平台中，都有鼓励金的功能帮助在线商家促销，这是电子支付系统中特有的一种促销功能。消费者在每次电子支付后都会有一笔被称为鼓励金的钱提醒你领取，当然这个鼓励金并不是直接打入顾客账户，而是在下一次支付时在你应付的钱中自动减免，而据消费现象来看这笔鼓励金的确起到了“鼓励”的作用。虽然这笔鼓励金有时只有几毛钱，但大家在获得一笔鼓励金后，会觉得不再花点钱把这笔鼓励金用了就觉得亏了（意识不到只是省了几毛钱），这样算来就会让我们少花一笔钱。那既然会少花钱，我不花了它，我是不是傻？这种消费心理就产生了很可观的促销作用。支付宝中的花呗也有类似的促销作用，它是支付宝对信用好的用户提供的一项小额透支服务，其额度和用户信用（芝麻信用）正相关，这项功能和信用卡透支的功能是一样的，给消费者一个随便花的错觉，人们就会花更多的钱用于消费。

根据以上介绍的电子支付对促销作用的影响，可以看到电子支付对我国消费的促进作用不可小觑，其中的原因既有电子支付带来的便捷性、电子货币的“虚拟性”，还有其APP中的鼓励金和小型金融功能。这些将会改变网络时代的消费常态，而电子支付同时会对我国银行业和货币转型产生深远影响。未来的电子商务工作者一定要时刻关注电子支付的发展趋势，尤其是关注区域链和数字货币的发展情况，未来酒店的电子商务在电子支付应用中一定会涉及区块链技术，甚至应用虚拟货币，那时我们的后代会把纸币当成一种古董。

第二节　酒店电子商务的支付体系

酒店开展电子商务，首先要对支付体系有一个战略性的构建，因为现在不管是银联的，还是第三方支付平台的，可选择的有很多，对于大多数的星级酒店，一般选择银联电子支付平台较多，因为银联支付平台有便捷的预授权功能，特别适合服务台的收银系统。而对于低端的中小型酒店，则选择第三方电子支付平台的较多，每个酒店需要在电子商务环境下构建自己的电子商务支付体系。为了向客户提供更为方便的支付渠道，在构建电子商务支付体系时还需要运用多元化的支付工具，特别是新兴的电子支付工具，如电子现金、虚拟货币移动支付及多用途的储值卡等，这些都支持非现金支付。因此，在构建电子商务支付体系时，还需要覆盖各种各样的支付工具，应用在酒店各营业点的收银台，促使客户能够运用任何非现金支付工具完成支付行为，尽量地满足各类消费者的需要。在构建电子商务支付体系时，酒店需要考虑的是使用的便捷性和构建成本。

一、银联支付平台的解决方案

酒店电子商务支付体系主要是以电子商务系统作为构建核心，围绕客户的商务开展支付环节的建设，而新的支付体系必须比传统的支付体系更加便捷和灵活。例如，在传统的支付体系中，酒店是站在为客户提供什么样的服务来构建支付体系的。而电子商务支付体系则是因为市场需要新的支付方式、更便捷的支付方法这些需求而形成的。其主要是站在对客户提供更为优质服务的角度来考虑，只要客户需要服务，就有便捷的支付操作出现。事实上，支付作为一种资金转移活动及行为，是社会经济活动中交易的重要体现，电子支付系统作为支付活动得以交易完成的支撑工具，也是资金转移的重要渠道。建立完善的电子商务支付系统是酒店电子商务系统建设的基本前提，酒店需要早做规划和准备。

（一）银联在线平台的功能与特点

酒店构建的银联支付体系主要是银联在线支付平台的接入和运用。银联在线支付是中国银联为满足各方网上支付需求而打造的银行卡网上交易转接清算平台，也是中国首个具有金融级预授权担保交易功能，全面支持所有类型银联卡的集成化、综合性网上支付平台。

“银联在线支付”作为银联互联网支付的集成化、综合性工具，涵盖认证支付、快捷支付、储值卡支付、网银支付等多种支付方式，广泛应用于购物缴费、还款转账、商旅服务、基金申购、企业代收付等诸多领域，具有方便快捷、安全可靠、全球通用、金融级担保交易、综合性商户服务、无门槛网上支付等六大特点。简单灵活的快捷支付模式，无须开通网银，加快了交易进程，提升了用户体验，有助于银行、商户吸引更多的客户，促进网上交易。多重安全技术保障，实时风险监控，充分保证了支付安全。与其他担保交易提前划款给第三方账户不同，“银联在线支付”的金融级预授权担保交易，是在持卡人的自有银行账户内冻结交易资金，免除利息损失和资金挪用风险，最大化保证了银行、商户和持卡人的权益。延伸全球的银联网络，越来越多的银联境外网上商户让持卡人“轻点鼠标，网购全球”。银联在线支付的主要特点如下。

（1）方便快捷。

（2）安全可靠。

（3）全球通用。

（4）综合服务强。

（5）无门槛网上支付。

作为独立、公信、先进的互联网支付综合性工具，银联在线支付依托中国银联强大的电子支付综合服务能力，可为旅行者和酒店提供线下线上一体化的资金清算服务，便利的交易管理服务，更可提高商户订单支付成功率，确保交易信息安全；同时，依托银联强大的品牌支撑，有助于提高持卡人的消费信心，为酒店商家带来庞大的客户资源和无限的商机。目前，银联支付平台几乎覆盖所有的高星级酒店，因为高端客户有比较普遍的信用卡，银联支付平台的预授权功能安全特性受到这些高端客户的青睐。

（二）银联支付体系的构建

由于电子支付是一种非现金支付方式，其主要是运用网络技术及数据技术来实现资金的转移。但是，由于网络技术及计算机的可控性较低，容易出现虚假交易、诈骗行为等安全性问题。为了保障客户的合法权益，酒店应对银联支付体系构建的银行卡网络、移动互联网接入加强监管措施，结合数据技术提高对网络经营中数据的监管力度，以此保证消费者的合法权益不被侵犯、酒店的资金账户安全。目前，酒店主要有银联在线支付、银联云闪付等几种银联支付体系的应用，银联在线支付使用得最为普遍。

在酒店常用的银联在线支付共有三种支付方式，比较有应用特色的是认证支付、快捷支付和小额支付，它们都不需要开通网银。认证支付是指在银联的支付页面使用“银行卡信息+手机号码”的组合信息进行支付的方式，酒店常应用在门户网站的在线预订页面中。快捷支付是已经关联银行卡的“银联在线支付”注册用户，在支付页面使用“银联账户信息+手机号码”的组合信息进行支付的方式，常用在酒店的会员客户管理的电子商务中。小额支付是在银联的支付页面使用银行卡信息进行支付的方式，无须输入手机验证码，但是单笔的支付上限是 100 元，这种支付方式常用在酒店娱乐服务的电子商务中。

银联在线支付服务是中国银联推出的手机支付产品，可以通过银行卡进行安全的、便捷的即时支付。客户在银联签约的酒店内用手机客户端、手机网站进行付款时，安全支付控件可以保障客户银行卡信息的安全，是酒店服务台常用的收银方式。

银联云闪付是酒店采用的另一种在线支付方式，它让客户彻底告别实体银行卡，系统采用了 HCE 与 Token 技术，是一种移动互联网远程支付能力的创新移动支付产品，持卡人可以享受便捷、安全、快速的银行卡服务。云闪付卡是一张存储在手机中的虚拟卡，是持卡人手中银行卡的替身卡。

（三）银联在线支付开通申请

酒店在开发建设电子商务系统时，就要根据中国银联提出在线支付的申请，把相关的客户端软件嵌入酒店电子商务系统以及前台的PMS系统中，具体步骤如下。

（1）酒店与ChinaPay签订《网上银行卡支付接入协议》，填写《商户加入上海统一支付网关登记表》，并支付相关费用。

（2）酒店向ChinaPay及相关商业银行提交营业执照复印件及组织机构代码证复印件。

（3）酒店在其门户网站、相关系统上更新购物页面和查询页面并获取客户端软件。

（4）安装客户端软件，与ChinaPay进行系统调试。

（5）与ChinaPay的交易调试完成后，即可开通使用网上银行卡支付功能，实现在线支付。

银联支付的主要优势就是安全性比较高，有比较完整的金融安全体系，也符合具有信用卡的用户透支消费和先消费后还款的要求。欠缺的就是对交易双方的服务不到位，便捷性较差，对交易双方缺乏监督措施，不利于交易商品的质量管控。

二、第三方支付平台解决方案

第三方电子支付平台是指平台提供商通过即时通信、云计算和信息安全技术，在商家和银行之间建立连接，从而实现消费者、金融机构以及商家之间的货币支付、现金流转、资金清算、查询统计的一个在线平台。因此，第三方支付平台是买卖双方在交易过程中的资金“中间平台”，是在银行监管下保障交易双方利益的独立机构。在通过第三方支付平台的交易中，买方选购商品后，使用第三方平台提供的账户进行货款支付，由第三方平台通知卖家货款到达、进行发货；买方检验物品后，通知第三方平台付款给卖家，第三方平台再将款项转至卖家账户。受移动互联网应用的影响，目前第三方电子支付主要以移动支付的应用为主。

（一）第三方支付平台的由来与功能

最早出现第三方支付平台是源于电子商务的需要。在互联网的大环境下，电子商务交易离不开电子支付，而传统的银行支付方式只具备资金的转移功能，不能对交易双方进行约束和监督；另外，支付手段也比较单一，交易双方只能通过指定银行的界面直接进行资金的划拨，或者采用汇款方式；交易也基本全部采用款到发货的形式。在整个交易过程中，货物质量方面、交易诚信方面、退换要求方面等环节都无法得到可靠的保证；交易欺诈行为也时有存在，于是第三方支付平台应运而生。支付宝就是最典型的第三方支付平台。因此，第三方支付为保证网上交易成功提供了必要的支持，随着电子商务在我国的快速发展，第三方支付行业也如雨后春笋般地发展迅猛，如在国内应用的第三方支付产品主要有支付宝、微信支付、百度钱包、PayPal、中汇支付、拉卡拉、财付通、融宝、盛付通、腾付通、通联支付、易宝支付、中汇宝、快钱、国付宝、物流宝、网易宝、网银在线、环迅支付IPS、汇付天下、汇聚支付、宝易互通、宝付、乐富等。其中用户数量最大的是支付宝和PayPal支付平台，国内用户最多的是支付宝和微信支付平台。

第三方支付的特点是款项从启动支付到所有权转移至对方不是一步完成，而是在中间增加中介托管环节，由原来的直接付转改进到间接汇转，业务由一步完成变为分步操作，从而形成一个可监可控的过程，按步骤有条件地进行支付。这样就可以货走货路，款走款路，两相呼应，同步起落，使资金流适配货物流的交易进程达到同步相应的效果，也使支付结算方式更科学化、合理化地迎合现代网络市场的需求。它的核心功能主要是三个方面：第一，接收、处理并向开户银行传递网上客户的支付指令；第二，进行跨行之间的资金清算（清分）；第三，代替银行开展金融增值服务。

在这三项功能中，第一项接收、处理、传递支付指令是第三方支付平台必不可少的基本功能。第二项资金清算的功能则为选项，不同平台各有取舍，有的支付平台只具有第一项功能，不负责资金清算。第三项功能——代替银行开展金融增值服务，是指在一些银行涉及不到的领域，第三方支付平台可以协助甚至代替银行开发很多金融产品，如针对专门生活市场（缴纳水电费等）、社区市场（如物业结算、小区管理费）、独立单位市场（如大型连锁企事业单位等，包括酒店集团或连锁酒店）、移动市场的相关服务产品等。这三项功能对于大型的连锁酒店来说基本都会使用到，因此对于大型酒店来说，在开展电子商务过程中，需要选择的第三方电子支付平台服务商应具备这些功能要求。

（二）第三方支付平台的运行模式

第三方支付目前都选择平台化运行模式，采用的是移动互联网、大数据和云计算技术，由客户端和云服务端两大系统组成，它的运行模式主要步骤如下。

（1）消费者在商家的电子商务网站上选购商品，最后决定购买，买卖双方在网上达成交易意向。

（2）消费者选择利用第三方支付平台作为交易中介，用借记卡或信用卡将货款划到第三方账户，并设定发货期限。

（3）第三方支付平台通知商家，消费者的货款已到账，要求商家在规定时间内发货。

（4）商家收到消费者已付款的通知后按订单发货，并在网站上做相应记录，消费者可在网站上查看自己所购买商品的状态；如果商家没有发货，则第三方支付平台会通知顾客交易失败，并询问是将货款划回其账户还是暂存在支付平台。

（5）消费者收到货物并确认满意后通知第三方支付平台。如果消费者对商品不满意，或认为与商家承诺有出入，可通知第三方支付平台拒付货款并将货物退回商家。

（6）消费者满意，第三方支付平台将货款划入商家账户，交易完成；消费者对货物不满，第三方支付平台确认商家收到退货后，将该商品货款划回消费者账户，或暂存在第三方账户中等待消费者下一次交易的支付。

第三方支付模式就是以非金融机构的第三方支付公司为信用中介，通过和国内外各大银行的签约，具备很好的服务实力和信用保障，是一个在银行的监管下保证交易双方利益的独立机构，在消费者与银行之间建立一个某种形式的电子数据交换和信息确认的电子支付流程。未来第三方支付将向行业纵深发展，那些能最早深入某具体行业的支付平台服务商，还可以形成在该行业支付平台的竞争优势，抢占先机。从现在的电子商务发展看，电子客票、数字娱乐、住宿旅行和电信充值将最有希望打造行业性电子支付的专用平台。

（三）第三方支付的优势与风险

前面已经介绍了第三方支付的功能和特点，第三方支付的优势就是结算快捷和便捷，因此在酒店的餐饮、娱乐等消费场合使用比较多，尤其在中低端的酒店，第三方支付平台使用更为普遍，许多酒店的服务台收银系统也直接使用第三方支付平台。第三方支付作为网络市场交易服务的中介服务机构，它在最近十年里获得如此快的发展速度，必然存在它的中介服务优势，而这个优势也是网络市场能健康发展的基本保障。我们先认识一下第三方支付平台的优势。

（1）第三方支付平台作为中介方，可以促成商家和银行的合作。对于商家，第三方支付平台可以降低企业运营成本，同时对于银行，可以直接利用第三方的服务系统提供服务，帮助银行节省网关开发成本。

（2）第三方支付服务系统有助于打破银行卡壁垒。由于中国存在在线支付的银行卡“各自为政”的弊端，每个银行都有自己的银行卡，这些自成体系的银行卡纷纷与网站联盟推出在线支付业务，客观上造成消费者要自由地完成网上购物，手里面必须有十几张卡。同时商家网站也必须装有各个银行的认证软件，这样就会制约网上支付业务的发展。第三方支付服务系统可以很好地解决这个问题。

（3）第三方支付平台能够提供增值服务，帮助商家网站解决实时交易查询和交易系统分析，提供方便及时的退款和支付服务。

（4）第三方电子支付平台可以对交易双方的交易进行详细的记录，从而防止交易双方对交易行为可能产生的抵赖行为，以及为在后续交易中可能出现的纠纷问题提供相应的证据，虽没有使用较先进的 SET 协议，却起到了同样的效果。总之，第三方电子支付平台是当前所有可能的突破支付安全和交易信用双重问题中较理想的解决方案。

随着第三方支付平台规模的不断扩大，自然存在着资金安全隐患方面的问题或者支付风险问题。第三方支付机构一般都有一种资金吸存行为，买家把钱付给企业，或者电子商务平台也好，第三方支付平台也好，然后再经过一段时间，买家确认以后，平台把钱再付给卖家，在滞留的过程中，钱沉淀在支付机构里；另外，开立账户后，随着交易额的增加，一些提供支付服务的企业都和客户签约，约定每周清算两次，或者每周清算一次，或者每月清算一次。随着这种业务量的逐渐增加，资金沉淀量将是非常大的。这种安排是为了增强网上交易信心，维护公正性，确实是很有效的做法，但问题是保证了交易双方之间的信心，提供了信誉增强的服务，但自身的信用和安全性却无法得到保证。当交易规模发展到一定程度，特别是第三方支付服务不是对一家企业，而是对着成千上万家企业，一旦出了问题以后，其影响面将非常大。如资金非法转移、套现、虚假交易等安全性风险。

（四）第三方支付的流程特点

在第三方支付平台的交易流程中，涉及商家与客户的流程、商家与银行的流程、客户与银行的流程，以及第三方支付平台与商家银行和客户银行的流程。在交易过程中，商家是看不到客户的银行信用卡等信息的，同时支付平台要防止客户信息被多次传输或被窃，因此在第三方支付平台的流程设计上，为了获取更多的商家认可须具备以下的一些流程特点。

（1）安全性特点。信息在各流程中流转，需要满足商家和客户的安全性要求，最好达到银行要求的宙斯盾级的资金安全保障矩阵，以防止交易信息的泄漏。

（2）低成本特点。支付平台降低了政府、商家、客户直连银行的成本，满足了商家专注发展在线业务的收付要求，对商家低服务费用更具有吸引力。

（3）个性化服务特点。第三方支付平台的个性化服务，使得其可以根据被服务商家的市场竞争与业务发展需要创新地提供服务，同步定制个性化的支付结算服务。

（4）业务担保的特点。这种业务担保，对商家而言，通过第三方支付平台可以规避无法收到客户货款的风险；对客户而言，不但可以规避无法收到货物的风险，而且货物质量在一定程度上也有了保障，增强了客户网上交易的信心。

（5）增值服务的特点。第三方支付平台可以提供许多消费者的生活服务，如生活类、医疗类、教育类的增值服务以及余额的理财服务等。

第三方支付机构在科技与金融、线上与线下的跨平台流程融合性特征，使其积累的行业经验与用户数据更为多维度。他们可以通过最新的科技手段对线上、线下的用户行为数据进行跟踪、分析、挖掘，将这些数据同银行的信贷等业务进行对接，便可以创造出新型的融资模式，如现在大家都在关注的互联网金融服务等。

三、选择第三方支付的要点

在互联网环境下的现代消费者，购买酒店服务产品有的是通过网络，如酒店的门户网站、酒店的公众服务号、酒店的各种移动服务 APP，也有的是通过酒店的服务台直接购买，或者在酒店的娱乐场所购买服务，他们结算的共同点可能都是电子支付方式。因此，酒店无论是在网络上还是在酒店内，所有的服务交易收银点都需要支持电子支付方式，这些线上线下的服务结算应该如何选择电子支付方式，这是酒店需要考虑的关键问题。目前全国已有 100 多家第三方的电子支付服务商，它们的功能和服务可以说差别很大，酒店需要选择适合自己服务要求的电子支付服务商，又要考虑酒店电子商务经营中的安全问题以及费用问题。

选择第三方支付服务商，最重要的还是交易的安全，因此酒店选择时要注意选择正规、合法、合规的第三方电子支付平台站点，并具有金融级的交易安全措施。另外，第三方要有自己的支付牌照，而不是挂靠在哪个平台开展支付业务。满足了这些条件，重点要考量的就是平台的安全性，因此，对于安全方面的考量是酒店选择第三方的重点内容。同时，也要根据自己的安全需要来选择，因为不同的第三方支付平台提供的服务会存在差距。网上支付、移动支付、网银支付、跨境结算、外卡收单等，这些电子支付应用在不同的场合对安全的要求也有所不同。下面先熟悉一下第三方支付平台所要求的几点安全内容。

（1）数字证书：核心加密技术可以对网络上传输的信息进行加密和解密，确保网上传递信息的机密性、完整性。

（2）实名信息认证：实名制注册，通过封闭的移动通信网络与银行实时交互，进行数据加密传输，确保交易和资金安全。

（3）控制消费限额：用户可以在第三方支付平台上自主设置单笔消费限额、日支出限额等，严格控制账户的消费支出，保障账户的交易安全。

（4）风险监控系统：安全监控体系可以规避电子支付过程中的操作风险。

（5）风险控制措施：事前、事中、事后的风险措施处理。

（6）纬度权限管理体制：需要全天账户异常检测。

（7）全程监管机制：账户资金由托管银行全程监管反欺诈系统。

另外，交易时酒店不但要注意资金的安全，还要保障自己电子商务的安全以及门户网站交易的安全，以便第三方支付平台的电子支付顺利交易。

具体选择第三方支付平台时应重点考虑以下几点。

（1）有合法支付牌照。有些第三方平台是对接其他平台，最靠谱的方式就是看平台对接的支付渠道是否拥有支付牌照。

（2）无即时到账的 D0。D0 本身就不符合规定，一个谨慎的银行或支付平台，在如此之多的金额业务中怎么能一笔笔算清？看到 D0 的商户更是应该起疑，为什么非工作日，银行也能即时到账？遇到这些问题，酒店管理者就要小心了。

（3）所需审核资料。申请网上电子支付，必备资料有营业执照、身份证、银行卡等资料。资料有些多，但是这些都是必备的，相信经营者也不会想自己的资金被冻结。

（4）低廉的服务费用。最好的就是服务费率低，开通服务免费。

（5）银行级安全保障。具有银行级的安全保障，保证交易信息不泄漏，交易资金有安全保障。

（6）实时微信消息提醒。在开通扫码支付后，除了规定扫码限额支付外，每一笔订单支付，商户和消费者都能在微信中收到消息提醒，随时掌握交易中的业务动态。

（7）是否支持国际结算。酒店业务中有许多国际旅行者和商务客人，酒店在电子支付中要处理境外客人的交易结算，所以选择第三方支付平台需要满足国际业务结算的业务需求。

如果第三方支付平台具有大数据的分析和挖掘，帮助酒店服务企业做些客户分析和未来预测，则也是酒店选择第三方支付平台时考虑的一个因素。大数据时代网络支付的发展以及后台运作的市场分析数据，可提供给商家合理的供需结果，是一种较好的支付运行模式，既做提供独立的第三方的支付服务，又解决网上后台运营可能出现的各种问题。所以选择与独立、公正、专一的第三方公司合作，并具有智能化的分析技术应用，是每个酒店支付终端优先考虑的选择。

第三节 常用的酒店电子收银系统

目前，酒店前台的 PMS 服务商有很多，这些服务商都有自己的电子收银系统，用于支持消费者的各类电子支付。本节介绍的电子收银系统，是杭州绿云科技公司 i-Hotel 酒店平台下的电子收银系统。目前，绿云科技是全国最大的酒店平台产品服务商，i-Hotel 酒店平台至 2019 年 6 月已有近 2 万家酒店用户，是名副其实的酒店专用的电子商务平台，既支持单体酒店的平台化建设，又支持酒店集团连锁经营的平台化建设。它的电子收银系统支持银联电子支付平台，与收单行的中国工商银行、中国建设银行、交通银行和中国银行可以直联，又支持国内主流的第三方电子支付平台，如支付宝、微信支付。因此，介绍 i-Hotel 的电子收银系统在国内酒店界有一定的应用代表性，基本反映了酒店电子商务的电子收付系统在酒店市场的应用概况。

一、绿云 MiPay 收银系统

绿云软件与银行联合推出的新产品——无线智能 POS 机支付功能（MiPay），具有简单、便捷的操作，解决了传统支付方式带给酒店前台复杂、烦琐的工作任务，使收银支付变得有趣简单，节省了客人在结算时的等待时间。绿云 MiPay 是在银行智能 POS 机上开发的酒店客房应用移动 APP，主要用于服务台的收银，它定位智能 POS 机与绿云前台系统直连互通，处理前台所有的支付收退款、银行卡预授权等相关客房的收款业务。它既支持所有的银联支付卡，又支持支付宝、微信支付等第三方电子支付平台。

（一）班次登录

MiPay 在使用时需要登录，记录每一个收银操作人员的工号，除此之外，用户登录后移动终端就和前台系统连接，成为一个移动式的智能 POS 机，接待员可以不再局限于传统的柜台接待方式，当有付款或者结账需求时，无论客人在酒店的哪个角落，只要被网络覆盖的范围，就可以在移动智能 POS 机上完成操作，实时将客人支付的款项自动传入前台 PMS 系统中，有效地节省了操作时间，并提高了账务处理的准确度。MiPay 登录示意图如图 7-2 所示。

在 PMS 系统中打开二维码应用，点开 MiPay 班次登录后，输入班次、工号和密码，如图 7-3 所示。

图 7-2 MiPay 录陆示意图

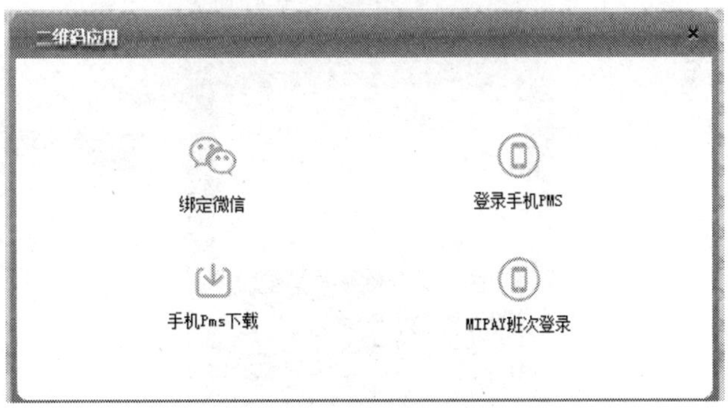

图 7-3 二维码应用登录

（二）预授权

前台 PMS 与 MiPay 之间完成配置后，当 PMS 系统中有某个订单发起一笔预授权，这笔交易将快速传入 POS 机“MiPay” APP 中，进入“预授权”界面，操作员仅需要遵循 POS 支持的交易方式，完成预授权建立，建立成功后，信用卡号、预授权号、金额等将实时回传到 PMS 系统中。预授权创建操作界面如图 7-4 所示。

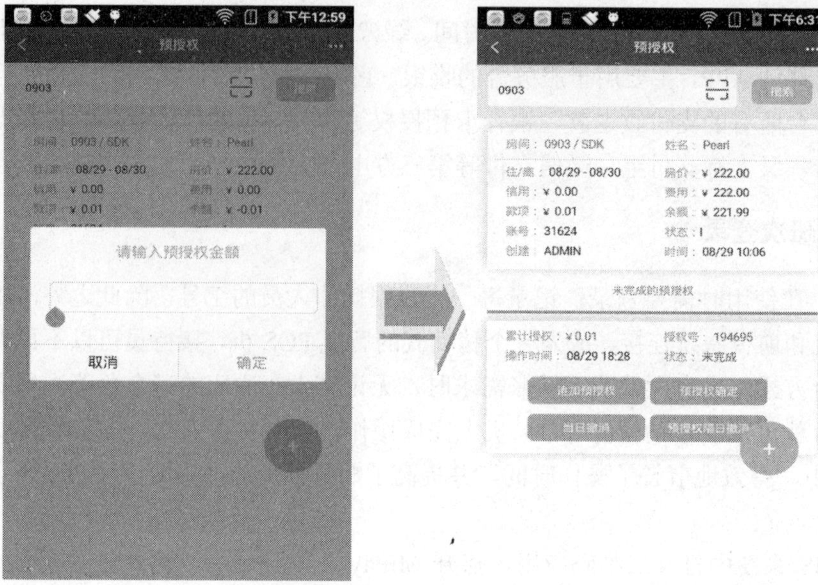

图 7-4 预授权创建操作界面

预授权创建成功后，点击“预授权确定”按钮，输入正确的金额，这时预授权完成确认，交易成功，自动显示并打印交易凭证。预授权确认操作界面如图 7-5 所示。

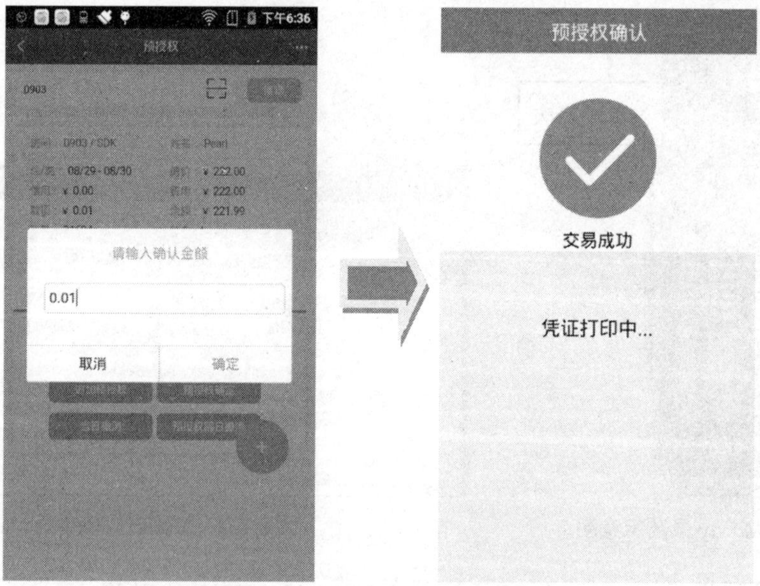

图 7-5 预授权确认操作界面

预授权确认成功后，可以根据需要进行增加预授权、对预授权撤销等操作。在预授权完成撤销交易成功后，还可以重新完成追加预授权、预授权确认、当日撤销、预授权隔日撤销等操作，这里就不做详细介绍了。

（三）订单支付

订单支付或消费支付可以支持客人在酒店直接使用借/贷记卡（包含五大行发布的外

卡）、微信、支付宝等非现金的交易，与预授权的区别是该交易成功后，将支付直接记录到客人的前台账务中。单击 PMS 中账务处理的“扫码支付”按钮，获得如图 7-6 所示的扫码支付的界面。

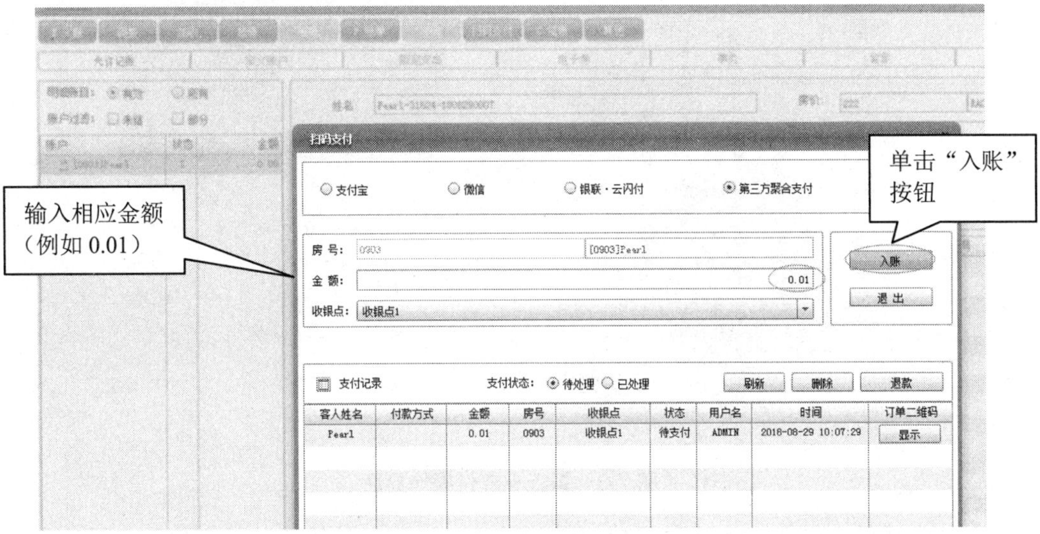

图 7-6　扫码支付操作界面

这时，打开收银台，出现收银台的支付界面，可以选择银行卡支付和扫码支付两种方式，如图 7-7 所示。

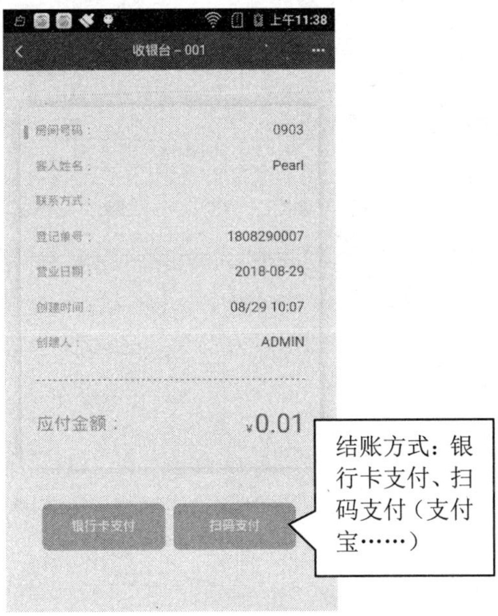

图 7-7　收银台支付操作界面

1. 银行卡支付

选择银行卡支付，可以通过银行卡（借记卡、贷记卡）刷卡、挥卡、插卡操作进行消费结账，在结账过程中，需要持卡人输入银行卡（借记卡、贷记卡）密码，如图 7-8 所示。

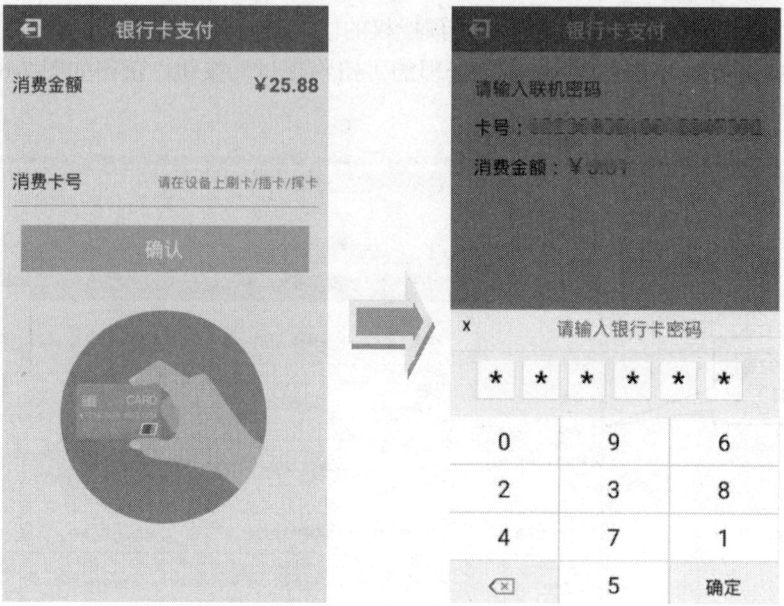

图 7-8 银行卡支付操作界面

支付成功后，出现订单消费成功，自动显示并打印交易凭证，在账务处理系统中会出现如图 7-9 所示的操作界面，提示支付状态为已处理。

图 7-9 银联支付后状态为已处理界面

2. 支付宝、微信支付

选择支付宝、微信支付可以通过扫码支付进行消费结账，过程相对比较简便，客人只需出示支付宝或微信的付款码，通过智能 POS 机进行扫码消费即可。付款成功后，自动打印交易成功凭证，打印完成后自动退出交易，并显示入账成功界面，如图 7-10 所示。

图 7-10　支付宝、微信支付后入账成功界面

3. 退款操作

MiPay 功能支持全额以及部分退款，当客人通过银行卡、微信、支付宝向酒店支付费用后，如操作失误或者客人要求，都可以最大化地满足客人与酒店的实际业务需求。首先在 PMS 系统端进入扫码支付的退款界面，选择其中的“已处理”操作界面，并选择需要退款的支付记录，这时单击“退款”按钮后，在弹出框中输入退款金额，单击“确定”按钮，如图 7-11 所示。

图 7-11　扫码支付的退款操作界面

在智能 POS 机一端，这时打开收银台，进行下拉刷新操作，会出现退款的房间，打开该房间记录，核对退款的信息，确认退款。退款成功后，自动打印交易成功凭证，打印完成后会自动退出退货成功的操作界面，支付状态转到“处理成功”界面，如图 7-12 所示。

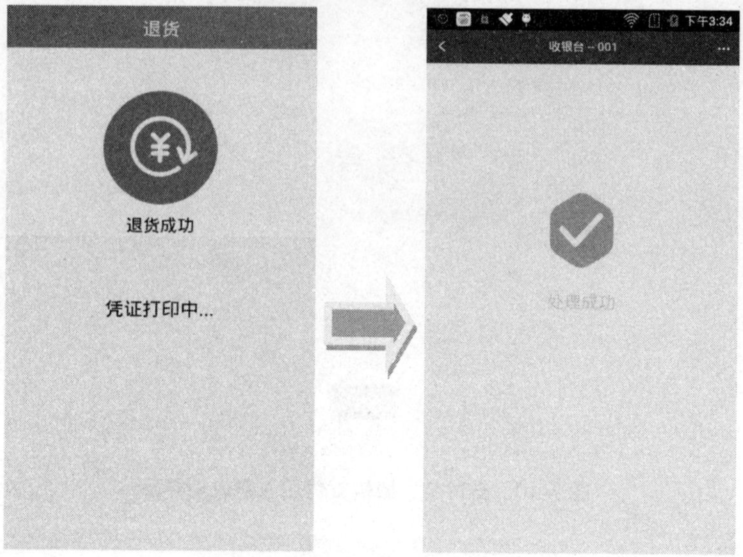

图 7-12　扫码支付退款处理界面

需要注意的是，退款操作必须和支付操作对应起来，如果客人的支付是通过两笔方式支付的，则退款也必须分成两笔退款来操作，不能一次性去完成退款处理。

4. 收银查询

MiPay 对完成的任意一笔电子支付交易订单可以通过设置查询条件进行查询。在系统的首页上直接点击“收银查询”就可以进入交易的查询界面。如果选择日期的条件，可以查询某一日的所有交易记录，如果选择姓名、手机号、房号等条件，则可以查询任意的某一笔交易记录。电子支付后的交易查询操作如图 7-13 所示。

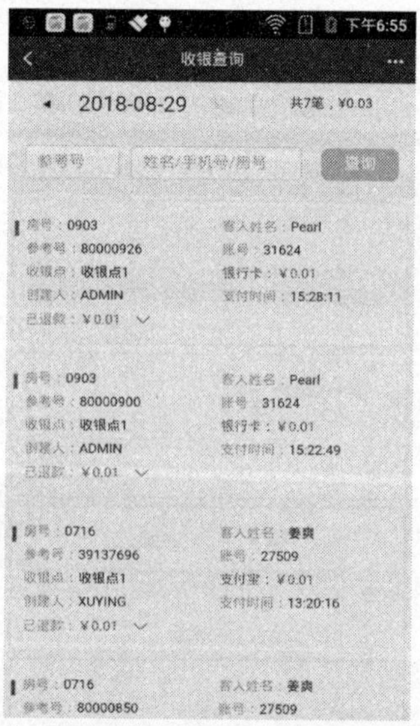

图 7-13　电子支付后的交易查询操作

二、绿云 MiPOS+收银系统

绿云 MiPOS+应用 APP 可实现无现金支付的移动结算，主要应用在云餐饮或原有餐饮系统的基础上，以及娱乐服务的收银系统中，通过 MiPOS+完成多种电子结算方式的订单支付、交易查询、退款等操作。MiPOS 的电子收银与支付操作流程如图 7-14 所示。

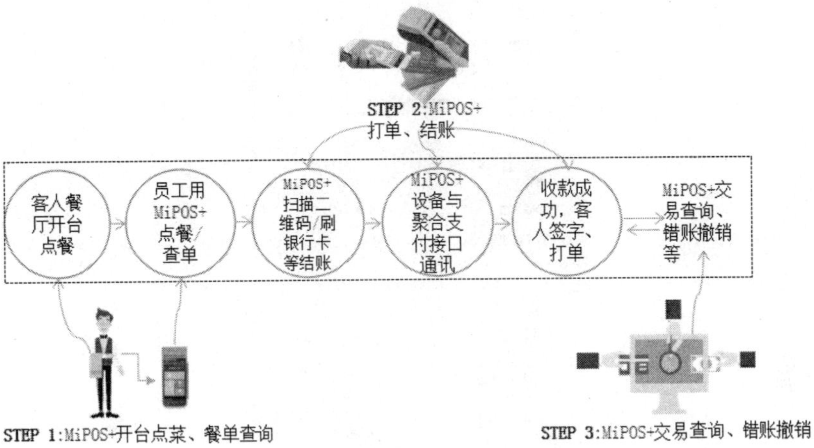

图 7-14　MiPOS 的电子收银与支付操作流程图

(一) 订单支付

绿云 MiPOS+的订单支付同样支持银行卡电子支付和第三方的支付宝、微信支付，也可以和前台 PMS 直联，把餐饮费用转到客房账户实现服务台的一次性支付结算。具体操作在图 7-15 所示的系统首页上选择“订单支付”，在搜索框中输入餐饮桌号，就可以实现对该桌号的餐饮消费进行结账。

图 7-15　MiPOS 首页操作界面

点击搜索后，就出现该桌号的消费清单和结账界面，结账时会显示当前的优惠模式，也可以关联消费者是否是酒店会员，或有相关的协议客户。中间是所有消费餐饮清单，以及单价和总额，下面是电子支付的选择窗口，可以选择银联电子支付，以及第三方电子支付等，如支付宝和微信支付。绿云 MiPOS+的电子支付结账界面如图 7-16 所示。

图 7-16 绿云 MiPOS+的电子支付结账界面

1. 银行卡支付

在图 7-16 中选择银行卡支付，可以通过银行卡（借记卡、贷记卡）刷卡、挥卡、插卡操作进行消费结账，在结账过程中，需要持卡人输入银行卡（借记卡、贷记卡）密码。订单交易成功后，自动显示并打印交易凭证，这些操作界面和支付成功后的页面与 MiPay 中银行卡支付相似。结算完成后桌号状态转换成空闲。

2. 支付宝微信支付

在图 7-16 中选择支付宝微信支付，可以通过扫码支付进行消费结账，客人只需出示支付宝或微信的付款码，通过智能 POS 机进行扫码消费实现电子支付。付款成功后，自动打印交易成功凭证，打印完成后自动退出交易成功界面，并显示该桌号入账成功，桌号状态转换成空闲。

3. 转房间

该功能将餐饮账务转至前台在住房间，账务由前台结算。在图 7-16 中选择“转房间”，在出现的搜索框中输入相应房间号，出现转房间界面。如图 7-17 所示，餐饮转房间须注意两个状态：一个是房间状态，只有该状态是“I”时才能把餐饮费用转入（其他状态可能是“O”，表示已退房）。另一个是是否允许挂入餐饮账务，只有状态是“T”时才能允许全部转入（其他可能是“F”，表示不允许，“P”表示部分允许）。确认该房号允许记账后，才能进行转房间操作。这时需要输入工号以及密码进行验证后，餐饮账务转至房间才成功，桌号状态转换成空闲。

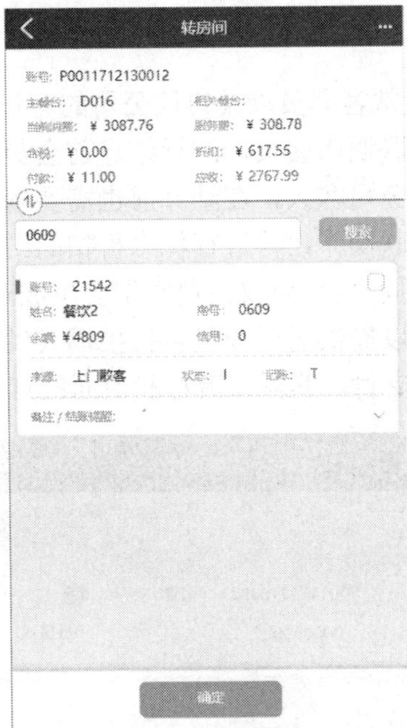

图 7-17 餐饮费用转房间操作界面

4. 转 AR 账

MiPOS 收银允许将餐饮账务转至相对应的 AR 账（应收账户），由后台财务去负责处理收款。在图 7-16 中选择“转 AR”，在出现的搜索框中，输入相应 AR 账户名称，点击“搜索”按钮进行查询。确认该 AR 账户允许记账后，勾选相应房间号，点击“确认”按钮。然后输入工号和密码进行验证后，餐饮账务就成功转入相应 AR 账户，桌号状态转为空闲。MiPOS 餐饮费用转 AR 账操作界面如图 7-18 所示。

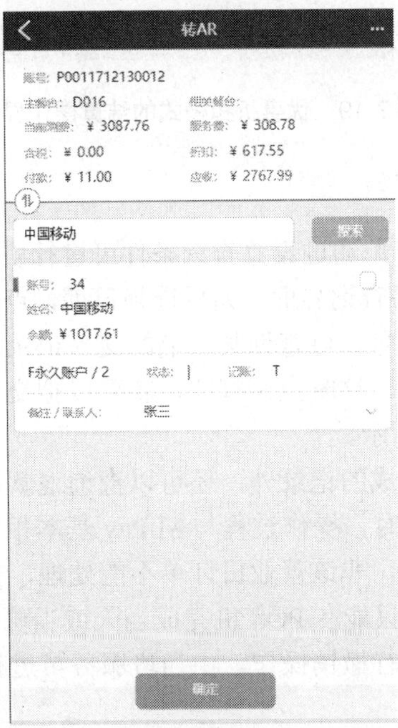

图 7-18 MiPOS 餐饮费用转 AR 账操作界面

（二）优惠折扣

MiPOS 允许对酒店会员或常客会员以及协议公司的客户进行优惠折扣结算。对于个人会员，在结算前餐饮订单先关联酒店会员，进行结算前会员折扣的关联操作，然后进入优惠折扣的结算操作。对于协议公司客人，在结算前也需要餐饮订单先关联酒店协议公司，进行结算前协议公司折扣的关联操作，再进行优惠折扣的结算。优惠折扣模式的结算操作界面如图 7-19 所示。系统对不同会员/协议公司类型会生成对应的优惠折扣，然后点击“优惠”按钮进行结算。系统也可以提供通用的优惠折扣模式供操作员使用。结算时不管是选择银行卡支付还是支付宝微信支付，其操作流程和前面的订单支付流程一样。

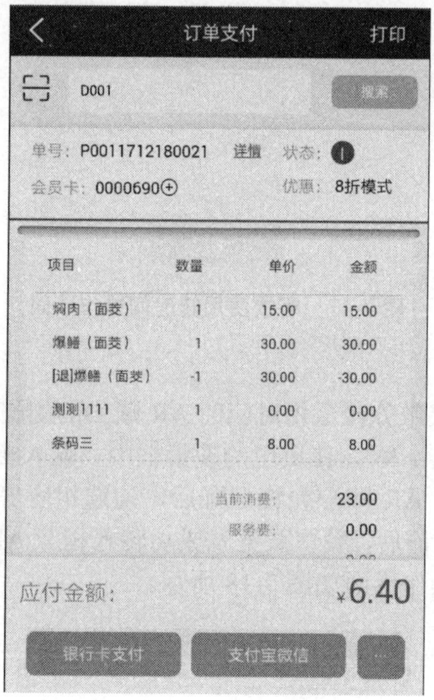

图 7-19 优惠折扣模式的结算操作界面

（三）交易查询

MiPOS 对已完成的交易订单通过设置查询条件可进行实时查询。在系统首页界面中选择“交易查询”，即可进入交易查询界面。如果选择日期，点击查询后可查询某一日的所有结算交易记录。如果选择订单号，可查询某一笔的交易记录。点击某一笔交易记录后，可查看该笔交易记录的详细情况，这时点击打印，就可以把交易详细记录打印出来。MiPOS 交易查询操作界面如图 7-20 所示。

系统除了可以查询交易完成的记录外，还可以查询退款的交易记录，以及已完成退款的交易记录。在处理退款操作时，操作过程与 MiPay 基本相似，不同的是餐饮消费的退款仅能退营业日当天的订单付款，非该营业日订单不能处理，如需退款，须按照银行流程进行处理。所以，MiPOS 的退款只能在 POS 机完成当天或当班的结算之前退款。银行卡和支付宝微信的支付退款，需要进行撤销操作，由当班服务员进行账务身份认证，才能完成撤销和退款操作。

图 7-20　MiPOS 的交易查询操作界面

本章案例：基于电子商务的“无人酒店”解决方案

由浙江乌镇街公司开发的“无人酒店”解决方案，致力于推动人工智能在酒店的实际应用。乌镇街公司是由中电海康集团与桐乡市政府联合创建，公司业务主要是技术成果交易转化，重点开发智慧服务类产品，包括旅游业的智慧服务，推出的宾智 AI 无人酒店解决方案，专门为商务酒店、民宿提供基于移动电子商务的智能服务，以满足新时代酒店个性化客户的实际需要，同时降低商务型酒店经营中的人力资源成本。

公司通过对乌镇地区的酒店和民宿经营的调研和客户调研，认为未来商务型酒店通过人工智能开发“无人酒店”将有很大的市场空间。公司结合自身的技术优势，通过与中电海康研究院以及其他众多合作伙伴的共同努力，构建了建设无人酒店的顶层平台系统，以数据采集为基础，部署线下数据采集设备，加强住宿业业主对于信息流的掌控，从而提升住宿业业主对于住宿主体的认知，旅客对于住宿各个流程的体验。同时联合当地政府，致力于构建未来新经济赋能地、网络新秩序试验区。借助乌镇这个互联网大会永久会址以及乌镇峰会的优势，形成了完全数字化、智能化的“无人酒店”解决方案。

一、无人酒店的系统功能

宾智无人酒店方案主要围绕数据采集和验证，结合移动电子商务，实现酒店准无人化，所有服务均由人工智能设备和客人自助实现。系统通过高新技术和设备将酒店 OTA 系统、PMS 系统、自助入住机、人证比对设备、视频监控平台、智能客房控制设备、用电监管设备、基础设施管理平台等将一个中间件软件整合在一起，并对各应用系统进行数据接口打通，实现了所有数据的各系统共享，“无人酒店”从业务流程上得到了实现，如图 7-21 所示。

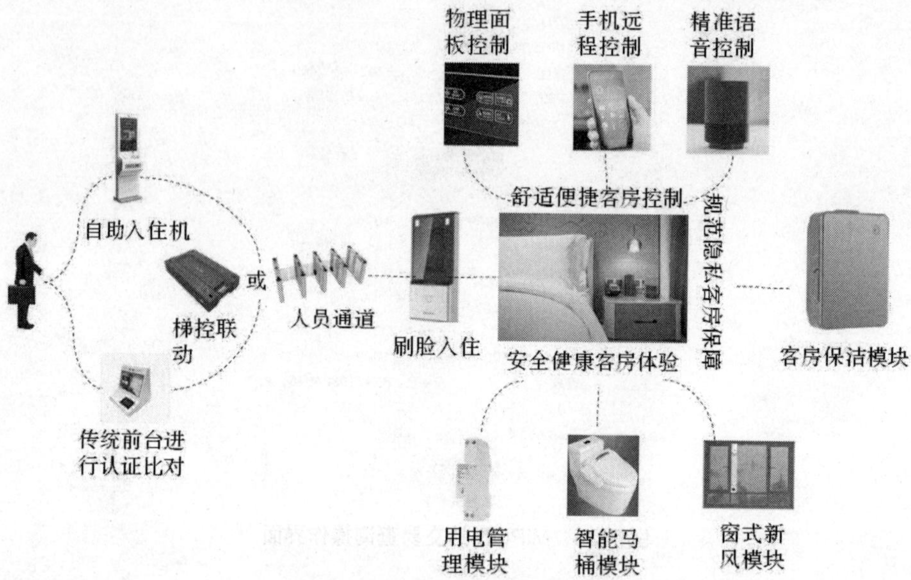

图 7-21 宾智无人酒店入住流程

宾智无人酒店方案代表的不仅仅是一种行业内的技术解决方案，同时也是一种出行选择，一种生活态度。它将技术与生活更加紧密地结合在一起，实现科技为生活服务的目标。下面围绕图 7-21 所示的入住流程，简要介绍无人酒店各环节的系统功能。

除了核心的中间件中枢平台以外，入住流程中的几个关键产品介绍如下。

（一）CRS/PMS 系统

这是无人酒店中的主要技术系统，还包括外部 OTA（在线旅行社）平台和酒店自有预订系统的预订信息导入，酒店客房状态的管理，都需要用到成熟可靠的 CRS（中央预订系统）和前台 PMS（物业管理系统）。国内知名的绿云、西软、金天鹅、众荟、中软、用友等都有这方面出色的产品和服务。

（二）自助入住机

这是无人酒店的主要接待设备，客人到达酒店后，用以替代传统酒店前台服务的一种方式就是自助入住机，如图 7-22 所示。在该设备上，客人可以完成包括现场预订、线上预订 Check in、人证比对识别、房型选择、预授支付、制作房卡、票据等一系列入住所需要的手续。继自助取款机、自助值机、自助车票机等自助设备不断普及，自助入住机也越来越得到希望自助入住的客人的青睐。生产自助入住机的代表厂商有忆客、旅步、睿沃等。

图 7-22 自助入住机

（三）人证比对设备

这是无人酒店的主要验证设备，由于酒店是人员流动较大的场合，所以对入住人员的人像采集和证件比对是酒店的治安重点，在无人酒店场景下，可以通过将传统前台的人证比对设备集成进入自助入住机，完成房卡制作或者智能门锁授权。也可以将其放于客房门口，与门锁进行联动，自动完成 Check in 和开门两个动作，如图 7-23 所示。人证比对设备的核心在于人脸识别技术和证件读取上传。生产人证比对设备的代表厂商有海康威视、商汤、旷视、普天等。

图 7-23　人证比对终端

（四）智能门锁设备

这是无人酒店安全管理中的主要设备，传统酒店门锁有磁卡锁、IC 卡锁、RFID 射频卡锁等，这些门锁在无人酒店场景下得到了网络化提升。一方面一些自助入住机可以替代前台人工进行房卡的制作，另一方面新型智能门锁可以实现远程授权、手机开锁等功能。即使是传统的酒店锁，也都可以通过外加智能模块（见图 7-24）来实现智能化、数字化、无线化的升级。智能门锁厂商众多，从传统锁厂转型升级，到原有科技企业、安防设备厂商、家电厂商跨界进入，都给智能锁行业带来了蓬勃生机。但因为门锁本身就是安全的最后一道防线，所以智能锁受到国家日用五金制品协会制锁分会以及所属的锁具信息中心、锁具质量检测中心、电子智能锁专家委员会等机构的管理和检测。

图 7-24　无线门锁部件

（五）智能客房控制

这是无人酒店最具高科技体验感的客房设备，无人酒店和新型智能型酒店的房间设备

（包括灯光、窗帘、空调、电视、音响等）控制越来越多地被智能化手段进行了改造，传统面板控制和手动控制变得越来越智能化，利用语音和手机都可以进行预设、现场控制等。在无人酒店场景下，需要做到的是在确定预订了房源的第一时间将客房控制的权限同步发放给入住的客人，当住客到达酒店时，只要在酒店规定的启房时间后并自助验证身份，就可以直接进入客房来掌控客房内所有的智能设备。同时客房控制系统会将客人的操作数据记录下来。

（六）基础设施管理平台

这是无人酒店中的基础性管理控制系统，包括电梯控制、网络状态监控、用电设备监控等，可以根据中枢的调度指令进行信息化基础设施的自动执行以及状态监控。同时可以在设备发生故障、用电安全存在隐患时第一时间报警报修。

（七）客房服务系统

这是无人酒店中以机器人为主的服务系统，包括一键呼叫服务员（注意，我们强调的无人酒店是不需要服务人员介入即可完成一次完整的入住，而非完全无人的一个空间环境）和机器人服务员，可以完成入住期间送餐递物等常用的客房服务。

二、基于数据的全新客户体验

在无人酒店的解决方案中，数据是唱主角的，首先，能够实现无人化入住，各种设备和操作的背后就是以大量的数据流转作为保障：客人预订客房时就会产生客户基础数据，姓名、性别、年龄、偏好房型等，而只有订房确认的数据到了自助机或者人证开锁设备，才能够制作房卡或者提供开锁权限，无人入住这个业务流程才能走通。

另外，在无人酒店场景下，尤其是在国家酒店管理相关法规的约束下，人脸这个非结构化的数据不仅是入住采样的一个重要数据，在逃、管制人员的人脸数据还可以作为公安治安管理和提前预警监管的依据，保障正常客人的安全。

数据在以酒店为入口的电子商务情境中有着极其重要的作用，如宾智酒店系统提供的一个常旅分析功能，可以根据客人习惯的灯光设置、喜好的电视节目、认为舒适的空调温湿度这些数据，作为客人下一次入住时的迎宾模式依据，在客人进入房门的那一刻就可以感受到宾至如归的感觉。

这样的例子还有很多，例如，无人酒店因为有了物联网的感知设备，所以可以知悉所在地的环境质量，提前将房内的空气进行净化操作，客人感觉智能暖心的同时很有可能就会扫下这台空气净化器上的二维码进行购买；再如，宾智酒店系统提供的健康马桶尿检功能，可以在客人如厕的同时为其做一次简单的尿常规检测，这对自动推送适合客人的健康资讯信息极有帮助；对于开车入住的客人，可以通过自动道闸系统采集的车辆信息自动推送周围的加油站汽修店贴士等。

“宾智”AI 无人酒店解决方案，其核心技术在于全数据的接入和快速交换，不仅在采集方式上从传统的人工采集统计转向了无感化的设备采集，而且也从仅采集人或者设备的数据转向了人、设备、环境等多元异构数据的统一采集和联动分析。这将是一个巨大的数据制造工厂，是众多上层应用伙伴的丰富持续的数据来源。只有有了庞大的数据基础和大数据分析，AI 技术的应用才能让宾至如归成为可能。

三、“无人酒店”总体应用架构

宾智“无人酒店”总体应用架构（见图 7-25）其实是基于数据交换的业务流程打通，用物联网设备代替传统人工进行数据的流转和交换。所以总体应用架构也是一个典型的物联网系统架构，结合了以大数据为基础的移动电子商务，架构还包含了“感、传、智、用”四个核心环节。

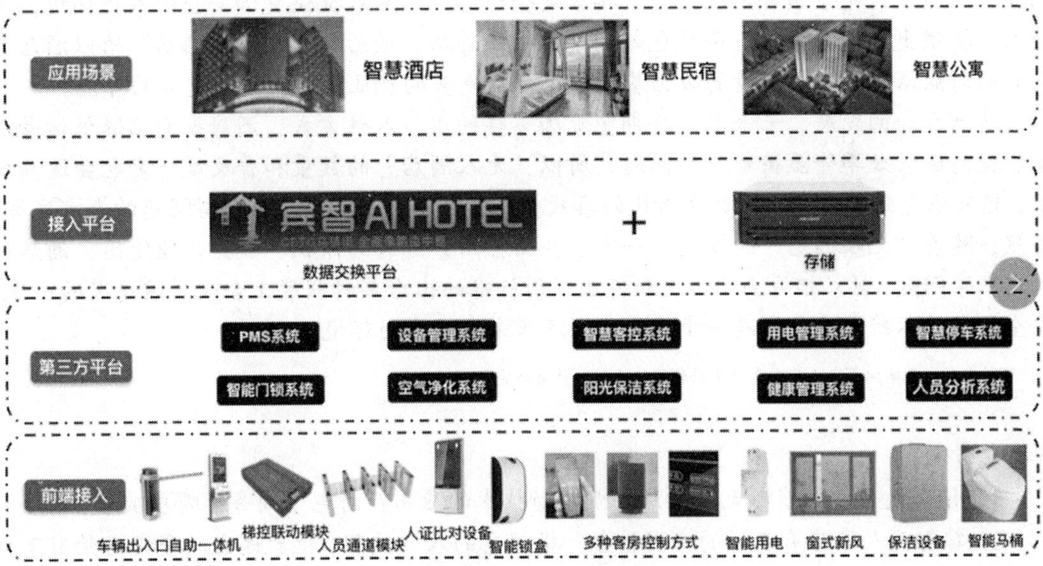

图 7-25　宾智无人酒店应用构架图

感知层采集需要的业务数据、人员数据和设备数据。这里包括众多的物联网设备、感知设备，也包括人们通用的移动端、PC 端和自助机等终端的录入。

传输层将采集到的数据传输到对应的业务软件和中枢平台，同时将控制指令传回到设备终端，以实现业务对象的自动识别。传输方式可以是通过通用协议，也可以是通过私有协议，但最终是需要实现酒店核心业务的数据互通。

分析层根据大量的数据分析，采用的是智能化技术和数据分析技术。该层按照无人酒店既定的业务流程，分析得出客户所需要的各种参考结论，作为用户体验提升、酒店管理升级、降低运营成本、提高监管级别等决策的辅助依据。最终实现酒店的智能管理和智能服务，即用数据驱动酒店的经营活动。

应用层是指数据的具体应用，是链接了酒店经营者和客人的窗口，这个窗口通过数据把业务与不同的系统融合起来，实现了无缝对接，使得不同业务在该环节充分地交互、反馈、处理，数据得到了最实际的应用，价值得到了最直接的体现，客人也获得了不一样的场景体验。

四、“无人酒店”的社会影响及未来趋势

“无人酒店”的出现为酒店行业提供了一种全新的思考和方向。越来越多的用户习惯于

自助入住，不需要前台和服务人员参与到疲惫匆忙的旅途之中。无人智慧带来的新奇体验也从某种程度上增加了用户和酒店的黏性。一些酒店也因为“无人”或者减人，大幅缩减了人员成本，同时因为对设备状态和能耗情况有了更清晰的掌握，在一定程度上降低了能耗，缩短了设备维护的响应时间，更重要的是因为“无人酒店”的新型体验，提高了酒店入住率。再次强调这里的“无人”，是一种技术手段，酒店有了这样的技术手段，可以自己选择或者让客人选择是否需要人为介入客人的入住行为，提供多一种选择的酒店总是会得到更多客人的欢迎。而政府或第三方监管的立场，因为“无人酒店”的数据制造能力远远高于传统酒店，对于填补监管死角，排除安全隐患，给客人提供更加安全的入住环境，为全社会提供更加安全的出行条件也起到了积极的作用。最后就是“无人酒店”给以酒店为入口的商业活动提供了大量的数据基础，可带动更多的产业发展，激发更多的可能。

随着社会的发展，未来人们会期望更加多样的出行入住方式，酒店也面临降低运营成本、提高运营效率等亟待解决的问题，所以“无人酒店”的数量和普及度一定也会逐渐增长，越来越受到新世代以及数字游民的喜欢，其技术应用尤其适合商务型酒店的未来发展。当然，随着“无人酒店”的发展，一定也会面临用户隐私的保护、数据合理使用、酒店投入成本等问题。国家相关法律法规和行业通用标准的出台某种程度上会改善该情况的出现，安全技术的不断发展也会进一步改善无人酒店未来的应用环境。

资料来源：该案例由中电海康乌镇街科技提供素材，作者研究整理。

思考题：

1. 什么是无人酒店？无人酒店有哪些新技术的应用？对电子商务有哪些要求？

2. 宾智无人酒店有怎样的应用特色？根据它的入住流程，试叙述它的登记场景有怎样的高科技体验？

3. 你作为一个消费者，是否喜欢宾智无人酒店的入住体验？还存在不足的地方有哪些？

拓展知识

自建支付平台模式	SSL 协议	SET 协议
数字证书	网上银行	PayPal 电子支付平台
微信支付	财务通支付	支付预授权
网络交易	同步交换	支付网关
交易授权	银行级安全保障	AR 账务
账务关联	房间关联	

思考题

1. 什么是网上支付？它包含哪些形式？

2．试叙述电子支付的概念，它有哪些应用特点？

3．为什么说网上支付对市场消费有促进作用？请举例说明。

4．银联支付平台有哪些核心功能？

5．第三方支付平台有哪些核心功能？

6．试比较银联支付和第三方支付的应用特点，哪个更适合小微企业应用？

7．第三方支付平台的优势和风险在哪里？如何规避？

8．什么是电子支付中的鼓励金？它在电子商务中起着怎样的作用？

9．如何实现银联支付平台和第三方支付平台的市场共赢？

10．从单体酒店的角度，应如何选择电子支付平台的服务商？

11．从连锁酒店经营的角度，应如何选择电子支付平台服务商？

12．支付宝作为第三方电子支付平台，它未来发展的创新思路在哪里？

13．通过拓展知识的课外学习，试解释什么是数字证书，它在电子商务交易中的作用是什么？

14．在酒店产业界，为什么高星级酒店用银联电子支付多于用第三方电子支付？

15．第三方电子支付平台最有吸引力的特点是具有对交易双方的担保作用，随着业务量的不断扩大，它自身存在的风险是什么？应如何来管控？

16．通过课外的参访学习，试介绍一个酒店电子商务开展过程中应用电子支付平台的实例场景，并说明它的应用特点。

17．银联支付中的认证支付和快捷支付有哪些区别？酒店应用中应如何选择？

18．酒店在选择第三方支付平台时，结合自己的经营特点，应如何选择支付平台？

19．MiPay 有哪些功能？它主要用在酒店的哪些场合？

20．MiPOS 有哪些功能？它主要用在酒店的哪些经营场所？

21．通过对 MiPay 和 MiPOS 的功能了解，对于酒店的电子支付业务处理需要，你认为它们还有哪些方面的功能不足？

第八章　酒店移动电子商务

本章要点

本章主要介绍酒店的移动电子商务内容，未来移动电子商务将是酒店电子商务的应用主体，尤其是酒店电子商务的智能化都将围绕移动电子商务展开。本章首先介绍了移动电子商务的基本概念及优势，让读者认识到移动电子商务对酒店经营的重要性。然后介绍了目前主流的绿云移动电子商务解决方案相关的内容，介绍了绿云移动电子商务消费者角度的应用，以及酒店角度的移动电子商务的应用，消费者角度主要介绍移动服务，酒店角度主要介绍移动化产品。接着介绍了移动电子商务智能化的未来，重点介绍了PMS商务智能的未来、客房智能的未来，以及餐饮服务智能的未来。最后介绍了移动电子商务发展的未来，数据技术以及人工智能的应用使得移动电子商务无所不能，将来会改变酒店经营的业态，如服务台、收银台等功能将弱化或将消失。

在信息化高速发展的今天，以智能手机和平板电脑为代表的移动终端大大便利了人类的社会生活和交互，随之改变的即是生产、经营、生活的方式。如今移动互联网新技术不断涌现，使信息快速交流，资源广泛共享。

另外，我国快速发展的国民经济，让人们有条件、有需求追求高品质、高便捷的生活体验或高科技体验。酒店业作为旅游业的子行业，也随着经济的发展呈爆发式增长，表现出欣欣向荣的生命力。绿云电子商务在发展中意识到国民对酒店移动商务的新需求，顺应当前移动终端应用的需要，极力开发基于移动互联网的电子商务应用产品，用移动电子商务加快传统酒店转型的速度，提升酒店行业电子商务发展动力，为酒店和消费者提供了主流的移动电子商务和移动服务应用产品。本章将以绿云移动服务产品为蓝本，向读者介绍移动电子商务的概念以及在酒店的应用，并了解酒店移动电子商务发展的未来。

第一节　移动电子商务的概念及优势

纵观我国酒店业的发展变化，高科技对于酒店的运营和发展起到了很大作用。现在，很多人都不愿意将时间花费在等待上，但传统的入住和退房的烦琐程序很大程度上会花去客人的一部分时间，在这方面，酒店开始积极运用智能手机等移动设备，把传统客人手机上的二维码、APP及时地和酒店的信息化、智能化完美结合，客人通过简单的自助操作，实现酒店预订、入住到整个房间的全部监管再到退房等一系列程序，酒店还可以利用移动设备向客人推送信息，与客人产生一对一的有效互动，使酒店更快捷地为客人提供服务，给酒店客人带来非常便捷的服务体验，这就是酒店的移动电子商务。

一、移动电子商务的基本概念

就目前手机等移动终端的发展形式而言，在未来的较长一段时间内，移动互联商务会保持较快的发展势头。如何运用移动互联服务（包括商务）占领市场，如何使用移动互联服务高效科学地进行酒店管理，已经成为行业竞争的关键所在。从酒店的角度看，所谓移动电子商务就是借助移动互联网和智能的移动终端，实现酒店商务或服务的移动化处理，包括网络商务、前台商务以及消费过程中的各类商务。这里的移动终端可以是智能手机，也可以是平板电脑，或者各种形式的掌上机，它们通过各种类型的 APP 或者小程序，随时随地地实现客人商务的即时处理。随着移动互联网的普及，以及各种小程序的成熟应用，移动电子商务将成为酒店商务前端处理的主流形式。而从消费者的角度，移动电子商务就是借助移动互联网，利用自己的智能手机获取自己所需要的信息，并可以直接购买所需要的商品。

移动电子商务的业务模式目前主要有三种，即推（Push）业务模式、拉（Pull）业务模式和交互式业务模式。推业务模式主要用于一般信息的发布，如酒店的产品信息发送、招聘信息发送和网络广告等。拉业务模式主要是消费者的定制信息接收、咨询信息响应以及消费账单信息的查收。这两种移动电子商务都是单边模式，灵活性比较差，特点就是实现简单，系统实现费用较低。交互模式提供了双方互动的业务，业务的即时性比较强，吸引了广大消费者的喜欢，目前酒店的移动电子商务有发展潜力的就是互动交互模式，当然系统实现的复杂性也高。酒店使用移动电子商务具有无可匹敌的优势，实践证明，只有移动电子商务能在任何地方、任何时间真正解决酒店经营中的服务问题。

酒店业与移动互联技术相关联，通过移动电子商务可以开展在线直销和在线采购等，帮助酒店降低经营成本并提供更高质量的酒店服务，为消费者创造个性化、人性化的体验。不仅如此，酒店还能凭借高端便捷的服务形象，在庞大的网络市场中开展在线营销、在线服务，提升酒店企业的网络形象，利用移动互联网获得更好的竞争优势和服务优势。

二、移动电子商务的服务优势

服务是酒店永远的话题，新一代的移动电子商务改变了人们预订酒店和住宿的服务体验，同时也改变了酒店的运营和管理模式，给传统酒店行业迎来了新生的发展契机和动力。从消费者和酒店自身发展两个角度看，酒店移动电子商务的互联服务具有以下特点和优势。

（一）多样性

（1）酒店移动电子商务应用是依附于移动终端设备的，最具有代表性的是手机、平板电脑。但是也不仅仅局限于此，自助入住机、银联智能 POS 机等移动终端设备目前也已经被应用到酒店服务中，并得到了一定程度的普及。

（2）酒店采用多种手段将提供的服务通过移动互联流动起来。例如，酒店采用网站、APP、微信小程序及商城等各种不同的方式来推动流量增长，吸引潜在客户转变成实际消费者。

（3）移动互联服务功能多样化。酒店引导消费者进行酒店信息的查询、地址导航、分享入住体验等，提升客户的体验。也通过不同类型的 APP，实时监控酒店营业情况，查看统计报表，协助一线岗位服务，如办理入住、管理客账、点菜送单、协助退房等，提高工作效率。最典型的多样化就是支付，除了银联的电子支付外，还可以采用各种形式的第三方电子支付，解决和满足了各种消费者的移动支付问题。

（二）最新信息的即时共享

酒店利用相应的管理软件即时对外共享酒店最新信息，发布促销优惠，鼓励潜在客户查看酒店的促销活动情况，知悉酒店提供的服务，阅读评论，浏览客房及餐厅图片等。人们可以利用生活中的各种碎片时间，如搭乘公交等交通工具的过程中，或者在餐厅、咖啡厅，甚至在旅途中，都能够对酒店信息进行查询，享受酒店的咨询服务。任何时间、任何有移动网络或 Wi-Fi 网络覆盖的地点，人们都能够快速查询，方便迅速，符合现代化的生活理念。

此外，酒店还能够通过邮件、短信、微信向消费者及会员客户发送即时信息。一旦有预订或修改相关服务的信息，或者是告知优惠或活动，就可以自动向宾客发送推送信息，使客户能够在所持的移动设备上及时获取酒店资讯和服务。

（三）增加消费者的忠诚度

（1）酒店运用移动平台进行品牌推广，通过移动互联为客户搭建桥梁。酒店移动服务应用的功能十分强大，提供整个客户的体验链，从住店之前，至入住中，至离店后，全阶段抓住人们出行的消费诉求，为广大消费者提供便捷、简单、安全的全新体验。在人机结合甚至是全智能的环境下，让客户感受到科技带来的高品质服务，提高客户满意度。

（2）酒店一般会利用一些优惠条件要求那些想要从移动平台预订的消费者注册并绑定会员，通过会员忠诚计划，维护宾客关系，并且利用直销平台查看评论反馈，及时了解客户的住宿和美食体验，并对消费者的问题和建议及时做出反应。这种迅速的回应对双方的有效沟通起到了显著的正面作用，帮助酒店建立与客户之间融洽的关系。

（3）移动平台会对消费者的操作行为进行历史记录。酒店依据此类记录对消费者进行行为分析。例如华住酒店 APP，不仅记录曾住酒店和最近浏览记录，还会记录常用旅客、邮寄地址和发票信息，消费者下次使用时可直接引用，操作简单。

此外，部分酒店还会制定相关营销策略，倡导全民分销，通过平台记录用户的购买历史，以及推荐新用户成功购买历史等，并予以一定的奖励，鼓励客户成为酒店的间接品牌大使，实现推广与销售业务。在此期间，酒店与客户保持长期的即时通信关系，使得消费者更加信赖酒店，增强客户的忠诚度。

（四）鼓励消费者自助服务

传统酒店与移动互联技术的结合，简化了服务过程，更多地鼓励顾客自助服务，改善客户体验，通过智能设备即时获取专业服务，将预订、入住、离店及用餐的时间自由掌握在消费者自己的手中，也更具有私密性。从酒店管理的角度来看，也大大节约了人力成本和管理成本，展现了酒店运营顺应科技发展的潮流，走在移动互联网时尚的前沿。

近年来，还提出了智慧酒店的概念。酒店无人值守，消费者线上预订客房并支付，或无预订直接使用前台自助机，通过人脸识别等技术完成登记入住手续，通过刷脸、刷身份证、APP 或微信等多种方式开启智能门锁，并且智能取电，多种方式控制房内电器，同时可完成入住后一键退房免查房。

（五）简化酒店管理流程

基于酒店服务行业的特点，酒店管理者需要实时掌握酒店的经营状况。在大方向上可以通过经营者或管理者自身的经验预估和把握，但是酒店在某月、某周、某天、某时段的营业情况的掌握是无法脱离酒店管理系统的。为方便酒店管理者对酒店经营情况全方面地把控，基于移动终端的酒店管理系统出现，非常贴心地满足了酒店管理者在任何时间、任何地点都能监控酒店营业情况的数据要求，实现了酒店商务的移动化管理，也在一定程度上改变了酒店管理模式。

此外，移动电子商务还可以优化酒店内部流程，例如手机版 PMS 可以用于 VIP 办理入住与退房，普通顾客的退房也有专门的移动产品可以省去人工、电话查房等工作流程，加快了退房速度，提高了管理工作效率。

第二节 绿云移动商务介绍

绿云的移动电子商务是在绿云 i-Hotel 平台下组建发展起来的，把酒店不同的应用系统逐步转变为移动化的应用系统，既方便了管理，又便捷了服务。如前台 PMS 的 M-PMS、收银系统的 M-POS 以及 APP 和小程序等绿云移动商务等。绿云的移动商务从两个不同角度介绍：一个是从消费者的角度，主要通过不同的移动服务系统为消费者提供移动商务的便利，如可以是基于手机网站或手机 APP 提供的移动商务，或者是基于微信社交平台以及小程序提供的移动商务。另一个是从酒店的角度，专门为酒店提供专业的移动商务解决方案，有专门的电子支付解决方案，也有专门的移动收银系统解决方案，或者是客房或餐厅的移动商务解决方案等。

一、消费者角度

信息化时代，受移动互联网的影响，传统的服务模式已经不能完全满足消费者的需求。人们在销售酒店服务的整个过程中，为了帮助消费者获取服务的便利，诸多服务已经逐渐从 PC 端向智能手持终端设备转移，把前台服务延伸至互联网。绿云从消费者角度开发了多种移动服务软件，以下是酒店行业内常见的移动服务。

（一）OTA 直连

PMS 系统与 OTA 实现直连，能够解决实时预订和确认的问题，减少消费者的预订烦恼。

在移动互联时代背景下，在线分销的趋势崛起并渐成规模，OTA 市场份额逐渐扩大，大多数单体酒店对第三方分销渠道的价值有深刻的认识，它们更愿意借助第三方分销渠道的力量，借助渠道自带的流量光环，更好地拓展市场。

在此前提条件下，PMS 厂商为酒店提供高效优质的酒店管理软件的同时，也提供通过接口技术实现多个渠道直连酒店分销的服务。消费者在第三方平台的预订订单能够实时同步到 PMS 系统，无须人工转录，有效避免了客人预订行为与预订录入系统之间的时间差导致的消费者不良体验。并且，OTA 直连酒店能提高订单的准确性和有效性，避免出现错单或漏单，节约酒店核对订单、核算对账的人力成本。

另外，OTA 直连让酒店掌握控房的主动权。酒店根据客情释放房量，即时传输到第三方网站，并改变网站显示状态。除特殊情况外，酒店可以免去与 OTA 渠道商之间传统沟通的烦琐流程，减轻工作量，提高分销工作效率，也确保房量的准确性。

（二）官网平台、手机 APP

官网平台和手机 APP 是基于 PMS 的在线直销平台，是帮助酒店直接提升订单量和入住率的有效手段。图 8-1 是绿云开发的微官网主界面。

图 8-1 绿云微官网主界面

酒店过分依赖背后的分销系统，不利于酒店的品牌推广，并且将耗费很高的佣金成本。而酒店官网平台和手机订房 APP 恰好能减轻酒店对 OTA 中介渠道的依赖，让酒店不必支付大量佣金，提高了酒店在互联网销售的主动权，也提高了与分销商议价的话语权。

酒店官网平台分为计算机网站和手机网站，此类直销平台有多处优点值得提及，具体包括以下几点。

（1）能提供直达预订，便捷高效，是提升运营收益的好帮手。

（2）订单支持微信、支付宝、银联在线支付，简化了付款流程。

（3）在线注册会员卡，将顾客发展成为会员，享受会员优惠与折扣，提高了顾客的忠诚度。

（4）客户线上评价，将真实的体验分享给大家，酒店收到反馈信息后能及时回应，搭建起酒店与顾客的沟通平台，建立了良好的宾客关系。

（5）能够提供多样化的优惠或促销活动，开展不同的营销策略，方式灵活多变。

酒店的手机 APP 也属于直销平台的一种，同样拥有直销平台的各个优点，除此之外，还比官网功能更为丰富，电子商务服务更全面，使用也更方便。

酒店预订 APP 不仅可以筛选集团旗下、目的地附近的酒店预订客房，有些功能强大的 APP 还能定制查询交通，添加航班，预订接送机服务，管理行程，作为行程小助手使用。此外，在办理入住后，可以通过 APP 一键自动连接 Wi-Fi，查询返程交通，租借酒店物品，呼叫客房打扫，购买酒店同款物品，甚至主动推送酒店附近服务。

一般的酒店预订 APP 用户会注册并绑定会员卡。会员卡可以根据酒店会员计划与等级进行打折、储值和积分。储值余额可以用于支付房费，积分可以兑换相应的物品。此类会员忠诚计划，往往对招徕消费者十分有效。某些酒店还会通过 APP 推广酒店商城，出售酒店用品或其他物品，从而给酒店增加收益。

（三）微信平台

微信如今已然成为人们的一种生活方式。在过去，酒店仅仅把微信当作发布信息的平台，而现在越来越多的酒店将微信当作产品推广、客户入住体验提升、忠诚客户体系建立的官方渠道。例如洲际、温德姆、希尔顿等国际知名集团均已开通微信小程序，以实现预订、服务、营销、商城等一个或多个商务功能。

启用微信平台不仅能提升和优化酒店运营、管理效率，降低获客成本，而且微信公众号和小程序二合一的运营模式能注册绑定会员，提供促销优惠，将访问转化成消费者，将消费者转化成忠实客户，推动酒店的在线销售和服务。

绿云科技打造提供的微信平台设置简单，功能多样，不仅能实现酒店查询、自主选房、地图导航、电子券预订等相关功能，而且支持包含会员卡在内的多种方式在线支付。此外，微信的订餐、扫码点菜、自助开门与退房、预约发票开取等服务，操作简单，消费者自主行动，减少排队等待的时间。对消费者来说，十分符合如今快节奏的生活习惯，容易获得消费者的认同。对酒店来说，降低人力成本，提高工作效率，提升宾客满意度，对酒店的形象以及口碑的提升十分有帮助。绿云微信平台的服务功能流程如图 8-2 所示。

图 8-2　绿云微信平台的服务功能流程

（四）自助服务

自助服务改变酒店接待收银员被固定在前台区域的服务模式，让接待员走出前台，给消费者提供全方位的服务，更为贴心与符合新时期消费者的需要。

自助服务鼓励消费者自助查询预订、办理入住、获取房卡、自助退房、发票开取，释放前台服务员的工作压力。从酒店运营管理角度来看，提升酒店服务质量与效率，节省人力成本。从消费者角度来看，增加顾客的参与度，提升入住体验度，满足客人隐私的需要。

自助入住基于 iOS、Android、Windows 跨平台应用，或接口技术，使用手机、iPad、自助机设备，通过图像识别技术读取身份证信息，通过摄像头进行人证核对，信息无误即可登记入住，并自动上传至治安管理系统。

目前，PMS 与智能设备的连接，能够让顾客自主选房，发放房卡，或可以通过微信开门。未来酒店时代，将不仅仅局限于现有功能，随着科技的不断发展，刷脸入住，刷脸开门，在无人值守的酒店随时完成自助入住与退房将不仅仅是理念。

（五）餐饮移动服务

在酒店业内的餐厅，目前使用较为普遍的移动端点餐分为以下两类。

第一类是应用 APP，一般安装在酒店工作 iPad 或智能手机上，支持餐饮在线预订及点餐，支持顾客手持点餐，也支持服务员协助点餐，灵活应变顾客的多种消费需求。

第二类是小程序，扫码点餐，可绑定会员卡，领取促销优惠，顾客直接使用自己的手机自助下单，方便快捷，在用餐高峰期无须等待服务员。也可以用于酒店客房送餐服务时使用，推广酒店的送餐服务，支持包括会员卡在内的多种线上支付方式。

图 8-3 是绿云为消费者打造移动商务的服务过程示意图。

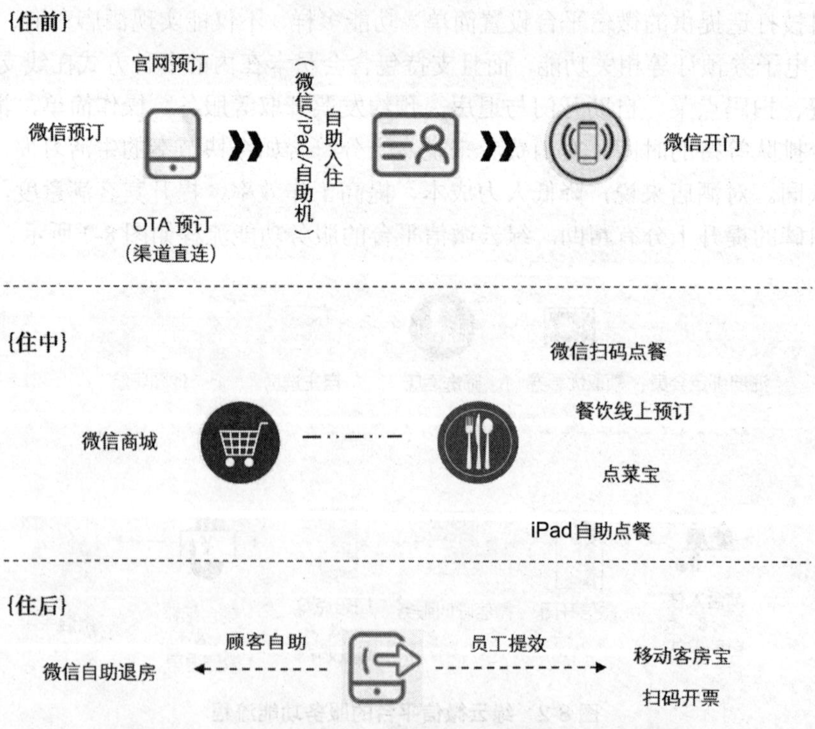

图 8-3 绿云为消费者打造移动商务的服务过程示意图

二、酒店角度

上述的移动商务服务功能应用基本上是从消费者角度出发，基本上都是由消费者自主使用的，从在线服务上考虑消费者商务的需求。另外，从酒店角度上来看相应的移动商务应用，此类移动商务产品一般由酒店员工或者管理者使用，由他们为消费者处理相关商务，更加科学准确地进行酒店一线岗位的系统操作，实现了移动化的商务处理，也减轻了服务人员的工作量。此外，一些移动产品应用还改变了酒店管理人员的工作方式。

（一）移动商务辅助产品

目前，酒店行业依然属于劳动密集型行业。短期内完全脱离人力的酒店服务并不能广泛普及。因此，现阶段酒店行业追求的是在人机结合的环境下，有效提高工作效率，逐步进行工作模式的变化。例如，绿云科技的以下产品就很好地帮助酒店简化工作流程，让商务处理移动起来，也方便了客人消费。

1. MiPay

MiPay 是安装在银联智能 POS 机上，对接 PMS 系统的酒店客房无线收银应用。支持支付宝、微信、银行卡等多种支付方式，并且支持预授权业务和收退款业务，让智能 POS 机上的收付款操作直接自动录入 PMS 系统，省去手工录入的麻烦，提高了前台的工作效率和准确性。

2. MiPOS & MiPOS+

与 MiPay 类似，MiPOS & MiPOS+都是安装在智能银联 POS 机上的应用，但是它们与餐饮系统对接，除支持支付宝、微信、银行卡付款外，还支持餐费转挂房间或转挂公司应收账户，非常适用于目前酒店顾客的付款方式。移动商务的系统直连如图 8-4 所示。

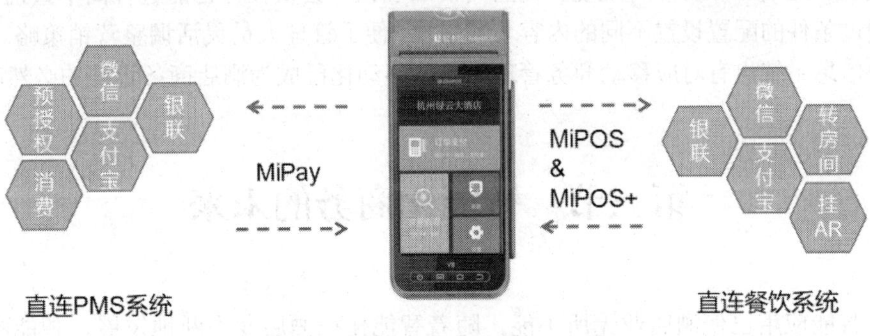

图 8-4　移动商务的系统直连示意图

3. 客房宝

除此之外，客房的移动商务主要采用客房宝产品，这是专门针对客房与前台之间的沟通工作，报查房与反馈查房结果，已成为客房管理中的一个重要管理工具。作为电子商务酒店，移动化沟通是非常重要的内容，目前客房宝移动产品主要用于缩短退房查房时间，减少住客退房等待时间。

市面上对此类产品的称呼不一，绿云科技开发的产品称为客房宝。一般是安装在酒店楼层服务员智能手机（一般为工作手机）上的应用。与 PMS 系统结合使用，即时收发入住和退房消息，录入客房账务消费，更改房态，工程报修等，如图 8-5 所示。员工查房过程中无须与前台电话沟通，在酒店任何有移动网络或 Wi-Fi 的地方都能够进行客房管理。

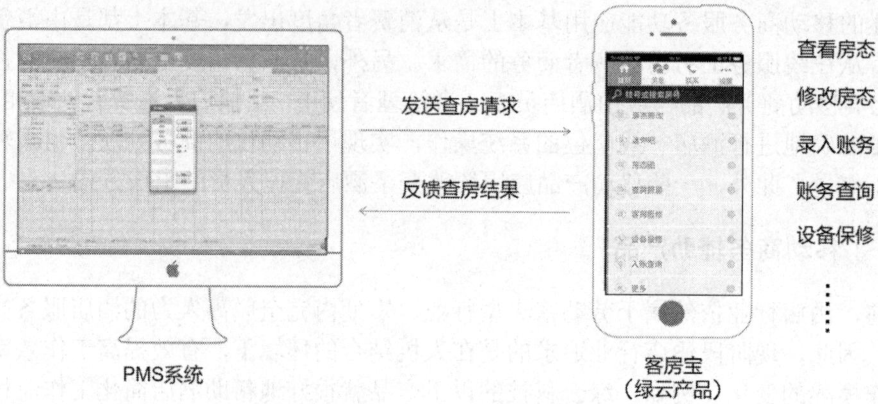

图 8-5 客房宝与 PMS 系统无线沟通示意图

（二）移动商务管理系统

从酒店管理的角度，移动酒店管理系统的出现方便了酒店管理人员对酒店经营的实时跟踪，也方便了管理人员对系统的即时操作，它是酒店管理信息系统移动化后的简易版，凡是处理客人商务的所有信息系统，移动化后都称为酒店的移动商务管理系统。

例如绿云科技的手机 PMS，是绿云公司第一代移动酒店管理系统，它能够满足酒店管理人员查看客房销售情况的需求，也能够在酒店工作高峰期协助前台办理入住与退房。

在此基础上，为了更好地衔接 PC 端 PMS 与手机 PMS 的功能，绿云又研发了第二代移动酒店管理产品 Mi-Hotel。它不仅拥有原手机 PMS 的所有功能，细化了前台涉及的预订、入住、续住、退房结账等多种功能，而且对酒店餐饮、会议预订也能进行简单查询与操作，也能够通过条件的配置设置不同的内容与警惕性，便于管理人员灵活调整营销策略。类似地，餐饮管理信息系统也有对应移动商务管理系统，移动化已成为酒店商务管理的必然趋势。

第三节 智能化商务的未来

人工智能应用已使酒店业无所不能，随着智能化在酒店业不断地发展，智能商务已显露出巨大的潜能。就目前来看，酒店智能化商务充分考虑其个性化需求，满足消费者的商务智能和商务助理的需求，并利用智能化高度保护个人隐私。酒店利用高科技给消费者带来舒适和便利的同时，也充分利用人工智能考虑如何将人力成本、运营成本等降到最低，以追求酒店的高效益和低成本发展。未来酒店的商务智能在移动商务方面有较大的发展空间，通过移动商务的智能使酒店真正做到全员营销、全员服务、移动/跑动式服务、及时性服务。让酒店商务的管理、服务真正地做到即时性、随时随地，同时智能化使移动产品分散的信息集中化，并将各类系统数据进行整合，高度共享，使数据得以交互，让“系统一体化”覆盖到运营的方方面面。酒店电子商务在以下几个方面开始了智能化商务的实践。

一、PMS 的商务智能

完善的商务智能解决方案能够让酒店更快地集中力量应付其所面临的困境，商务智能还可以帮助酒店及时调整酒店产品价格结构，从而提高利润，扩大收入增长，而要做到这一点，酒店 PMS 的商务智能是关键。现阶段，PMS 的商务智能是酒店电子商务智能化的基础，目前 PMS 的酒店事务性系统正在向分析型系统转变，除了事务性的登记、入住、结账、审核等商务功能外，PMS 开始利用人工智能转向账务管控、经营分析等智能化职能，实现与移动电子商务的即时对接。

（一）商务智能从数据分析开始

PMS 的商务智能首先从与数据分析息息相关的数据抓取着手，面向酒店海量数据抓取，帮助酒店高级管理层快速挖掘深度报告和分析特定的经营问题，同时挖掘酒店的客户潜在需求，精准定位市场。例如，酒店通过 PMS 系统中不同时期的客源市场结构、各渠道来源比例、男女占比等进行数据画像描绘，逐渐清晰酒店不同阶段的客源结构组成、变化，并着重分析可开辟、正在流失的市场原因，以保持酒店的营收增长，这些管理需求在分析型的 PMS 系统中已开始实施，如图 8-6 所示。又如 PMS 可以为前厅经营设置多方位的自动预警提示，为酒店提供实时的关键业绩指标，并根据酒店设定预期发出异常报警提醒，帮助酒店即时调整经营，即时改变市场策略，这些都是通过 PMS 数据实时分析实现的。

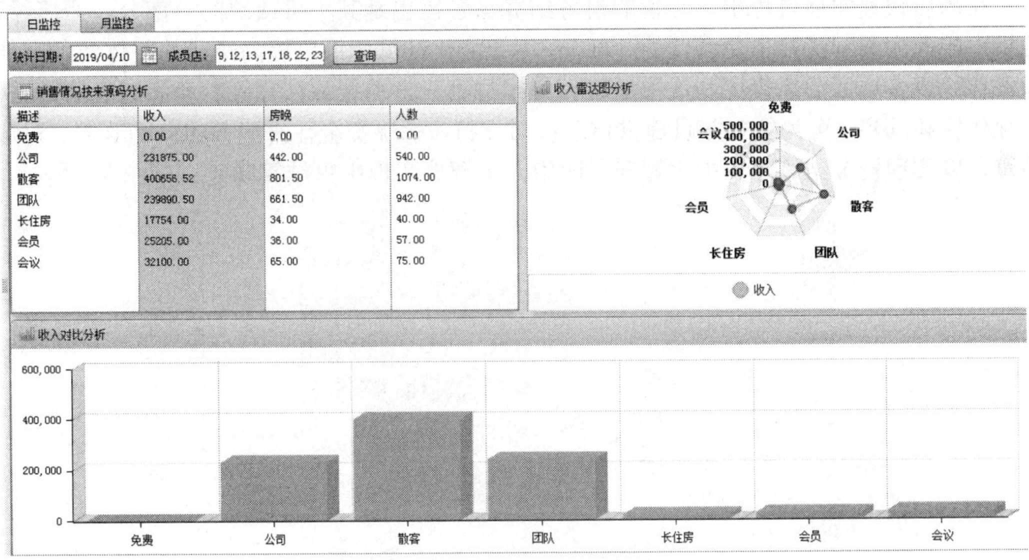

图 8-6　数据分析对比呈现

通过对公司客户、散客、团队客、会员客、会议客的业务比例对比分析，系统根据酒店指定的目标收益率，智能化地对各比例提出调整方向，从而改变酒店经营的策略，智慧性地指引酒店经营的未来。

随着数据技术和人工智能在酒店应用的深化，PMS 系统的数据分析结合人工智能可以实现 PMS 的商务智能，目前基本已实现了商务助理的功能。如绿云 PMS 的数据分析可以让经营方向直接调整以实现 PMS 的智慧化处理，PMS 与 IDeas 等收益系统对接，在完成了第一阶段的数据抓取、推送、分析后，结合人工智能可直接影响 PMS 中的酒店价格策略，在通过酒店收益人员的审核后自动变化相应价格。新一代的 PMS 智能与门锁系统自动检索可对比客人信息与门卡信息，将差异、可疑信息提供给管理人员，避免经营中的跨部门作弊现象。

（二）商务智能须打通渠道实现数据流动性

对于移动性的 PMS，更要关注互联网时代的新型客户体验，智能手机的普及改变了传统的消费模式、消费体验、消费渠道，更多的酒店客人将线下购买力转至线上，越来越多的线上渠道在帮助酒店售卖产品的同时也从酒店分走了更多的利润。因此未来的移动 PMS 必须打通分销渠道，智能化地监管各渠道的分销价格。酒店通过自己的直销平台（官网、微信等）积极发展会员，以减少酒店的利润流失。另外，PMS 打通酒店与各个线上渠道的直连，可以掌握价格设定自主权，移动 PMS 和小程序 APP 双向对接，以及和分销渠道的对接使网络价格掌握在酒店自己的手中。未来的移动 PMS 智能可以实现全网全平台的价格监控，通过这种价格哨兵让不合规的网络价格及时暴露，从而维护了酒店的利益，也维护了消费者的利益。

另外，渠道打通后，不管客人是从哪个渠道订的房，通过智能技术可联合为客人提供更好的服务体验，尤其是入住后到达客房所见的恭候君临的欢迎词，使客人获得了更好的入住体验，在酒店智能获取客户信息的同时，也让客户重新定义了酒店的智慧服务。

（三）商务智能财务结算是关键

在酒店快速发展过程中，经营的财务结算与管控也是其不可或缺的一部分，酒店经营分析中的人为漏洞把控也是增效的一部分，用智能化结算体系以提高经营的整体商务智能。如酒店急剧发展后酒店集团与成员酒店、集团与第三方的账务结算等，商务智能的数据自动化传输和同步，可为往来账目提供自动核对支持，解决资金往来账务的自动核销、对账、核算，以实现资金结算的集中化管理，即用人工智能实现中央结算功能，如图 8-7 所示。

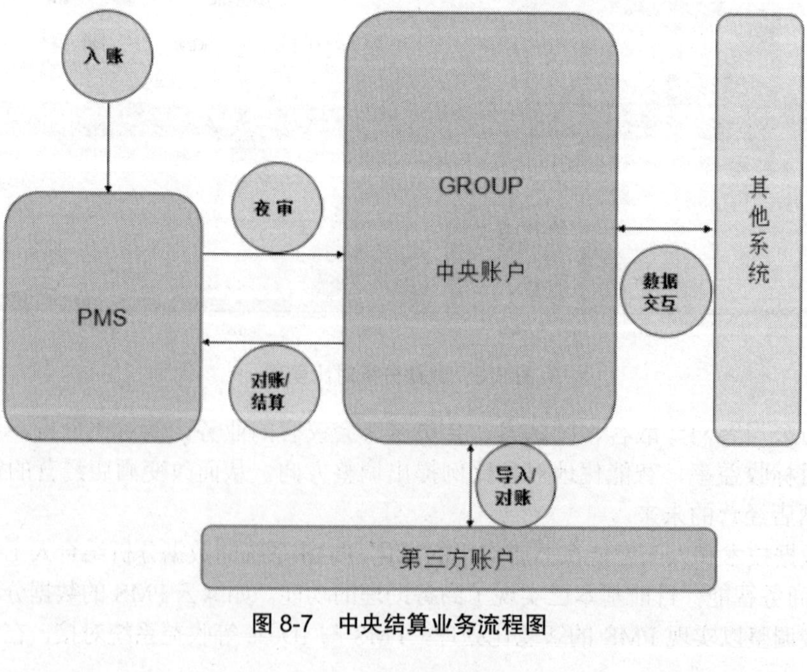

图 8-7　中央结算业务流程图

中央结算具有以下功能。

（1）数据整合能力——将完整、有效、及时的数据进行整合。

（2）财务结算能力——根据业务特点，进行有效的财务管理与核算、结算。

（3）强大的拓展能力——随着业务的发展，方便增加和调整结算范围。

（4）自动化程度高——自动核销和清算，异常业务自动报警。

二、客房智能未来

客房既是休息的场所，也是消费的场所，同样涉及许多商务需要智能处理。绿云科技通过智能应用管理客房产品后，消费者可以通过多种方式，如手机 APP、微信、智能语音识别设备等来控制酒店客房中的设施。目前比较常见的应用，例如远程开关空调、定时自动窗帘、语音开关电视机、语音调节灯光、智能客房宝、智能迷你吧等，能把客户的习惯行为记录下来，通过智能化应用收集客人的行为习惯，传输到 PMS 系统的客户行为数据库中，作为 CRM 系统的数据分析和数据挖掘的基本数据。因此，未来基于人工智能的客房既是客人休息的场所，又是客人娱乐的场所，商务酒店更是客人安静处理公务的场所。

此外，刷脸开门、光源感应控制、智能取电等功能举不胜举，其应用也与绿云 i-Hotel 平台实现无缝对接，并已开始在酒店商业化应用，实现客房中住客行为数据的统一收集与管理，为酒店电子商务的客户分析提供了有效的客户行为数据。另外，绿云科技为酒店开发了 24 小时在线的智能语音客服，在客房中不仅能实现顾客与客服的交互式沟通交流，也能实现客房与前台服务员进行在线互动，在互动交流中可以智能获取客人的有关需求信息，为智能推荐系统以及客户关系管理提供基础数据。客房服务指南 APP 的开发，为酒店消费者在房间内实现点餐、订票、查询信息、退房等请求服务，目前该功能应用已开始与智能客房宝整合在一起，成为客房中为客人使用的智能移动设备。客房智能移动设备的应用，对酒店来说减少了工作人员重复低效的跑动工作，提升了客人的酒店入住体验度，为酒店树立了良好的智慧服务品牌口碑，也提升了酒店客房电子商务的服务能力。

三、餐饮智能未来

餐饮是酒店的重要业务，它更为注重智能服务的体验。目前更多的是人机结合服务。消费者能够利用自己的手机或酒店提供的智能设备进行点菜，以及通过电子支付手段实现快速的结算，这已经是酒店非常普及的服务现状。绿云开发的餐饮自助点餐机软件系统，能够给客人介绍餐厅和活动、推荐特色菜肴，并支持会员卡、支付宝、微信等多种方式结账收银，或者账务转酒店服务台挂账，实现住店客人的一次结账服务。正在开发的功能包括语音识别关键词、原材料搜索、菜肴点菜，手机线上预点菜并显示要求的上菜时间，微信或手机 APP 等多种方式提醒排队、菜肴制作等信息，将餐厅服务通过智能化软件变得更科学、更实时，也更加人性化。

随着酒店竞争日益激烈，消费者对酒店餐饮的期望也日益攀升。酒店的硬件设施、软件服务都是酒店之间竞争对比的对象。质量与价格并驾齐驱才能增强酒店的核心竞争力。目前，绿云科技在餐饮智能商务方面主要考虑两个方面：一是降低人力成本，让数据跑路，减少服务员工岗位，包括传菜员、收银员都由智能化系统或机器人代替；另一个是采用自助服务，消费者可以用自己的手机点菜、加菜和结算，也可以用商务助理的形式让机器人去代理完成。以上的消费过程都可以把消费单传到前台，由PMS系统统一在退房时结算，或者由第三方电子支付的诚信系统直接结算。

第四节　酒店移动电子商务的发展趋势

酒店移动电子商务的发展趋势将与人工智能等新技术应用密切相关，人工智能的快速发展使机器能够胜任那些之前只有人类才能做的工作。机器人会在未来对酒店客人的某些方面或相关体验产生影响，能处理与客人相关的酒店商务。机器人带来的好处之一是其所提供的客服数据，以及敏捷而精准的服务。万豪洛杉矶国际机场居家酒店（The Residence Inn LAX）里，机器人沃利（Wally）能为雇员和客人寻回物件。生产清洁机器人的公司Maidbot推出了管家机器人罗茜（Rosie），希尔顿有礼宾康妮（Connie），所有这些机器人的智能都已非常接近人类，有些服务能力甚至超过人类。未来酒店会尽可能在客服和营造兴奋点方面采用机器人，而这最终都是为了节省酒店的人力成本，提高移动电子商务的效率和效益。

一、商务型酒店或成“无人酒店”

随着移动电子商务技术的成熟，包括数据安全技术等保障作用，未来的商务型酒店或许不需要更多的服务员，酒店不需要接待人员，也不需要结账人员，所有的前厅接待可以通过移动电子商务的形式让客人自助解决。尤其人工智能的普及应用和大数据技术的成熟，酒店接待呈现出具有深度学习功能的机器人，它们能理解人们的自然语言，可以接受客人服务需求的指令，快速、精准地为客人提供服务。客人住在这样的高科技酒店环境中，无人打扰，也具有很好的隐私保护，可以在酒店轻松处理自己的商务。虽然没有服务员，但所有的服务都可以轻松获取，也能便捷地与外界联系。

未来无人酒店依赖基于移动电子商务等高科技应用，包括人工智能、物联网、大数据技术、区块链技术等，这些技术包括机器人代替了酒店的接待岗位、酒店的账务岗位、酒店的清洁岗位、酒店的销售岗位以及酒店的安保岗位等，同时解决了客人的隐私干扰问题，解决了客人的商务处理环境问题，解决了客人获取服务的时间等待问题，解决了客人个性化服务的需求问题，以及解决了客人商务处理环境的保密问题。在移动电子商务的帮助下，未来的“无人酒店”非常适合商务客人的入住使用，是我国酒店业发展的一个全新方向，同时也将带动度假型酒店在低成本经营方面的高科技应用，而移动电子商务的智慧化应用必然是核心。

二、社交电子商务将成为酒店移动电子商务新机遇

社交电子商务越来越受到服务业的追捧，酒店移动电子商务采用社交电子商务的形式，更是体现随意化、个性化、生活化的一种形式，是未来发展的重点。酒店的营销人员通过

社交平台可以圈定相应的人群，创建这些人群的标签，开展活动分享与个性化的精准营销，主动为消费者谋福利。让消费者在社交平台中找到与酒店相关的乐趣，在互动中获得优惠，相互传递酒店的促销活动和热点，也让消费者获得更好的内容体验、产品体验、视觉体验、服务体验以及非常温馨的售后体验。

（一）做细酒店自媒体平台

社交电子商务的重点是酒店要有一个服务精细的自媒体平台，通过该平台建立多个不同层次的客户群，由不同的销售人员去分管，负责对社群的信息发布、互动沟通、精准营销以及电子商务业务的操作，不同的人群采取不同的营销策略，根据他们的消费层次和网络影响力投放不同的促销活动信息。负责管理的销售人员必须熟悉每个客户的消费特点，并给每个客户指定多个标签数据。所有销售人员管理的社群商务都由自媒体平台统一管理。

（二）做活酒店小程序电子商务

移动电子商务时代，用户的消费路径和消费习惯发生了很大的变化，消费需求场景化、购物模式多样化已经成为这个时代的典型特征。社区商务的小程序就是在这样的背景下出现的，因为社区具有丰富碎片化的内容，小程序有个性化场景。

三、在线销售将成酒店新常态

渐渐成为消费主力的“90 后”，他们从出生就开始接触智能手机，根据最新的数据指出，“90 后”通过手机购买商品的比率高达 80%，远高于“70 后”和“80 后”。这些新生代将是移动电子商务使用的主力，再说“00 后”也正在成为网络的消费者，他们对以前的电子商务使用概念无法理解。已有调查表明，目前 84%的消费者上实体店面消费前，会先用手机查询，尤其是旅游消费，如到目的地预订酒店，几乎都通过手机查询目的地酒店的情况，不管是旅游前的预订酒店，还是在酒店内的消费，用手机支付交易将成为人们的习惯和支付常态。未来消费者的这种行为习惯会促使酒店的销售完全导向在线销售。

（一）客房在线销售是主流

未来酒店通过人工智能和大数据结合区块链技术开发基于智能手机的移动 APP，由于那时 5G 通信已普遍应用，所以可以采用增强现实功能把客房场景化，可视化酒店客房的真实环境，并结合游戏化的软件，以迎合新生代消费者的习惯和需要。其中区块链技术是为了更便捷地支付，并有非常完善的诚信体系支持；大数据是为了实现智慧推荐，手机 APP 都有完善的推荐系统应用，更加迎合了新生代的消费体验需要；游戏化是未来电子商务软件发展的主流趋势，让消费者在趣味游戏中实现商务，而不是像现在列表式地提供预订信息让消费者选择。未来酒店的在线销售将淡化现在酒店销售部的工作办公格式，所有销售人员都是移动化工作，到那时，由于酒店机器人的上线工作，服务员会变少，所有酒店人员都将成为在线销售人员，形成酒店全员营销和全员销售的工作场面。如绿云的微商城产品，就可以使酒店成为全员销售的工作环境。

除了酒店 APP 以外，酒店的手机官网、酒店小程序等同样可利用以上技术，成为酒店在线销售的窗口，它们同样是酒店移动电子商务的重要组成部分。到那时，由于新技术的应用，酒店全员销售的兴起，酒店是否需要 OTA 就无所谓了，每个酒店人员也都是在线客服，不管是在社交平台，还是其他网络渠道，都有自己的客户群体，酒店客房已不需要普通商务的销售，在线销售的移动电子商务已成为酒店业真正的常态。

（二）餐饮在线销售成热点

自从 2018 年海底捞宣布无人餐厅开业以来，智慧餐厅的各种应用层出不穷。酒店餐饮也和社会餐馆一样，积极利用新技术不断推出智慧餐饮的新应用。自从 2018 年君澜集团推出度假酒店餐饮为周边社区服务的理念，酒店餐饮的外卖、线上线下齐发力成为餐饮销售新的增长点。可以预见，随着移动电子商务在餐饮中的应用，人们以及酒店周边居民可以越来越便捷地获取酒店的餐饮服务。随着消费的升级，传统餐饮品牌都开始打通线上线下的服务，全力打造在线销售平台，不但提升了餐饮店的品牌效果，更是节省了消费者很多的时间，获得了非常有效果的服务体验。在线销售全面实现了点餐、支付的数据化，降低了餐饮服务的人力资源成本。酒店要实现完全在线销售，首先，要有一个完整的智慧餐厅，一个几乎不需要服务员的餐厅；其次，要有一个完善的在线电子商务平台或酒店平台下的子平台，包含移动服务端的应用；再次，要有一套完善的智能餐具（专门植入智能芯片的餐具）；最后，要有多个前台机器人以招呼客人。

酒店的餐饮在线销售目的是实现 Internet+，创造餐厅 24 小时的新零售，为住店客人服务，也为周边社区的居民服务，实现酒店餐饮的到店+外卖+新零售的三位一体经营体系，这三位一体的经营体系依赖的是移动互联网及相关新技术应用，而创造的是餐厅人效、绩效最大化，赚的是酒店餐饮网络效应下的品牌效果和社会影响力。餐饮在线销售也积极推动了餐饮移动电子商务的发展，给消费者带来了更便捷、新潮的消费体验。

四、餐厅收银台或将消失

随着新技术的应用和支付技术的进步，酒店餐厅的收银台即将消失，从 2019 年出现的一些智慧餐厅来看，收银员和餐厅服务员大幅度减少。餐厅可以通过刷脸技术、指纹技术实现支付，不久的将来有消费者的独立 ID 号就可以实现最便捷的支付。如老字号五芳斋联手口碑，在杭州打造了旗下首家“无人智慧餐厅”。一个月后，实现了营业额增长 40%，人效翻三倍的惊人成绩；周黑鸭和微信共同打造的“智慧门店”亮相深圳，实现刷脸进门、点赞支付；京东旗下首家“未来餐厅”在天津中新生态城亮相，顾客可以在餐厅享受到机器人服务及菜品制作。所有这些无人餐厅基本上都实现了无收银台和少量的服务员，消费者的服务体验得到了大幅度的提升，同时降低了餐饮业的人力资源服务成本。

未来的无人餐厅，消费者无须钱包和手机，更没有服务员和收银员，全程智能点餐，刷脸支付，吃完就走，或者利用消费者的独立 ID 号就可以结账走人，无须等候，轻松消费。

其实无人餐厅并不是没有人，如口碑无人餐厅技术方案涉及前端自助预订、自助点餐、自助取餐、自助支付、自助会员以及后端的自动分单打印、自动化采购单生成等多项技术应用，其中每一项技术都可以被自由组合到其他技术应用中，以满足不同商家和酒店不同的业务需求，无人餐厅中的无人只是表象，掌握用户用餐数据才是关键，通过数字化运营，酒店可以积累丰富的用户标签，为消费者智慧推荐贴心的菜品和服务，同时可以通过大数据优化出品、打造爆款，及时找出运营不足等问题，这就在一定程度上大大提高了餐厅的接待能力和效益。这时的餐厅虽然无人或无收银台，但是在后台更需要数据监管的人，可视化前台所有的智慧服务。

五、酒店服务台或成咨询台

随着移动电子商务在酒店的深入应用，以及前台自助设备的普遍使用，酒店服务台的结账和接待功能正在减弱。未来大多数消费者都通过网络订房，那时的网络订房已不是现在的网络订房，而是可以在网络上直接选房，选择自己喜欢的楼层和房号，可以通过短视频观看楼层和客房的环境，增强现实的应用，使网络预订更实用。

（一）服务台功能的转化

目前，酒店服务台的功能主要是接待登记和退房结账，未来这些功能都将自动化完成，只要你在网上选定了房号，确定预订后预订人的信息就会被自动采集到前台的 PMS 中，到了酒店自己在手机上转登记就可以刷脸入住了。退房也是一样，自己在手机上选择退房操作后就可以直接离开了，系统的诚信体系不需要服务员办理查房等环节，出现问题都会自动记录客人的诚信数据，即使入住期间有问题，也可以上服务台咨询，或利用客房中的智能客房宝获取相关的服务。服务台更多的事情是仅为客人提供咨询服务，以及安装一些新型的自助设备，如自助登记设备、自助结账设备、自助查询设备等。当然，服务台的功能转化需要酒店有完善的软件平台，有完善的基于移动互联网的电子商务系统支持。

（二）完善的电子支付系统

酒店的支付系统目前主要是基于银联的电子支付和第三方的电子支付，但即使这样还是无法满足100%消费者的需要，还需要进一步完善酒店的电子支付系统，才能实现酒店服务台的功能转化。随着未来数字货币或虚拟货币的推广应用，这些电子支付系统将会被数字支付系统彻底替换。区块链技术的应用以及数字货币的普及即将到来，结合人工智能的推广，酒店的电子支付系统将成为人人都可使用的普及型系统，这时客人在酒店消费，不管是办理退房还是用餐，所有结算都是自动化实现，而不需要服务台或收银台一类的经营模式。

移动电子商务的关键瓶颈就是移动支付，只有人人都能移动支付，移动电子商务才能真正普及。信息通信技术的高速发展，未来的移动支付新技术谁也无法判断，但未来的消费者在酒店获取的服务必将更方便、更温馨，也更加人性化。

六、大数据使移动商务更智慧

大数据应用也是未来酒店移动电子商务应用的必然趋势，不管是移动服务，还是移动支付，为了精准地帮助消费者获取酒店服务，所有酒店信息系统都必须建立在大数据的基础上。从目前来看，酒店的大数据应用才刚刚起步，与 OTA 等服务商相比，酒店自身的大数据应用还缺乏有效的数据基础，如何帮助酒店企业实现大数据应用是未来研究的方向。

下面几个方向是酒店大数据应用可以赋能的内容，它可以完善移动电子商务的服务。

（一）消费者行为数据的收集

酒店 PMS 中的客户数据库大多数都是消费数据库，是酒店服务过的客户留下的消费信息，这些数据是酒店分析客户消费行为的依据，但仅有这些数据是远远不够的。很多消费者为什么会来酒店消费，很多消费者访问了官网或其他的移动服务系统，为什么没有购买酒店的产品，所有这些都需要通过分析客户的行为才能知道，其中很多的客户通过其网络行为是可以分析他的消费意向的。酒店可以通过自己的官网窗口、移动服务、小程序等客户可以使用的微应用，记录客户的访问行为。如访问的时间日期、客户的 ID、访问的内容、访问的次数、关心的产品、使用频率、有否购买、又去了哪里等。对于多次访问的消费者可以给予标签化，并记录相应的标签数据，形成酒店统一的、各系统可共享的客户行为数据，供行为分析和推荐系统使用。

（二）官网的推荐系统思路

未来的大数据应用中，智能的客户推荐系统将是一个发展方向，它对移动电子商务的绩效有非常大的影响。推荐系统是建立在客户消费数据库和行为数据库上的，通过潜入在官网和各种微应用中，通过判断客户的访问行为和他的标签数据，有针对性地推荐客户喜欢的产品，既节省了客户的时间，又给客户很好的产品选择体验。如客户在官网中查看房间类型，结合他的标签数据可以推荐他可能喜欢的产品页面。或者在社交平台的群聊中，也可以通过推荐系统推送客户喜欢的产品。

（三）移动服务中的精准营销

精准营销同样是建立在大数据基础上的，酒店可以利用自己的客户消费数据库以及行为数据库，给所有酒店客户以及网络的潜在客户进行标签化，大概知道客户的消费偏好和网络习惯，形成对应的客户标签数据，应用到酒店的所有微应用中，实现移动电子商务的精准营销。目前流行的小程序就是一个很好的酒店精准营销工具，但是这个工具如果没有大数据的支持，也只能是盲目地开展网络营销。如何利用酒店自己的大数据，为移动电子商务开展精准营销，将是未来酒店经营中主要的努力方向。

本章案例：7 天连锁酒店的电子商务战略与理念

7 天连锁酒店集团（7 Days Group Holdings Limited）自 2005 年成立以来，经过快速发展，分店总数已经超过 2 000 家，覆盖全国 300 座城市，成为中国经济型酒店行业的第一品牌。酒店创始人始终用电子商务发展理念打造 7 天连锁酒店品牌，并不断创新，使 7 天连锁酒店的电子商务演变成为酒店的核心竞争力，成为中国酒店电子商务的第一品牌。至今 7 天连锁酒店的电子商务系统已涵盖了酒店管理与服务的方方面面，如中央预订系统、物料计划管理系统、店务系统、中央报表系统等。开展电子商务并不断创新，是 7 天连锁酒店发展的核心理念，尤其是集团酒店第一个创建的酒店电子商务平台，依赖7天连锁酒店在企业内领先的科技地位，实现了企业门户网站与酒店平台数据库的实时对接，真正实现了酒店平台下数据中心的共享机制。通过酒店的电子商务平台，7天连锁酒店会员能便捷地利用各种电子渠道或网络渠道实现在线订房、支付与参加各种在线活动，包括7天连锁酒店的网络论坛、在线社区、会员博客和线上游戏等。据Alexa网站发布的最新权威数据显示，7天连锁酒店官网流量排名持续位列国内经济型酒店网站排名首位，客户忠诚度不断上升。

一、7天连锁酒店发展战略电子商务优先

7天连锁酒店自从成立开始就确立了酒店电子商务发展战略，而且在制定连锁发展整体战略时，就确定了电子商务发展战略优先。全球金融风暴袭击最猛烈之时，7天连锁酒店逆市获得国际金融机构高达6 500万美元的融资，一时间成为经济型酒店行业内的幸运儿。不过，在这当口，尽管手上拿着这么多钱，融资越来越不容易，但是7天连锁酒店掌门人郑南雁却全部将钱投进了电子商务平台的建设，承诺了电子商务优先发展战略。

搭建电子商务平台，一方面是方便消费者，维护会员客户的利益，另一方面是可以降低很多的内部消耗。于是，7天连锁酒店开始做平台的营销推广，并频繁地出现在腾讯、天涯、口碑网等一系列门户网站。通过电子商务平台，创始人认为“当网民在适应了方便快捷的网络服务后，他们首选的消费方式将是直接进入最常用的酒店互联网平台，电子商务的长尾消费力量才会充分体现出来”。这就是7天连锁酒店电子商务平台化所希望达到的持续效果。

创始人郑南雁认为，“传统酒店平台依赖其他分销平台，每卖出一间房，分销代理商就要抽走20%甚至更多的交易额，酒店因此支付了很高的利润比例”。要降低这方面的成本，要做的事情就是绕开分销平台，通过技术手段优化成本结构，直接与终端建立联系。因此，打造消费者喜欢的官网成为7天连锁酒店的关键任务，7天连锁酒店通过官网实现了与消费者终端的直连，并实现了在线营销与直销。有了基于电子商务的官网，可以大幅度减轻酒店前台、呼叫中心、预订中心的压力，同时也压缩了酒店销售成本，这样就有了价格上的竞争优势。目前7天连锁酒店网站的流量排名已经超过宜必思和速8，成为全球第一的酒店网站，这也是电子商务发展战略中酒店官网优先的又一个成功经验。通过官网上主流的论坛、社区、搜索引擎、即时通信工具，为消费者提供了便捷的服务，也为会员提供了互动交流的场所，迎合了互联网时代沟通的需要。会员也可以轻松地获得7天连锁酒店2 000多家酒店的信息，选择和预订酒店所在区域、房型和房价等。

二、采取直销模式，放弃代理

有了电子商务平台及官网优先发展的战略基础，7天连锁酒店采取直销模式，放弃代理的电子商务发展理念就能实施，并用完善的会员制度推动了酒店在线模式的实施，把真正的优惠让给会员消费者。凡是7天连锁酒店的会员，都可以通过自己的中央预订系统即时预订、确认、呼叫及房务管理，并可以利用WAP、手机短信、电话、官网、小程序APP等多种方式为客户提供实时预订，并实现在线支付的便利。采用直销模式和会员制是7天

连锁酒店成功实施电子商务的成功经验，可以有利于降低 7 天连锁酒店的管理成本，同时也方便了客户获取服务以及降低了获取服务的成本，得益最多的是客户。

直销具有获取与理解酒店信息过程的优质体验感受。酒店网络直销电子商务的信息功能和商务功能恰好能够在“客户预订时刻”提供这两方面的服务，在关键时点上，提供服务，抓住客源，这是酒店网络电子商务的信息服务优势及成功所在。而传统的模式——“等客上门，靠天吃饭”，依赖名片、宣传册、人员拜访等，这些信息有很强的地域狭窄性、范围小、信息量少、不直观，受很大的时空限制，容易遗忘，不便记忆和保存。基于网络的电子商务模式——“24 小时的贴身秘书”通过电子商务支撑系统，实现酒店信息电子商务化，全面、完整、立体化展示酒店信息、品牌等。网络的开放性特征，没有时间、地域限制，保证酒店所有客户获取酒店信息具有便捷性、完整性、及时性等优势。通过酒店直销电子商务系统提供“接待前台”的功能，提供酒店与客户之间的互动直通，相当于给“全世界的每个客户”安排了一个“24 小时的贴身秘书”，延伸酒店服务，全方位吸引客源。

三、用会员制推进电子商务发展

7 天连锁酒店的电子商务基因能得以很好地发挥，会员制功不可没。经过六七年的积累，7 天连锁酒店积累了大批客户。相比同行，7 天连锁酒店的会员质量很高。截至 2015 年，7 天连锁酒店的注册会员就超过 8 000 万，这全部是身份证认证的会员。实践证明，身份证认证的客户信息非常清楚有用，是 7 天连锁酒店官网直销的主要贡献者。针对会员客户，7 天连锁酒店运用自身经济型酒店的客户特征——对价格相对敏感，大力用赠送积分等低成本方式进行营销，通过积分换房晚等方式持续引导，对会员发展求质不求量。在电子商务实践中，重复购买率至关重要。7 天连锁酒店主要的业务收入都是来自会员的重复购买，只有 1%的销售额来自携程这样的第三方销售平台。行业的中介佣金通常是 10%～15%，7 天连锁酒店给的佣金并不高。并且，即使在艺龙等第三方平台订购 7 天连锁酒店，也必须填写身份证等信息。

此外，能够自助的尽量不要人工参与，是 7 天连锁酒店一直的理念。网上预订和支付的比例更加显示出 7 天连锁酒店的电子商务基因和灵活——有 70%的订单是通过网上预订的，通常用双倍积分等优惠条件引导会员到网上预订，取得了非常好的效果。对于一线店长和员工，7 天连锁酒店设置相应的激励鼓励他们挖掘会员，没有线下线上的区隔，无论该会员在哪里消费，只要是你发展的会员，每一次消费都归于你考核和激励，通过全员参与的会员挖掘，推动了 7 天连锁酒店电子商务的快速发展。

四、用虚拟社区推动电子商务发展

7 天连锁酒店在官网上设置 SNS 社区，并不是像传统互联网公司一样单纯追求流量和用户规模，而是期待用一个具有高度互动、共享、展示性的电子社区凝聚企业最想发挥作用的客户群体，并运营这个黏性颇高的群体智慧“单体+复合”投入更广阔的电子商务运作中。让客户提意见和建议、消费投诉、改进方向、参与管理等，让每一位认同 7 天连锁酒店理念、享受 7 天连锁酒店服务的会员都能行使自己的建议权，对 7 天连锁酒店的服务品头论足。7 天连锁酒店 CEO 郑南雁认为，“不要忽视任何一个单体的智慧，也许他的智慧能为一个企业带去一种颠覆性的变革。7 天连锁酒店的性格就是尊重并时刻准备放大这种单体智慧”。对于 7 天连锁酒店来说，其捆绑 SNS 社区是主动打开了消费者与酒店信息沟通的通路，而不是继续让这种消费者的“自发+能动”继续默默无闻地蜷缩在信箱、传达室、意见簿、E-mail 和 BBS 留言中呼呼大睡，发挥并放大这种信息的功用，才是 7 天连锁酒店设置 SNS 的底层初衷。虚拟社区更像是一个用户智慧的集散地，已成为电子商务不可缺少的用户智慧孵化器。

五、7 天连锁酒店的电子商务优势

通过十多年的电子商务实践和平台打造，7 天连锁酒店的电子商务具有如下显著的特点。

（一）持续改进的客户体验

7 天连锁酒店的主要优势是在客户体验，体验永远是 7 天连锁酒店电子商务最关注的。用户不论从何种渠道预订 7 天连锁酒店，都有丰富的不同场景体验，如丰富的地图功能、酒店的产品视频、灵活的第三方支付工具选择以及敏捷的即时通信服务等，最终还有丰富的 7 天连锁酒店服务资源优势，通过多维度的比较展示让用户做出选择。另外 7 天连锁酒店利用自己的直销网站，向用户提供个性化和多元化的服务，如在用户预订房间后，可继续预订餐食，而这种服务的多样化、人性化、个性化是吸引用户访问的重要砝码。

（二）开拓酒店官网知名度　持续提升直销绩效

电子商务酒店官网是最重要的窗口，开始酒店官网的预订量由于知名度远远不够肯定很有限，7 天连锁酒店对此加大了对官网网站的宣传力度，开展多渠道的网络推广，以覆盖不同目标客户群的受众面，取得了非常好的效果，成为酒店业消费者最受欢迎的官网。如通过电子邮件营销低成本推广官网，通过搜索引擎营销提高官网的转化率等。通过多渠道地拓展官网知名度，不但形成了酒店业全球最大流量官网，还使官网的在线直销份额大幅度提升，成为酒店业电子商务比重最大的官网。官网直销的巨大成功以及信息系统的全方位整合，造就了 7 天连锁酒店的平台化，7 天连锁酒店官网已成为中国酒店业第一电子商务平台。

（三）完善的在线服务体系

7 天连锁酒店已建成国内独家的酒店互联网络，具有完善的呼叫中心、短信服务、手机即时服务、移动 APP 等前台式的服务体系。消费者可以随时自主选择自己喜欢的方式进行咨询和获取服务。7 天连锁酒店运用标准化的运营体系对所有成员酒店实行统一品牌形象、统一服务质量、统一运作标准、统一市场营销、统一在线服务、统一信息管理的连锁化经营管理，为客户提供标准统一、质量保证的优质服务和会员服务。这些在线服务体系形成了良好的网络口碑，使 7 天连锁酒店的在线销售不断攀升。

（四）科学的渠道管理体系

7 天连锁酒店依靠技术领先优势，利用 IT 技术进行渠道的整合管理，优化的渠道营销成为 7 天连锁酒店电子商务的核心优势之一。互联网时代的订房渠道有很多，产品的类型与价格也都不一样，网上销售就需要酒店不断地与各种渠道进行信息沟通与协调，以保证7天连锁酒店在各渠道营销上的统一性和连续性，树立7天连锁诚信的网络品牌。7天连锁酒店采取了两种方式对各渠道进行科学管理：一方面对现有的直销方式进行精细化管理，停止和删除部分综合效益较低的直销方式，使更多的人力、物力和技术投入综合效益较好的直销方式中；另一方面，加大对网络渠道的营销投入，努力扩大连锁酒店网络预订的规模化，通过网络升级和广告覆盖，实现酒店的网络直接营销，扩大受众面。这样，降低了酒店对第三方网络平台的依赖，有利于为7天连锁酒店带来长期的竞争优势。

资料来源：本案例由作者研究整理。

思考题：

1. 7天连锁酒店的电子商务战略给经济型酒店的发展带来了怎样的启迪？在互联网时代为什么要电子商务战略优先？

2. 7天连锁酒店的电子商务直销模式与会员管理是一个怎样的关系？为什么要用会员制度来推进电子商务的发展？

3. 结合7天连锁酒店的官网介绍以及相关的网络报道，请你进一步总结7天连锁酒店的电子商务优势包括的内容。

拓展知识

商务助理	电子钱包	数字货币
虚拟货币	位置服务	商务智能
智能客服	增强现实	虚拟现实
智能合约	智能推荐	移动商务
移动智能	数据关联	标签关联
自媒体平台	重构客户体验	

思考题

1. 什么是移动电子商务？移动电子商务有哪些市场优势？
2. 酒店移动电子商务有哪些特点？
3. 酒店的移动电子商务和移动管理应如何融合发展？
4. 什么是移动电子商务的推拉业务模式？请举例说明。
5. 酒店移动电子商务未来的主要技术应用有哪些？
6. 目前酒店移动电子商务有哪些应用类型？采用了怎样的技术？
7. 绿云的酒店移动电子商务有哪些应用产品？解决了酒店哪些商务问题？
8. 什么是客房智能？它有哪些应用内容和特点？

9．什么是餐饮智能？它有哪些应用内容和特点？

10．什么是绿云 PMS 智能？它有哪些智能的商务内容？

11．随着酒店移动商务的发展，为什么说酒店的在线销售将成常态？

12．酒店的在线销售包含哪些销售方式？如何完善酒店的在线销售体系？

13．随着酒店移动电子商务的深入应用，为什么说酒店餐饮的收银台或将消失？

14．随着酒店移动电子商务平台化的应用，为什么说酒店服务台或将成为咨询台？

15．要使酒店移动电子商务更有智慧，应怎样利用酒店的大数据？

16．根据你熟悉的酒店或自己的经历，请你举一个实际的酒店商务智能应用例子，并分析它的特点以及解决的业务问题。

17．移动电子商务将成为酒店电子商务的主流，在酒店电子商务的系统战略上，假如你是一个酒店经营者，你应该如何考虑该战略，以使系统建设保持竞争优势。

第九章　绿云 i-Hotel 平台的电子商务基础

本章要点

本章开始主要介绍酒店电子商务的具体应用，首先介绍酒店电子商务的设计理念及实施思路，并以绿云科技的解决方案为背景，介绍了绿云酒店电子商务的平台化基础，这个基础就是一个电子商务主平台、若干个小前台。绿云 i-Hotel 作为主平台解决了酒店数据与业务的融合问题，体现了酒店电子商务的数据整合和应用能力；若干个小前台解决了酒店电子商务的个性化服务问题，体现了酒店电子商务的快速响应能力。在主平台方面本章主要介绍了绿云 i-Hotel 的业务总体架构和功能结构，并介绍了酒店电子商务基础性系统 PMS 的预订接待管理和客房中心管理的主业务内容。在小前台的微应用方面主要介绍了微预订、微服务、微营销、微商城以及小程序的应用特点，这些小前台的微应用不但提高了酒店电子商务的响应能力，同时体现了客户的个性化服务需求，也提升了酒店电子商务的整体收益。希望通过对这些内容的介绍，读者对酒店电子商务平台化的基础性系统有个完整的了解。

绿云 i-Hotel 酒店平台是集前台管理、后台管理、集团管理、客户管理、渠道管理、电子商务、预订中心于一体的综合性酒店平台，在开始阶段，平台化以前台 PMS 为主，随着平台技术的不断完善，酒店业务的时代转型，i-Hotel 酒店平台的技术架构和业务方向转向酒店电子商务，该平台的电子商务将以大数据为中心，为酒店创造健康、稳定的网络经济收益。绿云科技的平台化也是 PMS 系统的技术转型，迎合移动互联网时代，实现酒店服务台的移动化、结算的移动化、服务的移动化以及酒店营销的移动化。本章我们将为读者介绍绿云 i-Hotel 酒店平台的电子商务基础，首先在介绍平台技术架构的基础上，介绍绿云酒店电子商务基础的云 PMS，然后介绍绿云电子商务的小前台电子商务业务架构以及为酒店提供的整体电子商务解决方案。

第一节　绿云酒店平台的技术架构

绿云酒店平台的技术架构是基于云计算的云服务，并结合人工智能和大数据形成的一个以酒店电子商务为主体的应用平台。目前，绿云的酒店主平台主要支持酒店集团的发展与业务管理，也支持单体酒店的业务与电子商务，以及支持民宿一类的个性化客栈。因此绿云的酒店平台所有的技术架构内容可以通过人工智能任意组合，形成酒店不同类型的应用版本。目前已有标准版、快捷版、民宿版以及邮轮版等应用，绿云电子商务的平台化正在向综合体以及旅游小镇等应用版本发展。

一、绿云 i-Hotel 平台的功能架构

绿云 i-Hotel 是酒店电子商务的主平台，采用的是云技术架构，所有软件系统以及系统数据都整合到云端，通过 PaaS 以及 SaaS 服务模式为酒店提供平台服务和软件服务。整合后的平台形成酒店唯一的数据中心，这些数据都可以被所有系统共享和使用，包括后面介绍的电子商务小前台的微应用。云技术、大数据技术和平台技术是绿云 i-Hotel 的核心，这些核心技术把酒店的前台 PMS、财务、支付、收银、服务等业务整合起来，形成如图 9-1 所示的绿云 i-Hotel 业务架构示意图。

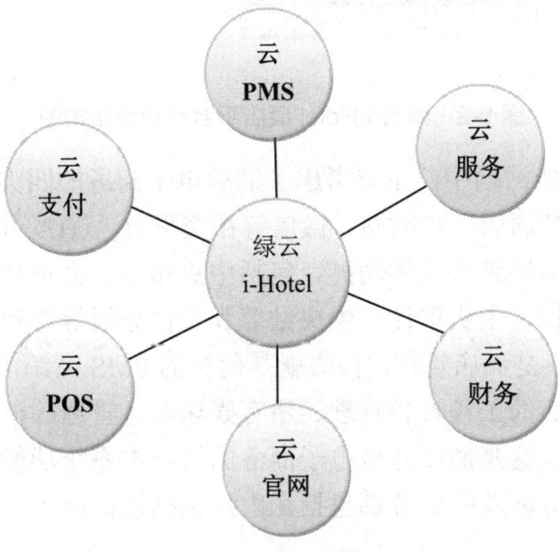

图 9-1 绿云 i-Hotel 业务架构示意图

在绿云 i-Hotel 平台的总体业务架构图中，核心的业务内容设计包括六个方面的内容：① 酒店前台的云 PMS 负责酒店前台的所有接待、登记、客房的业务管理；② 云支付是平台的所有的电子支付系统，包括银联的电子支付和常用的第三方电子支付；③ 云 POS 是负责酒店收银的系统，所有酒店经营点都由云 POS 系统负责处理；④ 云官网是酒店的微门户，包括网站和移动端的服务门户；⑤ 云财务负责所有酒店经营中的财务管理和财务核算；⑥ 云服务是酒店开展电子商务所有的服务，也称为小前台，包括移动类服务、位置类服务等微应用。所有软件都以 SaaS 服务模式提供，保证了系统的数据安全和使用安全，体现了平台化后数据的好用、能用的特点。由于酒店目前有单体酒店和连锁酒店（包括酒店集团），还包括酒店联盟，因此绿云 i-Hotel 平台的设计考虑了这些不同的应用，形成标准版、集团版、快捷版等不同的应用版本。尤其是酒店电子商务还存在很多的 OTA 渠道，在开展电子商务过程中酒店需要和 OTA 的订单数据对接，包括与各种类型的网络社交平台的

数据对接等。最后形成了绿云 i-Hotel 酒店平台的功能结构图，如图 9-2 所示。

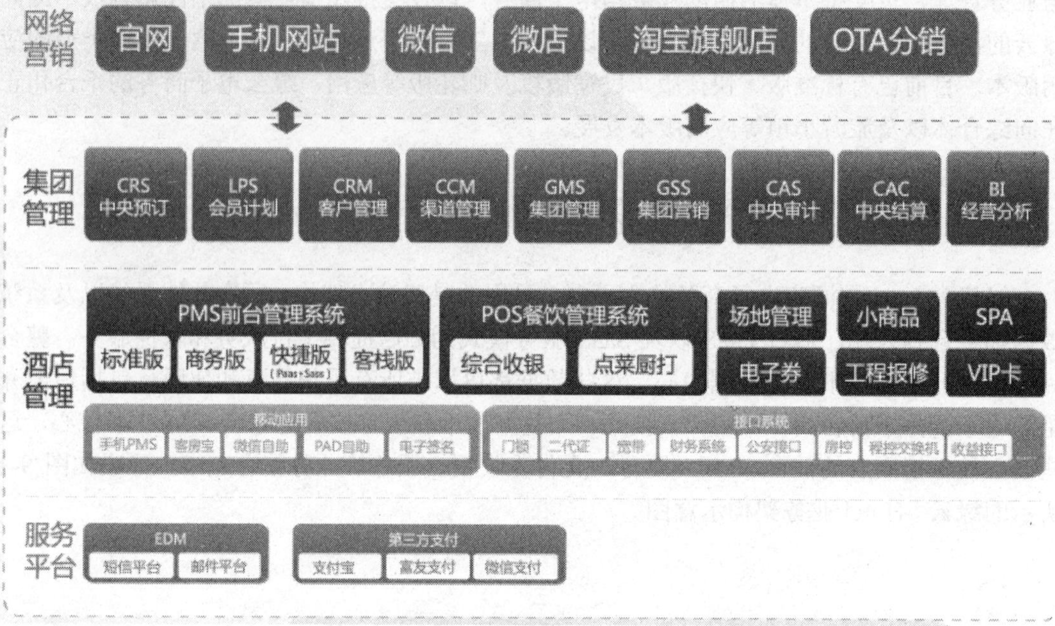

图 9-2　绿云 i-Hotel 酒店平台的功能结构图

在图 9-2 所示的功能结构中，主要考虑了酒店电子商务的四大功能：一是网络营销以及网络订单的管理，包括酒店门户网站、微信等社交平台、OTA 分销渠道以及淘宝旗舰店等；二是集团管理或酒店连锁管理的功能，包括中央预订、会员计划、客户管理、渠道管理、集团管理、集团营销、中央审计、中央结算和经营分析等管理系统，还包括了酒店联盟的会员共享管理等；三是酒店管理，核心就是前台的 PMS 系统，所有不同类型的版本管理都包括在内，以及酒店的工程设备管理、所有娱乐服务管理等，酒店管理包括了酒店内部电子商务的所有内容，这是酒店开展电子商务的最基本系统功能要求；四是服务平台的内容，酒店开展电子商务涉及的服务都包括在内，包括短信服务、邮件服务、位置服务以及支付服务等。

二、绿云 i-Hotel 平台的应用特点

绿云 i-Hotel 平台经过多年来酒店的应用实践，已受到广大酒店用户的青睐，已成为我国拥有最大的酒店用户群体的酒店平台，绿云科技也成为我国酒店电子商务平台的最大技术服务商，是酒店 PMS 成功转型的开拓者。目前国内如上海锦江酒店集团、君澜酒店集团、开元酒店集团等主要集团酒店都已成为绿云的用户。平台化的应用实践证明，绿云 i-Hotel 平台与其他开放型系统相比，具有以下几方面明显的应用特点。

（一）完全电子商务

电子商务有两种类型：一种是不完全电子商务，需要人工干预环节；另一种是完全电子商务，不需要人工干预，业务全过程全部电子化处理。大多数酒店还处于不完全电子商

务阶段，酒店又属于预约型电子商务，更需要完全电子商务的支持，这样才能产生规模效应且真正地降低经营成本。绿云 i-Hotel 平台从客户在官网或 OTA 渠道预订酒店后，有效订单可以根据客户需求直接进入云 PMS 前台处理，进入排房程序，如果酒店有自助系统，客人到酒店后可以自动 Check-in 办理登记直接到客房。因此，客人从预订到入住的过程不需要人工干预环节，全过程都电子化处理，属于典型的完全电子商务形式。

（二）链接一切

绿云 i-Hotel 可以和任何分销渠道链接，可以和任何第三方电子支付平台链接，可以和任何业务合作伙伴链接，也可以和任何网络社交平台链接。绿云 i-Hotel 是一个完全开放型的平台，内部结构都可以智能组合，链接社会上的任何资源，实现真正意义上的链接一切。在互联网世界里，绿云 i-Hotel 真正成为可以链接一切的一个开放型节点，这是酒店开展电子商务最需要的一个应用特点。

（三）安全性能高

绿云 i-Hotel 从技术架构上采用的是云架构，通过云计算实现对酒店的软件服务。大家知道，目前世界上的信息系统云计算平台下的系统安全性是最高的，隐私保护措施也是最严密的。绿云 i-Hotel 平台通过 PaaS 和 SaaS 服务模式为酒店提供服务，不管是软件安全性还是数据安全性，其安全级别都是目前世界上最高的。

（四）支付便捷

客户在酒店内消费，可以使用目前国内流行的电子支付方式结算。绿云 i-Hotel 平台既有银联平台的电子支付，又有第三方电子支付平台的电子支付，刷卡、手机支付、闪付等在绿云 i-Hotel 平台下都可以轻松地实现。这种便捷的支付为客户消费结算节省了很多时间，也提高了酒店的服务形象，是酒店电子商务中不可或缺的一个服务环节。

（五）大数据支持

酒店开展电子商务，离不开大数据的支持。绿云 i-Hotel 平台下的大数据可以为任何一个酒店提供服务。目前绿云 i-Hotel 平台下已有近 2 万家实际运行的酒店，酒店集团几乎占据了国内的一半，形成了国内最大的酒店大数据，这些数据通过分析、挖掘可以为酒店提供指导性的报告。客户的消费行为以及酒店未来发展的趋势都隐藏在这些大数据中。

（六）营销渠道广

酒店开展网络营销既要优化营销渠道，又要采取多渠道合作战略，为了迎合酒店电子商务开展的需要，绿云 i-Hotel 平台在网络营销架构中设置了非常丰富的渠道接口，包括酒店官网、微门户、手机网站、微信、微博等社交平台，还包括酒店在网络上的各种微店，以及携程旅行网、同程网、途牛网等 OTA 分销商。这些营销渠道可以都整合在绿云 i-Hotel 平台下，让酒店在可视化管理营销过程中，轻松实现电子商务的网络营销。

第二节 酒店电子商务基础的云 PMS

酒店开展电子商务首先要有一个开放型的 PMS，该系统可以轻松地接收网络订单，这是酒店开展完全电子商务的基本要求，绿云的云 PMS 可以满足这样的要求。互联网时代下酒店及连锁集团需要深入挖掘数据价值，赋能服务、运营管理。酒店集团全数据、厚数据的集中对酒店电子商务布局提出了更高的要求。传统的本地布局无法保证数据抓取的准确性、全面性、实时性，云端部署、本地+云端部署将服务人员对数据的搜集、系统中数据的分层呈现、管理人员的分析和应用有效地结合，真正实现数据化赋能。本节介绍的云 PMS 是杭州绿云科技的酒店软件产品，其技术在国内处于领先地位，是国内酒店用户数最大的服务产品，也是酒店集团用户数最多的产品。系统具有高度的集成能力、高度的国际化管理理念，以及开放性的管理流程。尤其是系统的电子商务能力。而云 PMS 的功能本身就是酒店内部电子商务，将所有的业务都实现电子化处理。本节主要介绍核心的前台预订接待、前台账务和客房管理。

一、预订接待业务

绿云 PMS 系统根据酒店行业中常见的职能部门对整体的功能进行板块划分，预订板块主要包含散客预订、团队预订、预订查询等常见功能，从酒店用人成本、工作效率、漏洞深入防控等多方面考虑，绝大部分酒店已经将前台接待和收银业务进行并岗，所以绿云的接待、收银功能统一合并在前台的功能板块中。考虑查询业务的很多内容涉及多个服务部门，PMS 中对于涉猎多个部门的查询功能统一归划到查询板块中。本节内容将着重介绍预订操作和接待的相关操作。

（一）散客业务处理

散客有别于集中订房的团队客人，酒店散客一般是自行通过电话、酒店官网、微信、线上 OTA、线下旅行社等渠道直接进行订房的零散无协议客人、会员客人、协议客户。散客操作中涉及的业务范围比较广，但整体操作相同，仅需要注意不同类型的散客预订的特殊注意点即可。

1. 散客预订

无处不在的移动互联网让我们的生活、旅行、工作更加有计划性，不可预见性降低，酒店预订也是一样，基于互联网的多选择预订渠道、实景图片、全网络的交通路线对比、网络评价等，以及更多的在线可参考数据、便捷途径，让大家习惯出门前先做攻略，提前进行酒店预订，让自己的行程没有后顾之忧。绿云的 PMS 系统将各类资源进行技术集成，与酒店官网、微信、各类 OTA 等线上预订平台进行对接，各类线上预订订单可直接下单到云 PMS 中，无须人工重复输入，以减轻酒店一线工作人员的工作量，同时降低出错率，线上预订操作以客人为主体，且操作简单，所有渠道订单汇集到前台的 PMS 中。具体的散客预订主界面如图 9-3 所示。

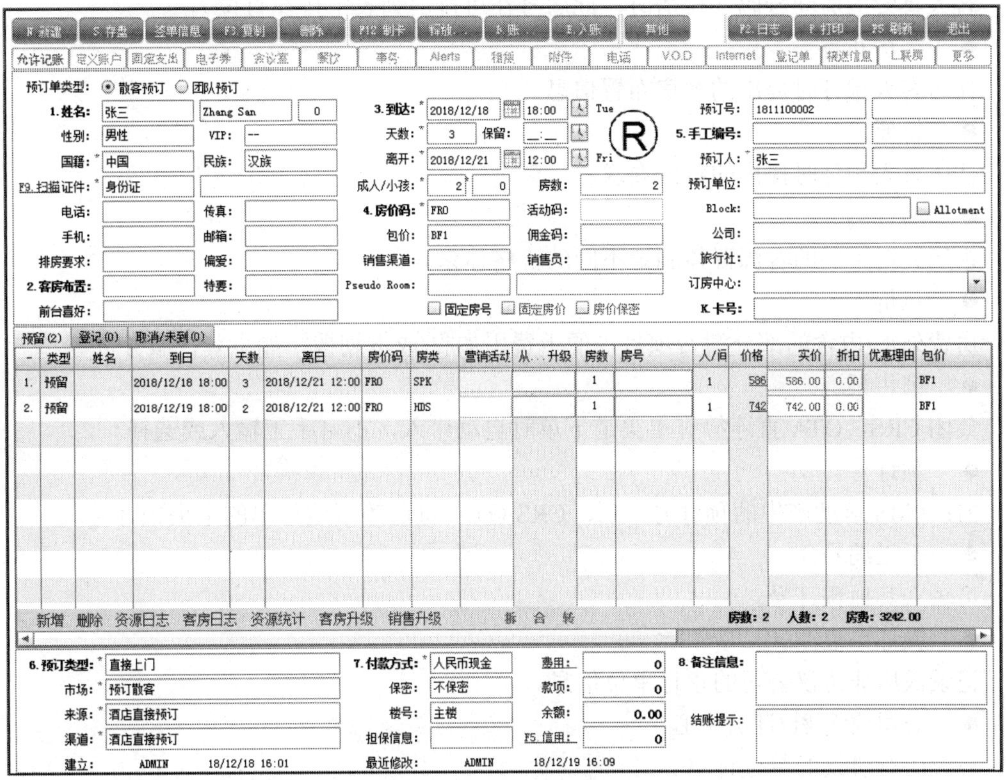

图 9-3　散客预订主界面

在图 9-3 所示的主界面中，共有 A、B、C、D 四个操作区域处理预订业务。

A 区：主单功能按钮

- 允许记账

允许其他营业点挂房间账的消费项目，默认为全部允许。

- 固定支出

客人住店期间，指定日期内每天会产生的账项，夜审时系统自动记账到客人的房账中。

- 事务

饭店各部门间对客服务跟踪消息传递，指定负责部门以及必须完成操作的日期和时间。

- Alerts

设置系统相应操作时的提示内容。

- 租赁

记录客人租赁物品内容，可根据客人租赁情况做修改或归还处理。

- 联房

订单关联，便于后期的账务处理和信息查阅（同一订单的房间自动联房）。

B 区：客人信息、预订基本信息显示

- 排房要求

住店客人对饭店安排房间的要求（饭店可将房间的相关特征与房号对应，在排房时可以根据排房要求自动筛选符合客人要求的房间号码）。

- 偏爱

客人喜爱的房间号码（排房时，此房号在可排房列表中排在首位）。

- 客房布置

住店客人预订时提出的客房布置信息。

- 特要

住店客人预订时提出的特殊要求。

- 房价码

饭店针对不同的客源群体制定不同的价格体系。

- 包价

房费外加/内含的部分消费项目，便于费用加收/成本划拨，如早餐、服务费等。

- 销售渠道

集团 CRS、OTA 直连等订单渠道下单时自动带入，不可手工输入或选择。

- 预订号

前：PMS 自动产生的预订号。后：CRS/OTA 直连等下达订单的中央预订号。

- 手工编号

可输入其他预订号。

- 预订单位

记录饭店非协议公司的预订单位信息。

- 公司/旅行社/订房中心

与饭店有协议的单位订单。

（可输入查找，协议单位绑定了该协议单位的协议房价码、市场码、来源码、销售员、佣金码等，如果是协议单位的预订必须输入，否则相关报表统计不正确。）

- 卡号

饭店/集团会员卡订单关联，便于会员积分生成、优惠价格匹配等。

- 房价保密

打钩后当前预订列表有蓝色底色作为提示，RC 单打印时房价为 0。

C 区：预订单预留房型资源信息，房类添加、删除

- 新增

增加房型、房量。

- 删除

删除预留未拆单的预订资源。

- 资源日志

订单中的房型、房量增加、修改、删除操作日志。

- 资源统计

本订单各房型数量、状态统计。

- 客房升级

订单中预留资源免费升级处理。

- 销售升级

订单中预留资源付费升级处理。

D 区：销售报表分析统计信息，费用信息，备注、结账提示

● 预订类型

预订类型决定订单为确认性（担保）预订/非确认性（无担保）预订，直接影响饭店的最大/最小可售房量、出租率等。

● 市场

据饭店客源市场定位、来源等条件进行代码设定，根据统计数据和趋势对饭店市场、销售策略等进行分析调整。

● 来源

用以管理、跟踪、记录、分析饭店订单来源，是饭店市场统计分析的一个维度。

● 渠道

用于管理、跟踪、记录、分析饭店订单原始渠道媒介，是饭店市场统计分析的一个维度。

● 保密

住店客人信息保密登记要求（当前预订列表中有粉红色灯显示提示）。

● 备注信息

订单备注信息（可按 F1 键选择定义的模板信息）。

● 结账提示

结账时需要提示给收银的相关信息（可按 F1 键选择定义的模板信息）。

散客预订通常包括普通散客、协议散客、会员散客的业务，在预订过程中允许散客修改预订，预订递交后，客人的订单就可以直接传递到酒店的预订中心进行后续处理。

2. 散客入住

散客入住需要办理登记，随着互联网技术不断运用到酒店中，绿云 PMS 可以在服务台办理登记入住，但登记入住的方式不仅限于前台，iPad、手机、自助机等移动服务，这些自助入住办理方式为前台减轻了工作压力的同时，也为服务的增值、私密提供了更多的拓展空间。对于预订的客人，办理入住须经过三个步骤：第一步，在登记单的预订功能区域，单击“当前预订”或按 F2 键打开预订查询列表，搜索确认客人订单信息；第二步，在登记单右边单击右侧“综合排房”进行排房或双击订单进入预订单先进行排房；第三步，排房完成后单击预订单 C 区的“成员”按钮进入成员登记单，完成证件扫描、登记单打印、入住、制房卡等步骤。具体散客登记入住界面如图 9-4 所示。

对于上门散客，又称步入散客，主要是指没有预订房间，直接到酒店前台登记入住的客人。这些散客的登记比较简单，上门散客登记入住办理方式有下面三种。

方式 1：预订功能区域——房价查询。

方式 2：前台功能区域——上门散客。

方式 3：查询功能区域——房态方块。

鉴于“房态方块”操作最为便捷，以此作为操作举例，具体操作步骤如下。

第一步：单击查询功能区的“客房可用”（快捷键 Ctrl+D），查询所需房型的客房存量。

第二步：在查询功能区域，单击“房态方块”或按 F6 键，打开“房态方块”界面。

第三步：选中目标空房，双击可直接进入登记单，房型、房号直接带入登记单，完成房价码等主单信息修改、证件扫描、登记单打印、入住、制房卡等步骤。

PMS 中的房态方块如图 9-5 所示。

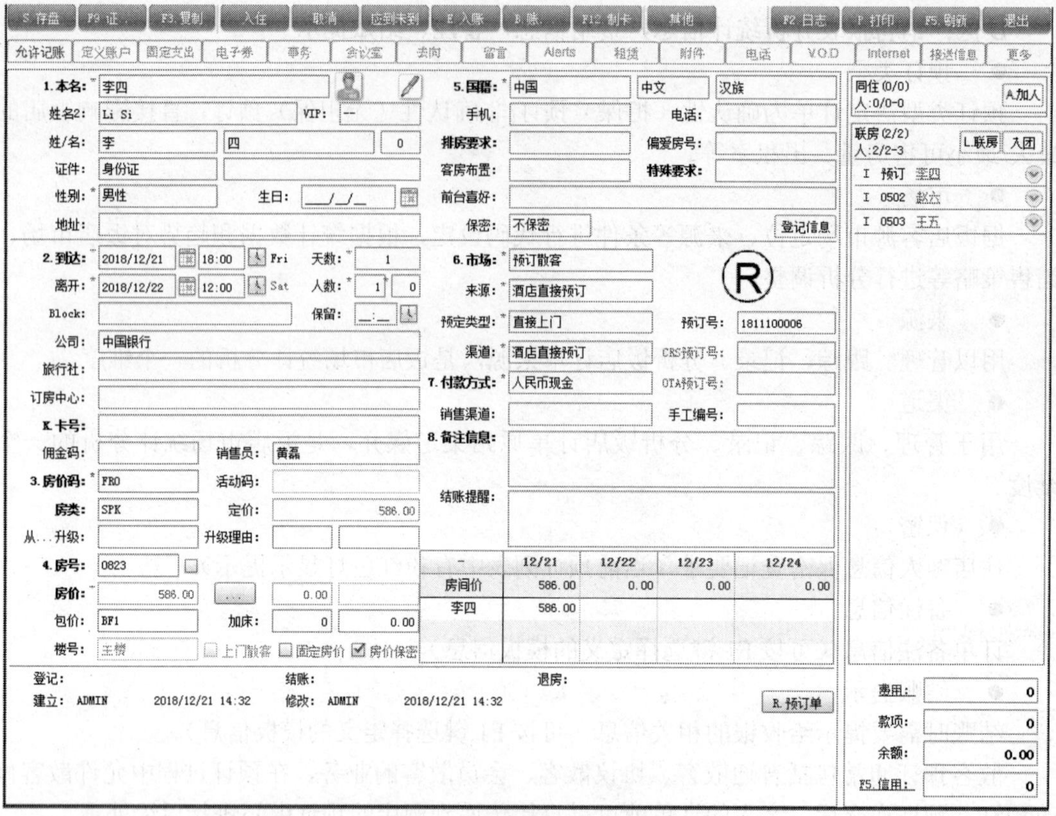

图 9-4 散客登记入住界面

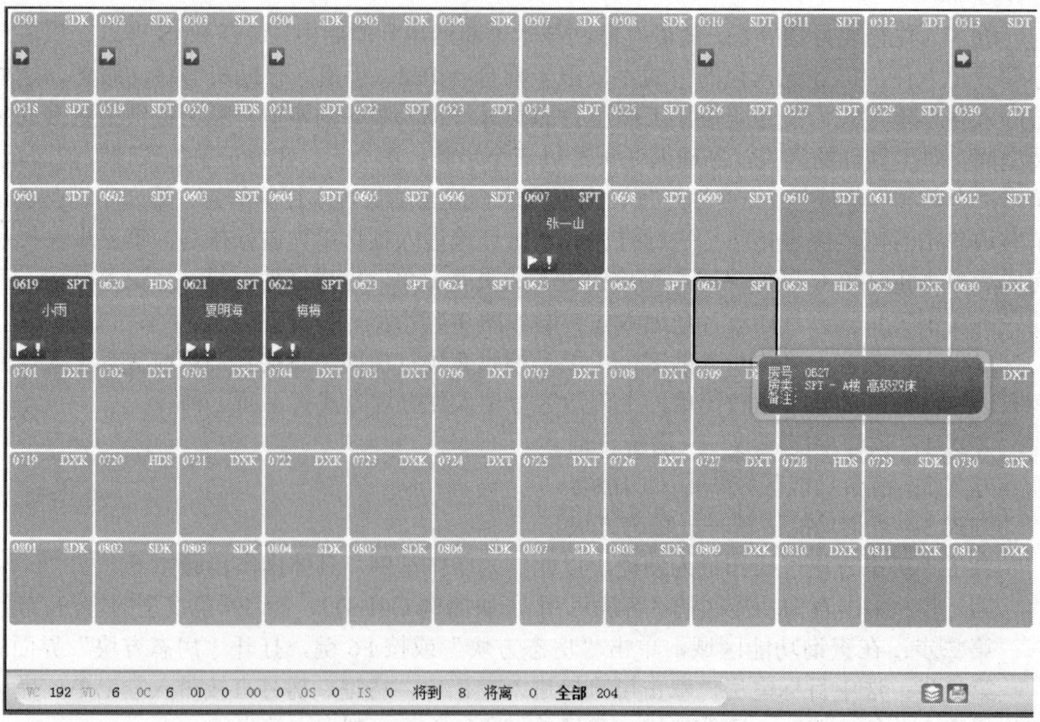

图 9-5 PMS 中的房态方块图

登记入住还有许多特殊的业务操作，包括一个房间住多个客人的同住人操作，还有联房业务操作、换房业务操作以及客人办理续住的业务操作，这些操作都可以在客人的登记主单上完成。

（二）团队业务处理

团队业务和散客业务一样，也存在团队预订和团队入住两种业务的操作。

1. 团队预订

酒店一般规定若同一个订单中的房量达到规定的数量则为团队订单，目前酒店根据客源市场不同大致分为旅游团、商务会议团（MICE 团，有订房有会议）、商务团（有订房无会议）、婚宴团、散团等，由于团队订单的特殊性（服务要求、涉及的服务范围细节等），团队订单一般由酒店的销售部统一进行洽谈，订单确认后下单给预订部将订单录入 PMS 系统中。

1）团队操作要素

房量确认—团队主单—房间预留—团体协议/房价—团体付费—备注信息。

2）团队预订方法

在 PMS 系统中预订功能区域的前三个功能——“快速预订”“房价查询”“团队预订”均可进行客人的预订操作，鉴于“团队预订”在酒店用户中使用最广，以此作为操作方式。

3）PMS 的操作步骤

第一步：单击“客房可用”（快捷键 Ctrl+D），查看客房剩余房型、房量。

第二步：预订功能区域，单击“团队预订”按钮，进入团队预订主单信息界面，如图 9-6 所示。

第三步：团队主单中录入团队信息，如团名、抵离日期、协议单位等。

第四步：单击“新增”按钮为订单预留房类、房量，并确认房价、包价等信息。

第五步：将订单备注信息、结账提醒信息等补充完整，并根据订单信息设置“团体付费”，设置完成后单击“S.存盘”按钮即可。

团队主单处理完后，就要处理入住人员的信息录入，这些工作都必须在入住前通过预订来完成。订单入住前入住客人的信息录入，通常可通过订单拆分、排房生成登记单后，在登记单、批量处理中进行处理。图 9-7 是团队人员的批量录入—修改操作界面图。

在预订过程中，团队有时会出现转散客的情况，称为散团转化操作。如行程变更、操作错误、团队客人体验问题等都可能是团队客人与散客相互转化的原因，针对此业务需求，可以单击 PMS 系统的预订登记单界面的“出团”“转团”“入团”按钮，也可以在批量处理窗口界面单击“出团”“转团”“入团”按钮进行操作处理。

散团转化完成后需要注意客人的房价、房价码、包价、协议单位的修改、关联等处理。

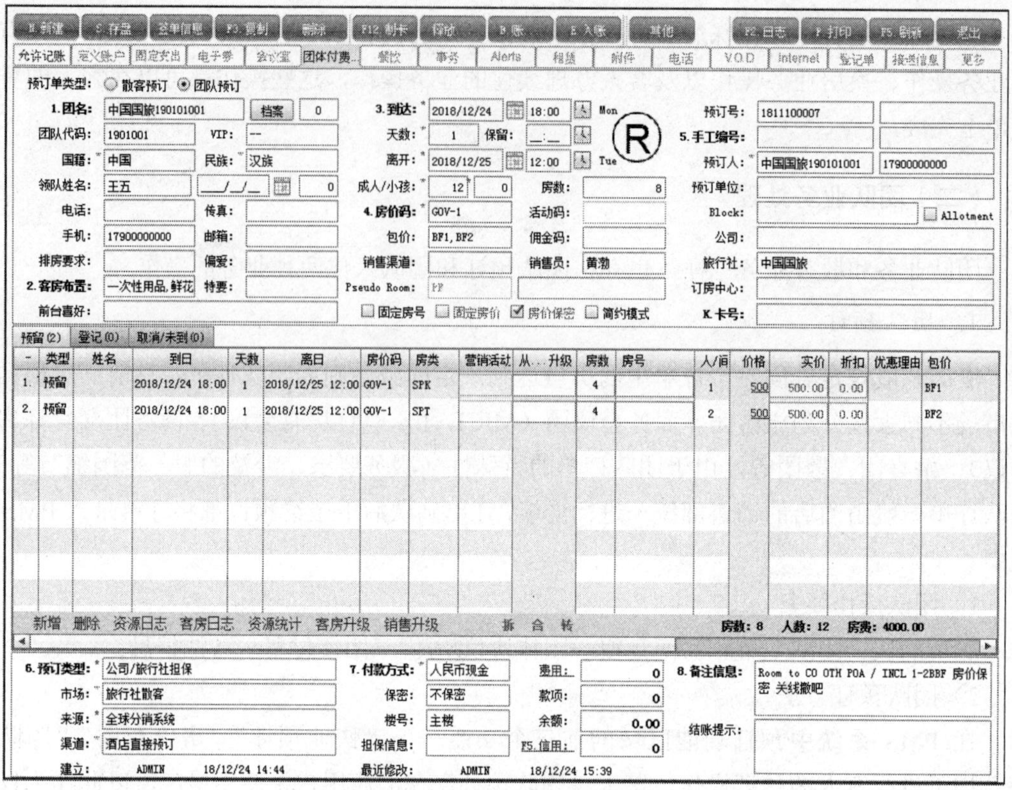

图 9-6　团队预订主单信息界面

项目类型点选“P.宾客类型”

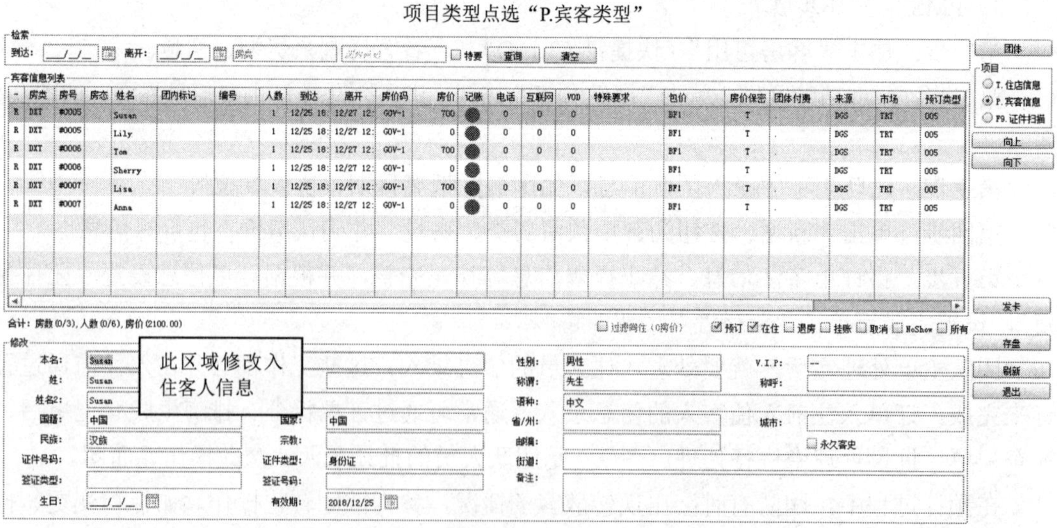

图 9-7　批量录入—修改操作界面

2. 团队入住

团队入住操作与散客入住操作基本相似，相较于散客，团队人员的入住操作比较集中。通常先给团队人员分房再处理登记手续，在为团队客人分房完毕后，可在批量处理界面进行批量入住、证件扫描、集中快捷发卡等操作。团队批量入住、证件扫描、集中发卡操作界面如图 9-8 所示。

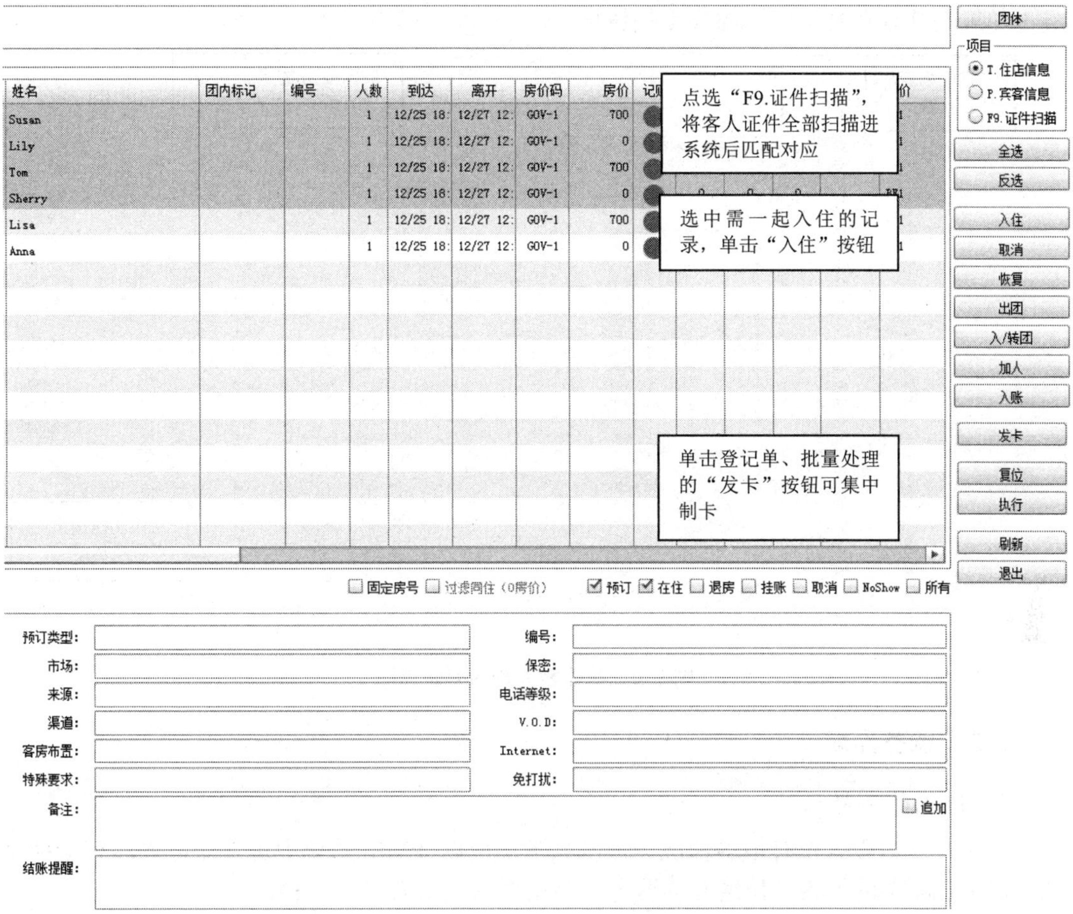

图 9-8　团队批量入住、证件扫描、集中发卡操作界面

二、前台账务审核业务

酒店前台 PMS 系统中的账务处理分为前台账务、后台账务两种，系统对每个订单、登记入住的客人自动产生一个账户用于客人押金、在店消费、消费调整、客人结账退房等前台账务处理。通过酒店风险评估的协议公司，酒店允许其在一定金额范围内先消费后结账，酒店为后结账的客户建立相应的账户——AR（应收）账，用于消费账目挂账、催收、调整、结账等处理。本节主要介绍前台账务的审核，由于散客及团队账务处理方式基本相同，本节也不做单独区分，仅对团队账务不同之处做特别解析。

（一）在住客查询

由于客人预订时间不同、入住期间的消费不同、需求不同，因此酒店前台的工作内容也不同。入住时需要特别注意押金的收取，抛账时需要特别注意押金是否充足，在酒店规定的时间节点内要与本日退房的客人确认是否准时退房/续住，续住同样需要注意客人的押金是否充足，所以在住客人的查询分类、列表信息直观显示将影响酒店人员的工作效率。在住客人查询列表界面如图 9-9 所示。在该图的在住客人查询界面中，结合酒店业务设计查询项目，筛选项标签集中区分、列表项常用项罗列、常用功能按钮可直接运用等，让信息更加集中并且有辨识度，操作更加快捷。

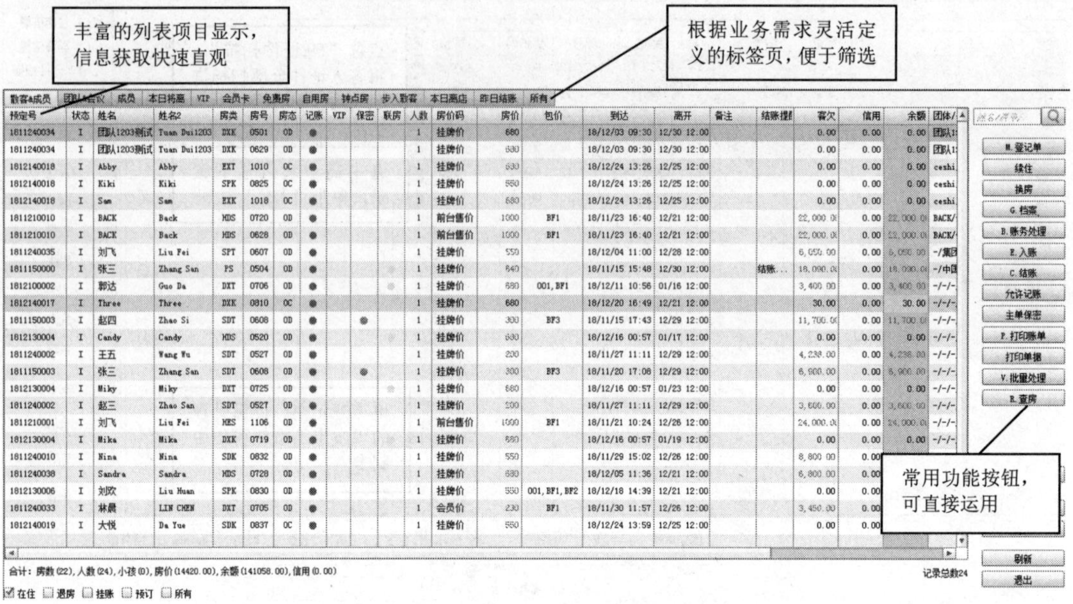

图 9-9 在住客人查询列表界面

（二）账务界面

1. 进入账务界面

酒店在对客服务中有很多情况会涉及账务，所以 PMS 系统中进入账务界面有多种途径，便于在不同的场景下快速对客服务，常用进入方式有以下三种。

（1）主单：单击预订单、登记单界面“B.账务处理“按钮可进入账务界面。

（2）查询列表：在“当前预订”“当前登记”查询界面，选中目标记录，单击右侧的“B.账务处理”按钮可进入账务界面。

（3）房态方块：在查询功能区域，房态方块界面，选中在住客人房间，右击后单击“账务”可进入账务界面，如图 9-10 所示。

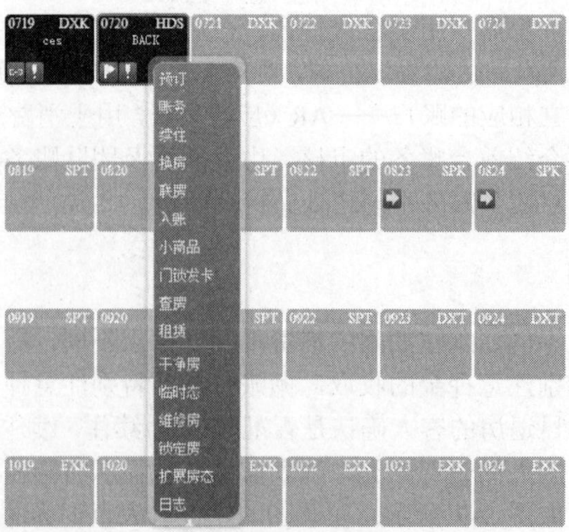

图 9-10 基于房态方块的账务界面

2. 账务界面介绍

账务界面主要有功能按钮区域、主单重要信息、账户账目信息、账务分类汇总信息等，如图 9-11 所示。

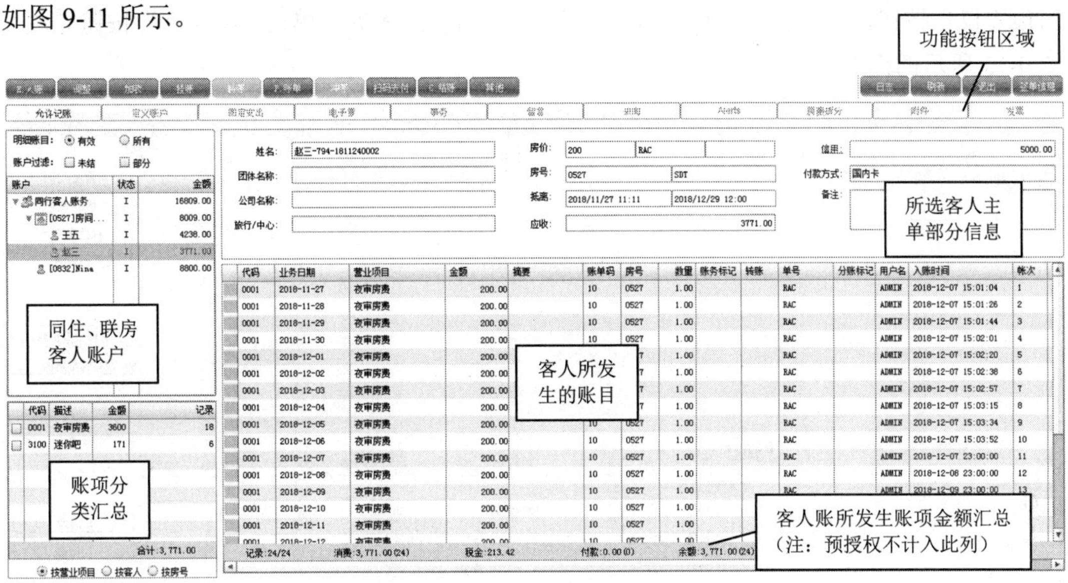

图 9-11 查询账务界面

（三）账项抛入

1. 押金

为了确保酒店的经营利益，防止客人逃账、损坏酒店设备等行为给酒店带来的损失，客人入住时酒店会根据房价、入住间夜向客人收取一定金额的押金。

住房押金主要分为现金、预授权、刷卡消费（基本无），录入方式如下。

1）现金、刷卡消费

在主单/账务界面，单击“E.入账”按钮，“入账”窗口中的“代码”“金额”“单号”等信息选择录入后，单击“入账（F10）”按钮完成操作，如图 9-12 所示。

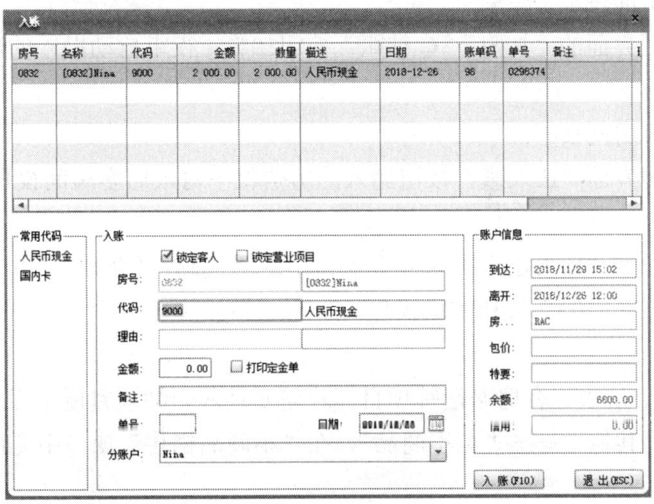

图 9-12 入账窗口界面

2）预授权

在主单/账务界面，单击“信用”按钮，在弹出的“信用授权明细”窗口中单击“A.增加预授权”按钮，“项目”“授权金额”“卡号”等信息录入后，单击“S.存盘”按钮完成如图 9-13 所示的操作。

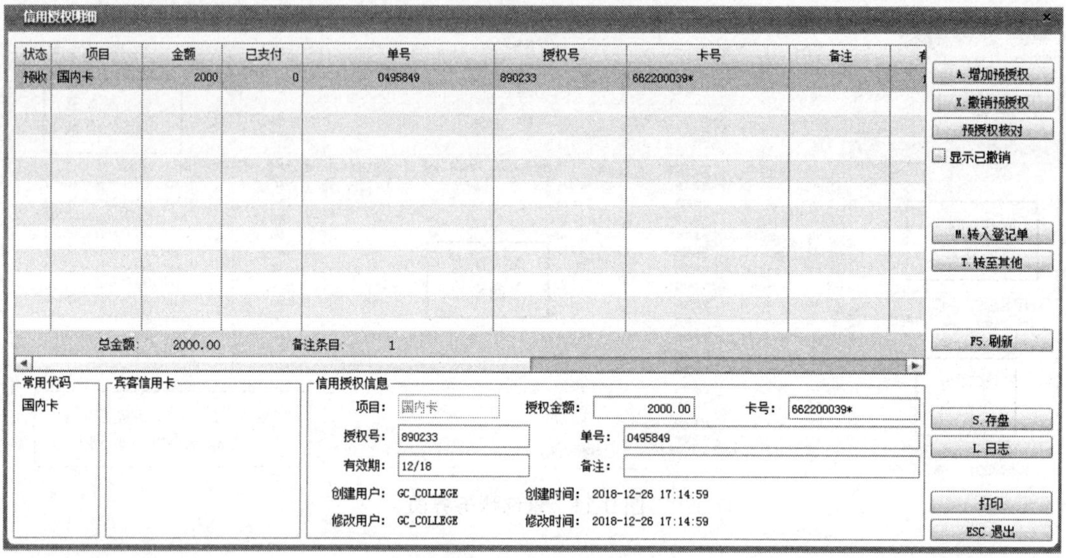

图 9-13 预授权操作界面

取消预授权可单击“X.撤销预授权”按钮操作。

2. 消费项

1）房费

房费的抛入方式将影响饭店经营报表中的间夜量统计，从而影响饭店出租率、平均房价等数据计算，需要特别注意；若无特殊情况须通过计算间夜量的方式进行房费加收，以免影响饭店数据报表。

- 计算客房间夜

单击账务处理界面的“加收”“C.结账”按钮加收，夜审自动抛入的房费会对客房出售间夜量进行累加。

- 不计算客房间夜

通过账务处理界面“E.入账”按钮抛入的房费将不对饭店客房间夜量进行累加。

2）普通消费

在账务界面单击“E.入账”，“入账”窗口中的“代码”“金额”“单号”等信息选择录入后，单击“入账（F10）”按钮完成操作。

3）小商品

客房 Minibar、洗衣、客房赔偿等项目，若需要录入明细项目便于报表统计对账，可在账务界面中单击“其他”——“A.小商品”，在“小商品销售”窗口中完成明细账项入账操作，如图 9-14 所示。

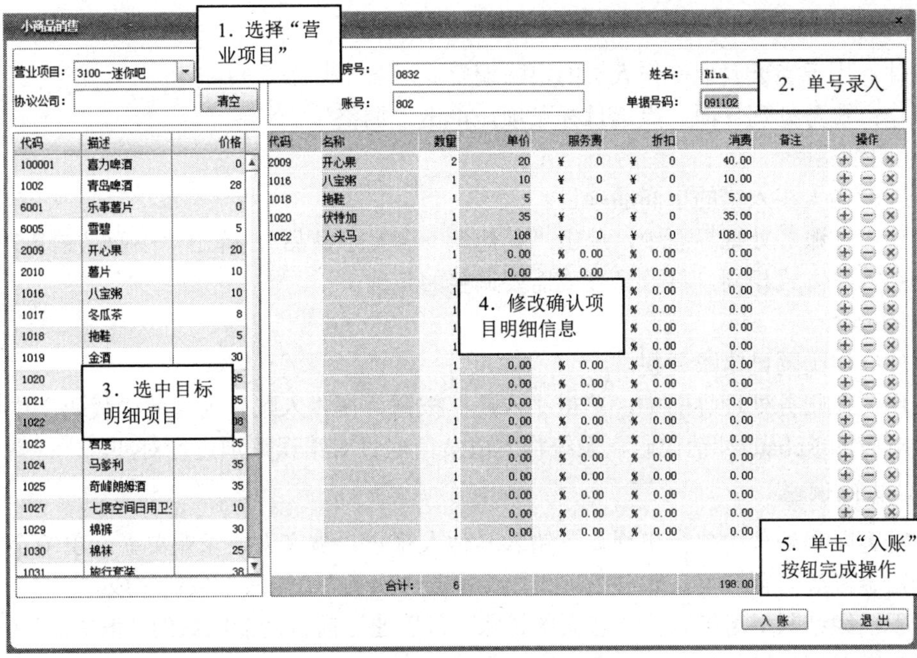

图 9-14　小商品入账操作界面

（四）账项调整

操作失误、客人要求的变更等都会造成入账错误、账项调整，操作人员须熟练账务不同情况下的错账的调整方式，以应对不同的场景需求，保证饭店经营分析报表的准确性。

1. 入错账

1）冲账

条件：用于操作员自己当天当班的错账。

操作：在账务处理界面中，勾选目标账项，单击“冲账”按钮。冲账操作界面如图 9-15 所示。

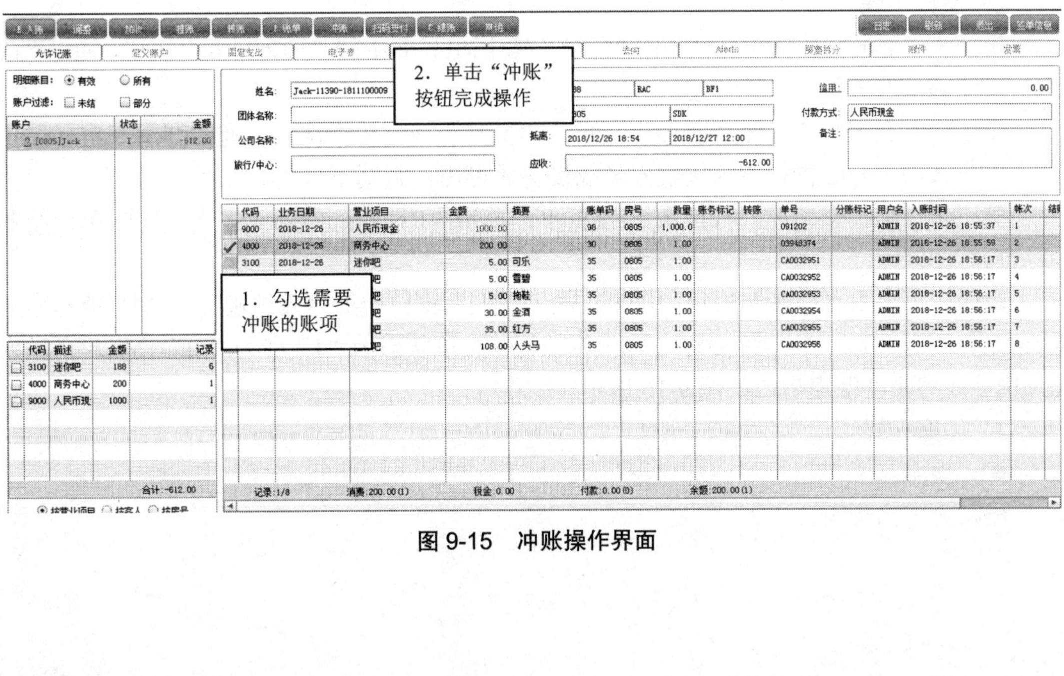

图 9-15　冲账操作界面

2）调整

条件：用于当天其他操作人员的错账调整。

操作：账务处理界面，点选目标账项，单击“调整”。

3）明细错账

条件：当天买入错的小商品项目。

操作：在账务处理界面中，单击“其他”→“A.小商品”，弹出“小商品销售”窗口，与小商品入账方式相同，将数量改成需要调整的负值。

4）Rebate

条件：用于隔日错账调整。

操作：在账务处理界面中，单击“入账”按钮，在“入账”窗口的“代码”中选择调整账项对应的Rebate/冲销代码，系统将生成负值账目对错误账项进行对冲。

2. 其他调账

在对客账项处理中也会出现账项错入其他人账户、被客人要求账单显示单笔金额不得大于一定金额等问题，可在账务处理界面中通过“分账”“转账”按钮完成。

对于已经结账退房等非住店客人的错账，可以通过前台功能区域的“消费账”（也可称为假房、街账等）进行处理。

（五）结账

结账退房是客人在酒店消费的终结，除结账方式多样化外，客人的结账需求也有很多种，酒店从业人员需要清晰地判断客人的结账需求，在符合酒店账务审核规则的情况下为客人办理结账、退房手续；本节将对各种业务场景下的结账、退房操作进行解析。

1. 结账退房

1）结账退房流程

各酒店的结账退房流程略有差异，大致相同，基本流程如下：房卡回收、验证→信息验证→查房→确认押金单/预授权单→结账退房→开发票。

2）操作步骤

第一步：单击前台功能区域下的“门卡”/登记单界面中的“F12.制卡”按钮，通过“读卡”功能确认客人的房号等信息。

第二步：在退房客人账务界面中，单击“其他”→“R.查房”，通知客房查房（此功能须饭店客房中心配置相应的接收人员或设备才可用，否则不可用）。

第三步：据押金情况回收押金单/授权单，单击“P.账单”按钮为客人打印账单或结账完成后打印。

第四步：单击“结账”按钮，在弹出的“结账”窗口中据客人结账方式选择/填写相应的结账代码等信息，单击“入账（F10）”按钮，主单状态由“I”变为“O”，账户余额为0，则完成整个结账退房，如图9-16所示。

3）结账方式

● 现金

结账方式为货币。

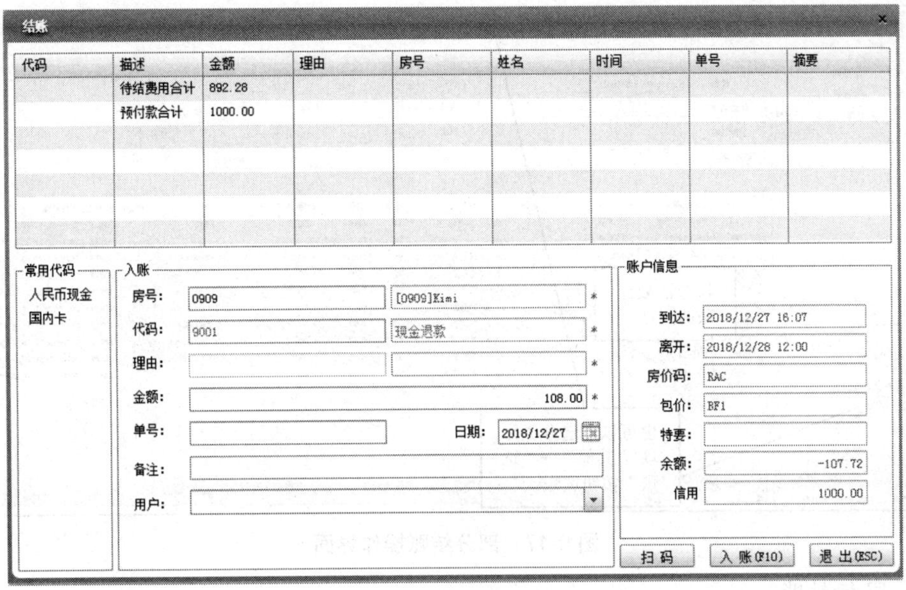

图 9-16　结账窗口操作界面

- 现金退款

现金押金大于消费金额时，退现金押金时的结账代码选项。

- 银行卡

结账方式为各类银行卡，通常酒店会区分国内、国外银行卡。

- 储值卡

饭店/饭店集团发行的会员储值卡。

- 积分兑换

饭店/饭店集团会员卡积分抵消费（是否可抵扣、抵扣规则根据饭店/饭店集团设定值执行）。

- 款待

内部招待，须符合饭店财务流程。

- AR 账

饭店协议公司签单挂账，须符合饭店的挂 AR 账流程。

- 扫码支付

在“结账”窗口（见图 9-16）中单击“扫码”按钮；开通 i-Hotel 扫码支付的饭店用扫码枪扫取客人的微信、支付宝二维码进行付款结账。

2. 部分结账

客人仅做账务结算，暂不退房，可使用部分结账的方式，在账务界面中勾选需要进行结算的账目后单击“C.结账”按钮即可，所以部分结账也可以称为选账结账、勾选结账，操作界面如图 9-17 所示。

3. 临时挂账

客人离店时出于某些原因客人离店退房时无法正常结账，在客人有足够的现金押金余额、担保等符合酒店财务审核要求的，则可在账务界面中单击“挂账”按钮为客人做临时挂账（退房账未结）处理，操作完成后客人主单状态为“S”，账务余额≠0。

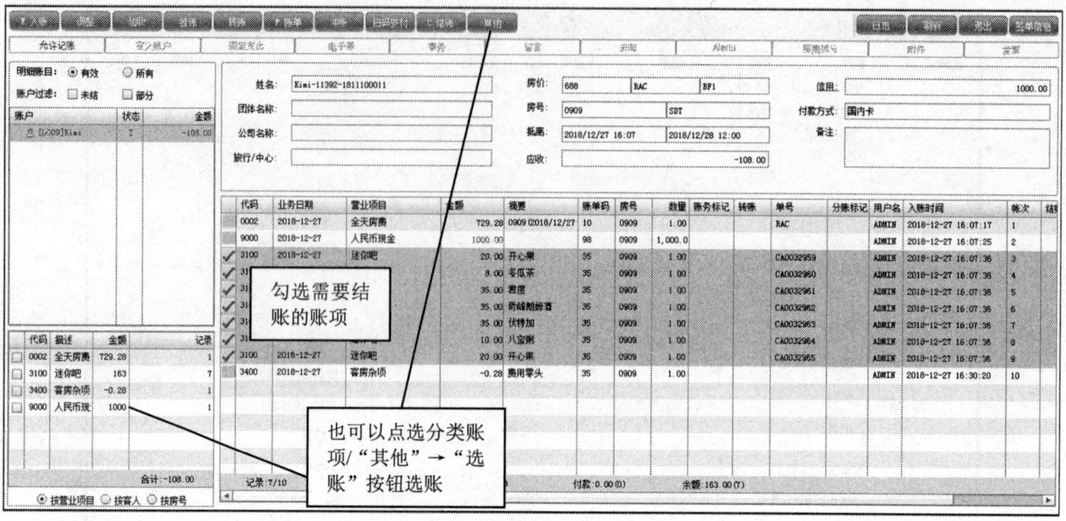

图 9-17 部分结账操作界面

4. 同行结账

同住、联房、团队客人的结账处理涉及客人单结、部分客人一起结账、所有客人一起结账，不同的业务场景操作方式不同。

1）同住客人

同住客人结账操作界面如图 9-18 所示。

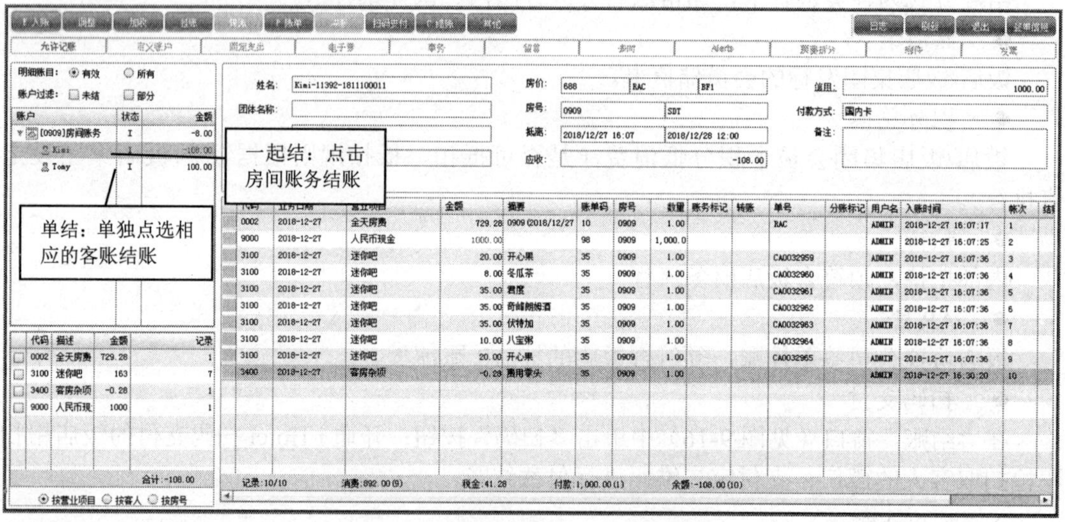

图 9-18 同住客人结账操作界面

2）联房客人

● 单结

客人单独结账操作与同住客人相同。

● 一起结

点选“同行客人账务”联房客人一起结账。

● 部分结账

勾选账务界面中“账户过滤”的“部分”，选择过滤客人一起结账。

3）团队客人

团队结账有一定的原则性，即团队成员全部结账退房完成后，团队主账户才可以进行结账退房。团队结账操作界面如图 9-19 所示。

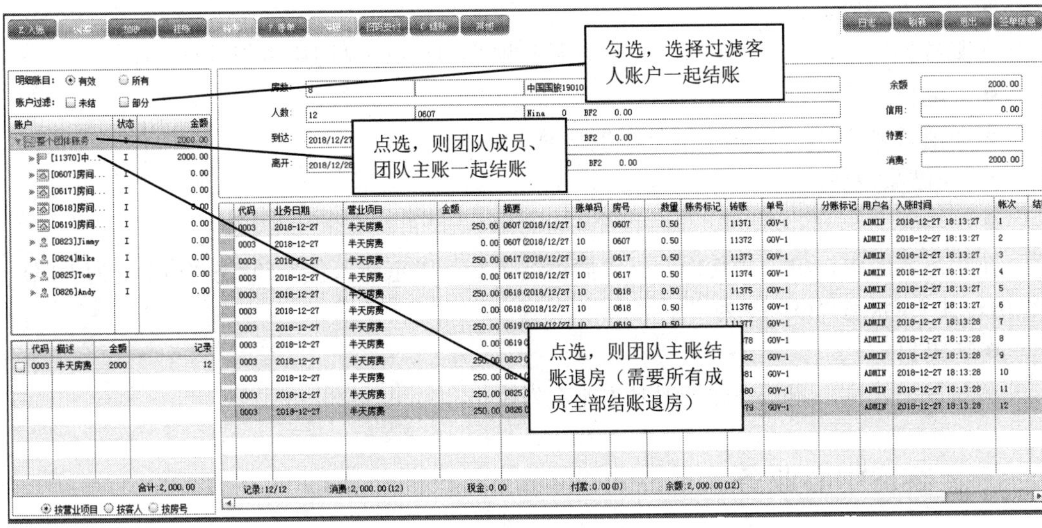

图 9-19　团队结账操作界面

（六）交班

1. 交班报表

当班收银人员下班时须打印相关的交班报表用于核对其收款款项，可单击“交班报表”按钮（快捷键 F8）调取交班报表打印界面，打印酒店规定的交班报表并进行款项核对，如图 9-20 所示。

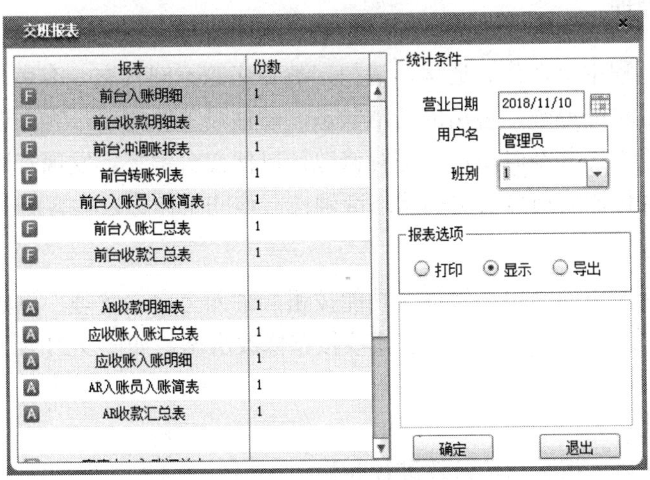

图 9-20　交班报表界面

2. 错账调整

交班时若发现错账、款项不一致等情况，须将账目调整正确以免影响经营报表统计及交班投款。

1）入错账

可参考“（三）账项调整”进行调账。

2）结账方式错

● 当天当班员工

在账务界面中，单击“其他”→“撤销结账”，将错账撤回后重新进行结账。

● 隔日

可在消费账户/客人账户中进行账项调整。

3）误结账退房

● 当天

在账务界面中，单击“其他”→“撤销结账”→“重新入住”（状态“O”变为“I”）/“退房转挂”（状态“O”变为“S”）。

● 隔日

房间登记入住，调账（此情况基本不会发生）。

三、客房中心业务

客人入住酒店客房后客房的硬件体验、服务感受、入住安全，酒店客房状态的真实状况把控，客人入住期间服务的持续提供、信息传递、消费项目记录，客人离店过程中客房消费赔偿项目检查、客人物品遗留确认、信息传递等，客人离店后房态维护、遗留物品保存等繁杂的服务项目，不仅仅需要好的管理工作流程，更需要通过酒店 PMS 系统这个商务处理核心让客房信息能够顺畅流动、传递/查阅无障碍，有效处理客人在房间的商务信息。这就是客房中心所要求做的全部服务和管理工作。

（一）房态管理

客房在销售过程中有在住、退房、清扫、故障房等不同状态。客房是否有客人入住取决于前台登记、退房的办理，客房的清洁状态、硬件设备等情况，客人退房后客房部须对客房进行清扫、检查，并及时对房态进行修改，以便前台销售。发现有疑问的房间及时进行上报处理，以确保酒店前台卖房的状态准确性。这些工作称之为客房的房态管理。

1. 修改房态

单击客房功能区域的“房态管理”功能按钮，进入“房态管理”界面，选择目标房号（支持 Ctrl、Shift 多选），单击右侧房态修改按钮修改房态，如图 9-21 所示。

界面功能介绍如下。

● F5．查找

输入筛选条件后，按照筛选条件进行匹配。

● C．设置干净房

用于将空脏房（VD）设置成空净房（VC），住脏房（OD）设置成住净房（OC）。

● D．设置脏房

用于将空净房（VC）设置成空脏房（VD），住净房（OC）设置成住脏房（OD）。

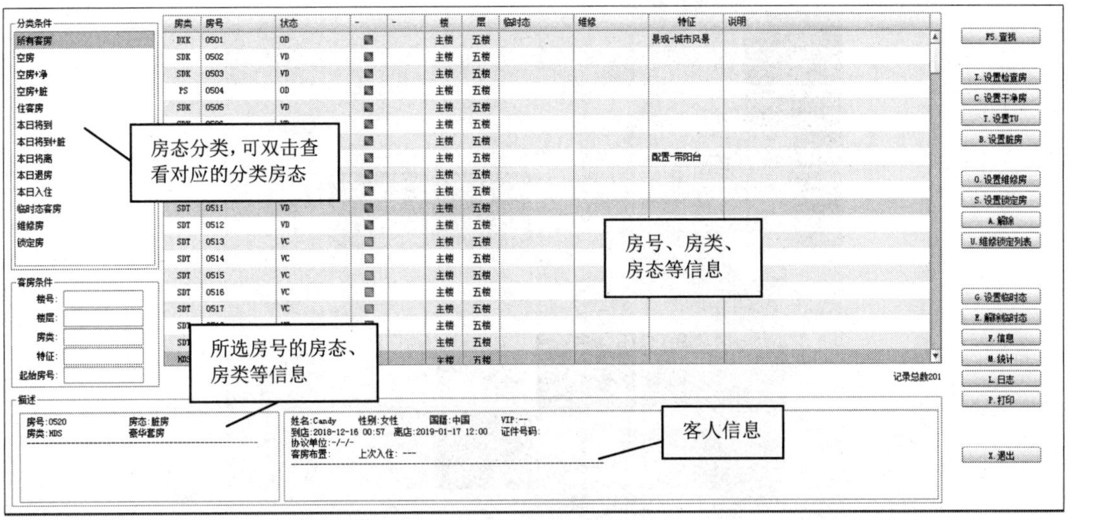

图 9-21　房态管理界面

- O．设置维修房

用于将空净房（VC）、空脏房（VD）设置成维修房（OOO）。酒店通常将影响对客出售且短时间内无法维修完成的房间设置为维修房。

- S．设置锁定房

用于将空净房（VC）、空脏房（VD）设置成锁定房（OOS）。锁定房有别于维修房，据饭店使用规则不同而有所区分，如轻微故障房、房间预留、淡季封房等。

- A．解除

用于释放维修房（OOO）、锁定房（OOS），解除后房态为空脏房（VD）。

- U．维修锁定列表

用于查看设定的维修房、锁定房，且可以在该列表中设置及解除。

- G．设置临时态

用于房态设置为临时态，对所有房态均适用。据饭店使用规则不同而有所区分，如参观房、内部临时用房等。

- E．解除临时态

用于取消临时态，房间被释放后的房态可选择设定。

- F．信息

所选房间的相关后台设定信息。

- M．统计

各房态的数量统计信息。

- L．日志

用于查看选定的房间的修改日志。

2．房态方块

单击查询功能区域的“房态方块”功能按钮，进入“房态方块”界面，选中需要进行房态修改的房间，右击后单击相应的房态修改按钮完成房态修改，如图 9-22 所示。

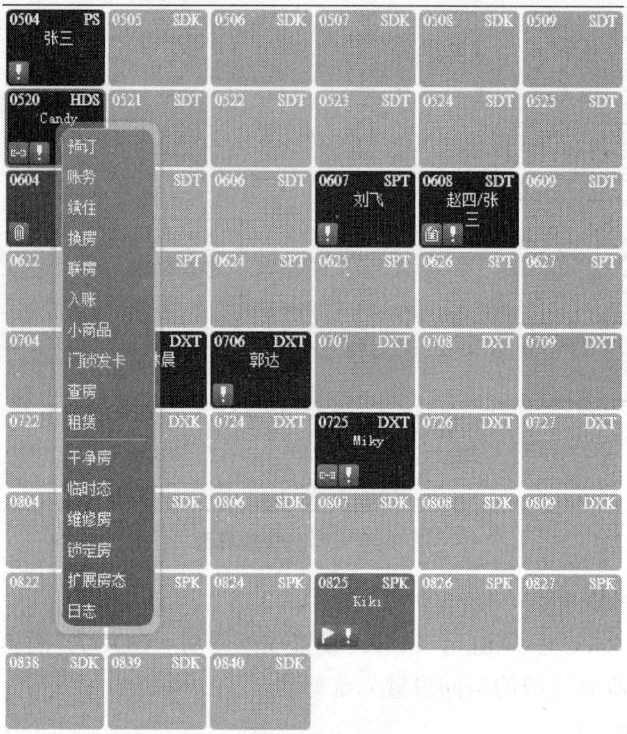

图 9-22 用房态方块修改房态

客房在管理过程中也会出现房态不一致的情况，如前台入住、退房不及时，客人外宿，客房未及时修改房态等均会出现实际房态与系统不一致的情况，称为差异房。对于这些差异房客房部须及时做出反馈，不同的酒店可以在系统中选择不同的管控方法和反馈途径。

（二）客房账务

客人在客房中产生的 Minibar 消费、洗衣消费、送餐消费、损坏赔偿等，客房部可以通过 PMS 系统自行抛账，客房账项将记入客人的前台账户中。

1. 客房抛账

单击客房功能区域的“客房中心”按钮，进入“客房中心”入账界面，完成入账操作，如图 9-23 所示。

2. 错账调整

主要包括当日错账调整和隔日错账调整，对于当日错账，可进入“客房中心”入账界面，操作方式参考“客房抛账”，将数量改成需要调整的负值/正值即可。对于隔日错账，要填写相应的财务审批单，交由前台、财务进行错账调整。

（三）遗留物品管理

酒店经常有客人遗留物品在房间，客人的遗失物品须根据酒店经营规则妥善保管，在客人查找时须快速查询到相关的记录并进行实物核实，同时也可以对客人的物品遗留查找进行详细登记。遗失、拾到物品管理界面如图 9-24 所示。

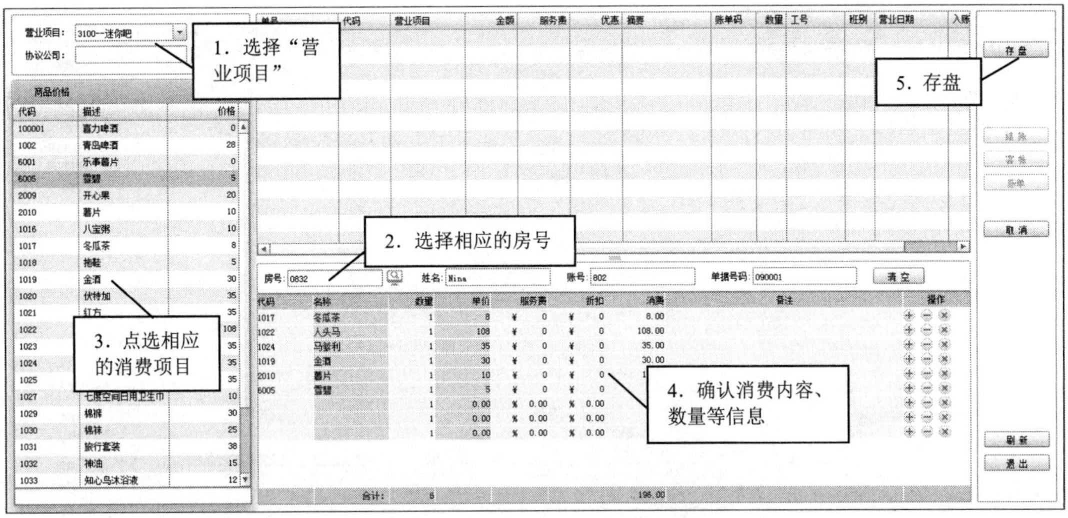

图 9-23 客房中心入账界面

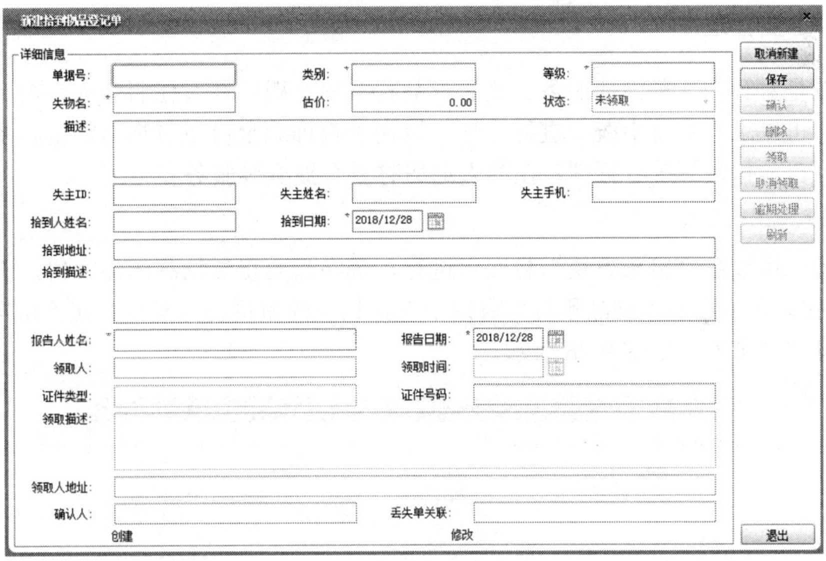

图 9-24 遗失、拾到物品管理界面

1. 拾到物品登记

拾到物品主要是指酒店工作人员在酒店内发现客人的遗留物品，酒店可以根据管理规定在系统中进行拾到物品登记便于后期客人的查找。具体操作可在客房功能区域中单击“遗失物品”按钮，进入“遗失物品”管理界面，在“拾到物品登记单”“历史拾到物品登记单”标签页进行拾到物品登记单的查找、建立、领取、取消领取、逾期处理等操作。

2. 遗失物品登记

该登记用于客人向酒店查询其在酒店住宿期间的遗留物品的管理，或仅用于登记暂时未寻找到的遗留物品登记，便于后期对遗失物品的跟踪、继续查找。具体操作可以在客房功能区域单击“遗失物品”按钮，进入“遗失物品”管理界面，在“遗失物品登记单”“历史遗失物品登记单”标签页进行遗失物品登记单的查找、建立等操作，如图 9-25 所示。

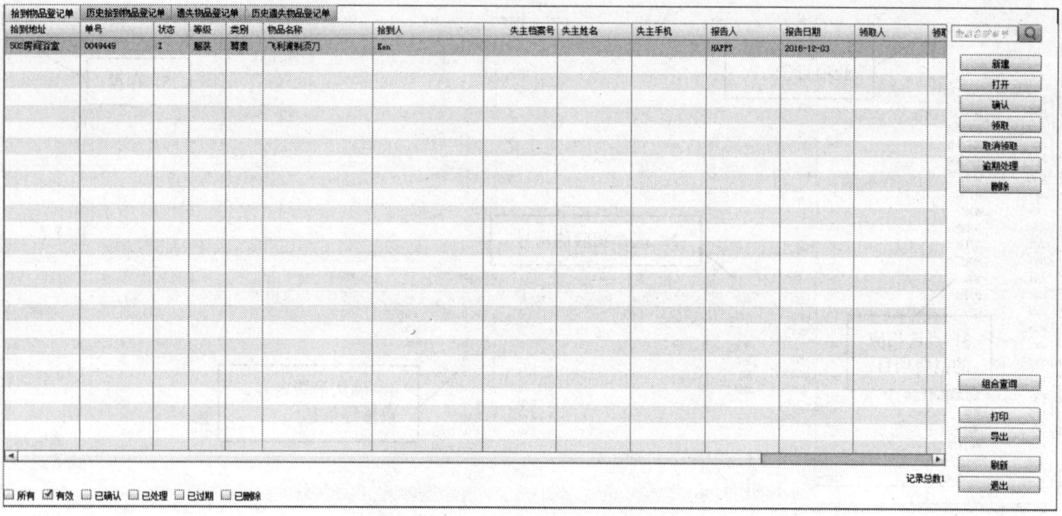

图 9-25 遗失物品登记界面

（四）租赁管理

租赁也是对客的一种便捷服务。酒店物品租赁等一般仅针对住店客人，对于客人租赁的物品同样可以录入系统中统一进行管理，以便于查询剩余可租赁物品数量。系统对可租赁物品进行自动扣减等统一管理，在客人退房时也有提醒等服务。

1. 客人租赁录入

具体操作可以在“房态方块”界面中进行，选中需要租赁物品的住客房，右击后单击“租赁”按钮，在弹出的“物品租赁”窗口中选择相应的租赁物品类型，在“租赁”栏中完成租赁信息详细录入，如图 9-26 所示。

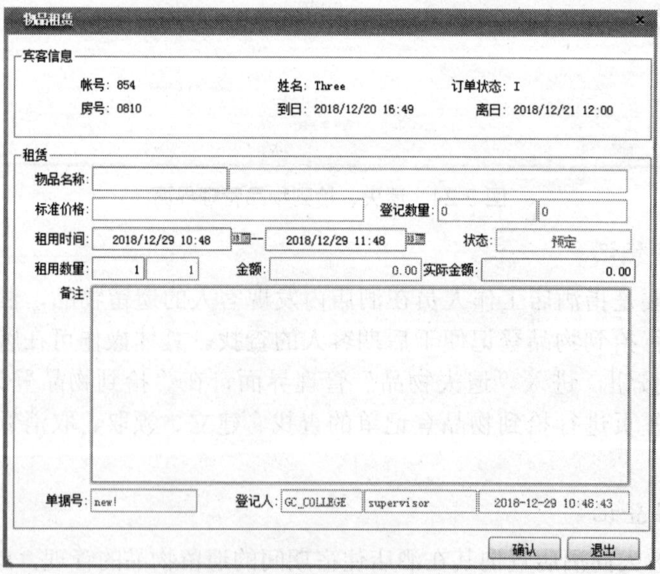

图 9-26 物品租赁信息录入

在客人归还时，须及时做归还处理，避免客人退房时信息不畅降低客户的退房结算体验。

2. 租赁物品查询

酒店租赁物品可以在系统中实时查询，具体在其他功能区域，单击“物品租赁”按钮进入“物品租赁”查询列表，通过条件设定进行筛选、归还等操作，如图 9-27 所示。

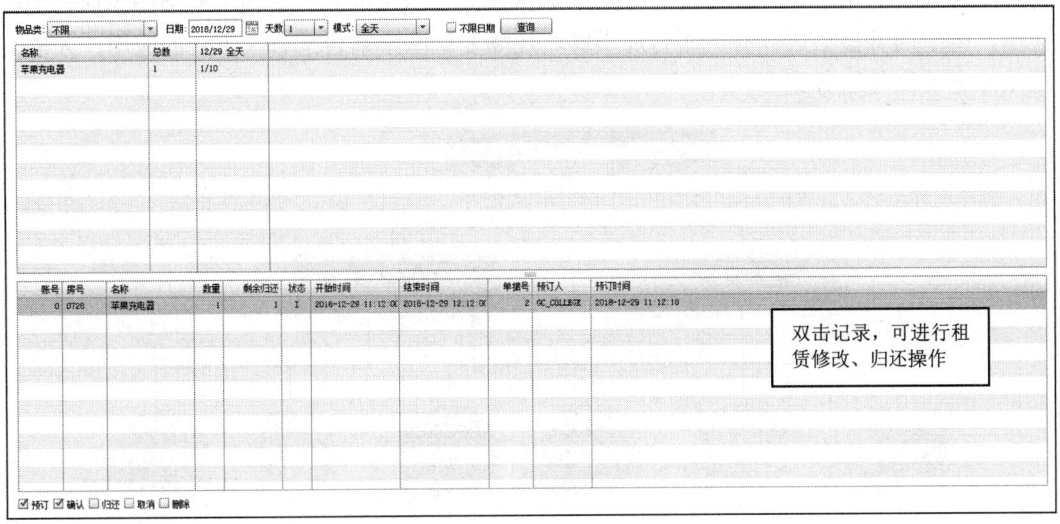

图 9-27　物品租赁查询列表

第三节　绿云电子商务的业务架构

作为一个酒店平台，绿云 i-Hotel 的电子商务有它自己的平台化架构，作为酒店业的电子商务服务商，绿云不但为酒店提供完善的内部商务处理系统，即云 PMS 系统，还为酒店提供完善的电子商务业务架构，以及为不同酒店业务提供需要的电子商务解决方案。绿云电子商务的业务架构，除包括绿云 i-Hotel 的主平台外，还包括各种专用服务的小前台，每个小前台可以共享主平台下的数据。通过这些专门的小前台为客户提供温馨、便捷的服务，不但减轻了酒店服务台的服务工作量，而且通过小前台的微应用，酒店可以不断招徕客户。在线直销方案、网络分销方案和网络营销方案都是以绿云 i-Hotel 平台为基础，结合互联网相关的社交平台、支付平台和分销平台等，通过酒店大数据分析指导酒店电子商务的业务开展，形成广受酒店欢迎的酒店电子商务平台型解决方案。

一、总体业务框架

在现阶段和未来的一段时间内，酒店电子商务的机会在移动互联网和社交平台，不管是在线销售还是在线营销，社交平台都将是酒店电子商务的主战场。绿云电子商务的业务架构就是围绕社交平台以及第三方电子支付平台专门为酒店定制的解决方案。在现阶段，绿云电子商务业务框架分两步走：第一步是绿云的 B2E 电子商务，主要是帮助酒店开展电子商务，出售自己的平台服务，这里的 E 表示酒店企业。第二步是 B2C 电子商务，将建立酒店业自己的预订服务平台，为消费者提供预订服务，同时帮助酒店销售存量房，整个平台的散客预订由酒店自己控制。本小节介绍的总体业务框架是指绿云的第一步电子商务业务框架，它包含绿云的微预订、微服务、微营销、微商城等小前台，以及在近阶段围绕支付宝平台开发的拓展业务，具体架构如图 9-28 所示。这里的业务架构主要围绕小前台的微应用，电子商务型酒店仅有大平台还不够，还需要这些小前台配合大平台的应用，才能真正做好电子商务服务。

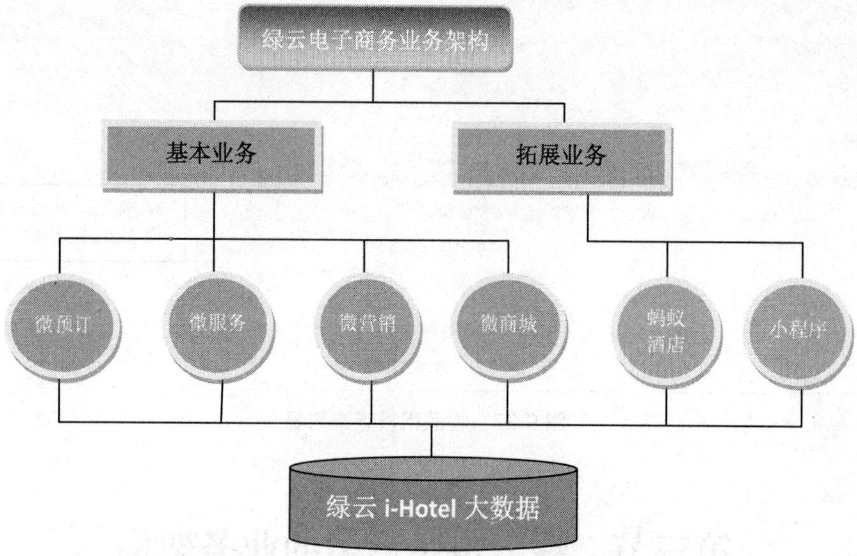

图 9-28 绿云酒店电子商务业务架构示意图

图 9-28 中的基本业务是指目前已在酒店应用实践的业务，拓展业务是指目前列入开发计划中的电子商务业务。在基本业务中包括微预订、微服务、微营销、微商城四大应用，微预测还在策划中，它们都是绿云 i-Hotel 电子商务平台下的小前台。其中，微预订主要基于微信社交平台，为酒店提供基于微信的预订服务；微服务主要是客房服务在线，为客人提供各种关于酒店客房的咨询和相关服务；微营销主要是线上的促销活动，为酒店提供在社交平台上的营销服务；微商城是酒店的移动商城，可为在住客人提供床上用品、生活用品、食用品等销售服务，客人在客房利用自己的手机登录微商城就可以获取所需要的用品。

拓展业务目前的计划主要有两块业务，都是基于支付宝平台的电子商务应用。基于支付宝庞大的用户群，目前已有许多生活相关的应用，都有非常好的电子商务效果，不管是医疗健康类、出行交通类，还是城市服务类，客人只要在手机上点开支付宝，就能轻松获取服务。因此，许多酒店也有非常强的欲望在支付宝中提供订房服务，绿云科技的蚂蚁酒店就是根据酒店和消费者的这一需求所计划开发的一个电子商务应用，以后消费者只要打开支付宝中的蚂蚁酒店，就可以选择需要的酒店进行在线订房，而且可以实现确认订房，直接用支付宝预付款。支付宝中的信用记录都可以用到酒店消费中来，给客人带来了许多方便。小程序是指酒店中的各种移动服务，酒店许多便捷的服务都可以用小程序的形式呈现，如订餐服务、娱乐服务、咨询服务、交通呼叫服务等，这些小程序既有电子商务的作用，又有服务的作用和营销的作用，消费者可以利用它轻松获取服务。

绿云电子商务业务架构的另一个特点就是所有子平台应用都有 i-Hotel 大数据的支持，

绿云平台的大数据都是酒店业真实的运营数据，通过大数据分析可以给酒店电子商务提供有效的服务指导，包括在线预订的智能助理、在线服务的差异化服务、在线营销的精准营销、在线商城的智慧商务。如微营销小前台，它可以通过大数据分析当前的消费热点是什么，未来的消费热点在哪里；也可以分析消费者最喜欢的客房类型是什么，哪个年龄段的消费水平最高，又是属于哪一类的消费群体，等等。通过这些分析，酒店的微营销可以有针对性地制订营销方案，也可以开展精准的社交营销或一对一营销，有效地提高了酒店电子商务的网络营销效益，最终提高了酒店电子商务的收益率。

二、微预订

微预订是绿云 i-Hotel 平台下专门为酒店开发的用于微信社交平台的一个电子商务小前台。酒店利用微预订可以在微信社群中直接开展在线销售，客人利用微预订借助自己的手机随时可以向酒店咨询和订房。利用微预订开展电子商务的优势是便捷、见效快，不管是酒店还是消费者，微预订都是在即时通信的环境下开展互动服务，客人访问的转化率高，是目前酒店在社交平台中最理想的在线销售方式。另外，微预订还具有运营成本低、管理简便等优势，有利于酒店销售人员的掌控和使用。微预订的客房预订界面如图 9-29 所示。

图 9-29　微预订的客房预订界面

绿云微预订既是一个独立运行的微系统，又是一个 i-Hotel 平台下的电子商务应用，它利用大平台的大数据，为酒店开展独立的在线预订服务。目前微预订提供的功能有酒店查询、自助选房、地图导航、酒店预订（包括电子券预订），凡是通过微预订所下的客房订单都可以直连酒店 PMS，中间不需要任何人工处理，是目前酒店网上直销最完整的电子商务解决方案，既可以为酒店打造专属微预订，还可以为酒店联盟打造专属微预订，实现联盟会员预订的协同服务。由于微预订是酒店在线直销的主要形式，因此酒店利用好微预订非常重要。如何把 OTA 客人转变为酒店自己的客人，微预订可以实现相关的操作。从已有微预订实践的经验看，要用好微预订，首先还是从服务上下功夫，客人需要的是服务，温馨的服务、快捷的服务、恰当的服务。如在微信社交平台上，酒店首先要知道你的客户在哪里，你的服务群在哪里，然后你的微预订应该放在哪里，你的微预订应该定制哪些服务功能才能满足你的客户需要，用你的微预订所提供的服务去迎合你的客户，逐步培育酒店自己的在线客户群。因此，微预订除了提供预订功能外，服务功能的完善也是很重要的内容，这其中酒店要配合相应的在线客服人员，关注客户的微预订使用，让客户知道酒店的客服人员随时都在客户的身边。

三、微服务

客人住店期间涉及许多服务，这些服务是否便捷是衡量一个商务型酒店服务的重要方面。微服务是绿云 i-Hotel 平台下专门用于微信社交平台的又一个在线服务小前台。酒店利用微服务可以在微信社群中为常客或普通客户提供在线服务，客人也可以利用微服务随时向酒店咨询相关的业务。酒店大多数微服务是一种关怀性服务、便捷性服务，是维系常客之间关系的一种工具，客人通过微服务也得到了一些实惠，是移动互联网环境下的一种特殊沟通工具。微服务的功能主界面如图 9-30 所示。

图 9-30　微服务的功能主界面

图 9-30 所示的微服务中所提供的服务包括客房用品、迷你超市、接送机服务，还包括打扫服务、开门服务、叫醒服务等温馨服务。微服务中的大多数电子商务服务都是客户消费过程中需要的一些服务，操作简单、方便快捷，不但为酒店提升了服务形象，也为酒店增加了收益，是酒店电子商务的重要组成内容。如客房用品包括了客房消费过程中的所有用品，迷你超市包括了当地所有旅游用品、特色商品，甚至各种农产品及伴手礼产品等，

微信订餐也是商务客人住店期间所需要的一种便捷服务。未来酒店的微服务应用将越来越普遍，尤其是普通的商务型酒店和经济型酒店，将大幅度降低服务人员的劳动力成本，可以通过便捷的微服务来提高服务效率。除此以外，住店客人还可以利用微服务来吐槽，遇到不满意的服务直接在微服务上提意见，从而促进酒店不断地改善服务，提高客人住店服务的满意率。

四、微营销

微信是我国目前最大的社交平台，利用微信开展营销已是酒店常用的一种方式，目前许多酒店直接利用微信社交平台建立营销中心。面向网络社交平台开展广泛的社交型营销，已取得非常好的营销效果。绿云微营销就是建立在社交平台的分销媒体，由每个营销人员自己管理和服务对应的客户，即在微信有自己的粉丝群体。利用微营销酒店可以与客户直接在线互动、智能回复、做互动游戏等，客人也可以利用微营销进行入住点评，享受会员福利等。通过微营销，酒店可以在社交平台上开展各种促销活动，如电子卡券、限时抢购、全民分销等，极大地提高了酒店在社交平台的网络营销效率。图 9-31 所示为微营销的分销中心界面。

在图 9-31 中，微营销的分销产品主要分两种类型：一种是分销客房；另一种是分销商品。酒店销售人员利用微营销每个人都可以在网络社交平台上分销酒店的服务产品，利用微营销在社交平台上寻找自己的客户、管理自己的粉丝、查看自己的业绩以及管理自己的分销活动等。绿云 i-Hotel 平台为每个销售人员或营销人员管理分销业绩，实现微营销小前台服务的分销排名，以激励酒店员工进入全员营销的经营活动中，如图 9-32 所示。

图 9-31　微营销的分销中心界面

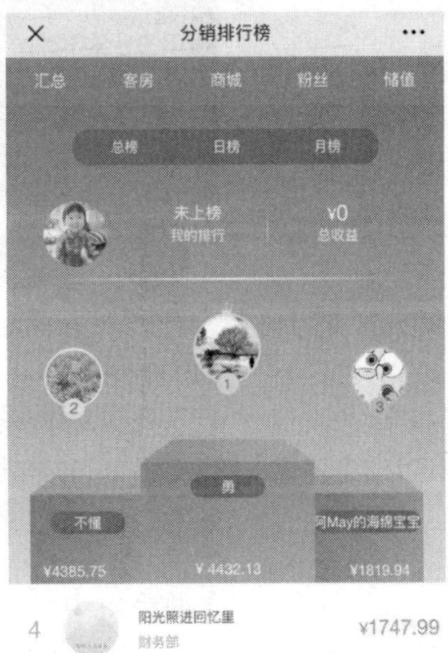

图 9-32　微营销中的分销排行榜界面

微营销的排行榜可分日排行榜、月排行榜和年度总排行榜，酒店给予分销排行榜前几位的员工一定的奖励。销售人员和营销人员可以根据自己的粉丝排行榜、客房分销排行榜和商品分销排行榜的业绩寻找自己的不足，也可以总结自己成功的经验，以便今后或下一年度采取更好的分销措施，在自己的客户群里组织更好的促销活动。微营销一经推出就受到了酒店业界的广泛认可，不但提升了酒店在网络中的服务形象，也获得了很不错的营销收益，如在微营销中开展的限时抢购，只要预测出微信群消费者的需求信息，限时抢购都能获得非常好的促销收益。

五、微商城

酒店是公共场所，许多酒店都会为住店客人设置购物场所。有时间的住店客人，会去购物逛店，但也有些客人由于没有时间或习惯于网上购物而不去逛店，再说许多酒店的购物场所商品不全，尤其缺乏异地客喜欢的当地土特产。为了适应消费者的行为习惯，以及为酒店拓展住店客人的购物环境，创造酒店电子商务收益，绿云微商城就应运而生。微商城是酒店为住店客人打造的购物平台，它具有丰富的商品可供客人选择，也有良好的一条龙服务，有些酒店的微商城也成为当地社区居民的购物场所。尤其是通过微商城可以购买到酒店原创性产品，如蛋糕、月饼以及一些特色菜肴的半成品等。很多消费者体验后觉得在微商城购物非常方便，已成为消费者身边的移动商城。微商城的功能主界面如图 9-33 所示。

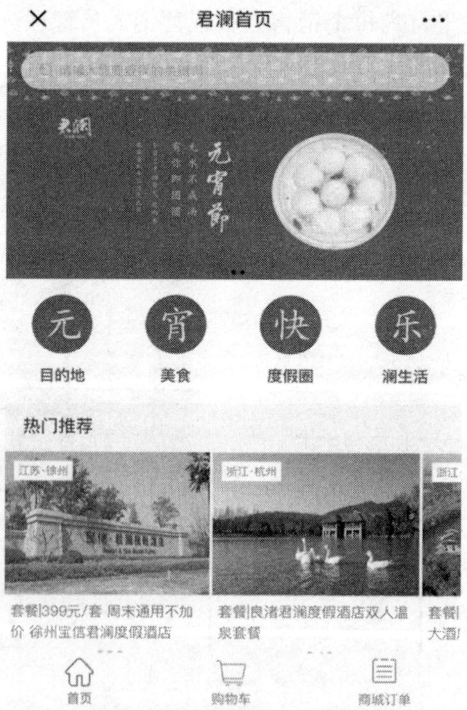

图 9-33 微商城的功能主界面

图 9-33 是君澜酒店集团的微商城，它的业务定位主要是度假客人。目前微商城的商品主要包括度假目的地的旅游服务商品，以及度假村内及周边的美食产品，也包括当地的一

些土特产品。君澜集团自从微商城上线以来，每年的商品销售额都在稳步上升，购买者既可以在微商城上直接在线支付结算，住店客人也可以在酒店退房时一次性结账，非常方便住店客人的购物需要。目前微商城已成为君澜酒店又一个创收的业务渠道，成为酒店电子商务不可或缺的组成部分。微商城的另一个服务商品就是娱乐，度假客人可以通过“澜生活”选购自己喜欢的娱乐服务产品，以丰富自己的度假生活。另外，君澜集团的会员还可以通过微商城预订度假圈内的所有度假酒店，微商城已成为君澜集团的服务平台，实现了度假客人与各度假酒店前台的业务对接。相信未来的绿云微商城，服务功能将随着电子商务的实际需求会更加完善，酒店销售人员将利用微商城实现商品的分销、客房的分销，以及各种商品的限时抢购促销等，使微商城真正成为酒店的小前台，完成多种业务的销售和结算。

上面介绍的四个绿云小前台应用是目前酒店电子商务平台化的应用组成部分，其功能和数据共享还在进一步完善中。除此以外，在酒店电子商务中绿云还有专门针对会员客户或常客的小程序应用，这个小程序具有订房、咨询、查询等业务功能，酒店会员客户在手机上安装这个小程序，就可以随时呼叫客服、随时订房、随时查看会员中心的数据。小程序的酒店预订界面如图 9-34 所示。

图 9-34　小程序的酒店预订界面

小程序的酒店预订列表默认显示的是会员客户自己常订的酒店列表，如果是集团会员，可以显示集团的所有酒店列表。当然也可以预订其他酒店，凡是绿云 i-Hotel 平台下的所有酒店都可以预订。因此小程序具备了筛选功能，通过智能筛选可以很快找到所需要的酒店，小程序订单生成后可以直连酒店前台的 PMS 或者 CRS 预订中心，并给预订人自动积分。会员中心除了记录消费积分外，还可以为会员客户自动推送促销活动信息，自动管理消费的发票，自动管理消费的地点等。酒店的电子商务策略是针对会员客户的小程序，会员客户可比一般客户获得更好的服务、更大的优惠以及更好的产品。因此，当会员客户用上了小程序，就很难离开小程序，就像身边有个贴身的服务生一样，对酒店来说，它提高了客户的脱离成本，使客户逐渐成为酒店的忠诚客户。图 9-35 是小程序的会员中心功能界面。

图 9-35　小程序的会员中心功能界面

对于未来的拓展业务，绿云的重点是帮助酒店销售存量房，提高在线直销的绩效，目前绿云的拓展业务是专门针对支付宝平台的，围绕蚂蚁酒店、小程序应用提供解决方案，当前这些应用还在开发过程中。支付宝平台是全球消费用户最多的一个平台，中国绿云 i-Hotel 是全国酒店用户最多的一个平台，两个大平台的合作一定能探索出最有价值的酒店电子商务应用模式。我们期待着跨平台新一代酒店电子商务应用新模式的出现。

本章案例：高远文旅——待人如己，礼众利他，成就高远生活家

秉持着“待人如己，礼众利他”的经营理念，倡导“和合共生”的企业文化，高远文旅集团以城市人文酒店“泊宁”、山水度假客舍“心宿”、城市人文生活新空间“墨沏客厅”为主要平台（见图 9-36），借助移动互联网打造有品有度的生活方式品牌。目前旗下拥有近 30 家门店，分布在杭州、宁波、宁海、舟山、绍兴、南昌、贵阳、丽江、泸沽湖等地。着力布局江南环线、最美高铁线、云南环线，并发起成立心赏全球美宿联盟。

心宿客舍　泊宁酒店　墨沏客厅　全球心赏联盟

图 9-36 高远文旅集团旗下相关品牌

高远文旅集团自2014年创办至今，一直以充满人文和美学的住宿产品的打造为目标，继而延伸至定制旅行、文创产品、生活产业。从一家老旧的小酒店开始，用了短短4年时间发展到遍布全国近30家门店，其快速成长的过程不禁让人赞叹。在高速发展的阶段，如何利用移动互联网做好自己的品牌宣传，提升运营效率，做好客户关系管理，建立自有营销渠道，建立互联网营销渠道，实现数字化转型，是高远文旅要想在社交时代以及云计算时代取得竞争优势不得不做的事。

一、借助移动互联网发力

2014年我国蓬勃进入移动互联时代，云PMS大行其道，数字化转型和移动互联网营销是酒店管理不得不面对的问题。微信公众号的服务号从2013年到2014年问世也才1年时间，然而所有人都知道几个趋势是必然的：第一，未来所有的企业都是互联网企业，从消费互联网到产业互联网的带动，所有企业都在不同程度地被互联网赋能或者取代。第二，未来所有的企业都必须懂互联网营销，很多不懂营销的思维仍旧停留在4P理论的1.0营销学理论时代，更别说互联网营销。第三，移动个性化是未来客群的主要吸引点。面对这些趋势，要么就顽强抵抗，在不愿改变的过程中渐渐被淘汰，要么就顺势而为，在提高效率的同时，做好互联网线上营销。那么在2014年成立的高远文旅又是如何做到紧跟时代的呢？

高远文旅成立前期，集团旗下各酒店PMS系统采用的是西软的PMS系统，直到2019年年初，其官方微信订阅公众号“高远荟”以及“高远的生活”，其功能也仅仅是品宣发文。旗下的心宿品牌的产品主要是民宿，在社交网络时代具备很强的传播属性。集团客户关系管理也仅仅停留在客户电子档案阶段，会员和酒店之间缺乏互动。整体上缺乏自己的直销渠道，依托OTA平台流量严重。

PMS系统不够先进，缺乏直销平台，缺乏与客户互动的会员体系，是初创期的高远文旅遇到的主要问题。

高远文旅集团总裁徐恒勇先生及其管理团队其实早早就意识到自有渠道和自有会员体系的重要性。受限于技术条件和经营成本，迟迟未能实现酒店PMS系统与线上直销渠道的打通。高远需要基于微信公众号建立自己的直销渠道，是能够集“线上预订”“线上商城”“会员体系”于一体的直销平台。通过这个直销平台，以期能够满足中国新中产人群通过高远进行有频度地养生。移动互联网的出现，使得高远的直销平台可以实现这个目标。

二、打造以会员为核心的直销平台

对于高远来说，最重要的除了本身“连锁不复制”“单品做极致”“空间做生活”的产品竞争力之外，就是认同高远美学生活和价值观的忠诚会员。客户永远是酒店最为核心的资产，一套基于会员体系的直销平台才是其真正需要的。

2018 年年底，高远文旅集团的管理团队开始着手改变。首先将整个集团的 PMS 管理系统更换为管理效率更高、稳定性更好、功能更加全面的绿云云 PMS 系统。绿云云 PMS 系统是基于云计算技术和 B/S 架构自主研发、运营的 i-Hotel 酒店电子商务平台中的核心系统，如图 9-37 所示。平台包含 PMS、CRS、CRM、LPS、POS、iHotel 等应用业务功能，均为一体化云架构设计。它已经完美地应用在连锁酒店集团、五星级酒店、中档商务型酒店、经济型酒店和高端客栈民宿中，是国内为数不多的适合大住宿全业态使用的云 PMS 产品，也完全适配于高远旗下的心宿及泊宁品牌酒店管理。

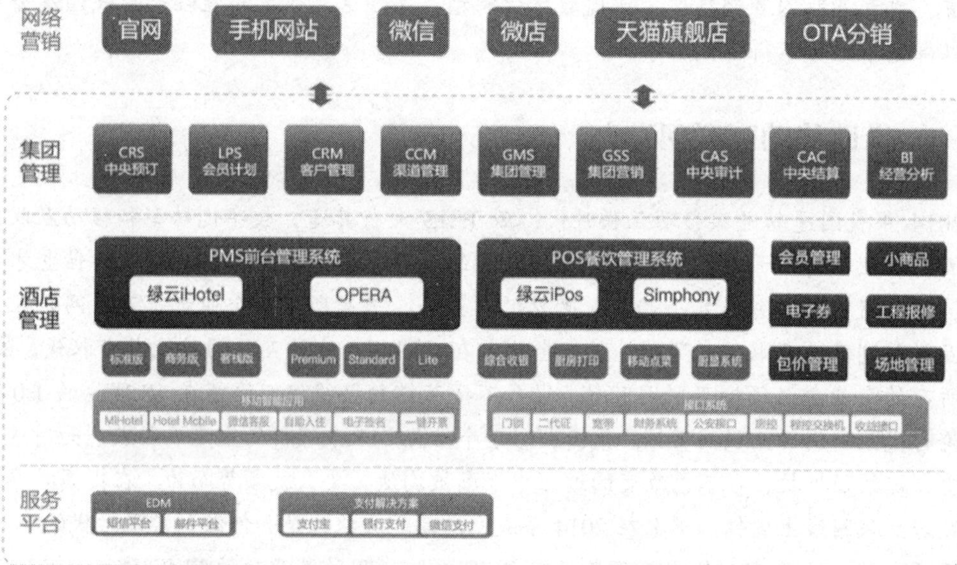

图 9-37　绿云云 PMS 产品架构图

此外，高远文旅集团借助绿云的技术手段，依托微信公众号平台，搭建了集“线上会员体系”“线上预订平台”“线上商城”“线上营销平台”于一体的直销平台——“高远生活家”微信公众号，如图 9-38 所示。

“高远生活家”的画像定义为：一群懂生活、热爱生活、引领生活的人，无论在都市还是在山水间，都能获得温暖恬喜的旅居体验。直销平台名称选用“高远生活家”，旨在注重客户的体验，注重酒店产品的延伸价值，如包含的文创部分定制旅游等。

三、高远生活家的服务优势

“高远生活家”基于自身的产品、文化和优质的服务体验，为会员提供了丰富的预订礼遇（9.5 折～8.5 折）和入住礼遇（欢迎水果、延迟退房、晚安甜品、免费早餐、免费升级、各种优惠券等），并提供敏捷的即时服务。

图 9-38　“高远生活家”平台

“高远生活家”微信公众号后台与集团各门店的 PMS 系统是直连的，公众号实施抓取酒店的房态、房量、房价，通过官方微信渠道产生的订单会直接传到酒店前台系统，无须烦琐的人工搬单，节约了人力成本。得益于绿云的直连技术，使得任何一个在公众号上成功注册的会员信息会在第一时间传到酒店的 PMS 系统，做到会员核心资产不流失。

目前，高远文旅集团的会员可以通过微信公众号“高远生活家”，以官方特有的优惠价格，预订旗下分布在全国范围内近 30 家门店的任意房型，如图 9-39 所示。

图 9-39　“高远生活家”可预订酒店列表

除了享有基础的预订功能和会员权益之外，集团官方还为所有会员提供了丰富的线上商城品类，包括美食、娱乐、文创礼品、旅游套餐、会员日特惠等品类，为会员提供丰富的服务商品，如图 9-40 所示。

图 9-40 “高远生活家”线上商城界面

“高远生活家”是高远文旅集团致力于建立自己的直销渠道及会员体系的平台，是酒店电子商务在线直销能力的一种体现，同样也是对高远忠诚客户的一种形象尊称。志存高远，热爱生活，注重体验，利众利他。

资料来源：本案例由绿云及高远提供素材，作者研究整理。

思考题：

1. 高远文旅的电子商务有怎样的特色？文旅融合点在哪里？
2. “高远生活家”打造了怎样的一个直销平台？能为会员提供哪些微服务？
3. 根据在线直销的理论要求，“高远生活家”直销平台还存在哪些不足？如何改进？

拓展知识

CRS（中央预订系统）	云财务	云 POS
手机 PMS	集团管理	集团营销
微门户	微网站	批量入住
AR 账务	房价码	房态方块
错账调整	矛盾房	冲账

夜审稽核 散团转化 间夜量
联房结账 小程序 企业公众号
企业服务号 企业应用号 客房抛账
微营销

思 考 题

1．什么是酒店的前台？什么是后台？
2．什么是软件平台化？为什么酒店电子商务要平台化？
3．试列出已预订客人的接待登记步骤。
4．试列出已预订团队客人的接待登记步骤。
5．客房账务有哪些内容？从互联网的角度，应如何提升客房账务管理与服务的效率？
6．什么是前台账务审核？有哪些具体的审核内容？
7．为什么说酒店的绿云微应用是电子商务的小前台？
8．绿云酒店电子商务的业务架构有哪些特点？请举例说明。
9．绿云酒店电子商务中的小前台与主平台绿云 i-Hotel 之间存在什么样的关系？
10．什么是微预订？它是一种什么样的服务？
11．试列出散客退房结账的操作步骤。
12．什么是微服务？酒店有哪些微服务？
13．什么是微营销？微营销在电子商务中有怎样的竞争优势？
14．什么是微商城？微商城有哪些功能？
15．根据拓展知识的自主学习，试解释什么是企业应用号，它有怎样的应用特点？
16．通过拓展知识的课外学习，试解释什么是小程序，它有哪些应用？
17．为什么说用小程序为酒店会员客户提供服务能提高客人的脱离成本？
18．绿云给酒店业提供的电子商务解决方案有怎样的竞争优势？还存在哪些不足？

第十章　酒店客户关系管理

本章要点

客户关系管理是酒店电子商务中的重要内容，通常酒店有自己的客户，也有 OTA 的客户，在互联网环境下酒店需要通过客户关系管理去培养自己的忠诚客户，甚至通过 CRM 的个性化服务把 OTA 客户转变为自己的客户。本章首先介绍电子商务中的客户管理，重点介绍了在互联网环境下利用客户画像原理和技术，分析客户管理的思路、客户分析的思路以及客户挖掘的思路。然后介绍了酒店客户关系管理的软件应用实践，主要介绍了绿云科技的客户管理思路和理念，用 CRM 软件逐步实现客户关系管理中的自动分析和自动营销、自动销售以及围绕移动互联网的客户挖掘理念。希望通过本章的学习，让读者对酒店客户关系管理有新的思路和认识。

电子商务的环境都是基于互联网的，尤其是酒店电子商务。在互联网背景下，酒店如何去找客户，又如何维系客户，是新时代酒店经营中的共性问题。每个酒店都有常客或会员订你的房间，也有普通商务客人订你的房间，更有潜在客人访问你的网站或关注你的 APP。酒店应如何去区分这些不同的客户，又通过什么方式去维系这些不同的客户，这就是电子商务中的客户关系管理中的内容。酒店客户关系管理就是要做到知己知彼，在互联网上既要熟悉彼此的行为，又要熟悉彼此的意图，满足不同客户的期望。因此，客户关系管理也被公认为是培育忠诚客户的重要举措，也已成为酒店重要的一个软件工具。通过客户关系管理，不但可以维系各类客户，还可以为客户定制服务，实现酒店面向重要群体的自动营销、自动销售和自动关怀。

第一节　电子商务中的客户管理与分析

电子商务中酒店的客户管理更多地关注客户关系管理（Customer Relationship Management，CRM），这是酒店电子商务活动中面向长期客户关系的一个管理理念或信息系统，具有关系维系、自动营销、自动销售、呼叫中心等功能，以求提升酒店信息化管理与服务的全面创新，其目的之一是要协助酒店管理销售的稳定：招揽新客户、保留老客户、提供客户服务及进一步提升酒店和客户的关系。客户管理主要是用于快速及时地获得问题客户的信息及客户历史问题记录等（如宾客档案、协议单位），这样可以有针对性并且高效地为客户解决问题，提高客户满意度。酒店 CRM 系统站在顾客的立场上进行思考，充分理解客户的需求，为客户提供令其满意的服务，从而实现客户入住率的提高，更好地留住客户以及提高客户忠诚度。

一、客户的基本属性管理

酒店电子商务需要对已有客户的数据进行有效管理，其中属性管理是最基本的工作，这是酒店电子商务开展中重要的战略内容，而这个属性管理在互联网时代需要依靠大数据来实现，简单的人工管理或简单的信息系统管理已无能为力。大数据从哪里来？这是许多酒店经营者一直感到困扰的事情，其实除了依赖互联网获取大数据以外，酒店自己的软件平台是最靠谱的，为什么作者一直强调酒店信息化的平台作用，电子商务需要平台化发展，只有这样才能形成便于管理的数据中心，而其中的数据对酒店来说就是大数据。通过这些大数据进行客户属性的管理，可以有效地实现客户关系的管理，留住有价值的客户。

（一）客户的属性内容

酒店有许多信息系统应用，这些系统在运行过程中记录了许多属性数据。如酒店的官网或门户网站，每天有许多互联网搜索者和访问客户，也有很多预订客户，以及许多在互联网上点评的客户，这些客户产生的数据对电子商务来说非常值得研究。如根据访问者的痕迹可以记录客户的基本属性，知道他是一个什么样的人，来自哪里，进一步可以知道他的社会属性，他的职业、家庭情况，他所关心的大概内容，以及他的行为属性，比如他通常在什么时候上网，停留多久的时间，什么时候会下单，喜欢什么类型的产品等。根据信息系统记录的消费数据和消费行为，可以知道客人的消费偏好属性。因此，基本属性、社会属性、行为属性和偏好属性是酒店客户属性管理中的基本内容。作为一个酒店的 CRM 系统，应多渠道采集这些属性数据，除了平台下的结构化数据以外，需要从客户与酒店的触点去考虑，如客户的手机、邮箱、官网 Cookie、微信群等，从中识别和整理出有用的属性数据。

（二）利用属性对客户画像

酒店有了客户的属性数据，为了精准了解客户，做好服务的延伸，我们通过用户画像（User Profile）技术，可以画出个体客户的画像。例如通过描绘基础属性、社会属性、行为习惯属性以及兴趣偏好等不同维度数据，可以对个体客户的有用信息进行提炼和展示。客户画像的核心工作是给不明确的客户打标签，打标签的主要目的之一是让人理解并方便计算机处理，如可以做分类统计，喜欢标房的客户有多少，喜欢单床房的客户有多少，在喜欢单床房的人群中男女比例是多少。因此，计算机有了标签数据就可以通过算法和模型去“理解”人，这种理解能力用到搜索引擎、广告投放、社交平台等领域，都能进一步提高营销的精准度，提高酒店在网络营销中信息获取的效率。

构建客户画像就是为了还原客户信息，因此画像的数据必须来源于所有客户相关的数据，如基础属性主要围绕客户的姓名、年龄、性别、职业性质、省份、家庭地址等；社会属性主要围绕客户的孩子情况、车辆情况、手机品牌、手机运营商、工作情况等；行为属性主要包括客户的行程足迹、入住酒店类型、支付方式、消费水平、上网习惯、浏览内容等；兴趣爱好属性主要包括客户的旅游偏好、喜欢房型、购物偏好、运动偏好、餐饮习惯等。客户画像的实质就是通过这些属性数据的收集，把个体客户的行为习惯和消费偏好提取出来，再进行标签化的过程。这里标签是某一种客户特征的符号表示，如白领客户、度假客户等，通过标签能方便地帮助酒店找到合适的客户和客户分类。在客户关系管理中形成的所有标签以及彼此之间的关系就形成了客户的标签体系。

因此，客户画像是指根据客户的各类属性抽象出来的标签化客户模型。而标签是通过对属性信息分析而来的高度精练的特征标识。通过打标签可以利用一些高度概括、容易理解的特征来描述客户，可以让营销人员更容易理解客户，并且可以方便计算机处理并形成精准的营销或销售方案。客户画像在酒店电子商务中的主要作用如下。

1. 客户画像的作用

（1）精准营销：根据历史客户的特征，针对特定电子商务客户群体，或者具有网络行为特征的客户，利用短信、邮件、即时通信等方式进行精准营销，把站外的客户吸引到酒店的官网上面来，这个作用主要用于售前的精准营销。

（2）售中推荐：根据客户的属性、行为特征对用户进行分类后，如果酒店已把客户吸引到官网或到酒店体验，这时根据画像的特征可以进行售中的个性化推荐，这种有针对性的个性化推荐可以很好地提升官网的转化率，具有非常好的转化效果。

（3）售后增值服务：以客户画像为基础除了有效构建推荐系统、搜索引擎、广告投放系统，提升服务精准度外，还可以利用画像开展增值服务。酒店把产品卖出不是结束，而仅是与客户接触的开始，利用画像的分析为客户提供更贴心的服务，让客户感觉到服务是物有所值，并通过数据接口实时收集客户的反馈意见，以支撑服务效率和客户满意度，同时可以补充和完善客户的画像信息。

（4）行业报告和客户研究：通过客户画像分析可以了解酒店行业的发展动态、客源的变化动态，如人群消费习惯、消费偏好的变化分析、不同地域服务品类消费差异分析等，通过研究可以提高酒店对客户关系维系的综合能力。

2. 客户画像的实践内容

客户画像是对现实世界中客户属性的建模管理，目前有多种实践内容的构成，广泛应用于电子商务和互联网用户的分析管理中，比较共性和被认可的客户画像实践内容主要包含目标、方式、组织、标准、验证五个方面，如图 10-1 所示。

（1）目标：在酒店应用通常指的是描述客户，认识客户行为，了解客户偏好，理解客户消费。

（2）方式：非形式化手段，如使用文字、语言、图像、视频等方式描述客户；形式化手段，即使用数据的方式来刻画个体客户和群体客户。

（3）组织：指的是结构化、非结构化数据的组织形式，有时既有结构化数据又有非结构化数据的混合组织形式。

（4）标准：指的是使用常识、共识、知识体系的渐进过程来刻画目标对象，认识了解用户，不能用太专业的词汇，专业词汇很难达成共识的知识体系，客户画像也无法解决实际的通俗问题。

（5）验证：验证就是要说明用户画像应该来源事实、经得起推理和检验。告知大家标签结论是如何得到的，不然就没有可信度。举个例子，我们说某个人不靠谱，相当于给他打上了标签，有人一定会问我为什么不靠谱，依据是什么。所以客户画像生成后，一定要给出依据和推理过程。

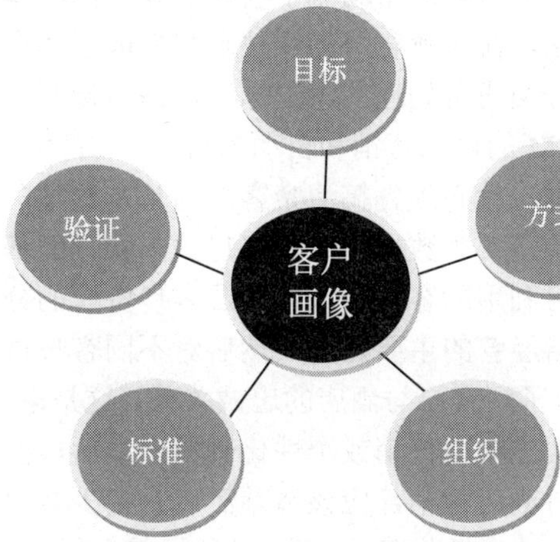

图 10-1　客户画像的实践内容结构

客户画像方法目前包括定性画像、定量画像和定性与定量结合的混合画像。定性画像构建比较简单，但数据获取工作量大，又缺少数据验证，在酒店使用不多；定量画像有数据充分验证，有软件平台的酒店使用起来比较方便，适合在酒店电子商务中使用；混合画像方法可以将定性和定量数据结合，如通过客户访谈、社交互动等，开展的工作量比较大，成本比较高，适合集团型饭店企业使用。用客户画像的方法开展客户管理和客户挖掘是互联网时代下的新思路，这里关键是画像技术的实现，目前可以通过工具软件来实现，寻找酒店关心的客户特征，然后用符号把客户特征标签起来，如白领客户就是一种标签，最后把标签化的特征客户分类成业务对应的群体，以形成可以个性化操作的营销方案。具体客户画像标签模型如图 10-2 所示。

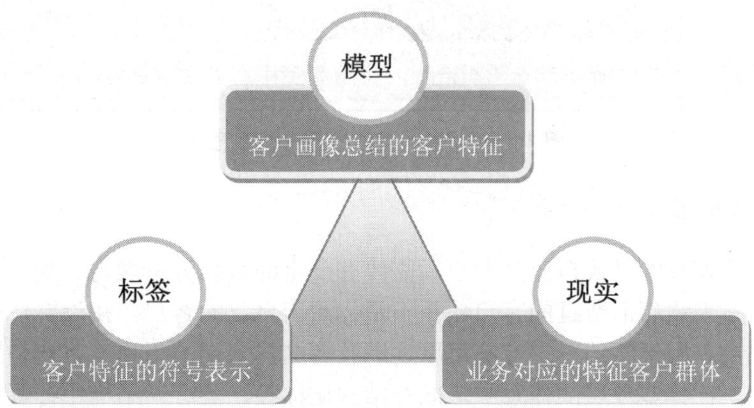

图 10-2　客户画像标签模型示意图

二、标签分层的客户数据分析

一个酒店的客户数据，既有信息系统数据库里的数据，又有来自官网访问的数据，也有在社交平台互动交流的数据，更有酒店服务人员与客户接触中感知的数据，这些数据有的是结构化的可以查询到，但更多的是无结构或非结构化的数据，酒店如何获取这些数据，获取后又如何分析这些数据，这是新时代酒店经营面临的普遍问题，在这电子商务时代分析数据有时比经营更重要，因为激烈的市场竞争经营需要方向。本小节主要围绕客户数据分析介绍标签分层的分析方法，在了解客户画像技术和完成了客户画像后，如何利用标签的分层逐层进行数据分析，分类成可处理的不同标签，最后把原始数据与具体的电子商务业务对应起来，实现酒店 CRM 的自动营销和自动销售。

酒店有了客户的原始数据，就必须先搞清楚客户的基本数据，以及这个客户是否有消费数据，以形成酒店最需要的事实类数据，这是客户关系管理的基础。在此基础上进行统计分析，摸清楚酒店有多少可利用的客户资源，以及客户资源的分布情况，包括区域分布和消费水平分布等，这是酒店经营的主要财富，然后对不同客户进行标签化，并分类、分群，以衡量不同客户的价值，了解客户与酒店的忠诚关系，这是电子商务网络营销的基础，只有了解了客户的情况才能实施精准营销或个性化营销。最后根据标签化后的客户类群与酒店营销业务对应起来，这时酒店营销部应该清楚酒店有多少客户，怎样去做营销，可以面对不同的业务对象形成精准的个性化营销方案。具体标签分层的数据分析如图 10-3 所示。

图 10-3 标签分层的数据分析示意图

（一）标签的分层

酒店在茫茫人海中寻找自己的客户，需要有一定的数据分析能力。到酒店官网访问的用户，以及偶然来酒店消费过的客户，是不是你酒店自己的客户，在没有任何标签的前提下，都是未知数。用标签的分层方法可以逐渐厘清这些未知的用户或客户是属于酒店业务中的哪一类型。在标签分层的体系中，既有结构化标签，又有半结构化标签和非结构化标签，结构化标签都是静态不变的数据，如姓名、电话等，其数据名本身就是标签；半结构化标签数据是不稳定的，如营销广告，通常不需要去考虑数据形式，要的是营销效果，有效果就行，这些数据有时可以逐步变成结构化数据来处理；非结构化标签就是无规则的标签数据，如客户偏好，每个客户都有自己的兴趣爱好，彼此之间无任何层级关系，搜索引擎的关键词也属于非结构化标签数据，这些数据需要用画像技术来处理，把非结构化标签数据整理成可理解的业务化的结构化数据。标签分层的数据分析方法大多数针对的是非结构化标签数据，下面介绍图 10-3 中的原始数据类层、事实类层、统计分析类层、模型预测类层和业务类层。

1. 原始数据类层

原始数据类层主要是指客户的基本信息、历史数据信息、社交行为信息等，如会员信息、消费信息、网络行为信息、客户的渠道使用信息以及客户微信互动信息等。经过结构化的分析和数据清洗以及业务建模分析，可以得到用户标签体系的事实类层标签数据。

2. 事实类层

事实类层是用户信息的准确描述层，其中有结构化标签数据，也有少数的非结构化标签数据，其最重要的特点是，可以从客户身上得到确定与肯定的验证，如客户的人口属性、性别、年龄、籍贯、会员属性信息等，还有具体的历史账户信息、渠道使用频率、消费未来趋势等数据，以及产品购买次数、服务投诉次数等。这些标签数据通过统计分析和预测，尤其是通过机器学习及建模，就可以进入客户标签体系的统计分析类层，得到相应的标签数据。

3. 统计分析类层

统计分析类层是通过利用统计分析建模，机器学习的思想，对事实类层的标签数据进行分析利用，从而得到描述用户更为深刻的信息和行为。如通过建模分析，可以对用户的性别偏好进行预测，从而对没有收集到性别数据的新用户进行预测。还可以通过建模与数据分析，使用聚类、关联思想，发现人群的聚集特征。因此，该层次将进一步利用个体属性、群体属性、潜在消费需求，包括产品购买偏好、渠道使用偏好、客户兴趣爱好、客户的价值和活跃度等，这些标签数据经过进一步标签化和模型预测，就可以得到标签体系的模型预测类层标签数据。

4. 模型预测类层

模型预测类层利用统计分析类层的结果，对不同用户群体，有相同需求的客户，通过进一步打标签，建立营销预测模型，从而分析用户的活跃度、忠诚度、流失度、影响力等。因此，该层将进一步利用个体属性、群体属性、客户价值、网络影响力等进行业务规划建模，包括消费能力违约概率、客户流失、近期需求等数据，并结合电子商务的业务规划，确定客户画像最后的群体类型和范围，预测出未来酒店的客户趋势和营销策划的方向。最后得到标签体系业务类层酒店所需要的标签数据。

5. 业务类层

业务类层可以是展现层，是酒店进行客户管理后所需要的结果数据。它是酒店业务逻辑的直接体现，如图 10-3 中所表示的高奢人群、常客人群、潜力人群和普通人群等。这些业务人群还可以再细分，可以形成更具体的个性化营销方案。

（二）标签分层法的应用

酒店利用客户画像技术标签已有的客户和潜在的客户，首先要由客户画像的平台来实现对客户的标签化过程，再利用酒店管理人确定的标签体系对客户进行分析和标签化，形成与业务计划一致的标签数据。图 10-4 是基于标签分层的客户画像系统技术架构示意图。

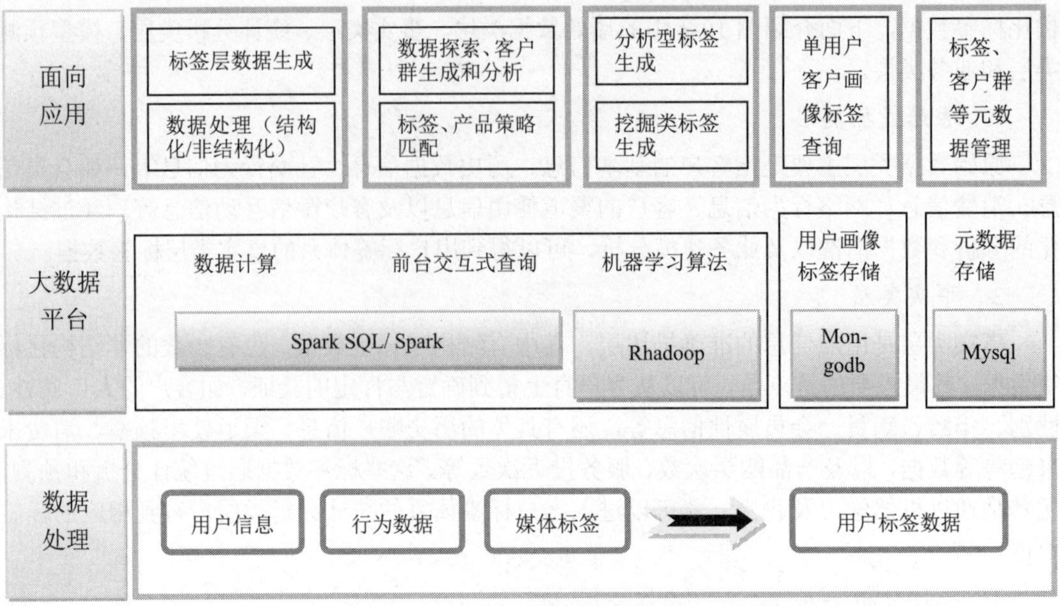

图 10-4 基于标签分层的客户画像系统技术架构示意图

图 10-4 中的数据处理来源于各系统积累的数据，对于酒店来说就是软件平台数据中心的数据，以及来自互联网的客户行为数据，或通过其他平台或渠道导入的数据。数据平台的主要功能是数据计算、数据交互以及机器学习和算法生成，如通过 Spark 进行数据处理和数据筛选过滤，再进行数据转换进而实现单个标签的展现。面向应用是通过数据整理和数据平台的计算，将生成的各类标签信息与业务逻辑进行比较，除了探索客户类群的数目外，还需要进行对客户类群的业务定位，进行具体的客户群标签分析，形成与业务匹配的营销和电子商务策略。对于酒店的客户分析来说，最后的标签数据应用主要用于网络营销和在线销售，现阶段的具体应用有以下几个方面。

1. 精准营销

目前大多数酒店都还没有依据做精准营销，除非针对自己熟悉的常客。在互联网环境中，在微信等社交平台上，酒店都是凭感觉在开展营销。有了客户画像技术应用以后，酒店可以利用标签化的结果开展营销，也就是专门针对不同标签的客户开展有针对性的营销，这就是精准营销。在移动互联网时代，酒店在网络上销售已成为常态，但除了 OTA 帮助销售以外，酒店还需要自己的在线直销。在工作顺序上，在做在线直销以前首先要做在线营销，这时客户画像的标签化就可以帮助酒店做在线营销，而且是非常有效果的精准营销。为了利用好客户画像技术的成果，酒店还需要一个完整的数据中心，有一个统一的软件平台，并拉通消费者的所有属性信息，搜集和拉通酒店内、外部消费者的所有消费数据和网络行为数据，并在客户画像中重点识别客户的兴趣爱好特征，这时标签化后的精准营销就能给酒店带来意想不到的营销效果。

2. 智慧推荐

在互联网世界中，酒店不能坐等客户的到来，而是需要主动出击。现在的消费者如果不是酒店的忠诚客户，他必然会访问和咨询多个网站才能做出购买决定。这时酒店如果有智能化的推荐系统去迎合消费者的需要，销售就成功了一半。智慧推荐依赖的是标签数据，来访的客户系统都已经有所了解，如客人访问酒店的官网，他是通过搜索引擎访问的，这时根据该客人已有的标签就可以直接跳出官网的落地页，直接出现客人所需要的内容，而不是官网首页。在微信小程序、微商城都可以利用客人的标签数据实现智慧推荐，迎合客人需要的产品和信息。对于比较确定的结构化标签客户，还可以利用电子邮件、微博、微信等方式进行有针对性的智慧推荐。即使客人到了酒店，服务员面对面提供服务，通过移动管理界面，也可以知道客人的消费能力、网络影响、喜爱偏好等标签数据，个性化地推荐客人所需要的服务产品。如果系统推荐的服务没能迎合客人的需要，可以反馈给系统进一步完善客户画像，也可以形成新的标签化数据。

3. 社会化营销

酒店经常有新品发布会和产品促销等一系列活动，如何招徕消费者参会是酒店很头疼的事情。利用客户画像的标签化数据可以很好地解决酒店活动的参会人员筛选问题。通常酒店活动发布会总是选择忠诚客户到会，由于每一次活动内容不同，可能是围绕客房产品的，也有可能是围绕娱乐服务产品的，或者是围绕餐饮新产品的，所以需要邀请相关的消费者参会。酒店可以通过客户数据库、会员数据库去寻找相关的标签数据客户，如忠诚度比较高的、网络影响力比较大的、群体活跃度比较高的相关客人，从中找出最有可能参加活动的客户，通过电子邮件、客服或社交平台邀请他们参会，用这种方式招徕客人参会的成功率非常高，而且花费成本很低。到会的客人肯定是发布会内容的喜欢者，他们会通过自己的渠道、朋友圈宣传发布会的内容，起到非常好的社会营销作用。酒店即使不举行发布会，或者通过网络发布会的形式，也可以邀请这些忠诚客户相关的标签客户，他们同样会在网络渠道或社交群宣传网络发布会的内容，具有非常好的社会营销效果和作用。

三、客户的潜在需求挖掘

相信每个人对需求都有自己的定义，或是痛点，或是伪需求。为什么会有不一样的认识呢？有人问我，网络外卖这种需求，到底是痛点还是痒点？还是兴奋点？我相信各位读者也会有不一样的定义。那么问题来了，为什么会有这样的分歧呢？互联网时代为什么生意不好做？其实就是客户需求的分散性，酒店也是一样，现在生意好做吗？其实在互联网时代，需求都是个性化的，所谓客户需求挖掘，就是要挖掘客户存在个性化的需求。客户画像技术对客户的标签化，通过标签来重新认识客户，其中就是利用标签来挖掘客户的个性化需求。

（一）酒店可挖掘客户需求的场合

酒店挖掘客户需求的场合有很多，如酒店数据中心的客户数据库、酒店官网、酒店公众号、酒店微信小程序、社群互动场合，以及客户消费过程中面对面服务的场合等。客户数据库通过统计分析以及构建需求模型，很容易找到客户的潜在需求，但这种方法基本上找到的都是平均需求，而不是个性化需求，虽然利用这种方法挖掘需求很普遍，但在互联网时代有明显效果的不多。如客户访问官网，可以记录该客户浏览了哪些内容，是从哪些渠道访问到官网的，看了哪些栏目和频道，停留时间最长的是哪个产品页面，最后去了哪里，确定购买产品前访问了多少次官网，其中又浏览了哪些网站和渠道，所有这些是不是可以给该客户打上什么标签呢，通过标签化进一步分析该客户的需求是什么，或者他的个性化需求是什么，然后采取进一步的营销行动，把官网访问客户变成酒店真实的客户。

其他的微信小程序等使用场合也是一样，通过记录客户使用的情况，或互动聊天的记录，给客人标签化某些需求特征，然后进一步了解客人的结构化标签数据，就可以挖掘出客人的潜在需求和个性化需求。当客人到了酒店，服务员面对面提供服务时，还可以根据观察、倾听、引导等不同环节，分析客户的潜在需求特征，并打上或修改该客户画像的标签，就可以轻松获取该客户未来的需求在哪里，有针对性地提供后续促销信息，通过恰到好处的温馨服务使客户变成酒店的常客或忠诚客户。

（二）挖掘需求的几种方法

互联网时代挖掘客户需求的方法很多，酒店作为服务业，客户的需求随着时代的变化一直在变，这里并不去介绍具体的挖掘算法和模型，而是从管理的角度，从客户接触的角度介绍如何去挖掘客户的潜在需求，具体方法有以下几种。

1. 从酒店业务发展方向挖掘需求

酒店可以从业务发展的方向挖掘客户需求。如君澜集团的发展远景是度假酒店，建立全国度假圈，可以围绕度假酒店业务的方向挖掘需求，在客户画像的标签体系中增加度假酒店相关的标签数据，然后围绕指定的标签体系去寻找客户。这种方法是根据酒店业务方向主动挖掘客户，当然这类标签数据还需要一定时间的验证。

2. 通过与客户访谈挖掘需求

与客户访谈挖掘需求是最有效的方法，通常在访谈中可以获取结构化标签数据和非结构化标签数据两种，作为酒店的营销人员，应善于利用社交平台访谈对产品感兴趣的客户。每次访谈都需要做相应的记录，并整理出可能形成的标签数据，为以后开展有针对性的营销建立标签数据，也为完善客户画像提供依据。对于网络访谈需要有恰当的话题切入访谈内容。

3. 通过新产品试销挖掘需求

通过产品试销的挖掘也是酒店常用的方法，在互联网时代，酒店许多客房都是个性化的，是客人需要和喜欢的，试销后可以了解客户的反应，形成对新产品的需求信息或改进意见。在互联网时代，酒店产品的试销可以挖掘到更多新需求，进而产生新的产品体验，以及定位出新的产品方向。记录相关的新需求，形成有效的标签数据，添加到客户画像的标签体系中。

4. 通过客户反馈或投诉挖掘需求

客户反馈是一种挖掘需求的常用方法，酒店应能在客户反馈以及投诉中了解客户的诉求，也能够在客户投诉中了解客户的想法和期望，每一个问题背后都可能隐藏有相应的需求，因此酒店需要在客户反馈和投诉中梳理出新的标签数据，挖掘客户的潜在需求。通常，在官网和移动服务 APP 中，应增加客户反馈和投诉功能，通过软件整理出新的标签数据，补充到客户画像的标签体系中，从而在线挖掘到有用的潜在需求。

5. 通过搜索引擎挖掘需求

搜索引擎是客户常用的工具，酒店利用搜索引擎客户使用的关键词，可以挖掘出客户的潜在需求，一方面了解客户的搜索行为，另一方面整理出当前网络的热点词汇，这对补充客户画像的标签体系数据都有帮助。另外，在百度搜索引擎的百度指数中，可以看到搜索关键词的趋势研究、需求图谱等，这些内容对酒店客户需求挖掘都非常有意义。作为酒店营销人员，在客户画像技术的应用中，应关注搜索引擎关键词的使用和热点切换，不断调整和完善客户画像标签体系的非结构化数据，用更精准的标签体系挖掘客户的潜在需求。

6. 通过社交平台互动挖掘需求

在移动互联网时代，社交平台已成为酒店挖掘潜在需求的一个非常重要的渠道，最流行的就是微信、微博社交平台。在社交平台中，可以通过关键词搜索，也可以发起提问或者讨论，从而引导其平台内的社群用户进行讨论，还可以通过已知的需求或搜索关键词挖掘更多的长尾需求。酒店人员需要记录和关注客人的回答内容，分析其潜在的需求，并提炼出相应的标签数据，补充到客户画像的标签体系中，以便后续的客户挖掘分析时使用。

7. 通过服务场景分析挖掘需求

服务场景可以是酒店或网络现场的服务环境，也可以是酒店模拟服务的场景，通过服务场景观察或客户模拟，从而可以发现一些潜在需求。对于实际服务现场的场景，酒店人员需要通过看、听、分析等手段，凭借自己对服务产品的嗅觉，去挖掘其中可能的客户潜在需求，记录相关的场景内容，分析出与潜在需求相关的标签数据，添加到客户画像的标签体系中，同样为后续的客户挖掘和模型分析时使用。

本节从客户画像应用的角度介绍了酒店的客户管理、客户分析和挖掘客户潜在需求的理念和一些基本概念，虽然并没有去具体介绍酒店 CRM 系统的应用，但从目前来看，酒店 CRM 的应用并不理想，一方面是应用软件的问题，另一方面是酒店在客户管理上的理念问题，作者认为对酒店人员介绍 CRM 的理念和管理方法更为重要。在互联网环境下，酒店客户管理的理念、方法、关系维系的方式都在变，作者认为客户画像技术的应用对酒店互联网环境下的客户管理非常有用，希望以后能出现更加实用的酒店画像技术应用软件，为酒店的电子商务和客户管理提供更好的帮助。第二节我们就具体介绍酒店客户管理的应用实践，以绿云科技的软件产品为背景。

第二节　客户管理的实践

要做好客户关系管理，第一步先要做好客户管理，酒店要厘清自己有哪些常客户，有哪些会员客户，还有哪些一般的客户，甚至还要厘清有多少潜在客户。酒店除了要保持原来的常客和会员客户外，还要有目标地发展一些潜在客户成为自己的会员客户或常客。客户管理的目的就是要为客户提供更好的服务，并使其成为酒店的常客。维系客户需要成本，发展客户也需要成本，酒店通过互联网进行的客户关系管理，可以有效地降低管理成本。作为酒店的客服人员，不管是线下的客服，还是线上的客服，都需要通过互联网，或者学会用互联网管理自己的客户。与客户情感沟通是最好的管理，也是成本最低的管理，但需要客服人员去花时间在线互动，掌握一些互联网的沟通技巧。目前，酒店的客户纳入管理的有两大类，一类是会员客户，另一类是协议单位客户，下面主要介绍这两类客户的管理。

一、会员客户管理

会员客户是酒店经营的重要资源，也是酒店客户关系管理的主要对象，现代酒店在经营中基本都采用会员卡制度，并对会员客户进行分类管理。酒店通过会员卡制度，不但可以分类管理不同的客户，还可以通过积分来激励客户的消费，提高酒店经营的业绩。会员客户管理目前主要有注册管理、积分管理、储值管理和查询管理。

（一）注册管理

客人注册会员区分住店客人和非住店客人注册，若客人无宾客档案可用“注册会员”的方式进行会员注册；若客人有宾客档案则通过登记单或者档案做关联注册。关联注册客人的信息会通过档案自动录入，无档案客人注册需要手工录入注册信息，如图 10-5 所示。注册信息主要包括个人信息（姓名、证件、证件号码、手机号等），选择会员计划、会员卡等级以及客户来源，其中输入“证件号码”或“手机”可以查询档案，如果有该客人的会员信息，匹配出来即可。输入卡号时系统会要求重复输入卡号以确认（有读卡接口时不用重复输入，有过“预发卡”操作的卡也不用重复输入）。

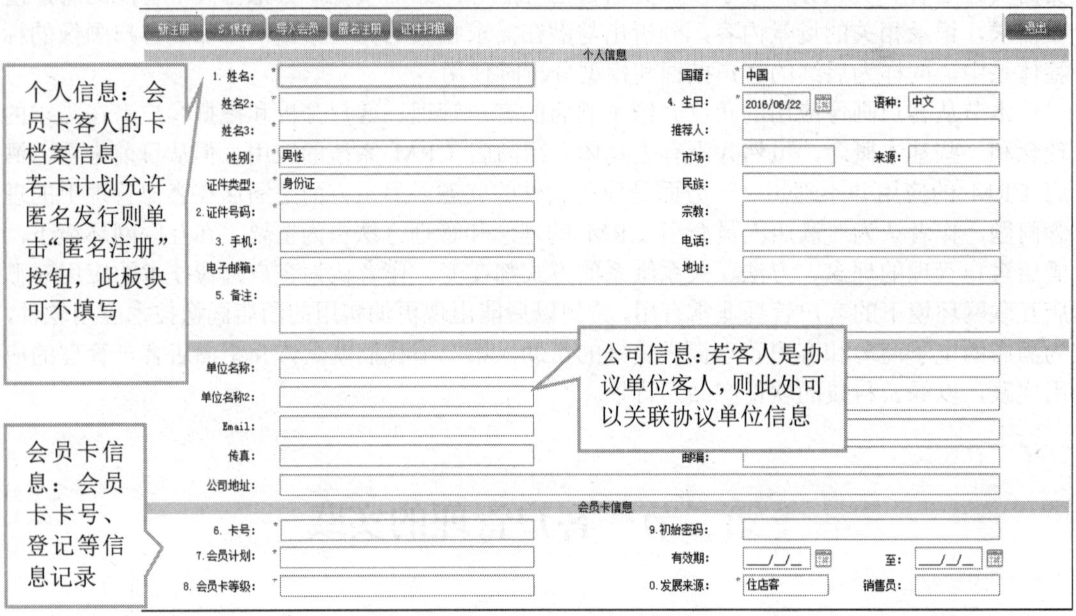

图 10-5　会员注册信息录入界面图

注册会员时也可以输入该会员卡客人的会员推荐人（酒店会员卡客人），推荐人一旦输入一般系统不允许修改。若在代码配置→促销规则处设置了推荐人，则可以享受一定的奖励，该处填写的推荐人将会在某一触发条件下享受一定的奖励或积分奖励。通常，会员注册时有三种等级可供选择，即普卡、银卡和金卡，这些卡的种类酒店自己可以在后台进行设置，根据经营的策略去确定，卡的级别根据消费情况可以自动升降。

注册信息输入完成后，需要存盘激活，当弹出“会员卡注册成功并已激活”小窗口时，说明注册已经成功，这时会跳转到“会员档案”的管理界面，如图 10-6 所示。对酒店来说，会员管理不是为管理而管理，而是让客户能更好地消费，并通过注册信息和消费信息来更好地关联分析客户的消费行为，或为了更好地进行统计分析。针对图 10-5 和图 10-6 显示的数据结构，读者能否判断该数据结构的合理性？或者能否提出它们还存在哪些方面的不足需要完善？表 10-1 是注册会员管理界面的功能按钮说明，会员管理的功能情况全部列在该表中，具体的功能介绍就不展开了。另外，对于图 10-6 显示的功能按钮，你认为对于会员管理的功能结构还存在哪些不足？应该从哪些方面去改善它的功能结构？

图 10-6　会员卡档案主界面

表 10-1　查询界面中需要说明的功能按钮

项　　目	说　　明
	卡档案信息
保存	会员主单上半部分的会员资料，修改完成后，单击“保存”按钮，保存修改项
网站密码	单击可以向客人的注册手机上发送一个新的流水密码（酒店须开通短信功能）
合并会员	将会员卡卡档案合并为一，会员卡全部挂到一个卡档案中
入住记录	单击可以查看关联过会员卡的入住记录消费累计信息
优惠券	单击可以查看该会员卡中的优惠电子券信息
日志	会员卡档案信息、会员卡信息修改信息记录
	会员卡信息
附属卡	仅对储值卡有效，对一张储值卡进行附属卡管理，共享主卡中的金额
注册打印	根据系统中设置的模板打印会员卡注册登记单，给会员客人进行信息确认
制卡	将会员卡卡号写入会员卡中（一般针对 IC 卡、磁条卡、芯片卡等）
修改	对会员主单下半部分卡信息进行修改，如有效期、卡号、房价码等信息
激活	用于初始卡激活（针对发卡需要手工激活的卡计划）
挂失	用于会员卡丢失挂失。单击“挂失”按钮后，此按钮会变为“取消挂失”
停用	停用会员卡（根据酒店业务进行区分使用），单击“停用”按钮后，此按钮会变为“取消停用”
升降级	可将该会员卡升级或降级到另外一种等级的会员卡
消费密码	消费密码修改、重置
积分	单击“积分”按钮，进入会员卡的“积分列表”界面
储值	单击“储值”按钮，进入会员卡的“储值管理”界面

（二）储值管理

会员的会员卡可以在酒店内任何地方消费，前提是卡内需要储存一定金额，或者利用储值卡或附属卡进行消费，因此需要对这些会员卡进行储值管理以及会员卡的充值管理操作。会员卡消费的储值管理是酒店电子商务中的一项重要工作。具体操作可以执行会员卡中的卡查询，在卡列表中查询到目标客人的会员卡，单击打开主单就可以进入客人的“卡档案”查询界面，如图 10-7 所示。

图 10-7　会员查询界面

在卡档案下面有关于卡的属性数据，以及针对会员卡的功能操作按钮，如注册打印、制卡、修改、激活、挂失、停用、升降级、消费密码、积分、储值等。选择储值就可以进入选中目标会员卡的储值管理界面，如图 10-8 所示。

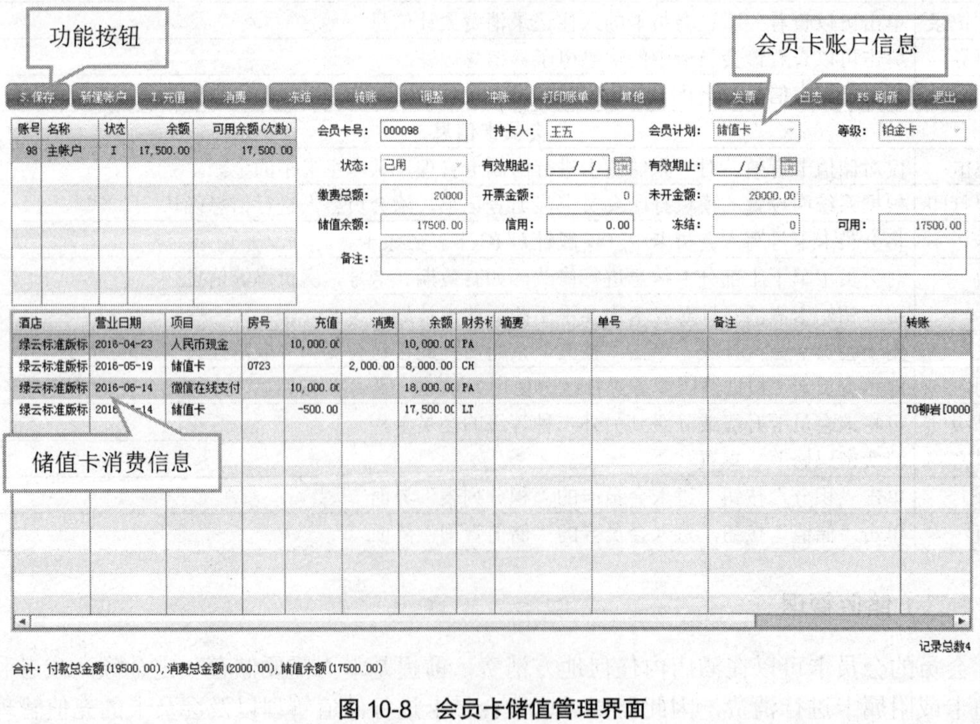

图 10-8　会员卡储值管理界面

1. 界面功能按钮介绍

充值：为储值卡账户充值，充值界面如图 10-9 所示，充值后在储值管理界面会多一条充值记录。

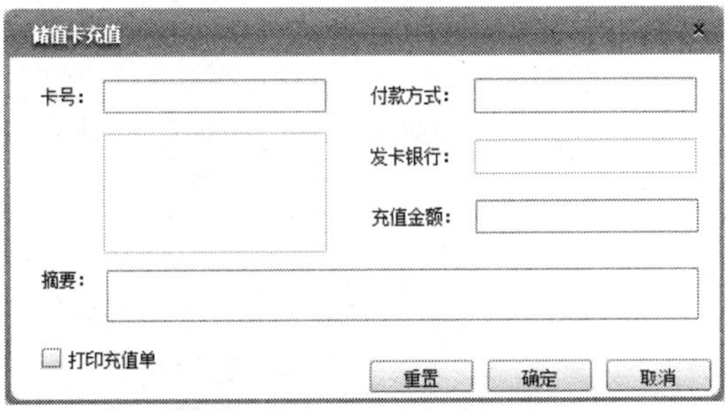

图 10-9　会员储值卡充值界面

冻结：设定储值卡账户部分金额不能使用。储值卡冻结可以在前台冻结，也可以在储值卡管理界面进行冻结操作；储值卡冻结类似于信用卡的预授权概念，仅将部分金额冻结暂不可消费，客人的总金额不变，可用余额变少。

调整：可对储值卡错账进行调整。

转账：将会员卡储值账户中的储值余额转移到另一个会员卡储值账户中（卡信用不能转），与积分转移类似。

冲账：将充值、储值卡消费记录用负金额冲抵（仅限本人当日当班的错账）。

发票：记录该储值账户的发票开具情况。

2. 计算公式

储值余额=历史储值总和+信用-历史消费总和

可用金额=储值余额-冻结

3. 信用

信用是允许客人在无实际充值的情况下进行超前消费。可直接在“信用”中输入对应值后，单击“保存”按钮即可。

（三）查询管理

酒店服务台经常因工作需要进行对会员卡的查询，这是会员管理工作中最频繁的操作。会员卡管理中可以通过卡列表显示当前酒店所有销售的会员卡，即前台 PMS 系统在会员卡管理中具有卡查询功能，也可以进行模糊搜索查询需要的会员卡信息，系统的酒店会员卡、集团会员卡均可以在卡列表中显示。模糊查询搜索界面如图 10-10 所示。

图 10-10 中的部分数据字段说明如下。

会员卡状态：默认为有效和已用状态的卡。

模糊匹配：系统默认为精确匹配，模糊匹配有权限控制，拥有此权限的操作员才可以看到“模糊匹配”的选择框。例如，“会员姓名”后选中了“模糊匹配”复选框，若姓名处输入“林”，则系统会查出姓“林”的所有相关会员卡信息。

业绩信息：在“累计积分”“累计充值”等处输入相应的值，单击“查询”按钮后，会显示相应业绩信息范围的所有卡。

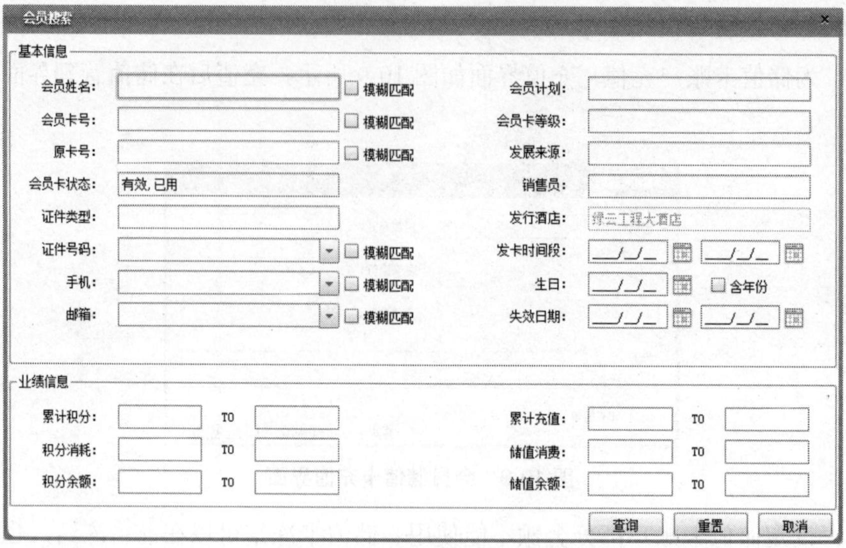

图 10-10 模糊查询搜索界面

除了模糊查询外，还可以输入/选择相应的查询条件，单击“查询”按钮，可以找到相应的会员卡。若要显示所有的会员卡，单击右上角快速查询栏里的“查询”按钮即可。如果输入卡号，或输入姓名，或输入手机号等信息，可以实现精准查询，选中目标会员卡信息，单击“打开主单”进入“会员档案”主界面，查询结果如图 10-11 所示。

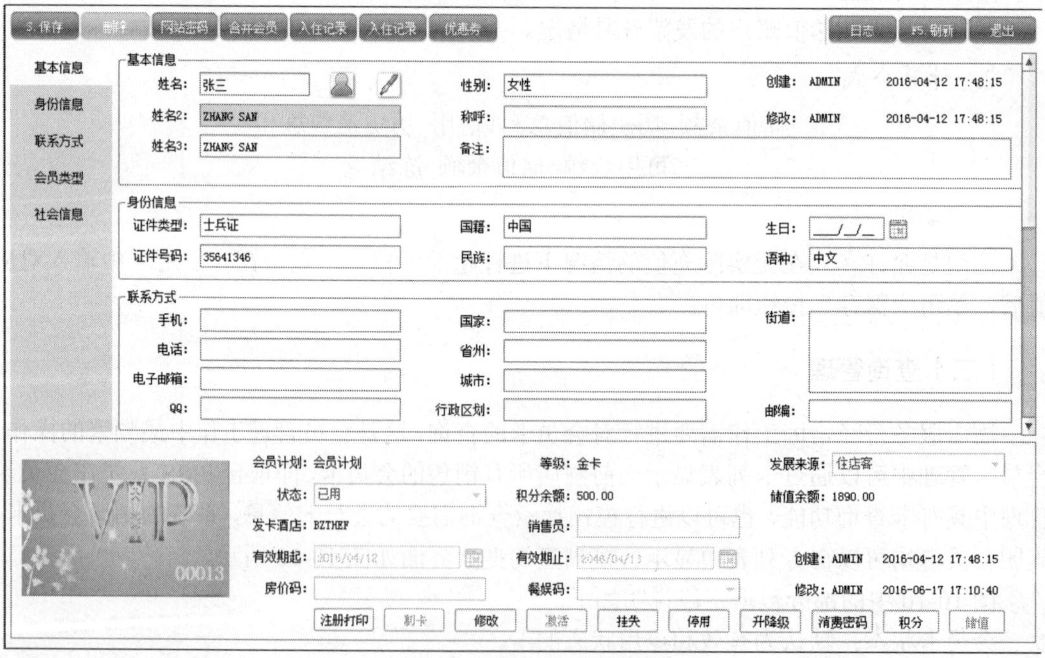

图 10-11 查询结果显示界面

二、协议单位客户管理

协议单位客户和会员客户一样，都是酒店经营的重要资源，也是客户关系管理的主要对象。一个好的酒店营销部门，通过签约一定数量的协议单位客户，可以保障酒店经营的淡季不淡，保持一定的客房出租率。协议单位客户的管理主要包括档案管理、业绩排名管理、查询与报表管理等，是客户管理中的重要组成部分。协议单位客户管理也是酒店客户关系管理的基础，通过借助人工智能，实现对协议单位客户的智能助理和服务。

（一）档案管理

酒店经营中的协议单位主要包括企业客户、旅行社、政府部门、旅游公司以及一些旅游景区等，它们可以源源不断地给酒店带来客户。因此，酒店在经营中需要与这些客户签订业务协议，根据客户每年带来的客房量来决定合作之间的协议价格和结算方式。所有协议单位的合作协议都要录入前台系统实现统一管理。档案管理就是对协议单位的合同信息进行录入、修改或暂停合作等操作，以保证协议单位的信息准确、可使用。

协议单位档案主要分为基本信息、联系方式、类型信息、单位喜好、业绩信息、预订信息六大板块，可以根据权限控制可查看的板块信息。图 10-12 是协议单位档案管理主界面。

图 10-12　协议单位档案管理主界面

图 10-12 所示的基本信息主要包括协议名称、协议类型、协议单位地址等信息。联系方式主要包括协议联系人及联系方式，仅做记录、查看使用，无提示。类型信息主要包括协议单位类型、市场、来源、关联销售员、协议房价码、佣金码、餐饮码等信息。单位喜好是指协议单位相应的喜好信息，仅仅用于记录查看。业绩信息是指协议客人最近 30 条的入住信息记录，客人历史消费信息统计，系统默认显示综合消费数据统计等，也可以查询业绩明细信息。预订信息是体现关联该协议单位做的所有订单信息，也可以查看每一条的预订信息。档案管理的数据项设计很重要，需要考虑对协议单位业绩的关联分析以及业务偏好的分析，便于营销部门合理地向协议单位开展营销。因此，客户关系的分析需要档案

管理基础数据的智能支持。

（二）业绩排名管理

系统可以对协议单位的消费按要求的关键词进行业绩排名，通过排名分析协议单位的消费特点以及相关偏好，然后安排以后更合适的促销活动及有效的营销措施。对于好的业绩单位要对销售员的工作进行总结，以提升对协议单位整体的营销服务水平。目前业绩排名都是通过消费账单与协议单位的关联来实现的，即消费主单关联过协议单位的客人住过酒店后，系统会自动生成该单位的消费业绩统计，协议单位的销售业绩统计可以通过业绩查询按钮或者报表进行排名查询，整个排名都是在账单关联后自动实现的。

单击“业绩信息”按钮进入业绩查询，弹出“请选择协议单位及查询时间段”窗口，选择/输入相应的查询过滤条件，开始进行查询，在出现的业绩查询列表中，可通过“业绩汇总”或“业绩明细”按钮进行业绩汇总及业绩明细显示的转化，如图 10-13 所示。

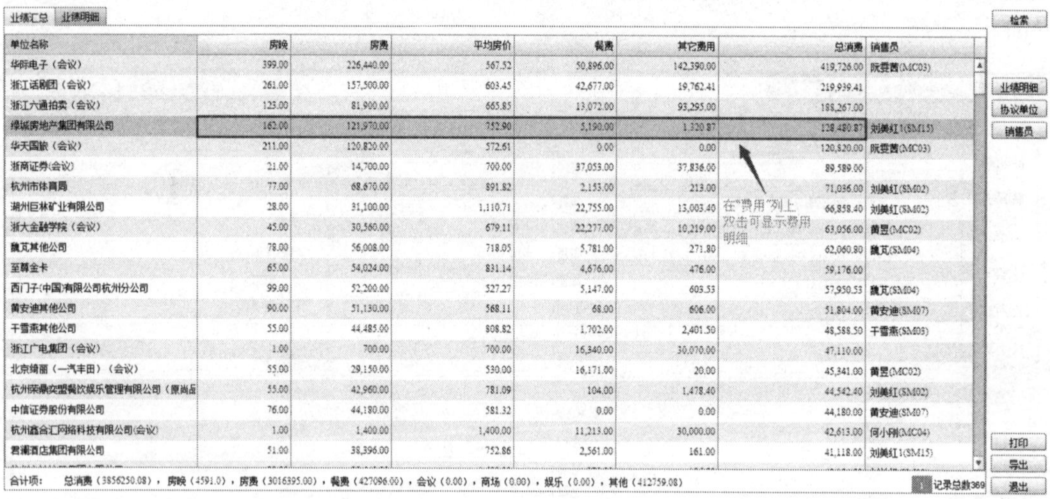

单位名称	房晚	房费	平均房价	餐费	其它费用	总消费	销售员
华际电子（会议）	399.00	226,440.00	567.52	50,896.00	142,390.00	419,726.00	阮雯茜(MC03)
浙江话剧团（会议）	261.00	157,500.00	603.45	42,677.00	19,762.41	219,939.41	
浙江六通拍卖（会议）	123.00	81,900.00	665.85	13,072.00	93,295.00	188,267.00	
绿城房地产集团有限公司	162.00	121,970.00	752.90	5,190.00	1,320.87	128,480.87	刘美红1(SM15)
华天国旅（会议）	211.00	120,820.00	572.61	0.00	0.00	120,820.00	阮雯茜(MC03)
浙商证券(会议)	21.00	14,700.00	700.00	37,053.00	37,836.00	89,589.00	
杭州市体育局	77.00	68,670.00	891.82	2,153.00	213.00	71,036.00	刘美红(SM02)
湖州巨林矿业有限公司	28.00	31,100.00	1,110.71	22,755.00	13,003.40	66,858.40	刘美红(SM02)
浙大金融学院（会议）	45.00	30,560.00	679.11	22,277.00	10,219.00	63,056.00	黄昱(MC02)
魏芃其他公司	78.00	56,008.00	718.05	5,781.00	271.80	62,060.80	魏芃(SM04)
至尊金卡	65.00	54,024.00	831.14	4,676.00	476.00	59,176.00	
西门子(中国)有限公司杭州分公司	99.00	52,200.00	527.27	5,147.00	603.53	57,950.53	魏芃(SM04)
黄安迪其他公司	90.00	51,130.00	568.11	68.00	606.00	51,804.00	黄安迪(SM07)
干雪燕其他公司	55.00	44,485.00	808.82	1,702.00	2,401.50	48,588.50	干雪燕(SM03)
浙江广电集团（会议）	1.00	700.00	700.00	16,340.00	30,070.00	47,110.00	
北京绮丽（一汽丰田）（会议）	55.00	29,150.00	530.00	16,171.00	20.00	45,341.00	黄昱(MC02)
杭州荣鼎奕盟餐饮娱乐管理有限公司（原尚品	55.00	42,960.00	781.09	104.00	1,478.40	44,542.40	刘美红(SM02)
中信证券股份有限公司	76.00	44,180.00	581.32	0.00	0.00	44,180.00	黄安迪(SM07)
杭州鑫合汇网络科技有限公司(会议)	1.00	1,400.00	1,400.00	11,213.00	30,000.00	42,613.00	何小刚(MC04)
君澜酒店集团有限公司	51.00	38,396.00	752.86	2,561.00	161.00	41,118.00	刘美红1(SM15)

合计项： 总消费（3856250.08），房晚（4591.0），房费（3016395.00），餐费（427096.00），会议（0.00），商场（0.00），娱乐（0.00），其他（412759.08）

图 10-13 业绩查询排名列表界面

在“业绩汇总”或“业绩明细”标签页下，系统可单击“导出”按钮或者直接右击，将记录导出成 Excel 表格，然后进行后台的协议单位业绩排名的相关统计管理。

（三）查询与报表管理

协议单位的查询管理和报表管理是客户管理中的常务性工作，尤其是查询工作，业务员因工作需要随时要在系统查询某一个协议单位的业绩情况，或某一类协议单位的情况。因此系统提供按类查询的相关功能，只要在协议单位的查询窗口输入查询条件，单击“确认”按钮后就可以打开“公司档案”列表。按类查询的协议单位目前包括三大类：公司、旅行社、订房中心，如图 10-14 所示。

双击某一个档案，或选中某一个档案单击右边的“打开”按钮，可以打开详细档案信息窗口，获取某协议单位更详细的信息，如在档案详细信息中可以关联房价码、佣金码等信息。

图 10-14 协议单位查询管理界面

报表管理主要是对销售员制订的销售计划、销售总结、领导批示等内容进行管理。系统提供的功能主要用于销售员输入月度工作计划，进行月度工作总结；销售部相关负责人可以对销售员月度工作计划、工作总结进行查看及批示；在销售月报中也会体现销售员的月度业绩量等统计信息。在系统中选择销售员可以进入销售员列表，在右侧输入查询条件或通过组合查询按钮，查找到相应的销售员，可以得到销售员月报的操作界面，如图 10-15 所示。选择相应的时间，输入、编辑相应的工作计划内容，单击“保存”按钮，一经提交工作计划就不能修改。

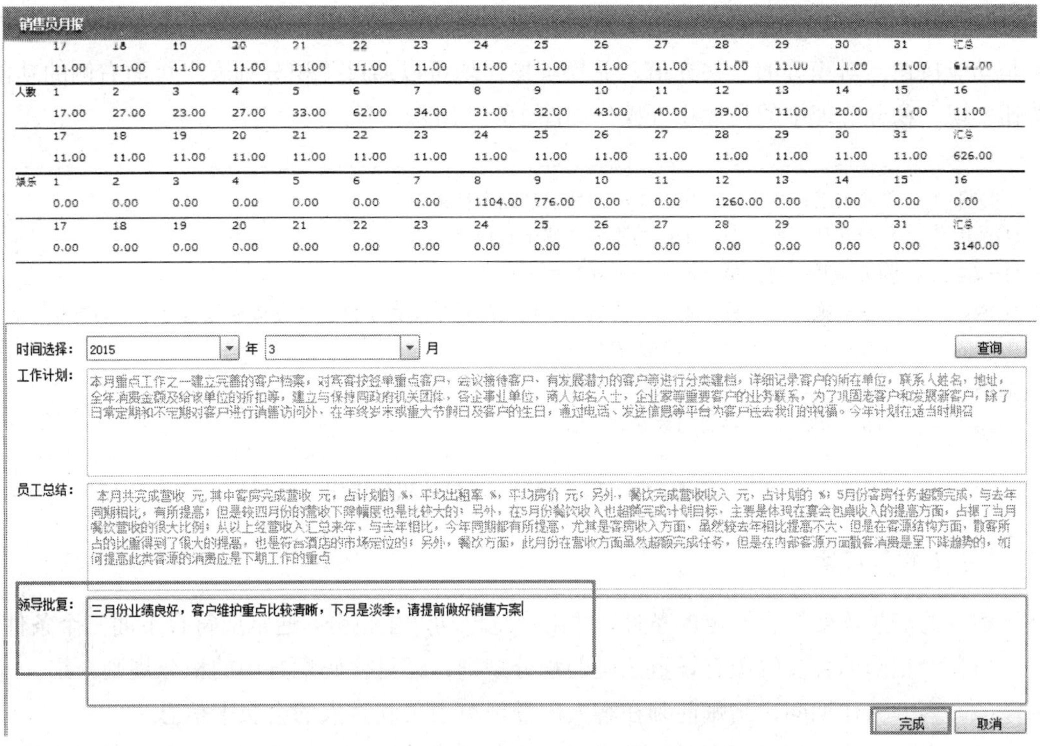

图 10-15 销售月报制订、编辑、批示窗口界面

图 10-15 是领导批示后的界面，这时销售员提交的工作计划、员工总结等内容变成灰色，就不能再编辑修改。报表管理反映了销售员对协议单位销售、营销的管理工作及业绩，是衡量销售员对客户管理绩效的一个系统工具。

三、积分管理

积分管理是专门针对酒店会员的，是国际上激励消费者通用的一种消费管理方法，目前我国大多数商务酒店和度假酒店都有积分管理制度，已成为酒店电子商务客户管理的重要内容，积分的记分和兑换不同酒店都有不同的规定和标准。具体操作在会员档案管理界面中单击“积分”功能按钮，即进入酒店会员积分管理界面，如图 10-16 所示。

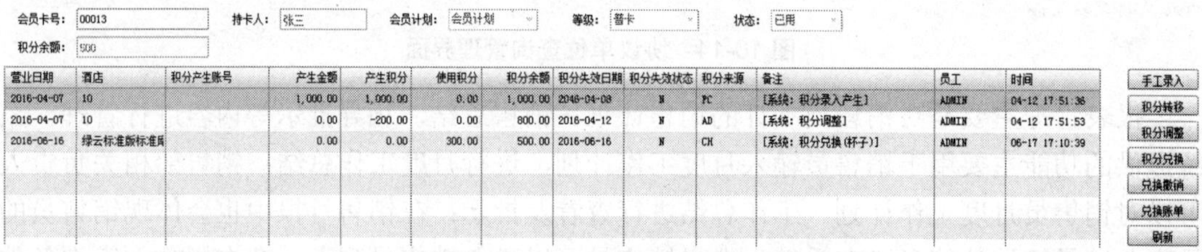

图 10-16　酒店会员积分管理界面

（一）积分操作

图 10-16 右边是对积分具体操作的功能按钮。即界面上方显示“会员卡号”“会员计划”“等级”“状态”“积分余额”“持卡人”等基本资料。中间显示积分产生、消耗等记录，右侧是功能按钮。对积分的一些充值、兑换等操作均可以通过“积分列表”页面右侧的功能按钮实现。积分管理中的具体积分操作如图 10-17 所示。

补录消费	补录消费：手工补消费产生的消费信息到卡档案中
积分转移	积分转移：将该会员卡中的积分转移至其他会员卡
积分调整	积分调整：对会员卡产生、消耗等积分进行调整
积分兑换	积分兑换：积分兑换物品（前提是在代码配置中设置了该类型会员卡可积分兑换的物品）
兑换撤销	兑换撤销：用于撤销当天的积分兑换
兑换账单	兑换账单：打印积分兑换账单（须酒店提供模板）
刷新	刷新：更新当前界面的数据显示信息

图 10-17　积分管理中的具体积分操作

（二）积分产生

积分的产生需要符合一定的条件，并由系统自动产生记分，通常应符合下面三个条件。

（1）对相应的会员等级有设置正确的积分规则，详见代码配置中的积分规则介绍。

（2）客人入住期间，结账前须在客人的登记单中关联客人的会员卡信息。

（3）客人入住期间关联会员卡的登记单中的相关信息符合后台设定的积分规则信息，

具体关联如图 10-18 所示。

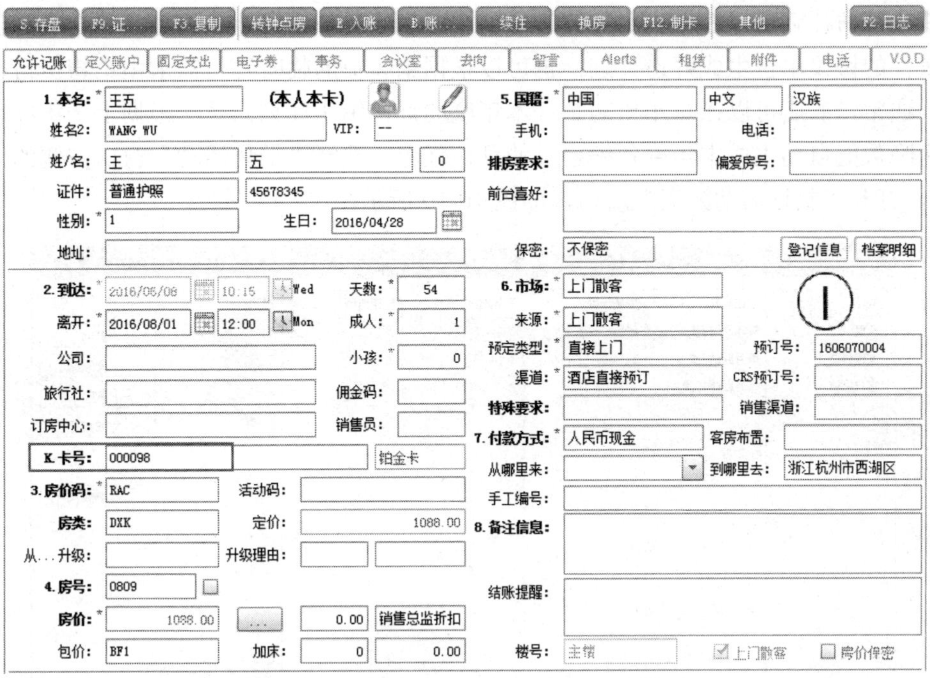

图 10-18 客人登记单中需要与会员卡号关联

（三）积分使用

酒店设定积分使用的一般规则为以下几种情况。

（1）积分进行兑换（包括实物兑换、房券、升级券等兑换）。

（2）积分付款。

① 酒店进行代码准备时，须提供“积分付款”类似的付款代码，用于积分付款使用。

② 酒店允许客人使用积分进行付款时，则需要酒店提供积分与金钱的兑换率给实施工程师，实施工程师根据要求设定完成后才可以使用。

③ 酒店为客人结账时需要选择该积分付款的付款码进行相应的账目结算。

（3）积分付款结算完成后，客人的“积分管理”界面会增加一条积分消费记录。

四、销售活动管理

销售活动管理主要是指客户拜访计划的管理，酒店的大客户单位、协议单位需要通过拜访来促进产品的销售。通常，协议客户的拜访维护是酒店销售部的重要工作；销售活动主要应用于制订相应的销售拜访计划、跟踪管理销售员的近期工作动态，例如拜访客户、网络社交维系、电话维系、会议出访等，以进一步增强其客户管理意识，并实时有效地将相关信息反馈给管理层。该功能主要由活动计划制订、活动计划管理、活动计划追加等组成。

（一）活动计划制订

销售拜访计划可以根据上一年度客户消费的房晚数作为设定条件，系统自动筛选符合拜访条件的协议单位生成拜访计划；也可以根据销售员的临时拜访需求由销售员自行进行建立。通常，酒店可以在每年年初制订本年度的拜访销售计划，系统根据上一年度客户消费的房晚数能自动生成本年度各销售员的拜访任务。选择“销售活动”窗口右侧的“制订计划”，打开“制订活动列表”窗口，如图 10-19 所示。

图 10-19 销售活动计划制订列表

单击图 10-19 右侧的“新增”按钮，弹出“新增活动计划生成规则”窗口，输入相应信息后，单击“保存”按钮，计划即生成，如图 10-20 所示。具体计划制订规则中的项目含义如表 10-2 所示。除了有计划地进行销售拜访活动外，销售员也可以根据业务需求建立计划外的临时拜访活动，具体这里就不介绍了。

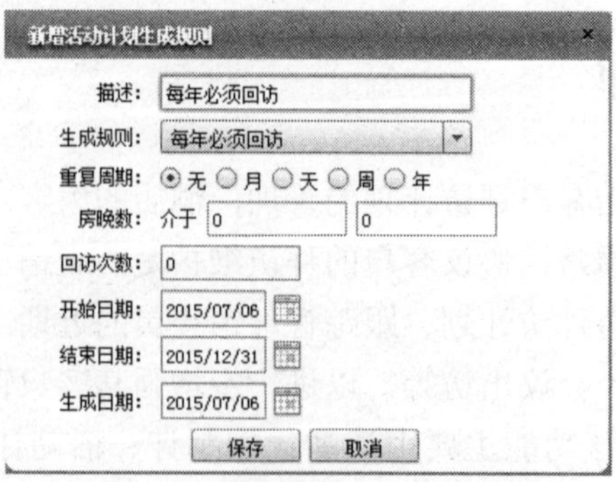

图 10-20 销售活动计划制订规则

表 10-2　窗口项目含义

项 目 名 称	解　析	
描述	活动计划的描述	
生成规则（选择的生成规则不同，对应的房晚数条件不同，请参照右列对应的解析）	系统自动生成活动的规则设置，分为每月必须回访、每年必须回访、每年选择回访	
	每月必须回访：系统会自动生成一条月计划，自动按自然月生成月销售活动 房晚数：协议单位去年业绩大于某个房晚数，则会自动生成拜访计划	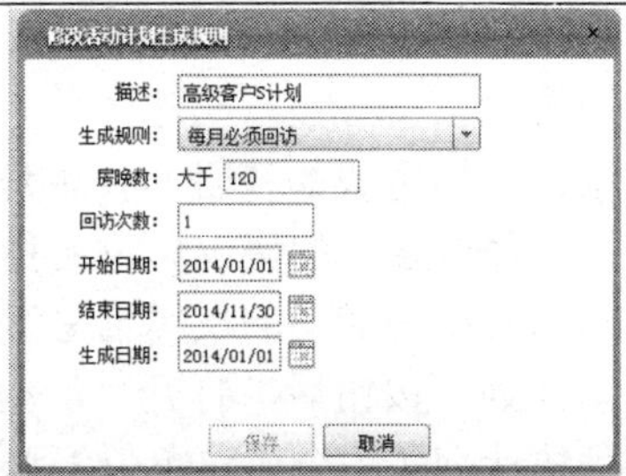
	每年必须回访：系统会自动生成年计划 房晚数：协议单位去年房晚数介于两个数之间，会生成这个计划	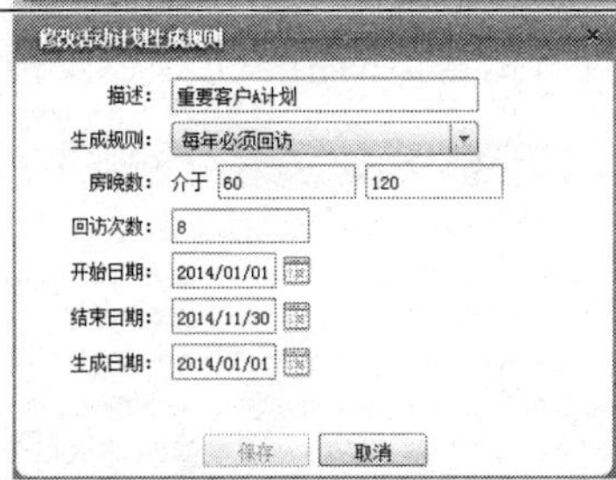
	每年选择回访：系统会自动生成一条年计划，仅在“活动计划”中体现；不生成销售活动明细，此规则对回访次数无要求 房晚数：协议单位去年房晚数小于这个数，会生成这个计划	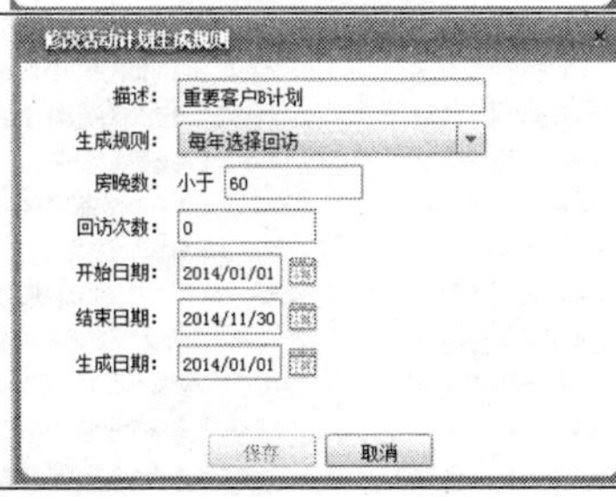
重复周期（重复周期模式不同出现的生成条件不同，请参照右列对应的解析）	计划执行的周期；规则不同，可供选择的周期也不同；生成销售活动明细时，根据这个重复周期，活动时间能自动确认到某一天	
	月模式：每几个月的第几天；每几个月的第几个星期几生成相应的销售拜访计划	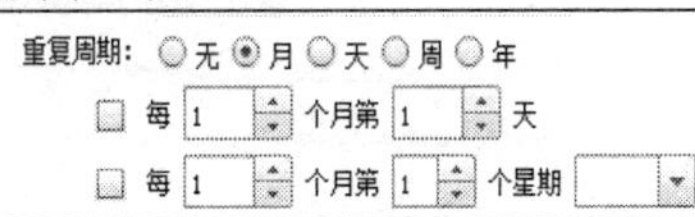
	天模式：每隔多少天生成相应的销售拜访计划	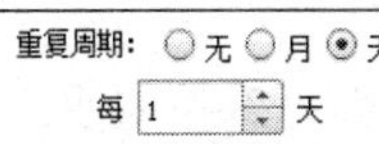
	周模式：每几周的星期几生成相应的销售拜访计划	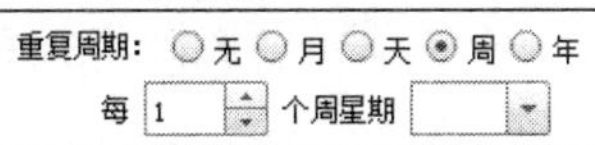
	年模式：每年的第几天；每年的几月几日生成相应的销售拜访计划	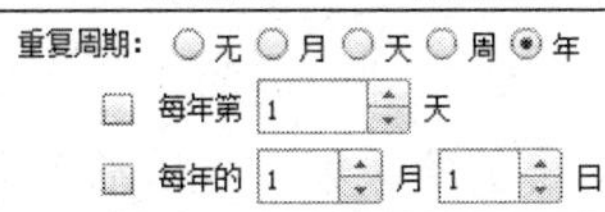
房晚数	指协议单位去年在酒店消费的房晚总数，去年在酒店入住房晚数符合输入项才能生成相应的拜访计划	
回访次数	该项仅对“必须回访”的计划才有效	
开始日期	活动计划的开始日期	
结束日期	活动计划的结束日期	
生成日期	自动生成活动计划的日期，一般与开始日期保持一致，夜审到这一天时，会自动生成活动计划	

（二）活动计划管理

生成的销售拜访计划需要领导批示、修改补充、查询以及执行中的信息反馈等一系列管理。其中，查询工作量最大，主要针对活动计划、活动列表及销售员、活动日历、活动总览进行查询。

1. 查询管理

主要查看制订计划生成的符合间夜量拜访条件的协议单位，以及生成的活动计划的汇总数据，体现符合拜访条件的协议单位名称、对应销售员、拜访的有效时间、回访已完成/需完成的次数，以及相关活动的反馈信息等。

单击“活动计划”按钮后，打开“活动计划列表”窗口，可查询到符合生成计划条件的协议单位的拜访计划（每个协议单位汇总为一条），如图 10-21 所示。还可以专门针对销售员的查询，查看销售员的销售业绩以及销售员的销售活动拜访记录等内容。

描述	销售员	公司	开始时间	结束时间	回访次数	系统产生
前2名大客户拜访	SM1512	（AR04010）金华骏宝行汽车销售有限	2015-07-07	2015-12-31	0/12	T
前2名大客户拜访	SM1507	（AR04019）辉煌三联工具实业有限公	2015-07-07	2015-12-31	0/12	T
前2名大客户拜访	SM1507	（AR04021）金华利玛房地产开发有限	2015-07-07	2015-12-31	0/12	T
前2名大客户拜访	SM1512	（AR04065）中菌集团有限公司	2015-07-07	2015-12-31	0/12	T
前2名大客户拜访	SM1513	（AR04117）国土资源局金东分局	2015-07-07	2015-12-31	0/12	T
前2名大客户拜访	SM1507	（AR04124）浙江银宇纺织有限公司	2015-07-07	2015-12-31	0/12	T
前2名大客户拜访	SM1507	（AR04161）浙江奥托康制药集团	2015-07-07	2015-12-31	0/12	T
前2名大客户拜访	SM1513	（AR04179）浙江泰隆商业银行金华分	2015-07-07	2015-12-31	0/12	T
前2名大客户拜访	SM1505	（AR04193）共青团金华市委	2015-07-07	2015-12-31	0/12	T
前2名大客户拜访	SM1513	（AR04353）金华市大明铝业有限公司	2015-07-07	2015-12-31	0/12	T
前2名大客户拜访	SM1513	（AR04446）金华市文物局	2015-07-07	2015-12-31	0/12	T
前2名大客户拜访	SM1509	（AR04451）浙江威邦机电科技有限公	2015-07-07	2015-12-31	0/12	T
前2名大客户拜访	SM1505	（AR04481）浙江凯亿服饰有限公司	2015-07-07	2015-12-31	0/12	T
前2名大客户拜访	SM1505	（AR04526）金华市经纬货运有限公司	2015-07-07	2015-12-31	0/12	T
前2名大客户拜访	SM1507	（AR04642）金华申通汽车有限公司	2015-07-07	2015-12-31	0/12	T
前2名大客户拜访	SM1509	（AR04820）金华市大路交通安全设施	2015-07-07	2015-12-31	0/12	T
前2名大客户拜访	SM1513	（AR04848）浙江金徕镀膜有限公司	2015-07-07	2015-12-31	0/12	T
前2名大客户拜访	SM1510	（含双早）携程计算机技术(上海)有限	2015-07-07	2015-12-31	0/12	T
前2名大客户拜访	SM1510	（含双早）苏州同程旅游网络科技有限	2015-07-07	2015-12-31	0/12	T

图 10-21　拜访计划查询列表

根据需要，可以单击“新增”按钮手工添加活动计划；也可以选中记录，单击“修改”按钮修改活动计划，或者单击“删除”按钮删掉计划；单击“打印”按钮，可以将该列表全部打印出来。

2. 领导批示管理

相关领导对销售员的计划及拜访活动需要进行查看和做出批示，目的是进一步指导销售员的相关销售活动。可以执行“销售”→“销售活动”，打开“活动列表”窗口，选中需要批示的销售拜访记录，单击“批量批示”按钮，弹出“销售活动批量审批”窗口，输入审批内容，单击“确定”按钮即可，如图 10-22 所示。

3. 活动信息反馈管理

销售员拜访客户后得到的反馈信息以及给客户的回馈信息可以在销售活动中进行记录。一方面为了改进以后的销售计划，另一方面销售部相关领导可以对销售员的销售拜访进行查看并做相应的批示和指导。活动反馈信息输入管理界面如图 10-23 所示。

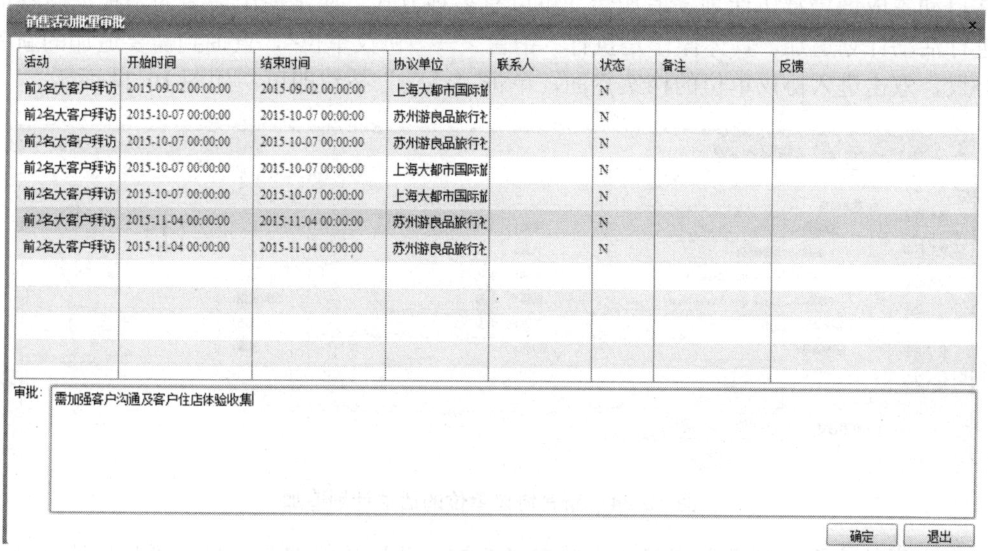

活动	开始时间	结束时间	协议单位	联系人	状态	备注	反馈
前2名大客户拜访	2015-09-02 00:00:00	2015-09-02 00:00:00	上海大都市国际旅		N		
前2名大客户拜访	2015-10-07 00:00:00	2015-10-07 00:00:00	苏州游良品旅行社		N		
前2名大客户拜访	2015-10-07 00:00:00	2015-10-07 00:00:00	苏州游良品旅行社		N		
前2名大客户拜访	2015-10-07 00:00:00	2015-10-07 00:00:00	上海大都市国际旅		N		
前2名大客户拜访	2015-10-07 00:00:00	2015-10-07 00:00:00	上海大都市国际旅		N		
前2名大客户拜访	2015-11-04 00:00:00	2015-11-04 00:00:00	苏州游良品旅行社		N		
前2名大客户拜访	2015-11-04 00:00:00	2015-11-04 00:00:00	苏州游良品旅行社		N		

图 10-22　拜访活动的领导批示

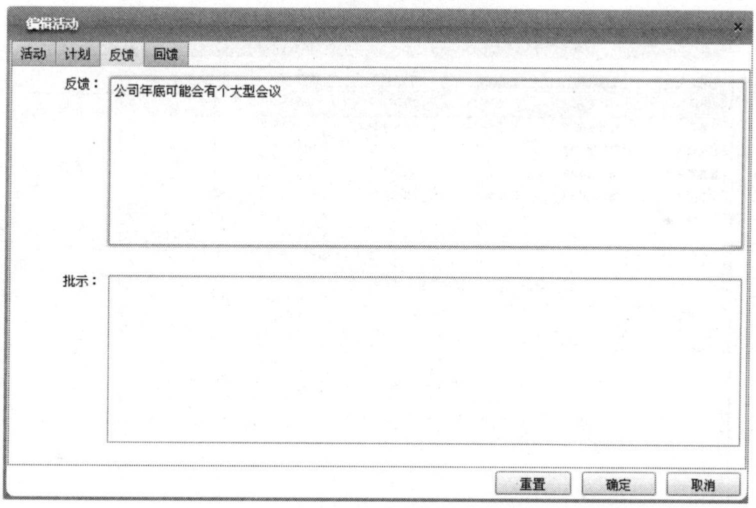

图 10-23　活动反馈信息输入管理界面

如果用与销售员关联的工号登录系统时，系统会自动弹出本月销售活动及销售计划未完成提醒，系统根据以下条件会对销售员进行提醒。

（1）若年计划完成数已达到次数要求，则不会显示。

（2）若年计划完成数未达到次数要求，但关联的销售活动数量达到次数要求，则根据本月对应的销售活动是否完成来判断，若未完成，则显示，若完成，则不显示。

（3）若年计划完成数未达到次数要求，关联的销售活动数量也未达到次数要求，则显示（不考虑本月对应的销售活动是否完成）。

（三）活动计划追加

对于本年新签订的协议，如需追加到制订计划的拜访范畴内，可以用销售活动计划规则重新执行的方式，或将新续约的公司追加到计划中的方式，使新签约的协议根据设定的条件自动生成销售拜访计划。追加活动可以有多种方式，通常使用最多的是根据新签的协议进行活动计划追加。具体操作是执行“销售”→“协议单位”，查询到需要追加的新签约的协议，双击进入协议单位的档案界面，单击“活动”按钮即可，如图 10-24 所示。

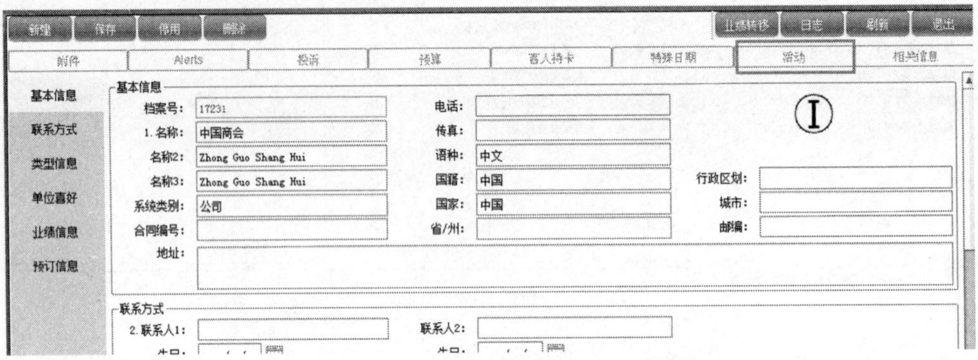

图 10-24 新签协议单位的活动计划追加

在出现的“活动列表”窗口中，单击“追加活动”功能按钮，弹出“制订活动列表”窗口，选中该协议需要追加进的活动计划，单击“追加”按钮即可，如图 10-25 所示。

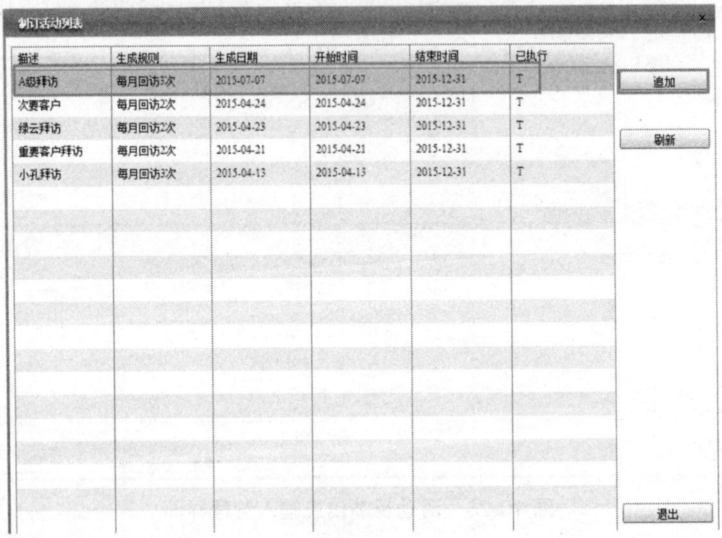

图 10-25 追加活动计划选择界面

第三节 客户关系分析的实践

酒店的客户有各种层次，与酒店也存在各种关系，酒店要处理好客户关系，必须先做好客户的分析工作。每个客户对自己需要的服务都有一定的期望，其实客户分析就是要搞清楚每一类客户的期望是什么，对于不同的客户期望，酒店应提供相应的服务，这样每个客户对获取的服务都会感到满意。酒店服务的宗旨就是使客户满意，因此，对于酒店来说，客户关系管理的客户分析是最为重要的，否则酒店提供的服务都是粗放型的。目前有许多客户分析的工具，有围绕客户消费档次做分析的，有围绕客户消费行为做分析的，也有围绕客户消费习惯和偏好做分析的。

一、关系客户的基本分析

目前酒店对客户的基本分析主要建立在有关系的客户，如有签约合同的客户、有消费业绩的客户等，而对于酒店的潜在客户，尤其是网络潜在客户，以及有访问行为的潜在客户，目前还很少有工具进行有效的客户关系分析。因此酒店针对有关系的客户进行分析是最关键的，因为维系这些客户的关系从基本分析开始。如针对这些客户的服务反馈如何处理，以及签约客户的消费情况分析等。

（一）客户反馈与关系维系

客户消费过程中的反馈意见及处理，是客户关系维系的重要环节，酒店需要记录客户对酒店的意见或建议，从而提高和完善酒店的服务质量，所有的反馈和处理都必须有电子化处理流程。例如，某客户在 A 酒店进行了消费，因为当时酒店中的某个服务员的服务态度让客人感到不满意，事后客户进行了投诉，相应的销售员或是管理人员将此投诉信息进行记录，后续跟进情况在系统中也记录清楚。CRM 的功能模块有“新建反馈、反馈查询”。

图 10-26 是系统新建反馈和处理的操作界面，酒店需要记录每一个客户的意见或投诉，同时记录处理的意见，让每个服务员清楚维系客户的重点环节，满足客户的需要。

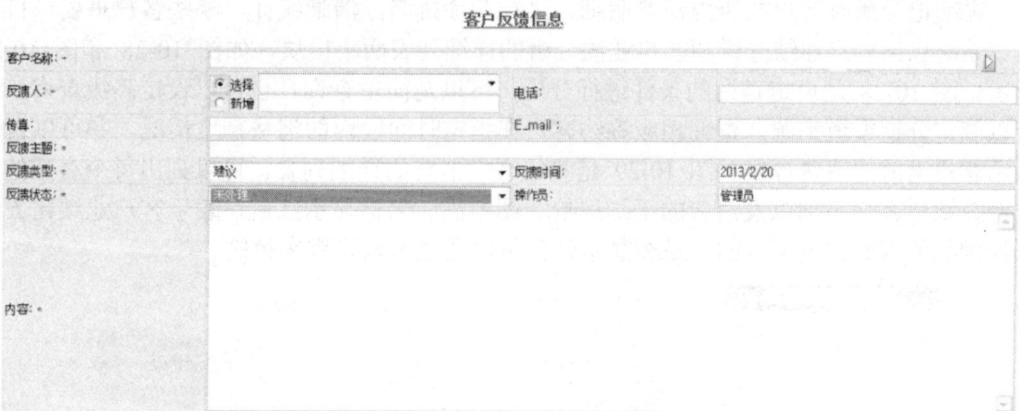

图 10-26　新建反馈和处理的操作界面

CRM 系统根据每个客户的反馈主题和反馈类型，可以智能化分析目前客户在服务中需要什么，从中了解客户目前的需求变化，也可以在精准营销中为签约客户推送他们所需要的信息，从而不断改善 CRM 营销的有效性。

（二）签约客户的分析

签约客户是指已有合同的客户，签约客户又可以分为有效客户和非有效客户，通常有效客户是指有消费业绩、有合同的客户。签约客户的分析通常分析有效客户的消费情况，并对有效客户进行细分，以便实施不同的营销策略。签约客户分析的操作界面如图 10-27 所示。

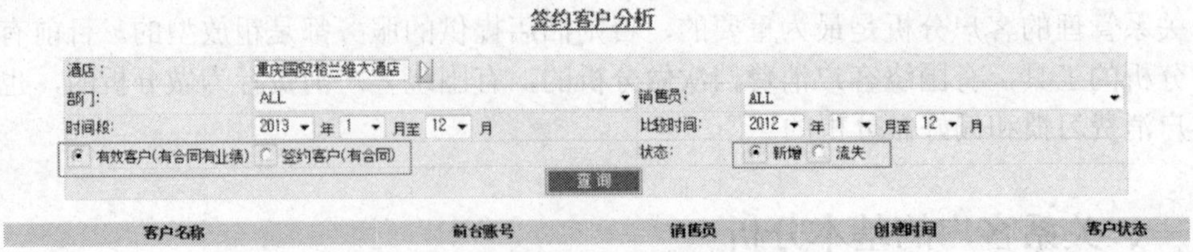

图 10-27　签约客户分析的操作界面

在图 10-27 中，CRM 可以根据部门或销售员设定的条件，分析其对应签约客户在指定时间段内的消费额度情况，时刻关注签约客户的消费动向，当出现消费异常下滑时，主动寻找原因，采取有效的关系维系措施，通过相应的营销手段迅速改善签约客户的消费异常现象。同时通过签约客户分析，也可以分析异常客户相应部门或销售员的管理责任。

二、客户业绩分析与关系配置

酒店在经营过程中需要时刻关注客户的消费动向，通过 CRM 对客户的消费进行业绩分析，关注客户的变动方向，并对客户业绩进行排名。系统可重点关注两类客户：一类是业绩排名上升比较快的客户，可由销售员关注并重点做好服务工作；另一类是排名下降比较快的客户，也需要销售员重点关注并了解其实际的原因。这两类客户需要酒店通过不同的营销手段去关注，或者加强对这些客户的关系配置，做好个性化的关怀服务工作。

（一）客户业绩分析

详细记录所有客户的店内消费明细，进行业绩排名，清晰统计，哪些客户重要一目了然。系统包括客户业绩分析和客户业绩分析的详细列表两个模块，如图 10-28 和图 10-29 所示。图 10-28 是设定查询的条件进行分析，可以是简单查询，也可以设定高级查询，还可以制定分销渠道来源，查询相应签约客户在指定时间段内的消费额度情况，并可以自动显示客户当前的消费等级。图 10-29 是签约客户消费的详细列表，可以列出每个客户的消费间夜数、客户级别以及消费的平均房价。图中酒店名称显示红色，表示客户业绩比去年同期增长的百分比是下降的，是否显示红色可以通过参数设定来控制。

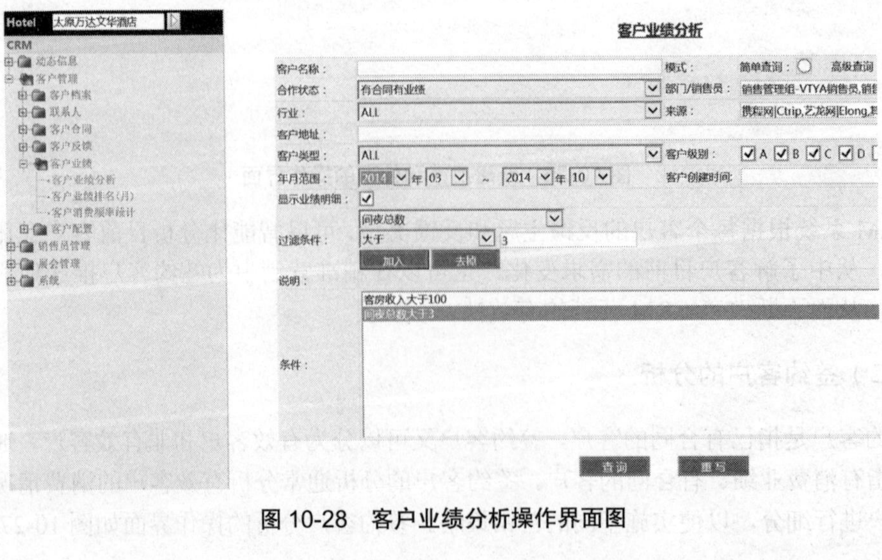

图 10-28　客户业绩分析操作界面图

图 10-29　客户业绩分析的详细列表界面

通常客户消费业绩下滑情况应引起负责管理的销售员注意，这是 CRM 中发起的一个预警信号，需要分析下滑的具体原因，采取相应的营销手段来补救。

（二）客户关系配置

酒店有各种不同的关系客户，需要有专门的销售或客服人员去负责维系这些客户，但酒店的销售人员往往变动很大，需要有 CRM 去记录和管理这些客户关系，我们称之为客户关系配置。当销售员离职后，CRM 需要对该销售员名下的客户进行重新分配，由其他销售员来接管，操作界面如图 10-30 所示。一般 PMS 更换了销售员后，接口会自动将信息上传，这时 CRM 会同步销售员信息，前提是需要在 CSM 人员维护中将销售员进行添加，并且关联 PMS OWNER，原客户对应的销售员为离职人员，转移客户时可将原销售员客户批量分配给不同的销售员，也可以全部分给同一个销售员，转移时要注意一次不能超过 100 个的限制。

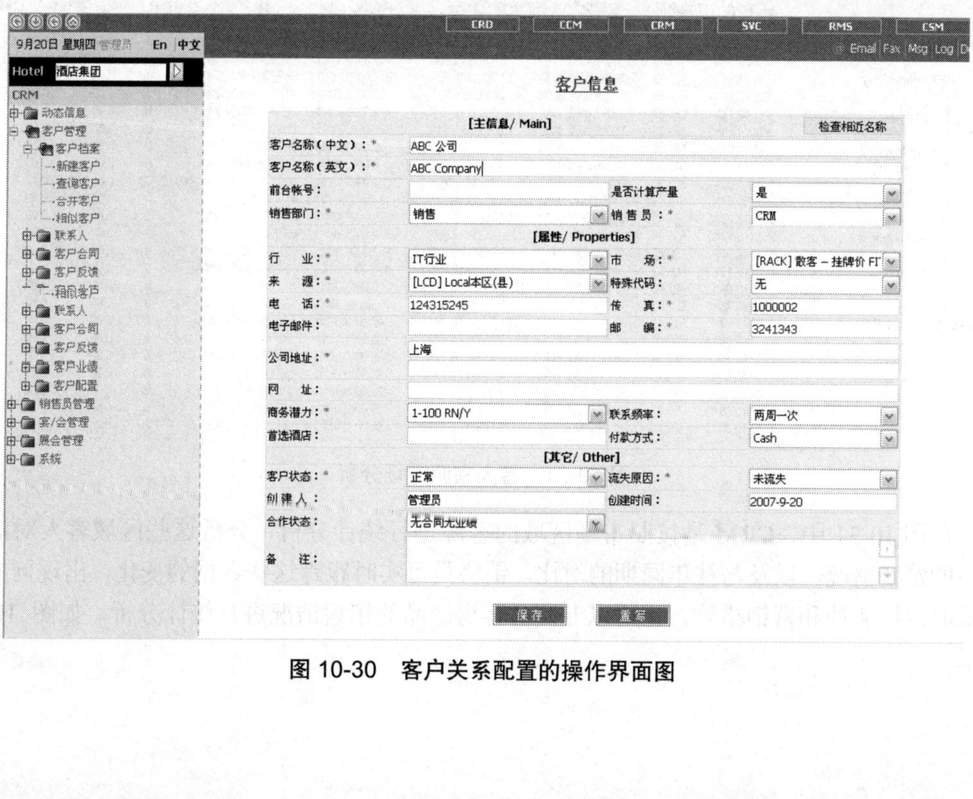

图 10-30　客户关系配置的操作界面图

经过图 10-30 所示客户关系的重新配置，原签约客户就由新的销售员负责跟踪管理，这些客户的消费服务及消费等级不变，酒店对于重点关注的客户，如果需要更换销售员管理，也可以通过客户关系配置去调整销售员管理的客户。

三、市场统计与客户排名分析

酒店在客户关系管理中，需要从市场、来源、房型等诸多角度深入分析客户喜爱产品的销售情况，从而让酒店从不同的方面了解自身状况，优化客源，调整营销和客户关怀的重点。通常在 CRM 中，需要对现有客户按来源、房型、收入、服务项目等进行细致的分析，然后按不同的产品项目进行客户排名，分析出对酒店最有价值的客源地、最有价值的服务产品、最有价值的房型以及最有价值的酒店客户，然后有针对性地采取维系客户关系的措施，促使酒店客户获得最佳的服务，也使酒店的 CRM 获得最佳的收益。

（一）市场统计及来源分析

酒店通过市场统计及来源分析探索酒店经营的市场份额，以及最有价值的酒店客户，然后根据其最喜欢的产品以及服务需求，提供最有效的个性化服务方案，有针对性地开展市场营销，挖掘最有价值的客源地。通常酒店的市场统计按照客房收入、餐饮收入、其他收入、平均房价以及总间夜数出租率等进行分析，如图 10-31 所示。然后 CRM 软件可以按月对所有营收进行分析以及同期比较，找出酒店当前经营的最佳客户收益以及最佳客源地，同时找出目前最佳的服务项目。

客人来源划分-报表

(2012-07-01—2012-07-31)

全部显示		今年实际(A)						今年预算(B)			
		总间夜数	平均房价	客房收入	餐饮收入	其它收入	总收入	总间夜数	平均房价	客房收入	总间夜数
美洲	[USA] USA	28 (0.34%)	507.00	14,196.00(0.31%)	1,954.00(0.08%)	144.00(0.05%)	16,294.00(0.22%)	0	0.00	0.00	
	[CAN] Canada	1 (0.01%)	1,285.00	1,285.00(0.03%)	53.00(0.00%)	2.00(0.00%)	1,340.00(0.02%)	0	0.00	0.00	
	小计：	29(0.35%)	533.83	15,481.00(0.34%)	2,007.00(0.08%)	146.00(0.05%)	17,634.00(0.24%)	0(0.00%)	0.00	0.00(0.00%)	0(0.00%)
亚洲	[HK] HongKong	109 (1.33%)	519.35	56,609.00(1.25%)	7,852.00(0.32%)	817.00(0.26%)	65,278.00(0.90%)	0	0.00	0.00	
	[TW] Taiwan	101 (1.23%)	276.58	27,935.00(0.62%)	9,499.00(0.39%)	68.00(0.02%)	37,502.00(0.52%)	0	0.00	0.00	
	[KR] Korea	11 (0.13%)	534.27	5,877.00(0.13%)	583.00(0.02%)	414.00(0.13%)	6,874.00(0.09%)	0	0.00	0.00	
	[JP] Japan	270 (3.29%)	385.26	104,019.00(2.31%)	13,089.00(0.54%)	968.00(0.31%)	118,076.00(1.63%)	0	0.00	0.00	
	[THAI] Thailand	1 (0.01%)	567.00	567.00(0.01%)	53.00(0.00%)	0.00(0.00%)	620.00(0.01%)	0	0.00	0.00	
	[SI] Singapore	2 (0.02%)	645.00	1,290.00(0.03%)	106.00(0.00%)	0.00(0.00%)	1,396.00(0.02%)	0	0.00	0.00	
	小计：	494(6.02%)	397.36	196,297.00(4.35%)	31,182.00(1.28%)	2,267.00(0.73%)	229,746.00(3.17%)	0(0.00%)	0.00	0.00(0.00%)	0(0.00%)
中国大陆	[CQ] Chongqing	4,233 (51.57%)	510.86	2,162,476.00(47.92%)	1,498,155.00(61.68%)	251,141.00(80.97%)	3,911,772.00(53.94%)	0	0.00	0.00	
	[BJ] Beijing	1,037 (12.63%)	681.49	706,701.00(15.66%)	157,780.00(6.50%)	18,909.00(6.10%)	883,390.00(12.18%)	0	0.00	0.00	
	[SHA] Shanghai	1,553 (18.92%)	637.26	989,666.00(21.93%)	290,191.00(11.95%)	26,849.00(8.66%)	1,306,706.00(18.02%)	0	0.00	0.00	
	[CD] Chengdu	77 (0.94%)	590.26	45,450.00(1.01%)	5,190.00(0.21%)	922.00(0.30%)	51,562.00(0.71%)	0	0.00	0.00	
	[GZ] Guizhou	16 (0.19%)	606.63	9,706.00(0.22%)	1,719.00(0.07%)	438.00(0.14%)	11,863.00(0.16%)	0	0.00	0.00	
	[OTCT] Other Domestic City	5 (0.06%)	507.00	2,535.00(0.06%)	265.00(0.01%)	0.00(0.00%)	2,800.00(0.04%)	0	0.00	0.00	
	[FJ] Fujian	23 (0.28%)	534.83	12,301.00(0.27%)	1,219.00(0.05%)	-37.00(-0.01%)	13,483.00(0.19%)	0	0.00	0.00	
	[GD] Guangdong	129 (1.57%)	540.40	69,711.00(1.54%)	201,503.00(8.30%)	40.00(0.01%)	271,254.00(3.74%)	0	0.00	0.00	
	[HN] Hainan	3 (0.04%)	807.00	2,421.00(0.05%)	269.00(0.01%)	100.00(0.03%)	2,790.00(0.04%)	0	0.00	0.00	
	[JS] Jiangsu	32 (0.39%)	302.94	9,694.00(0.21%)	1,737.00(0.07%)	1,606.00(0.52%)	13,037.00(0.18%)	0	0.00	0.00	
	[SC] Sichuan	51 (0.62%)	633.73	32,320.00(0.72%)	4,544.00(0.19%)	191.00(0.06%)	37,055.00(0.51%)	0	0.00	0.00	
	[SH] Shanxi	206 (2.51%)	462.92	95,362.00(2.11%)	124,461.00(5.12%)	2,427.00(0.78%)	222,250.00(3.06%)	0	0.00	0.00	
	[YN] Yunnan	7 (0.09%)	799.86	5,599.00(0.12%)	371.00(0.02%)	105.00(0.03%)	6,075.00(0.08%)	0	0.00	0.00	
	[ZJ] Zhejiang	32 (0.39%)	508.00	16,256.00(0.36%)	31,683.00(1.30%)	36.00(0.01%)	47,975.00(0.66%)	0	0.00	0.00	

图 10-31 客人来源市场分析

在图 10-31 中，CRM 是按照市场区域的客源进行统计分析，分析这些区域客人对酒店产品的消费情况，以及与往年同期的对比，销售员可实时跟踪这些数据的变化，出现问题随时采取促销活动和营销措施。也可以专门对客房产品的销售情况进行统计分析，如图 10-32 所示。

房间类型-报表

(2012-07-01—2012-07-17)

☐ 全部显示	今年实际(A)							
	总间夜数	占可用房%	房间数	平均房价	客房收入	餐饮收入	其它收入	
[KDXN] 无烟豪华大床房|Deluxe King Size Non-smoking	400 (8.85%)	78.43%	510	535.32	214,126.00(8.80%)	33,881.00(3.20%)	12,667.00(8.44%)	260
[KDXG] 吸烟豪华大床房|Deluxe King Size Smoking	936 (20.70%)	86.03%	1088	523.66	490,146.00(20.15%)	65,183.00(6.16%)	31,769.00(21.18%)	587.(
[TDXN] 无烟豪华双床房|Deluxe Twin Size Non-smoking	218 (4.82%)	71.24%	306	508.04	110,752.00(4.55%)	18,428.00(1.74%)	3,948.00(2.63%)	133
[TDXG] 吸烟豪华双床房|Deluxe Twin Size Smoking	1,311 (29.00%)	77.12%	1700	412.78	541,160.00(22.25%)	116,043.00(10.96%)	7,190.00(4.79%)	664.:
[XDXN] 无烟豪华套房|Deluxe Non-smoking Suite	23 (0.51%)	22.55%	102	679.09	15,619.00(0.64%)	1,920.00(0.18%)	13.00(0.01%)	17
[XDXG] 吸烟豪华套房|Deluxe Smoking Suite	92 (2.03%)	20.81%	442	861.96	79,300.00(3.26%)	12,694.00(1.20%)	2,579.00(1.72%)	94
[KBDN] 无烟豪华商务房|Deluxe Business Non-smoking	72 (1.59%)	70.59%	102	513.50	36,972.00(1.52%)	4,977.00(0.47%)	552.00(0.37%)	42
[KBDG] 吸烟豪华商务房|Deluxe Business Smoking	268 (5.93%)	60.63%	442	538.24	144,249.00(5.93%)	18,796.00(1.77%)	11,112.00(7.41%)	174
[KCLN] 无烟行政大床房|Club Floor King Size Non-Smoking	147 (3.25%)	27.02%	544	720.46	105,908.00(4.35%)	10,951.00(1.03%)	3,041.00(2.03%)	119
[KCLG] 吸烟行政大床房|Club Floor King Size Smoking	285 (6.30%)	62.09%	459	811.65	231,319.00(9.51%)	20,180.00(1.91%)	3,105.00(2.07%)	254

图 10-32　房间类型销售的统计分析

通过对房间类型的统计分析，可以了解目前消费者对房型的喜爱程度，酒店对房型结构的布局是否合理，以形成酒店最佳的房型销售结构，打造消费者更喜爱的房间类型。

（二）客户排名分析

CRM 的客户排名是分析有效客户消费情况的常用手段，系统可以了解销售员的客户管理业绩、在不同时间段内的客户贡献情况，以及当前客户的消费级别等。排名分析主要针对客户的间夜数、客房收入、餐饮收入、其他收入、总收入，可以清楚地罗列出每个客户的消费额度情况。软件的排名条件是按照客房间夜数、平均房价、消费额度等展开自动排名，以了解各客户对酒店的贡献度，如图 10-33 所示。酒店根据不同的排名次序，可以组建若干个服务群，定制相应的服务 APP，然后可以对不同的客户群展开有效的精准营销。

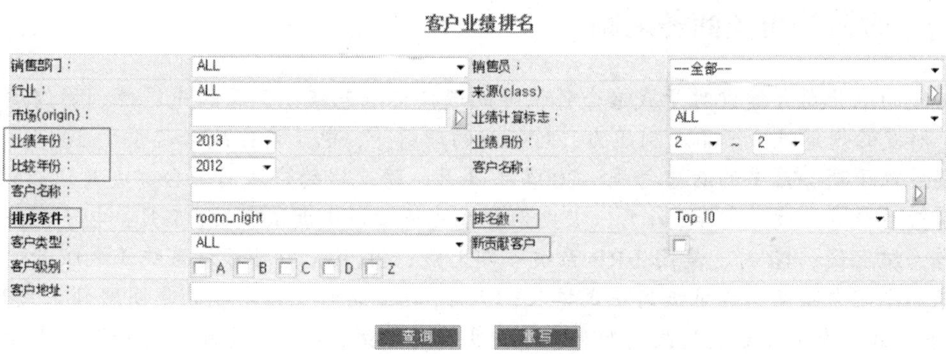

图 10-33　客户业绩排名操作界面

在图 10-33 中，CRM 可以对每个销售员负责管理的客户进行业绩排名，也可以对不同客户级别进行业绩排名，在排名过程中可以与任意一个年份的业绩进行比较，或者专门针对某一个签约客户进行业绩比较。通过对客户业绩排名的分析，酒店可以设计更完善的客户关系维系计划，设计更有效的精准营销方案，使酒店的电子商务绩效不断提升，客户的消费忠诚度也不断提升。

酒店 CRM 的应用随着数据技术和人工智能技术的成熟应用，将会给酒店智能化建设带来蓬勃生机。但一个酒店 CRM 的设计，需要酒店经营理念和技术开发人员的高度融合，首先酒店要有想法，技术开发人员要有设计灵感。就目前来说，大部分的酒店 CRM 还是处在客户管理和简单的分析层面。如何用好 CRM 也非常关键，酒店目前非常缺乏能灵活使用 CRM 的销售人员。酒店要在电子商务方面创造竞争优势，关键是要有一个好的客户关系管理的软件，仅有客户管理和分析的功能远远不够，还需要有深度的数据挖掘功能。酒店面临互联网的经营环境，酒店的数据将越来越多，如何分析好、利用好这些数据，挖掘出客户的实际需求，预测出酒店未来的发展趋势，将是酒店获取市场竞争优势的关键所在。

本章案例："互联网+"背景下金陵饭店的客户关系管理（CRM）

金陵饭店是由南京金陵饭店集团有限公司作为主发起人，以评估后的原南京金陵饭店五星级酒店的经营性净资产作为出资，新加坡欣光投资有限公司等四家发起人以现金出资共同发起设立的股份有限公司。1983 年 10 月 4 日，有中国第一高层建筑之称的金陵饭店在南京正式开业。这座饭店的建成创建了好几个全国第一：我国对外开放后第一批利用侨资、外资兴建的涉外饭店；第一个拥有每小时旋转一周的高层旋转餐厅；第一家由中国人自己经营管理的现代化国际大酒店；第一个拥有高楼直升机停机坪；第一部国内配备高速电梯的饭店……该饭店是当时南京乃至全国的标志性建筑，也是我国实行改革开放的一个缩影。作为江苏省首家五星级酒店，名列"中国旅游业标志性饭店"。先后荣获"全国最佳五星级饭店""全球酒店集团 50 强""中国旅游集团十强""中国本土酒店集团前三强企业""全国质量管理先进企业""中国饭店业民族品牌先锋""中国最佳商务酒店""中国十大最受欢迎酒店"等称号。

一、金陵的电子商务之路

金陵的电子商务建设对于战略合作伙伴的选择标准包括：产品的先进性、稳健度、成熟度、研发的规范性、产品定制能力、对行业的理解等，电子商务战略起步于 2003 年，是我国发展电子商务最早的酒店之一。2004 年 4 月，跨地域的广域网平台建成开通；5 月，饭店前台系统升级改造完毕；6 月，中央预订系统核心模块调试成功；7 月，电子邮件和内部协作系统上线；10 月，集团 ERP 系统一期上线；11 月，中央预订系统正式版开通。金陵饭店和湖滨金陵两家成员饭店正式接入；12 月，具有实时预订功能的集团网站正式开通。2005 年 3 月，南京 5 家成员饭店顺利接入中央预订系统；6 月，金陵预订和会员中心的呼叫中心系统开通，至此，饭店管理系统和集团网络分销平台全部建成；同年 12 月，金陵旗下所有已开业成员饭店接入中央预订系统，同时，集团 ERP 系统二期上线。2007 年 2 月，中央采购网开通；3 月，人事系统上线，至此，后台系统建设也如期完成。

金陵电子商务最成功的是电子采购系统，该系统分为三大模块：一是协同采购，管理多角色参与的寻报价、下订单、送验货等业务流程；二是采购寻源，提供网上开放式注册配合送样管理、资质审查等手段，可以发现更多优质的供货商，任何一家企业都能通过这个便捷的途径轻松地成为金陵的候选供应商，而不必托熟人找关系，而是完全靠产品性价比和优质服务入选；三是供应商绩效管理，主要是考察供应商产品和服务质量。每家成员饭店都可以参与评分，优胜劣汰。

"金陵中央采购网"坚持"标准公开、价格透明、采购高效"的原则，有效地解决了以往饭店采购中的种种弊病，并获得了以下收益。

（1）拓宽了供货渠道。

（2）降低了采购成本。

（3）通过绩效评估等手段确保了供应商资源的品质。

（4）提高了采购工作效率，例如缩短了采购时间和资金周转周期等。

（5）促进了廉政建设。通过注册供应商审计、供应商论证审计、报价审计、价格清单内部公开审计、供应商考核审计、投诉审计、采购过程审计等七个审计环节，有效地杜绝了不正之风和腐败行为的发生，促进了饭店廉洁经营。

信息技术和互联网技术的高速发展，给金陵发展带来了巨大的机遇和挑战，市场竞争也越来越激烈，如何在激烈的市场竞争中保持利润是当前所有企业都要考虑的问题。对酒店这一类服务行业来说更是如此，如何把传统的经营思维转换到以客户为中心上是首要考虑的问题，服务行业中所有的酒店都可以提供相差无几的服务，但是客户选择谁，如何做出选择就是酒店类服务行业的核心竞争所在。客户关系管理（CRM）作为一种新的管理理念，可以让饭店有效地分析和积累客户的信息，对客户数据进行挖掘，从而使酒店能更加精准地了解客户的需求、改善服务的质量、提高客户的满意度和忠诚度，巩固良好的客户关系，从而保证饭店的利润，增加电子商务的收益。在此背景下，江苏南京的金陵饭店基于自身的发展需要，开始了电子商务的 CRM 建设计划，设计出满足饭店 CRM 需求的软件系统，为客户画像，有效、科学、合理地规划对不同客户成本的投入。

二、金陵 CRM 的需求分析

CRM 集合了当今最新、最先进的信息技术，主要包括 Internet 和多媒体技术、电子商务、数据库和数据挖掘、专家系统和人工智能、呼叫中心以及相应的硬件环境，同时还包括与 CRM 相关的专业咨询等，其目标是为客户提供无微不至的服务。金陵在会员管理系统的基础上，结合 CRM 管理特点和软件设计要求，同时结合新生代消费者的实际应用需求，汇总后剖析出金陵饭店 CRM 的需求，如表 10-3 所示。

表 10-3　金陵饭店的 CRM 需求

CRM 管理特点	金陵饭店的 CRM 需求
✓　重视个性化定制，实现“一对一”服务 企业拥有忠诚顾客越多，市场销售就会越好，企业的获利能力就会越强，这时提高顾客忠诚度成为关键。个性化产品的定制成了赢得顾客忠诚度的利器。借助计算机网络技术手段，对数据库客户数据相关信息进行详细分析，掌握目标客户的特点，如购买习惯、消费嗜好、收入等，充分了解后设计个性化服务方案，从而实现“一对一”服务	×　没有足够依据来支持客户决策 由于对客户资料的科学分析和合理利用存在不足，就不能从大量的客户数据中提取有价值的信息来支持酒店做出正确的决策
✓　强调顾客份额，满足顾客的特殊需求 “顾客份额”概念是唐·佩珀斯在 20 世纪 90 年代初提出来的，他认为“顾客份额”是决定一个企业成功与否的关键，不是传统认为的“市场份额”。所谓顾客份额，是指一个顾客的钱袋份额，即在一个顾客的同类消费中企业所占的份额大小。这实际上就是客户关系管理（CRM）。CRM 要求企业对每位顾客都要进行一对一沟通，做到充分了解后，制订服务方案，向目标顾客提供所需的商品和满意的服务，必要时采取个性化定制，以满足部分顾客的个性化需要	×　客户信息没有得到充分利用 金陵饭店通过收集客户数据建立了客户资料的管理系统，但是该系统的作用仅可完成对客户资料的查询。客户资料对酒店来说是很宝贵的资源，但当前客户资料仍没有得到酒店的合理分析和有效利用，从而无法掌握客户群体的特征及对酒店发展的重要作用，无法科学、合理地规划对不同客户成本的投入

续表

CRM 管理特点	金陵饭店的 CRM 需求
✓ 强化企业外向管理，全面掌握外部客户 随着互联网的快速发展和广泛应用，企业之间面对面的竞争已成为常态化，内向型的传统的管理模式很难适应当下激烈的竞争，而 CRM 则专注于市场营销管理、客户服务、技术支持及售后服务等方面的管理。只有面对企业外部环境的 CRM，有足够的优势可以帮助企业全面掌握其外部客户资源，成为推动企业发展的新动力，最终实现经营效益的最大化目标	× 客户信息完整度欠缺，不能实现完全共享 酒店的客户信息主要包括客户的基本资料、入住信息、客户活动内容、客户消费和客户意见等。虽然金陵饭店对客户信息都有存档，但是资料并不集中，导致更新信息迟缓且难以进行信息整合。并且各部门之间不能实现客户资源共享，致使酒店工作效率低下

金陵集团利用 CRM 的管理机制发明了一种创新传递的模式，来提升自己的市场竞争力。也就是说，将来自一家成员饭店的创新服务，通过金陵电子商务平台的 CRM 系统进行固化后，这种创新服务的实施可以通过 CRM 传递到其他成员饭店，使得一家饭店通过创新获得的收益，通过电子商务平台复制到集团成员的其他饭店，从而放大数十倍的经营收益。因为该方案已经得到验证并被固化在电子商务平台中，因此无须“重新发明车轮”，就可以获得同样的收益，而无须像原饭店开始创新那样做所有的事情。

三、互联网+背景下的金陵 CRM 应用功能

金陵 CRM 应用主要是在移动互联网环境下，在与渠道和成员客户联系密切的相关领域，涉及饭店的产品开发、市场推广和售后服务等，CRM 实际上是对饭店与渠道成员、客户之间发生的所有业务关系进行全面管理。通过运用先进的现代信息通信工具，CRM 将个性化的、全面详细的客户资料提供给饭店负责市场营销推广和客户服务的商务人员，便于他们制订方案，同时对市场渠道和成员客户不仅在跟踪服务方面进行细化，而且在对信息分析和传播的能力上进行强化，建立和完善在互联网+环境下的客户之间新型合作伙伴关系，促进饭店必须提供优质的商业服务，来提高客户满意度；同时通过数据库和数据挖掘分析整理，实现信息共享和优化商业流程，提高营销渠道的运行效率，有效地降低饭店销售和营销的经营成本。其核心功能主要包括以下几方面。

（一）客户资料的自动收集

金陵 CRM 系统最主要的任务就是处理不同部门所拥有的客户资料，同时通过窗口和小前台收集客户画像资料。利用移动互联网将收集整理后的客户信息载进数据仓库，并运用联机分析处理和数据挖掘工具对客户进行分析，使其中存在的规律或趋势为酒店经营决策提供支持。三个阶段互相联系，以此来相应地设计自动收集功能模块，通过自动收集来实现对客户的科学管理。

（二）突出客户价值为中心

在客户关系管理（CRM）模型中从概念角度分析，CRM 是一种管理上的理念。从技

术角度分析，CRM是为实现客户价值的增值提供一个平台，在这个平台上对客户的信息进行管理，从而实现客户至上的管理理念。金陵建立CRM系统主要是为了实现客户价值的增值，提高效率。因此系统一系列的活动都是坚持“以客户为中心”这一理念，在关系维系的运营中以“客户价值”为中心。整个应用系统强调对多个点的客户联系渠道的整合，如内容和服务的整合，以最大化实现CRM所蕴含的商业理念。

（三）客户的细分与服务

金陵CRM的客户分类与差异化服务结合起来，根据客户画像分成若干个消费群类，系统为不同的类群推送不同的信息和推荐不同的产品。客户分类就是将公司的客户划分为不同的类型群，然后对每一类型的客户进行专门的研究，制定相应的服务策略，为不同的类群合理分配饭店的服务资源，从而达到使顾客满意程度得到最大提高的目的。一般可大致将客户分为VIP客户、准VIP客户、钻石客户、一般客户和小型客户。

资料来源：本案例根据金陵官网信息，由作者研究整理。

思考题：

1. 金陵饭店的CRM建设案例体现了怎样的电子商务竞争优势？
2. 试分析金陵饭店CRM系统的优劣。
3. 结合金陵饭店官网的介绍，试分析金陵集团近期来电子商务的创新措施。

拓展知识

用户画像　　标签值　　标签系统

结构化标签　　非结构化标签　　动态标签

静态标签　　社会属性　　偏好属性

行为属性　　机器学习　　数学建模

数据技术　　推荐系统　　元数据

数据挖掘　　标签分级　　定性画像

定量画像　　标签建模

思考题

1. 什么是客户关系管理？酒店的客户管理作用是什么？
2. 酒店电子商务为什么要进行客户关系管理？有怎样的竞争优势？
3. 什么是客户画像？客户画像的作用是什么？
4. 什么是标签数据？什么是标签体系？为什么标签要分级管理？

5．什么是结构化标签？什么是非结构化标签？

6．为什么说客户标签化后可以实现电子商务中的精准营销？

7．为什么说利用客户画像中的标签可以实现电子商务中的智慧推荐？

8．如何在微信等社交平台中实现客户画像的标签化？请举例说明。

9．根据拓展知识的课外学习，试解释什么是机器学习。

10．根据拓展知识的课外学习，试解释什么是数据技术，数据技术在酒店电子商务中有哪些应用？

11．根据拓展知识的课外学习，试解释什么是数据挖掘，数据挖掘在酒店中有哪些应用？

12．什么是酒店的协议单位管理？协议单位管理有哪些功能？

13．什么是酒店的会员管理？会员管理有哪些功能内容？

14．什么是酒店会员积分？会员积分有怎样的作用？

15．销售活动管理电子化对酒店电子商务有怎样的作用？

16．客户关系分析涉及哪些内容？你认为酒店客户关系分析的重点是什么？

17．在互联网时代，酒店的客户关系挖掘应从哪些数据去开展挖掘？请举例说明。

18．绿云科技的会员管理有怎样的电子商务作用？还存在哪些不足需要改进？

19．为了利用移动电子商务创造酒店竞争优势，酒店的客户关系管理应具备怎样的即时功能？

20．根据课外的实习或网络调研，请举一个实际的酒店客户关系管理应用的例子。

参 考 文 献

1．魏晓明．餐饮业电子商务应用分析[J]．现代经济信息，2015：282．

2．陆均良，沈华玉，朱照君．旅游电子商务[M]．2 版．北京：清华大学出版社，2017．

3．海天电商金融研究中心．一本书读懂餐饮 O2O[M]．北京：清华大学出版社，2016．

4．陈美含，崔美玉．校园餐饮电子商务贸易平台建设的可行性研究[J]．科技资讯，2018（17）：1-2．

5．阚思思．试论黔东南外卖 APP 电子商务平台市场的发展[J]．中国商论，2018（9）：128-129．

6．孔德云．餐饮行业 OTO 模式现状分析及预测[J]．南方企业家，2018（3）：122-123．

7．陆均良，沈华玉，朱照君，等．酒店管理信息系统[M]．北京：清华大学出版社，2015．

8．李小龙．餐饮业线上线下一体化营销策略研究[J]．当代经济，2018（12）：70-71．

9．陈素娥．餐饮企业营销推广·促销方案·电子商务[M]．北京：化学工业出版社，2017．

10．曹小英．旅游电子商务[M]．成都：西南财经大学出版社，2015．

11．李丹．移动互联网背景下传统旅行社的营销策略研究[J]．现代商业，2018（5）：40-41．

12．梁大治．浅探旅游在线营销：以旅行社为例[J]．现代信息科技，2018（8）：114-116．

13．王光伟，宋杨，刘静．基于在线旅行社（OTA）发展态势的旅行社网络营销策略[J]．濮阳职业技术学院学报，2017（2）：99-102．

14．陈舒淇，陶毓，安欣文，等．“互联网+旅游”企业的未来发展趋势分析：以携程旅行网为例[J]．市场周刊（理论版），2018（25）：173．

15．李罕梁，罗曾．移动互联技术带来的出游方式变革[J]．旅游学刊，2016（5）：3-5．

16．李倩．基于电子商务的旅游价值链增值与协同效应分析[J]．价格月刊，2014（9）：72-75．

17．刘琦．基于胡世良模型分析 OTA 商业模式的创新：以途牛、携程为例[J]．中国商论，2018（24）：173-174．

18．秦娟．在线旅游的崛起及对传统旅游的影响探析[J]．对外经贸实务，2015（3）：85-88．

19．万津津，沙润．旅行社电子商务发展策略研究[J]．江苏商论，2009（9）：53-55．

20．吴莹丽．在线旅游模式分析与创新[J]．现代营销（经营版），2018（9）：103．

21．张海鸥．我国旅游 OTA 发展态势探析[J]．云南财经大学学报，2014（2）：154-160．

22．朱爱芳．谈新常态下旅行社营销模式的转型升级[J]．商业经济研究，2015（31）：132-133．

23．简兆权，肖霄．网络环境下的服务创新与价值共创：携程案例研究[J]．管理工程学报，2015（1）：20-29．

24．黎碧媛．新媒体条件下旅游营销技巧研究：以携程网为例[J]．中外交流，2018（32）：4．

25．齐力，焦栋．旅游行业并购的财务风险分析与防范：以携程网去哪儿网并购为例[J]．商情，2018（38）：1-2+5．

26．李云鹏，黄超．基于综合旅游服务商的旅游电子商务[M]．北京：清华大学出版社，2015．

27．章牧．旅游电子商务[M]．北京：中国旅游出版社，2016．

28．郭树行，商宏图，王坚．企业架构与 IT 战略规划设计教程[M]．北京：清华大学出版社，2018．